法律人核心素养丛书

商业银行担保管理

实务全指引

魏大勇　编著

中国法治出版社
CHINA LEGAL PUBLISHING HOUSE

担保管理——信贷人员的基本功

一、为什么要写这样一本书

笔者在商业银行从事法律工作期间，一直在寻找一本实用性强、可操作性强，又便于一线信贷人员理解和操作的担保管理方面指引类书籍作为业务参考。但遗憾的是，现在市面上的担保类书籍，无论是法律专业人士出版的，还是金融专业人士出版的，要么仅侧重于法学理论及法条的单纯解读，要么仅侧重于信贷业务的单纯经验操作介绍，鲜有能够真正有助于银行一线信贷人员理解和方便操作的担保管理方面指引类书籍。

笔者在工作中深刻地感受到，业务的安全性比业务的盈利性更重要，一定要"坚持把防控风险作为金融工作的永恒主题"[①]。于是，我与中国法治出版社的相关负责同志协商一致，从一线信贷人员的实际需求入手，抛弃了常见法律书籍的常用体例，创体例之先，以保证、抵押两种担保方式为主线，以不同担保主体、担保物为研究单位，以贷前调查、贷中审查、贷后检查、贷款更新为业务发展前中后阶段，对担保管理相关法律规定、司法解释规定、司法政策规定、监

---

① 《坚持把防控风险作为金融工作的永恒主题》，载《人民日报》2024年4月19日。

管政策规定、相关实务观点、典型案例、法律风险点进行汇总、分类、梳理、编排、筛选，最终将精华部分奉献给各位读者，推出了这本《商业银行担保管理实务全指引》。

二、为什么书中要引用法律条文原文

现在有一种现象，那就是用作者的话来表述法律条文，用作者的语言来演绎法律条文，使得广大读者不能清晰分辨书中的文字哪些是法律条文哪些是作者自己的观点，实则可能对广大读者产生误导。

笔者认为，法律条文乃是最精准的文字浓缩，对法律条文中任何一个字的改动，都是对立法者的不尊重，因为没有一个作者可以使他的语言的精炼程度超越法律条文。笔者认为，法律条文值得所有金融从业人员反复学习、反复揣摩、反复理解，熟悉法律条文，理解法律条文，运用法律条文，才能真正理解实际问题，从而切实解决实际问题。

而不同角度、不同时期的法律条文之间又常常经过不断的补充、更新、优化，只有多方面、全方位理解法律条文的立法背景和立法目的，才能对现行规则理解得更加透彻、更加到位，从而在实务工作中做到抓紧抓实第二还款来源、做好担保管理工作。

基于以上原因，本书中担保管理相关法律、行政法规、司法解释规定与历年的监管文件，还有本书中常见的各种主体、常见的各种行为、常见的各种标的物相关的操作规范等，都力争载有明确的出处及准确的规范指引。

三、本书漫长而曲折的写作过程

为了对自己负责，对广大读者负责，对金融事业负责，笔者反复研读《担保法》①（已失效）、《物权法》（已失效）、《全国法院民商事审判工作会议纪要》、《民法典》、《最高人民法院关于适用〈中华人民共和国民法典〉有关担保制度的解释》等法律、司法解释及其立法者、司法者的相关书籍、文章等，认真收集、查找，反复学习、研究近二十年来不同阶段的行业监管规定，自 2021 年 12 月始，其间历经多次波折与坎坷，历经二年有余，终于克服困难，克服惰性，精心汇总、分类、整理、筛选、编辑而成此书。

四、本书可以适用的主体、范围

考虑到各商业银行现实操作和业务类型存在诸多不同之处，本书尽量汲取商业银行担保管理中的共性问题，并对相关标的物的行业特殊规范，行业特别风险，予以揭示、提醒。笔者认为，本书可以普遍适用于商业银行的信贷业务学习培训探讨，适用主体既可以适用于国有商业银行，也可以适用于农村商业银行，还可以适用于各股份制商业银行，村镇银行也可以参照使用。

五、笔者对本书的期望与展望

笔者期望，本书能够成为商业银行信贷人员业务学习培训的重要参考，也期待在国家出台更详尽的授信工作尽职调查的基本标准和尺度规范之前，能够成为授信审查工作人员、放款审查工作人员的业务学习培训实用手册，目的是使商业银行信贷人员明确信贷工作中的有关法律、监管规定，掌握每个具体的知识点、风险点，进而提高担保管理工作的质量和效率，从而客观完整地揭示担保管理所存在的风险，为授信调查、审查、检查等工作打下坚实的基础。

---

① 本书规范文件的名称大都使用简称，以下不再标注。

六、本书的不足与改进之处

本书在编写过程中已尽可能考虑到我国现行法律、行政法规、各种规范性文件、监管要求、司法裁判观点以及商业银行的现有状况，虽笔者竭尽全力，但世上无完美之作，限于笔者个人能力，难免挂一漏万，如有与现行法律、行政法规、司法解释、地方性法规、规章等文件不相符的情形，应当以现行的规范性文件为准。

七、特别说明

本作品及其内容仅为与各位同行、读者学习交流目的使用，不构成任何法律/金融意见、建议或决策依据。如您需要法律金融意见、建议或其他专业分析意见，请联系专业法律/金融咨询机构出具。

魏大勇

二〇二四年八月一日

目　录

第一编　贷前调查的担保管理

第二编　贷后检查的担保管理

第三编　贷款更新的担保管理

附录　贷款三个办法

贷前调查的担保管理

第一章 总 则

1. 担保管理的适用范围

1.1 适用的主体范围

本书担保管理相关内容主要适用于商业银行，包括国有商业银行、全国性股份制商业银行、城市商业银行和农业商业银行，村镇银行也可以参照适用。

1.2 适用的用途范围

本书担保管理相关内容主要适用于商业银行以下项目用途，即贷款、商业汇票、保函、贸易融资、信用证等所有对公、表内外授信业务，其中绝大多数指引，其他类型授信也可以参照适用。

1.3 适用的时间范围

本书担保管理相关内容以我国现行法律、行政法规、各种规范性文件、监管要求、司法裁判观点以及商业银行业务开展的现有状况为前提，以上述规范合法有效或具有典型性为前提，故主要适用于以上规范生效的时间段。

具体而言为引用规范等主要集中在 2010 年至 2023 年之间，但相应规范在该时间段内已被废止的除外。

1.4　适用的解释原则

从更好地保障债权安全的角度出发，在对法律、行政法规、各类规范性文件、监管要求等规定进行理解，如遇争议，存在两种或者两种以上理解时，均应当按照不利于债权人的理解方能较好地保障债权的安全性，方为稳妥。

2. "获得信贷" 指标的要求

2.1　"营商环境" 一词的来源

"营商环境" 一词，源于世界银行集团国际金融公司（IFC）的 "Doing Business"（营商）项目调查。世界银行对营商环境的测量，从企业开办、选址、获得融资、日常运营以及退出的全过程共 10 个方面提供了量化指标和排名，在全球经济体范围内获得了日益广泛的重视。

2.2　"获得信贷" 指标的概要

"获得信贷" 指标下有 4 个二级指标，分别为合法权利度指数、信用信息深度指数、征信机构覆盖面和企业融资便利度。

2.2.1　融资配套的不动产抵押制度

随着《担保法》[①]《物权法》《民法典》等一系列制度的建立以及优化，不动产抵押制度建设方面取得了很大成绩。

---

① 全称为《中华人民共和国担保法》，为表述方便，在不影响理解的前提下，本书在引用法律名称时，均省略全称中的 "中华人民共和国" 字样，如《物权法》《民法典》等。

2.2.2　融资配套的动产及权利担保制度

随着《民法典》《国务院关于实施动产和权利担保统一登记的决定》的实施，动产和权利担保制度也已经在制度建设方面得到了完善。

2.3　"获得信贷"评价的结果

多年来，我国一直致力于不断优化营商环境，并取得了积极成效。世界银行发布的《2020 年全球营商环境报告》[①] 显示，中国营商环境全球排名升至第 31 位，跻身全球前 40，连续两年入列全球优化营商环境改善幅度最大的十大经济体。我国"获得信贷"指标排名不高。因此，提升"获得信贷"指标，不断优化营商环境，仍是我国全面深化改革的重要内容之一。

2.4　"获得信贷"指标的要求

"获得信贷"指标作为世界银行评估全球 190 个经济体营商环境的十项指标之一，其基本内容直接涉及对担保法律制度的要求，主要表现为：

（1）该国存在统一的担保交易法律体系，如具有担保功能的所有权受托转让制度、融资租赁制度、应收账款转让制度与保留所有权制度等；

（2）法律允许企业单一类别动产抵押；

（3）法律允许企业转让所有动产抵押；

（4）担保权益可以扩展到当前和未来的收益；

（5）担保协议具有充分的法律效力；

（6）有动产抵押权登记处或登记机构，登记结构统一，法人或者非法人主体皆可使用，且有一个以担保债务人姓名为索引的电子资料库；

（7）抵押登记机构以通知为基础；

（8）抵押登记机构可以在线办理业务；

---

① 《世界银行〈2020 年全球营商环境报告〉发布》，载新华丝路网站，https://www.imsilkroad.com/news/p/388628.html，2024 年 1 月 31 日访问。

（9）当债务人在破产程序之外拖欠债务时，担保债权人优先得到赔付；

（10）当企业被清算时，担保债权人优先得到赔付；

（11）当债务人进入重组程序时，担保债权人受自动冻结或延期偿付的限制，但法律规则保护担保债权人的权益，规定担保债权人在特定依据下可免予自动冻结或延期偿付（如存在损失动产的危险），另外，法律规定了自动冻结的期限；

（12）法律允许双方在担保协议中同意债权人庭外行使其担保权益，法律允许公共和私人拍卖，也允许担保债权人用资产抵债。

3. "获取金融服务"指标的要求

3.1 新营商环境体系概念

2022年2月4日，世界银行网站发布了新的营商环境体系BEE（Business Enabling Environment，普遍译为宜商环境）项目概念说明。

2022年12月，BEE新版概念书发布，营商环境新评估体系项目名称进一步正式确定为B-READY（Business Ready）。

3.2 "获取金融服务"指标变化

3.2.1 BEE指标的历史

BEE指标（"获取金融服务"指标）是从DB（Doing Business）"获得信贷"指标扩展而来的。

3.2.2 BEE指标的主要变化

3.2.2.1 指标的类别

BEE将在金融服务领域使用三套指标：商业贷款、担保交易、电子支付和绿色融资的监管质量；信贷基础设施信息的可及性；实践中获取金融服务的便利度。

3.2.2.2 指标的变化

原评估体系的"获得信贷"指标仅考虑了企业灵活性，但 BEE 的"获取金融服务"指标则注重企业的灵活性和社会效益的平衡。

3.3 与"获得信贷"指标的对比[①]

"获取金融服务"与"获得信贷"指标对比表

DB "获得信贷"指标内容	BEE "获取金融服务"指标内容 （具体一二级指标见后文表格）
合法权利度指数（衡量的是指《担保法》和《企业破产法》保护借方和贷方权利并借此为借方提供便利的程度）	商业贷款、担保交易、电子支付和绿色金融的监管质量
信贷信息深度指数（衡量的是影响信贷信息覆盖面、范围和开放程度的规则和做法）	信贷基础设施信息的可及性
信贷机构覆盖率（衡量的是征信机构中个人和企业的征信数据情况）	实践中获取金融服务的便利度
信用局覆盖率（衡量的是征信机构中个人和企业的征信数据情况）	……

3.4 "获取金融服务"指标概要

一级指标	二级指标
商业贷款、担保交易、电子支付和绿色金融的监管质量（监管框架维度）	良好的商业贷款监管实践
	良好的担保交易监管实践
	良好的电子支付监管实践
	良好的绿色融资监管实践

---

① 《营商环境周报（第 95 期）｜世界银行宜商环境"获取金融服务"指标解读》，载 21 经济网，https：//www.21jingji.com/article/20230626/herald/c939bd099d50e2685ce7fd7eb60838c0.html，2024 年 1 月 31 日访问。

续表

一级指标	二级指标
信贷基础设施信息的可及性（公共服务维度）	征信机构的运作
	抵押品登记处的运作
实践中获取金融服务的便利度（效率维度）	获得贷款的时间和成本
	登记担保权益的时间和费用
	信用信息共享的及时性
	进行电子支付的时间和成本
	绿色金融的可获得性

指标的详细内容及解读，可见原文。①

4. 担保管理相关法律及意义

4.1 《全国法院民商事审判工作会议纪要》关于担保范围相关规定

4.1.1 担保责任的范围

【相关规定指引】

《全国法院民商事审判工作会议纪要》（2019 年 11 月 8 日）

55.【担保责任的范围】担保人承担的担保责任范围不应当大于主债务，是担保从属性的必然要求。当事人约定的担保责任的范围大于主债务的，如针对担保责任约定专门的违约责任、担保责任的数额高于主债务、担保责任约定的利息高于主债务利息、担保责任的履行期先于主债务履行期届满，等等，均应当认定大于主债务部分的约定无效，从而使担保责任缩减至主债务的范围。

---

① 《营商环境周报（第 95 期）｜世界银行宜商环境"获取金融服务"指标解读》，载 21 经济网，https：//www.21jingji.com/article/20230626/herald/c939bd099d50e2685ce7fd7eb60838c0.html，2024 年 1 月 31 日访问。

4.1.2 担保债权的范围

【相关规定指引】

《全国法院民商事审判工作会议纪要》（2019 年 11 月 8 日）

58.【担保债权的范围】以登记作为公示方式的不动产担保物权的担保范围，一般应当以登记的范围为准。但是，我国目前不动产担保物权登记，不同地区的系统设置及登记规则并不一致，人民法院在审理案件时应当充分注意制度设计上的差别，作出符合实际的判断：一是多数省区市的登记系统未设置"担保范围"栏目，仅有"被担保主债权数额（最高债权数额）"的表述，且只能填写固定数字。而当事人在合同中又往往约定担保物权的担保范围包括主债权及其利息、违约金等附属债权，致使合同约定的担保范围与登记不一致。显然，这种不一致是由于该地区登记系统设置及登记规则造成的该地区的普遍现象。人民法院以合同约定认定担保物权的担保范围，是符合实际的妥当选择。二是一些省区市不动产登记系统设置与登记规则比较规范，担保物权登记范围与合同约定一致在该地区是常态或者普遍现象，人民法院在审理案件时，应当以登记的担保范围为准。

4.2 《民法典》担保范围相关法律规定

4.2.1 保证担保范围

【相关规定指引】

《民法典》（2020 年 5 月 28 日）

第六百九十一条 保证的范围包括主债权及其利息、违约金、损害赔偿金和实现债权的费用。当事人另有约定的，按照其约定。

4.2.2 抵押担保范围

【相关规定指引】

《民法典》（2020 年 5 月 28 日）

第三百八十九条 担保物权的担保范围包括主债权及其利息、违约金、损害赔偿金、保管担保财产和实现担保物权的费用。当事人另有约定的，按照其约定。

4.2.3　质押担保范围

【相关规定指引】

《民法典》（2020 年 5 月 28 日）

第三百八十九条　担保物权的担保范围包括主债权及其利息、违约金、损害赔偿金、保管担保财产和实现担保物权的费用。当事人另有约定的，按照其约定。

4.3　《民法典》担保相关法律规定

4.3.1　保证担保

【相关规定指引】

《民法典》（2020 年 5 月 28 日）

第六百八十一条　保证合同是为保障债权的实现，保证人和债权人约定，当债务人不履行到期债务或者发生当事人约定的情形时，保证人履行债务或者承担责任的合同。

4.3.2　抵押担保

【相关规定指引】

《民法典》（2020 年 5 月 28 日）

第三百八十六条　担保物权人在债务人不履行到期债务或者发生当事人约定的实现担保物权的情形，依法享有就担保财产优先受偿的权利，但是法律另有规定的除外。

第三百八十七条　债权人在借贷、买卖等民事活动中，为保障实现其债权，需要担保的，可以依照本法和其他法律的规定设立担保物权。

第三人为债务人向债权人提供担保的，可以要求债务人提供反担保。反担保适用本法和其他法律的规定。

第三百九十四条　为担保债务的履行，债务人或者第三人不转移财产的占有，将该财产抵押给债权人的，债务人不履行到期债务或者发生当事人约定的实现抵押权的情形，债权人有权就该财产优先受偿。

前款规定的债务人或者第三人为抵押人，债权人为抵押权人，提供担保的财产为抵押财产。

4.3.3　质押担保

【相关规定指引】

《民法典》（2020 年 5 月 28 日）

第四百二十五条　为担保债务的履行，债务人或者第三人将其动产出质给债权人占有的，债务人不履行到期债务或者发生当事人约定的实现质权的情形，债权人有权就该动产优先受偿。

前款规定的债务人或者第三人为出质人，债权人为质权人，交付的动产为质押财产。

第四百四十六条　权利质权除适用本节规定外，适用本章第一节的有关规定。

4.4　《民法典》担保的六个特性

4.4.1　特定性

特性化是担保的基本要求，表现在债权人主体、债务人主体、债权信息、履行期间等主要方面，不满足以上任一核心信息特定化要求的，担保不成立。

【关联案例指引】

葛某坝房地产公司与恒某晟公司、葛某坝实业公司借款合同纠纷案[①]

法院对《合作开发协议》中有关恒某晟公司"以其在项目公司的全部股权对项目融资承担连带担保责任"的约定作如下分析：

第一，上述约定不符合担保合同的从属性特征。

担保设立的目的是保障当事人合同法律关系中的债权的实现，基于担保关系的附随性，《担保法》第五条明确规定，担保合同是主合同的从合同。

---

① 最高人民法院（2016）最高法民终 240 号民事判决书，载中国裁判文书网，2024 年 3 月 11 日访问。本书中统一略去该案例在中国裁判文书网的网址，如阅读原裁判文书可以根据案号等信息在中裁判文书网进行检索，以下不再标注。

因此，担保合同作为从合同，自身不能独立存在，必须以主合同的存在为前提和依据，并随着主合同产生、变更和消灭。本案二审中，葛某坝房地产公司与恒某晟公司确认《合作开发协议》签订时间为2010年7月，早于葛某坝实业公司于2010年8月3日成立的时间节点，亦早于葛某坝房地产公司在本案所主张的主合同即《借款合同》于2010年8月27日签订的时间节点。《合作开发协议》签约时，主债权即项目融资尚未发生，且《合作开发协议》关于项目融资的债务人、债权人、债权数额等均未约定的情况下，所谓的对项目融资的担保无从设立。故在葛某坝房地产公司本案主张的主合同即《借款合同》尚未签订、债务人葛某坝实业公司尚未设立、涉案债权债务关系亦未发生的情况下，葛某坝房地产公司依据上述《合作开发协议》的约定主张恒某晟公司与其之间存在担保法律关系，缺乏事实和法律依据。

第二，上述约定不具备保证合同的成立要件。

《担保法》第六条规定，"本法所称保证，是指保证人和债权人约定，当债务人不履行债务时，保证人按照约定履行债务或者承担责任的行为"；第十五条规定，"保证合同应当包括以下内容：（一）被保证的主债权种类、数额；（二）债务人履行债务的期限；（三）保证的方式；（四）保证担保的范围；（五）保证的期间；（六）双方认为需要约定的其他事项。保证合同不完全具备前款规定内容的，可以补正"。依照上述规定，保证合同是在保证人与债权人之间订立的；合同双方应就债权种类数额、担保范围等合同主要条款达成合意并予以书面确认；在保证合同不完全具备法定条款的情况下，合同双方可以且应当予以补正。其中，鉴于保证合同的类型和性质，其主要条款在有效确定保证人的保证责任方面，应当符合以下要求：如保证意思，保证人必须明确表达对某一债权债务愿意以自己的财产担保债务履行的意思表示；被担保主债权，即保证合同的标的，应当是特定化的、数额可以确定的、已经成立并合法有效的债权。《合作开发协议》有关恒某晟公司"以其在项目公司的全部股权对项目融资承担连带担保责任"的约定，是以签约之时尚未成立、融资数额尚未确定、债权人债务人等基本要素均不特定的项目融资作为主债权，并缺少债务人履行债务的期限、保证担保的范围、保证的期间等基本要件，明显不符合保证合同的成立要件。因此，即使葛某坝房地产公司关于 2010 年 8 月 27 日其与葛某坝实业公司签订《借款合同》形成涉案债权的主张属实，鉴于该债权债务关系形成后直至本案诉讼时，葛某坝房地产公司与恒某晟公司并未对《合作开发协议》中的上述所谓的担保条款予以有效补正或者重新订立保证合同，故葛某坝房地产公司依据上述《合作开发协议》的约定主张恒某晟公司与其之间存在担保法律关系，缺乏事实和法律依据。

第三，上述约定在法律属性上当属意向性约定。

从《合作开发协议》的合同名称和双方当事人签订该合同的主要目的看，该合同实为葛某坝房地产公司与恒某晟公司为合作开发项目签订的意在明确合作双方权利义务的协议，并非为设定债权人和担保人之间的担保权利义务而签订的合同。《合作开发协议》载明的恒某晟公司"以其在项目公司的全部股权对项目融资承担连带担保责任"的合同条款，系双方合作开发相关项目中对于双方权利义务的安排，在法律属性上可以认定为合作双方就将来发生的融资行为预先作出的由恒某晟公司提供担保的意向性约定。但该意向的落实，尚需具体融资事项发生后由具体融资方与恒某晟公司另行签订符合担保合同成立要件的合同，即只有在担保合同成立后才可能产生恒某晟公司的担保法律责任。故葛某坝房地产公司在没有证据证明其与恒某晟公司对涉案债权签订有担保合同的情况下，仅依据上述《合作开发协议》的约定主张恒某晟公司与其之间存在担保法律关系，缺乏事实和法律依据。

4.4.2 平等性

双方地位平等。

4.4.3 自愿性

担保合同系双方自愿达成，法律对此没有强制性要求。

4.4.4 从属性

担保合同作为从合同，不能独立于主合同而存在，必须与主合同同时存在才有其存在意义。

4.4.4.1　一般性问题

关于担保从属性的一般性问题①

担保合同是主合同的从合同，具有从属性和附随性。担保合同的从属性是人民法院判断担保法律关系中当事人权利义务及区别其他类似法律关系（如债务加入）的基本点。从属性无需当事人在合同中约定，因法律规定而当然成为合同的组成部分。

尽管《民法典》第三百八十八条、第六百八十二条是对担保从属性最为直接的规定，但一般认为，担保的从属性可以概括为以下四个方面：一是发生上的从属性，担保债务随着主债务而发生；二是消灭上的从属性，主债务无效担保债务无效；三是特定性上的从属性，担保债务的范围不能超过主债务的范围；四是抗辩权上的从属性，担保人享有主债务人的一切抗辩权。

4.4.4.2　特定性上的从属性

关于特定性上的从属性问题②

（1）超出主债务的责任范围，另行约定担保人其他责任的处理。担保责任范围应限于主债务，在主债务之外另行约定的担保人的其他责任，不应支持。例如，银行与担保人约定，担保人对包括违约责任在内的主债务承担担保责任；同时还约定，如果债务人到期不履行主债务，担保人不仅要承担主债务的担保责任，还要承担另外的违约责任。我们在审理该案时，对债权人关于担保人在担保责任范围以外承担另行约定的违约责任的请求不予支持，这也是从特定性上考量担保从属性的结果。

（2）主合同内容变更对保证的影响。根据《民法典》第六百九十五条规定，合同内容的变更原则上须经保证人同意，如未经保证人书面同意，可能发生三种情况：一是减轻保证人责任的，担保人按照减轻后的债务承担责任；二是加重保证人责任的，保证人按照变更前的债务承担责任，对加重部分免责；三是变更主债务期限的，保证人按照原期限承担责任。根据《民法典》的规定，在债务人与债权人约定主债务期限延长的情况下，保证期限仍然从

---

① 刘贵祥：《民法典关于担保的几个重大问题》，载《法律适用》2021 年第 1 期。
② 刘贵祥：《民法典关于担保的几个重大问题》，载《法律适用》2021 年第 1 期。

原主债务届满期限起算。但是，当债务人与债权人约定主债务的履行期限缩短的情况下，如果再按照原主债务期限届满起算保证期间，无疑将加重保证人的责任，在此情况下，我认为当事人可以援引《民法典》第六百九十五条的规定，将其视为加重保证人的责任，保证人可以按照变更后的主债务期限计算保证期间。

（3）债权转让对保证的影响。根据《民法典》第四百零七条规定，抵押权不得与债权分离而单独转让，债权转让的，担保该债权的抵押权应当一并转让。但是该条的"但书"部分，意味着抵押权随债权一并转让条款是任意性规定，当事人通过约定可以排除其适用。如果当事人约定，只对特定债权人提供抵押担保，债权转让，抵押权不随之转让，人民法院不应以违反担保从属性规定为由认定该约定无效，从下述第六百九十六条规定也可类推出这一结论。

《民法典》第六百九十六条规定："债权人转让全部或者部分债权，未通知保证人的，该转让对保证人不发生效力。保证人与债权人约定禁止债权转让，债权人未经保证人书面同意转让债权的，保证人对受让人不再承担保证责任。"该条涉及债权转让应通知保证人的问题，如果未通知保证人，会发生什么效果？第六百九十六条包含以下几层含义：一是债权转让需要通知保证人，如果不通知，对保证人不发生效力；二是所谓对保证人不发生效力，是指保证人向原债权人履行，构成债的履行，对新债权人产生拒绝履行抗辩权，但如果保证人未履行担保责任，新债权人在起诉时保证人以未通知为由提出不承担担保责任的，不应支持；三是如果债权人与保证人约定禁止转让，一旦债权人转让债权，保证人对受让人不再承担保证责任，但受让人解除债权转让合同或者原债权人通过回购重新取得债权后，应可以在保证期间内再次向保证人主张保证责任。

（4）主债务转让。根据《民法典》第六百九十七条规定，主债务转让，必须经保证人同意，不经保证人同意，保证人免责。该条系任意性规定，当事人可以约定排除适用。

4.4.4.3 抗辩上的从属性

关于抗辩权的从属性问题[①]

《民法典》第七百零一条规定："保证人可以主张债务人对债权人的抗辩。债务人放弃抗辩的，保证人仍有权向债权人主张抗辩。"依该条规定，保证人享有主债务人的一切抗辩权，包括主债务人的诉讼时效抗辩权和其他可能减轻、免除主债务人责任的抗辩权。如果债务人放弃抗辩权的，保证人仍可行使主债务人的抗辩权。例如，债权人在诉讼时效期间届满之后请求债务人履行债务的，如果债务人放弃了诉讼时效抗辩权，保证人依然享有诉讼时效抗辩权，可以拒绝承担主债务的担保责任。

根据《民法典》第一百九十七条规定，当事人预先放弃诉讼时效利益的无效，即主合同事先约定排除诉讼时效适用的无效。但是，如果诉讼时效期间届满后，主债务人放弃诉讼时效抗辩权，保证人也放弃的，应当认定有效。因为诉讼时效抗辩权毕竟是一项民事权利，应当允许当事人自行处分。

实践中存在一种现象，在债务过了诉讼时效后，债务人又在债权人的催款通知上签字盖章……根据《最高人民法院关于审理民事案件适用诉讼时效制度若干问题的规定》第二十二条，诉讼时效届满，当事人一方向对方作出同意履行义务的意思表示或者自愿履行后，又以诉讼时效期间届满为由进行抗辩的，人民法院不予支持。

值得注意的是：第一，无论是主债务人对原债务的重新确认，还是因主债务人的行为丧失诉讼时效抗辩权的，都不应影响保证人行使主债务人的诉讼时效抗辩权。债权人以债务人具有上述两种情况为由，主张保证人对已过诉讼时效的债务承担保证责任的，保证人提出诉讼时效抗辩的，人民法院应支持保证人的主张。

第二，与诉讼时效不同，如果债权人在保证期间内不行使权利，会导致实体权利消灭的后果，而不仅仅是丧失胜诉权。此时，如果保证人在债权人的催款通知书上签字盖章，不能认定为对原保证债务的重新确认。对此，

[①] 刘贵祥：《民法典关于担保的几个重大问题》，载《法律适用》2021 年第 1 期。

2004 年最高人民法院的有关批复有明确规定。该批复同时规定，该催款通知书内容符合合同法和担保法有关担保成立的规定，并经保证人签字确认，能够认定成立新的保证合同的，人民法院应当认定保证人按照新的保证合同承担保证责任。该批复的目的在于，防止将保证人单纯在催款通知书上签字的行为认定为新的保证承诺。实践中判断是否构成一个新的保证关系，关键是要看保证人是否对已过保证期间的债务有重新提供保证的真实意思表示，特别是要考虑保证人是否知道或应当知道保证债务已过保证期间，相关文书的内容是否足以体现成立新的保证关系的意思表示。至于采取催款通知的形式，还是还款保证书的形式，并不那么重要。

4.4.4.4　效力上的从属性

关于效力上的从属性问题[①]

根据《民法典》第三百八十八条、第六百八十二条规定，无论是保证合同还是担保物权合同，均系主债权债务合同的从合同，主债权债务合同无效，作为从合同的担保合同亦无效。此规定是担保的从属性最典型最本质的体现。《民法典》的这一规定，相较于原《担保法》《物权法》的规定，无实质性变化，不再赘述，但应注意以下几点：

（1）关于效力上的从属性是否适用于具有担保功能的合同。从《民法典》第三百八十八条的规定来看，除了保证、抵押合同、质押合同等传统的担保合同具有从属性外，其他具有担保功能的合同亦应具有从属性。比如保理合同中具有担保功能的条款、所有权保留买卖合同的所有权保留条款、融资租赁合同的出租人享有租赁物的所有权的条款等。问题是，这些合同被认定无效，具有担保功能的合同亦被认定无效后，在其办理了登记的情况下，是否相应的对抗效力亦随之丧失？根据学界关于物权变动有因性的阐述，设立物权的合同无效，相应的物权变动亦随之无效。我认为，具有担保功能的担保物权效力亦不应例外。比如，买受人在买卖标的物上设立了抵押权，在所有权保留买卖合同无效的情况下，即便是办理了登记，亦不能对抗抵押权

---

① 刘贵祥：《民法典关于担保的几个重大问题》，载《法律适用》2021 年第 1 期。

人。需要说明的是，"其他具有担保功能的合同"是《民法典》的新规定，对此延伸出一系列的理论与实务问题，确有深入研究的必要，上述个人观点旨在引起大家在研究时的注意。

（2）关于独立保函。原《担保法》第五条第一款规定："担保合同是主合同的从合同，主合同无效，担保合同无效。担保合同另有约定的，按照约定。"原《物权法》第一百七十二条第一款规定："主债权债务合同无效，担保合同无效，但法律另有规定的除外。"此次《民法典》第六百八十二条和第三百八十八条延续了《物权法》的规定。从法律规定的前后变化看，担保合同效力方面的从属性是不允许当事人约定排除的。应当注意的是，此处所言之"法律"包括四个位阶的法律：第一位阶是全国人大及其常委会制定的法律；第二位阶是国务院制定的行政法规；第三位阶是地方性法规；第四位阶是规章，包括部门规章和地方规章。中国人民银行规定各商业银行可以进行保函业务，这就是广义的法律规定，自然包括独立保函，即不论主合同是否有效，只要发生了独立保函中所设定的情形，就要承担其项下的责任。审判实务中在处理独立保函纠纷时，一是要看主体，独立保函的主体仅限于银行和非银行金融机构，其他主体出具的独立保函，对保函的独立性在效力上不予认定；二是要看适用于何种交易，独立保函司法解释已经不再区分国际与国内交易，2019年11月发布的《全国法院民商事审判工作会议纪要》第五十四条亦明确规定，国内法律关系和涉外法律关系都可以适用独立保函。

违反效力从属性的约定被认定无效后如何处理？银行或者非银行金融机构之外的当事人开立的独立保函，以及当事人有关排除担保效力上的从属性的约定，应当认定无效。但是，根据"无效法律行为的转换"原理，在否定其独立担保效力的同时，应当将其认定为从属性担保。此时，主合同有效，则担保合同有效，如果担保合同有担保人承担连带责任的意思表示或者担保人无条件承担担保责任的意思表示，债权人请求担保人与主债务人承担连带责任的，人民法院应予支持。当然，如果是非金融机构开立的保函符合对保函的认定标准，保函的独立性被认定无效后，债权人请求担保人承担连带责任保证的，人民法院也应予支持。此外，主合同无效，则该所谓的独立担保也随之无效，担保人无过错的，不承担责任；担保人有过错的，其承担民事责任的部分，不应超过债务人不能清偿部分的三分之一。

4.4.5 从属性例外

4.4.5.1 担保物权的委托持有

【相关规定指引】

《全国法院审理债券纠纷案件座谈会纪要》（2020 年 7 月 15 日）

18. 登记在受托管理人名下的担保物权行使。根据《最高人民法院关于〈国土资源部办公厅关于征求为公司债券持有人办理国有土地使用权抵押登记意见函〉的答复》精神，为债券设定的担保物权可登记在受托管理人名下，受托管理人根据民事诉讼法第一百九十六条、第一百九十七条的规定或者通过普通程序主张担保物权的，人民法院应当予以支持，但应在裁判文书主文中明确由此所得权益归属于全体债券持有人。受托管理人仅代表部分债券持有人提起诉讼的，人民法院还应当根据其所代表的债券持有人份额占当期发行债券的比例明确其相应的份额。

4.4.5.2 《最高人民法院关于适用〈中华人民共和国民法典〉有关担保制度的解释》的规定

实践中，担保物权委托持有的情形显然不限于债券发行，其他被登记为担保物权人的受托人能否行使担保物权并无明确规定。为避免实践中继续就此问题发生争议，还是有必要明确规定债权人及其受托人均可以主张行使担保物权。[1]

【相关规定指引】

《最高人民法院关于适用〈中华人民共和国民法典〉有关担保制度的解释》（2020 年 12 月 31 日）

第四条 有下列情形之一，当事人将担保物权登记在他人名下，债务人不履行到期债务或者发生当事人约定的实现担保物权的情形，债权人或者其受托人主张就该财产优先受偿的，人民法院依法予以支持：

---

[1] 吴光荣：《担保法精讲：体系解说与实务解答》，中国民主制出版社 2023 年版，第 113 页。第八讲关于担保物权的委托持有部分内容。

（一）为债券持有人提供的担保物权登记在债券受托管理人名下；

（二）为委托贷款人提供的担保物权登记在受托人名下；

（三）担保人知道债权人与他人之间存在委托关系的其他情形。

4.4.5.3　委托持有的情形及原因

（1）规章制度限制登记主体

【相关规定指引】

《城市房地产抵押管理办法》（2021 年 3 月 30 日）

第三条　本办法所称房地产抵押，是指抵押人以其合法的房地产以不转移占有的方式向抵押权人提供债务履行担保的行为。债务人不履行债务时，债权人有权依法以抵押的房地产拍卖所得的价款优先受偿。

本办法所称抵押人，是指将依法取得的房地产提供给抵押权人，作为本人或者第三人履行债务担保的公民、法人或者其他组织。

本办法所称抵押权人，是指接受房地产抵押作为债务人履行债务担保的公民、法人或者其他组织。

本办法所称预购商品房贷款抵押，是指购房人在支付首期规定的房价款后，由贷款银行代其支付其余的购房款，将所购商品房抵押给贷款银行作为偿还贷款履行担保的行为。

本办法所称在建工程抵押，是指抵押人为取得在建工程继续建造资金的贷款，以其合法方式取得的土地使用权连同在建工程的投入资产，以不转移占有的方式抵押给贷款银行作为偿还贷款履行担保的行为。

（2）最高人民法院意见

【相关规定指引】

《最高人民法院关于〈城市房地产抵押管理办法〉在建工程抵押规定与上位法是否冲突问题的答复》（2012 年 11 月 28 日）

山东省高级人民法院：

你院鲁高法函〔2012〕3 号请示收悉，经征求全国人大常委会法制工作委员会、住房和城乡建设部意见，答复如下：

在建工程属于《担保法》规定的可以抵押的财产范围。法律对在建工程抵押权人的范围没有作出限制性规定，《城市房地产抵押管理办法》第三条第五款有关在建工程抵押的规定，是针对贷款银行作为抵押权人时的特别规定，但并不限制贷款银行以外的主体成为在建工程的抵押权人。

（3）实践中经常采取的变通方式

【相关规定指引】

《商业银行委托贷款管理办法》（2018 年 1 月 5 日）

第三条 本办法所称委托贷款，是指委托人提供资金，由商业银行（受托人）根据委托人确定的借款人、用途、金额、币种、期限、利率等代为发放、协助监督使用、协助收回的贷款，不包括现金管理项下委托贷款和住房公积金项下委托贷款。

委托人是指提供委托贷款资金的法人、非法人组织、个体工商户和具有完全民事行为能力的自然人。

现金管理项下委托贷款是指商业银行在现金管理服务中，受企业集团客户委托，以委托贷款的形式，为客户提供的企业集团内部独立法人之间的资金归集和划拨业务。

住房公积金项下委托贷款是指商业银行受各地住房公积金管理中心委托，以住房公积金为资金来源，代为发放的个人住房消费贷款和保障性住房建设项目贷款。

4.4.6 保障性

担保合同其存在的意义就在于保障主合同债务的履行。

4.4.7 补充性

担保权利人行使担保权利以主债务已届清偿期且债务未得到履行为前提，是债权人的第二还款来源。

4.5 担保制度解释的具体优化措施

4.5.1 破解中小微企业融资难题

着力破解中小微企业融资难融资贵。中小微企业往往缺乏不动产，而都有一定的动产。过去由于没有统一的动产登记制度，动产担保的安全性不可靠，银行等债权人一般不愿接受动产担保。《民法典》为动产统一登记留下制度空间，国务院依据《民法典》刚刚发布了动产和权利担保统一登记制度，担保司法解释根据立法的重大变化，对人民法院认定动产担保效力、权利顺位问题以及司法救济问题作了具体规定，使动产担保与不动产担保在保障债权实现方面发挥同样的功能和可靠性，解除债权人的后顾之忧，进而提高动产资源的利用效率，为中小微企业以动产融资疏通道路，解决堵点难点，更好地将《民法典》的有关精神落到实处。[①]

4.5.2 着力拓宽企业融资渠道

着力拓宽企业融资渠道。保证、抵押、质押等传统的典型担保不能完全适应经济社会发展的需要，《民法典》扩大了担保合同的范围，增加规定了所有权保留、融资租赁、保理等具有担保功能的合同。新担保司法解释对这些非典型担保在司法实践中可能出现的问题一一明确了相应的解决方案，与《民法典》拓宽企业融资渠道、提高企业融资能力的立法目的高度契合。比如，《民法典》第四百零一条、第四百二十八条对原《物权法》《担保法》关于流押、流质的规定作了重大修改，司法解释依据这一修改，明确了以财产让与形式进行担保的优先受偿效力；再比如，依据《民法典》关于将有应收账款可以质押的规定，明确了公路、桥梁、公园等收费权质押的物权效力及实现方式。[②]

4.5.3 着力平衡担保各方权益

着力平衡担保关系各方当事人的合法权益。《民法典》针对过去存在的过度保护债权人问题，隐性担保影响交易安全问题，以及实践中存在的过度担保等问题，设计了许多新的担保制度。司法解释根据立法的重大变化，致力于平衡各方当事人的利益，消除隐性担保、消除过度担保。比如，弱化未

---

① 《刘贵祥就民法典担保制度司法解释回答记者提问》，载最高人民法院网站，https：//www.court.gov.cn/zixun-xiangqing-282421.html，2024 年 3 月 11 日访问。

② 《刘贵祥就民法典担保制度司法解释回答记者提问》，载最高人民法院网站，https：//www.court.gov.cn/zixun-xiangqing-282421.html，2024 年 3 月 11 日访问。

进行登记的动产抵押的物权效力，动产抵押未经登记，在破产程序中不享有优先权；比如，认可抵押预告登记在一定条件下具有顺位上的优先性；又比如，明确规定在诉讼中对一般保证人先诉抗辩权的保障程序；等等。①

4.6 《民法典》及担保制度解释的意义

担保制度是《民法典》的重要内容，对于巩固和完善社会主义基本经济制度、推动经济高质量发展，具有极其重要的作用。考虑到《民法典》对担保制度作出了重大完善和发展，最高人民法院在清理以往与担保有关的司法解释的基础上，根据《民法典》关于担保制度的新规定，制定了新的担保司法解释，共有71个条款，其中有10多条与营商环境有密切关系，特别是世行在获得信贷指标上所涉及的四个方面问题，司法解释依据《民法典》都作了具体规定。②

5. 担保管理相关行业法律规定

5.1 《中国人民银行法》的规定

【相关规定指引】

《中国人民银行法》（2003年12月27日）

第七条　中国人民银行在国务院领导下依法独立执行货币政策，履行职责，开展业务，不受地方政府、各级政府部门、社会团体和个人的干涉。

第八条　中国人民银行的全部资本由国家出资，属于国家所有。

第三十条　中国人民银行不得向地方政府、各级政府部门提供贷款，不

---

① 《刘贵祥就民法典担保制度司法解释回答记者问》，载最高人民法院网站，https：//www.court.gov.cn/zixun-xiangqing-282421.html，2024年3月11日访问。

② 《刘贵祥就民法典担保制度司法解释回答记者问》，载最高人民法院网站，https：//www.court.gov.cn/zixun-xiangqing-282421.html，2024年3月11日访问。

得向非银行金融机构以及其他单位和个人提供贷款，但国务院决定中国人民银行可以向特定的非银行金融机构提供贷款的除外。

中国人民银行不得向任何单位和个人提供担保。

第四十八条　中国人民银行有下列行为之一的，对负有直接责任的主管人员和其他直接责任人员，依法给予行政处分；构成犯罪的，依法追究刑事责任：

（一）违反本法第三十条第一款的规定提供贷款的；

（二）对单位和个人提供担保的；

（三）擅自动用发行基金的。

有前款所列行为之一，造成损失的，负有直接责任的主管人员和其他直接责任人员应当承担部分或者全部赔偿责任。

第四十九条　地方政府、各级政府部门、社会团体和个人强令中国人民银行及其工作人员违反本法第三十条的规定提供贷款或者担保的，对负有直接责任的主管人员和其他直接责任人员，依法给予行政处分；构成犯罪的，依法追究刑事责任；造成损失的，应当承担部分或者全部赔偿责任。

5.2　《银行业监督管理法》的规定

【相关规定指引】

《银行业监督管理法》（2006 年 10 月 31 日）

第二十一条　银行业金融机构的审慎经营规则，由法律、行政法规规定，也可以由国务院银行业监督管理机构依照法律、行政法规制定。

前款规定的审慎经营规则，包括风险管理、内部控制、资本充足率、资产质量、损失准备金、风险集中、关联交易、资产流动性等内容。

银行业金融机构应当严格遵守审慎经营规则。

第三十七条　银行业金融机构违反审慎经营规则的，国务院银行业监督管理机构或者其省一级派出机构应当责令限期改正；逾期未改正的，或者其行为严重危及该银行业金融机构的稳健运行、损害存款人和其他客户合法权益的，经国务院银行业监督管理机构或者其省一级派出机构负责人批准，可以区别情形，采取下列措施：

（一）责令暂停部分业务、停止批准开办新业务；

（二）限制分配红利和其他收入；

（三）限制资产转让；

（四）责令控股股东转让股权或者限制有关股东的权利；

（五）责令调整董事、高级管理人员或者限制其权利；

（六）停止批准增设分支机构。

银行业金融机构整改后，应当向国务院银行业监督管理机构或者其省一级派出机构提交报告。国务院银行业监督管理机构或者其省一级派出机构经验收，符合有关审慎经营规则的，应当自验收完毕之日起三日内解除对其采取的前款规定的有关措施。

第四十六条　银行业金融机构有下列情形之一，由国务院银行业监督管理机构责令改正，并处二十万元以上五十万元以下罚款；情节特别严重或者逾期不改正的，可以责令停业整顿或者吊销其经营许可证；构成犯罪的，依法追究刑事责任：

（一）未经任职资格审查任命董事、高级管理人员的；

（二）拒绝或者阻碍非现场监管或者现场检查的；

（三）提供虚假的或者隐瞒重要事实的报表、报告等文件、资料的；

（四）未按照规定进行信息披露的；

（五）严重违反审慎经营规则的；

（六）拒绝执行本法第三十七条规定的措施的。

5.3　《商业银行法》的规定

【相关规定指引】

《商业银行法》（2015 年 8 月 29 日）

第七条　商业银行开展信贷业务，应当严格审查借款人的资信，实行担保，保障按期收回贷款。

商业银行依法向借款人收回到期贷款的本金和利息，受法律保护。

第三十五条　商业银行贷款，应当对借款人的借款用途、偿还能力、还款方式等情况进行严格审查。

商业银行贷款，应当实行审贷分离、分级审批的制度。

第三十六条　商业银行贷款，借款人应当提供担保。商业银行应当对保证人的偿还能力，抵押物、质物的权属和价值以及实现抵押权、质权的可行性进行严格审查。

经商业银行审查、评估，确认借款人资信良好，确能偿还贷款的，可以不提供担保。

第四十条　商业银行不得向关系人发放信用贷款；向关系人发放担保贷款的条件不得优于其他借款人同类贷款的条件。

前款所称关系人是指：

（一）商业银行的董事、监事、管理人员、信贷业务人员及其近亲属；

（二）前项所列人员投资或者担任高级管理职务的公司、企业和其他经济组织。

第四十一条　任何单位和个人不得强令商业银行发放贷款或者提供担保。商业银行有权拒绝任何单位和个人强令要求其发放贷款或者提供担保。

第四十二条　借款人应当按期归还贷款的本金和利息。

借款人到期不归还担保贷款的，商业银行依法享有要求保证人归还贷款本金和利息或者就该担保物优先受偿的权利。商业银行因行使抵押权、质权而取得的不动产或者股权，应当自取得之日起二年内予以处分。

借款人到期不归还信用贷款的，应当按照合同约定承担责任。

第四十三条　商业银行在中华人民共和国境内不得从事信托投资和证券经营业务，不得向非自用不动产投资或者向非银行金融机构和企业投资，但国家另有规定的除外。

第四十七条　商业银行不得违反规定提高或者降低利率以及采用其他不正当手段，吸收存款，发放贷款。

第五十二条　商业银行的工作人员应当遵守法律、行政法规和其他各项业务管理的规定，不得有下列行为：

（一）利用职务上的便利，索取、收受贿赂或者违反国家规定收受各种名义的回扣、手续费；

（二）利用职务上的便利，贪污、挪用、侵占本行或者客户的资金；

（三）违反规定徇私向亲属、朋友发放贷款或者提供担保；

（四）在其他经济组织兼职；

（五）违反法律、行政法规和业务管理规定的其他行为。

第七十四条　商业银行有下列情形之一，由国务院银行业监督管理机构责令改正，有违法所得的，没收违法所得，违法所得五十万元以上的，并处违法所得一倍以上五倍以下罚款；没有违法所得或者违法所得不足五十万元的，处五十万元以上二百万元以下罚款；情节特别严重或者逾期不改正的，可以责令停业整顿或者吊销其经营许可证；构成犯罪的，依法追究刑事责任：

（一）未经批准设立分支机构的；

（二）未经批准分立、合并或者违反规定对变更事项不报批的；

（三）违反规定提高或者降低利率以及采用其他不正当手段，吸收存款，发放贷款的；

（四）出租、出借经营许可证的；

（五）未经批准买卖、代理买卖外汇的；

（六）未经批准买卖政府债券或者发行、买卖金融债券的；

（七）违反国家规定从事信托投资和证券经营业务、向非自用不动产投资或者向非银行金融机构和企业投资的；

（八）向关系人发放信用贷款或者发放担保贷款的条件优于其他借款人同类贷款的条件的。

第八十四条　商业银行工作人员利用职务上的便利，索取、收受贿赂或者违反国家规定收受各种名义的回扣、手续费，构成犯罪的，依法追究刑事责任；尚不构成犯罪的，应当给予纪律处分。

有前款行为，发放贷款或者提供担保造成损失的，应当承担全部或者部分赔偿责任。

第八十六条　商业银行工作人员违反本法规定玩忽职守造成损失的，应当给予纪律处分；构成犯罪的，依法追究刑事责任。

违反规定徇私向亲属、朋友发放贷款或者提供担保造成损失的，应当承担全部或者部分赔偿责任。

第八十八条　单位或者个人强令商业银行发放贷款或者提供担保的，应当对直接负责的主管人员和其他直接责任人员或者个人给予纪律处分；造成损失的，应当承担全部或者部分赔偿责任。

商业银行的工作人员对单位或者个人强令其发放贷款或者提供担保未予拒绝的，应当给予纪律处分；造成损失的，应当承担相应的赔偿责任。

5.4　《金融违法行为处罚办法》的规定

【相关规定指引】

《金融违法行为处罚办法》（1999 年 2 月 22 日）

第十六条　金融机构办理贷款业务，不得有下列行为：

（一）向关系人发放信用贷款；

（二）向关系人发放担保贷款的条件优于其他借款人同类贷款的条件；

（三）违反规定提高或者降低利率以及采用其他不正当手段发放贷款；

（四）违反中国人民银行规定的其他贷款行为。

金融机构有前款所列行为之一的，给予警告，没收违法所得，并处违法所得 1 倍以上 5 倍以下的罚款，没有违法所得的，处 10 万元以上 50 万元以下的罚款；对该金融机构直接负责的高级管理人员、其他直接负责的主管人员和直接责任人员，给予撤职直至开除的纪律处分；情节严重的，责令该金融机构停业整顿或者吊销经营金融业务许可证；构成违法向关系人发放贷款罪、违法发放贷款罪或者其他罪的，依法追究刑事责任。

第十八条　金融机构不得违反国家规定从事证券、期货或者其他衍生金融工具交易，不得为证券、期货或者其他衍生金融工具交易提供信贷资金或者担保，不得违反国家规定从事非自用不动产、股权、实业等投资活动。

金融机构违反前款规定的，给予警告，没收违法所得，并处违法所得 1

倍以上5倍以下的罚款，没有违法所得的，处10万元以上50万元以下的罚款；对该金融机构直接负责的高级管理人员给予开除的纪律处分，对其他直接负责的主管人员和直接责任人员给予撤职直至开除的纪律处分；情节严重的，责令该金融机构停业整顿或者吊销经营金融业务许可证；构成非法经营罪、违法发放贷款罪或者其他罪的，依法追究刑事责任。

第二十九条　金融机构缴纳的罚款和被没收的违法所得，不得列入该金融机构的成本、费用。

5.5 《反洗钱法》及相关规定

【相关规定指引】

《反洗钱法》（2006年10月31日）

第一条　为了预防洗钱活动，维护金融秩序，遏制洗钱犯罪及相关犯罪，制定本法。

第二条　本法所称反洗钱，是指为了预防通过各种方式掩饰、隐瞒毒品犯罪、黑社会性质的组织犯罪、恐怖活动犯罪、走私犯罪、贪污贿赂犯罪、破坏金融管理秩序犯罪、金融诈骗犯罪等犯罪所得及其收益的来源和性质的洗钱活动，依照本法规定采取相关措施的行为。

《刑法》（2023年12月29日）

第一百九十一条　为掩饰、隐瞒毒品犯罪、黑社会性质的组织犯罪、恐怖活动犯罪、走私犯罪、贪污贿赂犯罪、破坏金融管理秩序犯罪、金融诈骗犯罪的所得及其产生的收益的来源和性质，有下列行为之一的，没收实施以上犯罪的所得及其产生的收益，处五年以下有期徒刑或者拘役，并处或者单处罚金；情节严重的，处五年以上十年以下有期徒刑，并处罚金：

（一）提供资金帐户的；

（二）将财产转换为现金、金融票据、有价证券的；

（三）通过转帐或者其他支付结算方式转移资金的；

（四）跨境转移资产的；

（五）以其他方法掩饰、隐瞒犯罪所得及其收益的来源和性质的。

单位犯前款罪的，对单位判处罚金，并对其直接负责的主管人员和其他直接责任人员，依照前款的规定处罚。

《银行业从业人员职业操守和行为准则》（2020 年 9 月 2 日）

第四十二条　【遵守反洗钱、反恐怖融资规定】银行业从业人员应当遵守反洗钱、反恐怖融资有关规定，熟知银行承担的义务，严格按照要求落实报告大额和可疑交易等工作。

《最高人民法院、最高人民检察院关于办理洗钱刑事案件适用法律若干问题的解释》（2024 年 8 月 19 日）

为依法惩治洗钱犯罪活动，根据《中华人民共和国刑法》、《中华人民共和国刑事诉讼法》的规定，现就办理洗钱刑事案件适用法律的若干问题解释如下：

第一条　为掩饰、隐瞒本人实施刑法第一百九十一条规定的上游犯罪的所得及其产生的收益的来源和性质，实施该条第一款规定的洗钱行为的，依照刑法第一百九十一条的规定定罪处罚。

第二条　知道或者应当知道是他人实施刑法第一百九十一条规定的上游犯罪的所得及其产生的收益，为掩饰、隐瞒其来源和性质，实施该条第一款规定的洗钱行为的，依照刑法第一百九十一条的规定定罪处罚。

第三条　认定"知道或者应当知道"，应当根据行为人所接触、接收的信息，经手他人犯罪所得及其收益的情况，犯罪所得及其收益的种类、数额，犯罪所得及其收益的转移、转换方式，交易行为、资金账户等异常情况，结合行为人职业经历、与上游犯罪人员之间的关系以及其供述和辩解，同案人指证和证人证言等情况综合审查判断。有证据证明行为人确实不知道的除外。

将刑法第一百九十一条规定的某一上游犯罪的犯罪所得及其收益，认作该条规定的上游犯罪范围内的其他犯罪所得及其收益的，不影响"知道或者应当知道"的认定。

第四条　洗钱数额在五百万元以上的，且具有下列情形之一的，应当认定为刑法第一百九十一条规定的"情节严重"：

（一）多次实施洗钱行为的；

（二）拒不配合财物追缴，致使赃款赃物无法追缴的；

（三）造成损失二百五十万元以上的；

（四）造成其他严重后果的。

二次以上实施洗钱犯罪行为，依法应予刑事处理而未经处理的，洗钱数额累计计算。

第五条　为掩饰、隐瞒实施刑法第一百九十一条规定的上游犯罪的所得及其产生的收益的来源和性质，实施下列行为之一的，可以认定为刑法第一百九十一条第一款第五项规定的"以其他方法掩饰、隐瞒犯罪所得及其收益的来源和性质"：

（一）通过典当、租赁、买卖、投资、拍卖、购买金融产品等方式，转移、转换犯罪所得及其收益的；

（二）通过与商场、饭店、娱乐场所等现金密集型场所的经营收入相混合的方式，转移、转换犯罪所得及其收益的；

（三）通过虚构交易、虚设债权债务、虚假担保、虚报收入等方式，转移、转换犯罪所得及其收益的；

（四）通过买卖彩票、奖券、储值卡、黄金等贵金属等方式，转换犯罪所得及其收益的；

（五）通过赌博方式，将犯罪所得及其收益转换为赌博收益的；

（六）通过"虚拟资产"交易、金融资产兑换方式，转移、转换犯罪所得及其收益的；

（七）以其他方式转移、转换犯罪所得及其收益的。

第六条　掩饰、隐瞒刑法第一百九十一条规定的上游犯罪的犯罪所得及其产生的收益，构成刑法第一百九十一条规定的洗钱罪，同时又构成刑法第三百一十二条规定的掩饰、隐瞒犯罪所得、犯罪所得收益罪的，依照刑法第一百九十一条的规定定罪处罚。

实施刑法第一百九十一条规定的洗钱行为，构成洗钱罪，同时又构成刑法第三百四十九条、第二百二十五条、第一百七十七条之一或者第一百二十条之一规定的犯罪的，依照处罚较重的规定定罪处罚。

第七条　认定洗钱罪应当以上游犯罪事实成立为前提。有下列情形的，不影响洗钱罪的认定：

（一）上游犯罪尚未依法裁判，但有证据证明确实存在的；

（二）有证据证明上游犯罪确实存在，因行为人逃匿未到案的；

（三）有证据证明上游犯罪确实存在，因行为人死亡等原因依法不予追究刑事责任的；

（四）有证据证明上游犯罪确实存在，但同时构成其他犯罪而以其他罪名定罪处罚的。

第八条　刑法第一百九十一条规定的"黑社会性质的组织犯罪的所得及其产生的收益"，是指黑社会性质组织及其成员实施相关犯罪的所得及其产生的收益，包括黑社会性质组织的形成、发展过程中，该组织及组织成员通过违法犯罪活动聚敛的全部财物、财产性权益及其孳息、收益。

第九条　犯洗钱罪，判处五年以下有期徒刑或者拘役，并处或者单处罚金的，判处一万元以上罚金；判处五年以上十年以下有期徒刑的，并处二十万元以上罚金。

第十条　符合本解释第一条、第二条的规定，行为人如实供述犯罪事实，认罪悔罪，并积极配合追缴犯罪所得及其产生的收益的，可以从轻处罚；犯罪情节轻微的，可以依法不起诉或者免予刑事处罚。

第十一条　单位实施洗钱犯罪的，依照本解释规定的相应自然人犯罪的定罪量刑标准，对单位判处罚金，并对其直接负责的主管人员和其他直接责任人员定罪处罚。

第十二条　本解释所称"上游犯罪"，是指刑法第一百九十一条规定的毒品犯罪、黑社会性质的组织犯罪、恐怖活动犯罪、走私犯罪、贪污贿赂犯罪、破坏金融管理秩序犯罪、金融诈骗犯罪。

第十三条　本解释自 2024 年 8 月 20 日起施行。《最高人民法院关于审理洗钱等刑事案件具体应用法律若干问题的解释》（法释〔2009〕15 号）同时废止。

6. 担保管理相关行业行政管理规章及规范性文件

6.1　《贷款通则》的规定

【相关规定指引】

《贷款通则》（1996 年 6 月 28 日）

第九条　信用贷款、担保贷款和票据贴现：

信用贷款，系指以借款人的信誉发放的贷款。

担保贷款，系指保证贷款、抵押贷款、质押贷款。

保证贷款，系指按《中华人民共和国担保法》规定的保证方式以第三人承诺在借款人不能偿还贷款时，按约定承担一般保证责任或者连带责任而发放的贷款。

抵押贷款，系指按《中华人民共和国担保法》规定的抵押方式以借款人或第三人的财产作为抵押物发放的贷款。

质押贷款，系指按《中华人民共和国担保法》规定的质押方式以借款人或第三人的动产或权利作为质物发放的贷款。

票据贴现，系指贷款人以购买借款人未到期商业票据的方式发放的贷款。

第十条　除委托贷款以外，贷款人发放贷款，借款人应当提供担保。贷款人应当对保证人的偿还能力，抵押物、质物的权属和价值以及实现抵押权、质权的可行性进行严格审查。

经贷款审查、评估，确认借款人资信良好，确能偿还贷款的，可以不提供担保。

第二十四条　对贷款人的限制：

一、贷款的发放必须严格执行《中华人民共和国商业银行法》第三十九条关于资产负债比例管理的有关规定，第四十条关于不得向关系人发放信用贷款、向关系人发放担保贷款的条件不得优于其他借款人同类贷款条件的规定。

二、借款人有下列情形之一者，不得对其发放贷款：

（一）不具备本通则第四章第十七条所规定的资格和条件的；

（二）生产、经营或投资国家明文禁止的产品、项目的；

（三）违反国家外汇管理规定的；

（四）建设项目按国家规定应当报有关部门批准而未取得批准文件的；

（五）生产经营或投资项目未取得环境保护部门许可的；

（六）在实行承包、租赁、联营、合并（兼并）、合作、分立、产权有偿转让、股份制改造等体制变更过程中，未清偿原有贷款债务、落实原有贷款债务或提供相应担保的；

（七）有其他严重违法经营行为的。

三、未经中国人民银行批准，不得对自然人发放外币币种的贷款。

四、自营贷款和特定贷款，除按中国人民银行规定计收利息之外，不得收取其他任何费用；委托贷款，除按中国人民银行规定计收手续费之外，不得收取其他任何费用。

五、不得给委托人垫付资金，国家另有规定的除外。

六、严格控制信用贷款，积极推广担保贷款。

第五十条　贷款人对合并（兼并）的借款人，应当要求其在合并（兼并）前清偿贷款债务或提供相应的担保。

借款人不清偿贷款债务或未提供相应担保，贷款人应当要求合并（兼并）企业或合并后新成立的企业承担归还原借款人贷款的义务，并与之重新签订有关合同或协议。

第五十二条　贷款人对分立的借款人，应当要求其在分立前清偿贷款债务或提供相应的担保。

借款人不清偿贷款债务或未提供相应担保，贷款人应当要求分立后的各企业，按照分立时所占资本或资产比例或协议，对原借款人所欠贷款承担清偿责任。对设立子公司的借款人，应当要求其子公司按所得资本或资产的比例承担和偿还母公司相应的贷款债务。

第六十三条　贷款人违反规定向关系人发放信用贷款或者发放担保贷款的条件优于其他借款人同类贷款条件的，应当依照《中华人民共和国商业银行法》第七十四条处罚，并且应当依照第七十六条对有关直接责任人员给予处罚。

第六十四条　贷款人的工作人员对单位或者个人强令其发放贷款或者提供担保未予拒绝的，应当依照《中华人民共和国商业银行法》第八十五条给予纪律处分，造成损失的应当承担相应的赔偿责任。

第六十八条　任何单位和个人强令银行发放贷款或者提供担保的，应当依照《中华人民共和国商业银行法》第八十五条，对直接负责的主管人员和其他直接责任人员或者个人给予纪律处分；造成经济损失的，承担全部或者部分赔偿责任。

6.2　《固定资产贷款管理办法》的规定

【相关规定指引】

《固定资产贷款管理办法》（2024年1月30日）

第十四条　贷款人应落实具体的责任部门和岗位，履行尽职调查并形成书面报告。尽职调查的主要内容包括：

（一）借款人及项目发起人等相关关系人的情况，包括但不限于：股权关系、组织架构、公司治理、内部控制、生产经营、核心主业、资产结构、财务资金状况、融资情况及资信水平等；

（二）贷款项目的情况，包括但不限于：项目建设内容和可行性，按照有关规定需取得的审批、核准或备案等手续情况，项目资本金等建设资金的来源和可靠性，项目承建方资质水平，环境风险情况等；

（三）借款人的还款来源情况、重大经营计划、投融资计划及未来预期现金流状况；

（四）涉及担保的，包括但不限于担保人的担保能力、抵（质）押物（权）的价值等；

（五）需要调查的其他内容。

尽职调查人员应当确保尽职调查报告内容的真实性、完整性和有效性。

第十六条　贷款人应建立完善的固定资产贷款风险评价制度，设置定量或定性的指标和标准，以偿债能力分析为核心，从借款人、项目发起人、项目合规性、项目技术和财务可行性、项目产品市场、项目融资方案、还款来源可靠性、担保、保险等角度进行贷款风险评价，并充分考虑政策变化、市场波动等不确定因素对项目的影响，审慎预测项目的未来收益和现金流。

贷款人经评价认为固定资产贷款风险可控，办理信用贷款的，应当在风险评价报告中进行充分论证。

第十九条　贷款人应与借款人及其他相关当事人签订书面借款合同等相关协议，需担保的应同时签订担保合同或条款。合同中应详细规定各方当事人的权利、义务及违约责任，避免对重要事项未约定、约定不明或约定无效。

第二十三条　贷款人应要求借款人在合同中对与贷款相关的重要内容作出承诺，承诺内容包括但不限于：

（一）贷款项目及其借款事项符合法律法规的要求；

（二）及时向贷款人提供完整、真实、有效的材料；

（三）配合贷款人进行贷款支付管理、贷后管理及相关检查；

（四）进行合并、分立、股权转让，以及进行可能影响其偿债能力的对外投资、对外提供担保、实质性增加债务融资等重大事项前征得贷款人同意；

（五）发生其他影响其偿债能力的重大不利事项及时通知贷款人。

第三十六条　贷款人应定期对借款人和项目发起人的履约情况及信用状况、股权结构重大变动情况、项目的建设和运营情况、宏观经济变化和市场波动情况、贷款担保的变动情况等内容进行检查与分析，建立贷款质量监控制度和贷款风险预警体系。

出现可能影响贷款安全的不利情形时，贷款人应对贷款风险进行重新评估并采取针对性措施。

第三十七条　项目实际投资超过原定投资金额，贷款人经重新风险评价和审批决定追加贷款的，应要求项目发起人配套追加不低于项目资本金比例的投资。需提供担保的,贷款人应同时要求追加相应担保。

第三十八条 贷款人应对抵(质)押物的价值和担保人的担保能力建立贷后动态监测和重估制度。

第四十九条 贷款人原则上应当要求将符合抵质押条件的项目资产和/或项目预期收益等权利为贷款设定担保,并可以根据需要,将项目发起人持有的项目公司股权为贷款设定质押担保。贷款人可根据实际情况与借款人约定为项目投保商业保险。

贷款人认为可办理项目融资信用贷款的,应当在风险评价时进行审慎论证,确保风险可控,并在风险评价报告中进行充分说明。

第五十条 贷款人应当采取措施有效降低和分散融资项目在建设期和经营期的各类风险。贷款人应当以要求借款人或者通过借款人要求项目相关方签订总承包合同、提供履约保函等方式,最大限度降低建设期风险。贷款人可以要求借款人签订长期供销合同、使用金融衍生工具或者发起人提供资金缺口担保等方式,有效分散经营期风险。

6.3 《流动资金贷款管理办法》的规定

【相关规定指引】

《流动资金贷款管理办法》(2024 年 1 月 30 日)

第十六条 贷款人应采取现场与非现场相结合的形式履行尽职调查,形成书面报告,并对其内容的真实性、完整性和有效性负责。

为小微企业办理的流动资金贷款,贷款人通过非现场调查手段可有效核实相关信息真实性,并可据此对借款人作出风险评价的,可简化或不再进行现场调查。

贷款人应根据自身风险管理能力,按照小微企业流动资金贷款的区域、行业、品种等,审慎确定借款人可简化或不再进行现场调查的贷款金额上限。

尽职调查包括但不限于以下内容:

(一)借款人的组织架构、公司治理、内部控制及法定代表人和经营管理团队的资信等情况;

（二）借款人的经营范围、核心主业、生产经营、贷款期内经营规划和重大投资计划等情况；

（三）借款人所在行业状况；

（四）借款人的应收账款、应付账款、存货等真实财务状况；

（五）借款人营运资金总需求和现有融资性负债情况；

（六）借款人关联方及关联交易等情况；

（七）贷款具体用途及与贷款用途相关的交易对象资金占用等情况；

（八）还款来源情况，包括经营产生的现金流、综合收益及其他合法收入等；

（九）对有担保的流动资金贷款，还需调查抵（质）押物的权属、价值和变现难易程度，或保证人的保证资格和能力等情况。

第十九条　贷款人应根据借款人经营规模、业务特征、资金循环周期等要素测算其营运资金需求（测算方法示例参考附件），并合理确定贷款结构，包括金额、期限、利率、担保和还款方式等。

贷款人可根据实际需要，制定针对不同类型借款人的测算方法，并适时对方法进行评估及调整。

借款人为小微企业的，贷款人可通过其他方式分析判断借款人营运资金需求。

第二十二条　贷款人应与借款人及其他相关当事人签订书面借款合同等相关协议，需担保的应同时签订担保合同或条款。

第二十五条　贷款人应要求借款人在合同中对与贷款相关的重要内容作出承诺，承诺内容包括但不限于：

（一）及时向贷款人提供真实、完整、有效的材料；

（二）配合贷款人进行贷款支付管理、贷后管理及相关检查；

（三）进行合并、分立、股权转让，以及进行可能影响其偿债能力的对外投资、对外提供担保、实质性增加债务融资等重大事项前征得贷款人同意；

（四）贷款人有权根据借款人资金回笼情况提前收回贷款；

（五）发生影响偿债能力的重大不利事项时及时通知贷款人。

第三十五条　贷款人应加强贷款资金发放后的管理，针对借款人所属行业及经营特点，通过定期与不定期现场检查与非现场监测，分析借款人经营、财务、信用、支付、担保及融资数量和渠道变化等状况，掌握各种影响借款人偿债能力的风险因素。

对于简化或不再进行现场实地调查的业务，应当按照适当比例实施贷后实地检查。

第三十七条　贷款人应动态关注借款人经营、管理、财务及资金流向等重大预警信号，根据合同约定及时采取提前收回贷款、追加担保等有效措施防范化解贷款风险。

6.4　《个人贷款管理办法》的规定

【相关规定指引】

《个人贷款管理办法》（2024 年 1 月 30 日）

第十条　贷款人应建立借款人合理的收入偿债比例控制机制，结合借款人收入、负债、支出、贷款用途、担保情况等因素，合理确定贷款金额和期限，控制借款人每期还款额不超过其还款能力。

第十五条　贷款调查包括但不限于以下内容：

（一）借款人基本情况；

（二）借款人收入情况；

（三）借款用途，用于生产经营的还应调查借款人经营情况；

（四）借款人还款来源、还款能力及还款方式；

（五）保证人担保意愿、担保能力或抵（质）押物权属、价值及变现能力。

第十九条　贷款审查应对贷款调查内容的合法性、合理性、准确性进行全面审查，重点关注调查人的尽职情况和借款人的偿还能力、信用状况、担保情况、抵（质）押比率、风险程度等。

第二十条　贷款人应建立和完善风险评价机制，落实风险评价的责任部门和岗位。贷款风险评价应全面分析借款人的信用状况和还款能力，关注其收入与支出情况、偿债情况等，用于生产经营的还应对借款人经营情况和风险情况进行分析，采取定量和定性分析方法，全面、动态、审慎地进行贷款风险评价。对于提供担保的贷款，贷款人应当以全面评价借款人的偿债能力为前提，不得直接通过担保方式确定贷款金额和期限等要素。

贷款人应建立和完善借款人信用风险评价体系，关注借款人各类融资情况，建立健全个人客户统一授信管理体系，并根据业务发展情况和风险控制需要，适时予以调整。

第二十六条　贷款人应与借款人签订书面借款合同，需担保的应同时签订担保合同或条款。贷款人应要求借款人当面签订借款合同及其他相关文件。对于金额不超过二十万元人民币的贷款，可通过电子银行渠道签订有关合同和文件（不含用于个人住房用途的贷款）。

当面签约的，贷款人应当对签约过程进行录音录像并妥善保存相关影像。

第二十九条　贷款人应依照《中华人民共和国民法典》等法律法规的相关规定，规范担保流程与操作。

按合同约定办理抵（质）押物登记的，贷款人应当参与。贷款人委托第三方办理的，应对抵（质）押物登记情况予以核实。

第三十九条　个人贷款支付后，贷款人应采取有效方式对贷款资金使用、借款人的信用及担保情况变化等进行跟踪检查和监控分析，确保贷款资产安全。

贷款人应加强对借款人资金挪用行为的监控，发现借款人挪用贷款资金的，应按照合同约定采取要求借款人整改、提前归还贷款或下调贷款风险分类等相应措施进行管控。

6.5　《农户贷款管理办法》的规定

【相关规定指引】

《农户贷款管理办法》（2012 年 9 月 17 日）

第六条　农村金融机构应当增强主动服务意识，加强产业发展与市场研究，了解发掘农户信贷需求，创新抵押担保方式，积极开发适合农户需求的信贷产品，积极开展农村金融消费者教育。

第八条 农村金融机构应当建立包括建档、营销、受理、调查、评级、授信、审批、放款、贷后管理与动态调整等内容的农户贷款管理流程。针对不同的农户贷款产品，可以采取差异化的管理流程。对于农户小额信用（担保）贷款可以简化合并流程，按照"一次核定、随用随贷、余额控制、周转使用、动态调整"模式进行管理；对其他农户贷款可以按照"逐笔申请、逐笔审批发放"的模式进行管理；对当地特色优势农业产业贷款，可以适当采取批量授信、快速审批模式进行管理。

第十五条 贷款种类。按信用形式分类，农户贷款分为信用贷款、保证贷款、抵押贷款、质押贷款，以及组合担保方式贷款。农村金融机构应当积极创新抵质押担保方式，加强农户贷款增信能力，控制农户贷款风险水平。

第十六条 贷款额度。农村金融机构应当根据借款人生产经营状况、偿债能力、贷款真实需求、信用状况、担保方式、机构自身资金状况和当地农村经济发展水平等因素，合理确定农户贷款额度。

第二十三条 贷前调查包括但不限于下列内容：

（一）借款人（户）基本情况；

（二）借款户收入支出与资产、负债等情况；

（三）借款人（户）信用状况；

（四）借款用途及预期风险收益情况；

（五）借款人还款来源、还款能力、还款意愿及还款方式；

（六）保证人担保意愿、担保能力或抵（质）押物价值及变现能力；

（七）借款人、保证人的个人信用信息基础数据库查询情况。

第二十八条 贷中审查应当对贷款调查内容的合规性和完备性进行全面审查，重点关注贷前调查尽职情况、申请材料完备性和借款人的偿还能力、诚信状况、担保情况、抵（质）押及经营风险等。依据贷款审查结果，确定授信额度，作出审批决定。

第三十一条 农村金融机构应当要求借款人当面签订借款合同及其他相关文件，需担保的应当当面签订担保合同。采取指纹识别、密码等措施，确认借款人与指定账户真实性，防范顶冒名贷款问题。

第三十七条　农村金融机构应当建立贷后定期或不定期检查制度，明确首贷检查期限，采取实地检查、电话访谈、检查结算账户交易记录等多种方式，对贷款资金使用、借款人信用及担保情况变化等进行跟踪检查和监控分析，确保贷款资金安全。

第四十条　农村金融机构应当建立风险预警制度，定期跟踪分析评估借款人履行借款合同约定内容的情况以及抵质押担保情况，及时发现借款人、担保人的潜在风险并发出预警提示，采取增加抵质押担保、调整授信额度、提前收回贷款等措施，并作为与其后续合作的信用评价基础。

第四十四条　对于未按照借款合同约定收回的贷款，应当采取措施进行清收，也可以在利息还清、本金部分偿还、原有担保措施不弱化等情况下协议重组。

6.6　《商业银行委托贷款管理办法》的规定

【相关规定指引】

《商业银行委托贷款管理办法》（2018 年 1 月 5 日）

第三条　本办法所称委托贷款，是指委托人提供资金，由商业银行（受托人）根据委托人确定的借款人、用途、金额、币种、期限、利率等代为发放、协助监督使用、协助收回的贷款，不包括现金管理项下委托贷款和住房公积金项下委托贷款。

委托人是指提供委托贷款资金的法人、非法人组织、个体工商户和具有完全民事行为能力的自然人。

现金管理项下委托贷款是指商业银行在现金管理服务中，受企业集团客户委托，以委托贷款的形式，为客户提供的企业集团内部独立法人之间的资金归集和划拨业务。

住房公积金项下委托贷款是指商业银行受各地住房公积金管理中心委托，以住房公积金为资金来源，代为发放的个人住房消费贷款和保障性住房建设项目贷款。

第四条　委托贷款业务是商业银行的委托代理业务。商业银行依据本办法规定，与委托贷款业务相关主体通过合同约定各方权利义务，履行相应职责，收取代理手续费，不承担信用风险。

第八条 商业银行受托办理委托贷款业务，应要求委托人承担以下职责，并在合同中作出明确约定。

（一）自行确定委托贷款的借款人，并对借款人资质、贷款项目、担保人资质、抵质押物等进行审查。

（二）确保委托资金来源合法合规且委托人有权自主支配，并按合同约定及时向商业银行提供委托资金。

（三）监督借款人按照合同约定使用贷款资金，确保贷款用途合法合规，并承担借款人的信用风险。

第九条 商业银行审查委托人资金来源时，应要求委托人提供证明其资金来源合法合规的相关文件或具有同等法律效力的相关证明，对委托人的财务报表、信用记录等进行必要的审核，重点加强对以下内容的审查和测算：

（一）委托人的委托资金是否超过其正常收入来源和资金实力。

（二）委托人在银行有授信余额的，商业银行应合理测算委托人自有资金，并将测算情况作为发放委托贷款的重要依据。

第十条 商业银行不得接受委托人下述资金发放委托贷款：

（一）受托管理的他人资金。

（二）银行的授信资金。

（三）具有特定用途的各类专项基金（国务院有关部门另有规定的除外）。

（四）其他债务性资金（国务院有关部门另有规定的除外）。

（五）无法证明来源的资金。

企业集团发行债券筹集并用于集团内部的资金，不受本条规定限制。

第十一条 商业银行受托发放的贷款应有明确用途，资金用途应符合法律法规、国家宏观调控和产业政策。资金用途不得为以下方面：

（一）生产、经营或投资国家禁止的领域和用途。

（二）从事债券、期货、金融衍生品、资产管理产品等投资。

（三）作为注册资本金、注册验资。

（四）用于股本权益性投资或增资扩股（监管部门另有规定的除外）。

（五）其他违反监管规定的用途。

第十四条 委托贷款采取担保方式的，委托人和担保人应就担保形式和担保人（物）达成一致，并签订委托贷款担保合同。

第十九条 商业银行应严格隔离委托贷款业务与自营业务的风险，严禁以下行为：

（一）代委托人确定借款人。

（二）参与委托人的贷款决策。

（三）代委托人垫付资金发放委托贷款。

（四）代借款人确定担保人。

（五）代借款人垫付资金归还委托贷款，或者用信贷、理财资金直接或间接承接委托贷款。

（六）为委托贷款提供各种形式的担保。

（七）签订改变委托贷款业务性质的其他合同或协议。

（八）其他代为承担风险的行为。

6.7 《商业银行金融资产风险分类办法》的规定

【相关规定指引】

《商业银行金融资产风险分类办法》（2023年2月10日）

第六条 金融资产按照风险程度分为五类，分别为正常类、关注类、次级类、可疑类、损失类，后三类合称不良资产。

（一）正常类：债务人能够履行合同，没有客观证据表明本金、利息或收益不能按时足额偿付。

（二）关注类：虽然存在一些可能对履行合同产生不利影响的因素，但债务人目前有能力偿付本金、利息或收益。

（三）次级类：债务人无法足额偿付本金、利息或收益，或金融资产已经发生信用减值。

（四）可疑类：债务人已经无法足额偿付本金、利息或收益，金融资产已发生显著信用减值。

（五）损失类：在采取所有可能的措施后，只能收回极少部分金融资产，或损失全部金融资产。

前款所称金融资产已发生信用减值指根据《企业会计准则第22号——金融工具确认和计量》（财会〔2017〕7号）第四十条，因债务人信用状况恶化导致的金融资产估值向下调整。

第七条　商业银行对非零售资产开展风险分类时，应加强对债务人第一还款来源的分析，以评估债务人履约能力为中心，重点考察债务人的财务状况、偿付意愿、偿付记录，并考虑金融资产的逾期天数、担保情况等因素。对于债务人为企业集团成员的，其债务被分为不良并不必然导致其他成员也被分为不良，但商业银行应及时启动评估程序，审慎评估该成员对其他成员的影响，并根据评估结果决定是否调整其他成员债权的风险分类。

商业银行对非零售债务人在本行的债权超过10%被分为不良的，对该债务人在本行的所有债权均应归为不良。经国务院金融管理部门认可的增信方式除外。

第八条　商业银行对零售资产开展风险分类时，在审慎评估债务人履约能力和偿付意愿基础上，可根据单笔资产的交易特征、担保情况、损失程度等因素进行逐笔分类。

零售资产包括个人贷款、信用卡贷款以及小微企业债权等。其中，个人贷款、信用卡贷款、小微企业贷款可采取脱期法进行分类。

第十七条　重组资产是指因债务人发生财务困难，为促使债务人偿还债务，商业银行对债务合同作出有利于债务人调整的金融资产，或对债务人现有债务提供再融资，包括借新还旧、新增债务融资等。

对于现有合同赋予债务人自主改变条款或再融资的权利，债务人因财务困难行使该权利的，相关资产也属于重组资产。

第十八条　债务人财务困难包括以下情形：

（一）本金、利息或收益已经逾期；

（二）虽然本金、利息或收益尚未逾期，但债务人偿债能力下降，预计现金流不足以履行合同，债务有可能逾期；

（三）债务人的债务已经被分为不良；

（四）债务人无法在其他银行以市场公允价格融资；

（五）债务人公开发行的证券存在退市风险，或处于退市过程中，或已经退市，且对债务人的履约能力产生显著不利影响；

（六）商业银行认定的其他情形。

第十九条　合同调整包括以下情形：

（一）展期；

（二）宽限本息偿还计划；

（三）新增或延长宽限期；

（四）利息转为本金；

（五）降低利率，使债务人获得比公允利率更优惠的利率；

（六）允许债务人减少本金、利息或相关费用的偿付；

（七）释放部分押品，或用质量较差的押品置换现有押品；

（八）置换；

（九）其他放松合同条款的措施。

第四十八条　商业银行自 2023 年 7 月 1 日起新发生的业务应按本办法要求进行分类。对于 2023 年 7 月 1 日前发生的业务，商业银行应制订重新分类计划，并于 2025 年 12 月 31 日前，按季度有计划、分步骤对所有存量业务全部按本办法要求进行重新分类。鼓励有条件的商业银行提前完成存量业务的重新分类。过渡期内，尚未按照本办法重新分类的存量业务，按照《贷款风险分类指引》（银监发〔2007〕54 号）相关规定进行分类。

6.8　《贷款风险分类指引》的规定

【相关规定指引】

《贷款风险分类指引》（2007 年 7 月 3 日）

第五条　商业银行应按照本指引，至少将贷款划分为正常、关注、次级、可疑和损失五类，后三类合称为不良贷款。

正常：借款人能够履行合同，没有足够理由怀疑贷款本息不能按时足额偿还。

关注：尽管借款人目前有能力偿还贷款本息，但存在一些可能对偿还产生不利影响的因素。

次级：借款人的还款能力出现明显问题，完全依靠其正常营业收入无法足额偿还贷款本息，即使执行担保，也可能会造成一定损失。

可疑：借款人无法足额偿还贷款本息，即使执行担保，也肯定要造成较大损失。

损失：在采取所有可能的措施或一切必要的法律程序之后，本息仍然无法收回，或只能收回极少部分。

第六条　商业银行对贷款进行分类，应注意考虑以下因素：

（一）借款人的还款能力。

（二）借款人的还款记录。

（三）借款人的还款意愿。

（四）贷款项目的盈利能力。

（五）贷款的担保。

（六）贷款偿还的法律责任。

（七）银行的信贷管理状况。

第七条　对贷款进行分类时，要以评估借款人的还款能力为核心，把借款人的正常营业收入作为贷款的主要还款来源，贷款的担保作为次要还款来源。

借款人的还款能力包括借款人现金流量、财务状况、影响还款能力的非财务因素等。

不能用客户的信用评级代替对贷款的分类，信用评级只能作为贷款分类的参考因素。

第八条　对零售贷款如自然人和小企业贷款主要采取脱期法，依据贷款逾期时间长短直接划分风险类别。对农户、农村微型企业贷款可同时结合信用等级、担保情况等进行风险分类。

第十八条 对贷款以外的各类资产，包括表外项目中的直接信用替代项目，也应根据资产的净值、债务人的偿还能力、债务人的信用评级情况和担保情况划分为正常、关注、次级、可疑、损失五类，其中后三类合称为不良资产。

分类时，要以资产价值的安全程度为核心，具体可参照贷款风险分类的标准和要求。

6.9 《贷款风险分类指引》与《商业银行金融资产风险分类办法》分类对比及区别

6.9.1 分类的对比

分类	《贷款风险分类指引》	《商业银行金融资产风险分类办法》
正常类	借款人能够履行合同，没有足够理由怀疑贷款本息不能按时足额偿还	债权人能够履行合同，没有客观证据表明本金、利息或收益不能按时足额偿付
关注类	尽管借款人目前有能力偿还贷款本息，但存在一些可能对偿还产生不利影响的因素	虽然存在一些可能对履行合同产生不利影响的因素，但债务人目前有能力偿付本金、利息或收益
次级类	借款人的还款能力出现明显问题，完全依靠其正常营业收入无法足额偿还贷款本息，即使执行担保，也可能会造成一定损失	债务人无法足额偿付本金、利息或收益，或金融资产已经发生信用减值
可疑类	借款人无法足额偿还贷款本息，即使执行担保，也肯定要造成较大损失	债务人已经无法足额偿付本金、利息或收益，金融资产已经发生显著信用减值
损失类	在采取所有可能的措施或一切必要的法律程序后，本息依然无法收回，或只能收回极少部分	在采取所有可能的措施后，只能收回极少部分金融资产，或损失全部金融资产

6.9.2 分类的区别

相比《贷款风险分类指引》，《商业银行金融资产风险分类办法》不再围绕"贷款本息"能否收回作为分类标准，而是强调债务人的履约能力，构建了"以债务人为中心"的风险分类原则。

6.10 《银行保险机构关联交易管理办法》的规定

【相关规定指引】

《银行保险机构关联交易管理办法》（2022年1月10日）

第十三条 银行机构的关联交易包括以下类型：

（一）授信类关联交易：指银行机构向关联方提供资金支持、或者对关联方在有关经济活动中可能产生的赔偿、支付责任作出保证，包括贷款（含贸易融资）、票据承兑和贴现、透支、债券投资、特定目的载体投资、开立信用证、保理、担保、保函、贷款承诺、证券回购、拆借以及其他实质上由银行机构承担信用风险的表内外业务等；

（二）资产转移类关联交易：包括银行机构与关联方之间发生的自用动产与不动产买卖，信贷资产及其收（受）益权买卖，抵债资产的接收和处置等；

（三）服务类关联交易：包括信用评估、资产评估、法律服务、咨询服务、信息服务、审计服务、技术和基础设施服务、财产租赁以及委托或受托销售等；

（四）存款和其他类型关联交易，以及根据实质重于形式原则认定的可能引致银行机构利益转移的事项。

第二十八条 银行机构不得直接通过或借道同业、理财、表外等业务，突破比例限制或违反规定向关联方提供资金。

银行机构不得接受本行的股权作为质押提供授信。银行机构不得为关联方的融资行为提供担保（含等同于担保的或有事项），但关联方以银行存单、国债提供足额反担保的除外。

银行机构向关联方提供授信发生损失的，自发现损失之日起二年内不得再向该关联方提供授信，但为减少该授信的损失，经银行机构董事会批准的除外。

第五十九条 银行机构、信托公司、其他非银行金融机构的股东或其控股股东、实际控制人，通过向机构施加影响，迫使机构从事下列行为的，银保监会或其派出机构应当责令限期改正；逾期未改正的，可以限制该股东的权利；对情节严重的控股股东，可以责令其转让股权。

（一）违反本办法第二十七条规定进行关联交易的；

（二）未按本办法第四十四条规定的商业原则进行关联交易的；

（三）未按本办法第四十五条规定审查关联交易的；

（四）违反本办法规定为关联方融资行为提供担保的；

（五）接受本公司的股权作为质押提供授信的；

（六）聘用关联方控制的会计师事务所等为其提供服务的；

（七）对关联方授信余额或融资余额等超过本办法规定比例的；

（八）未按照本办法规定披露信息的。

第六十一条　银行机构、信托公司、其他非银行金融机构有下列情形之一的，银保监会或其派出机构可依照法律法规采取相关监管措施或进行处罚：

（一）违反本办法第二十七条规定进行关联交易的；

（二）未按本办法第四十四条规定的商业原则进行关联交易的；

（三）未按本办法第四十五条规定审查关联交易的；

（四）违反本办法规定为关联方融资行为提供担保的；

（五）接受本行的股权作为质押提供授信的；

（六）聘用关联方控制的会计师事务所等为其提供服务的；

（七）对关联方授信余额或融资余额等超过本办法规定比例的；

（八）未按照本办法规定披露信息的；

（九）未按要求执行本办法第五十九条和第六十条规定的监督管理措施的；

（十）其他违反本办法规定的情形。

6.11 《商业银行流动性风险管理办法》的规定

【相关规定指引】

《商业银行流动性风险管理办法》（2018 年 5 月 23 日）

第二十六条　商业银行应当加强融资抵（质）押品管理，确保其能够满足正常和压力情景下日间和不同期限融资交易的抵（质）押品需求，并且能够及时履行向相关交易对手返售抵（质）押品的义务。

商业银行应当区分有变现障碍资产和无变现障碍资产。对可以用作抵（质）押品的无变现障碍资产的种类、数量、币种、所处地域和机构、托管账户，以及中央银行或金融市场对其接受程度进行监测分析，定期评估其资产价值及融资能力，并充分考虑其在融资中的操作性要求和时间要求。

商业银行应当在考虑抵（质）押品的融资能力、价格敏感度、压力情景下的折扣率等因素的基础上提高抵（质）押品的多元化程度。

第三十一条　商业银行应当持有充足的优质流动性资产，确保其在压力情景下能够及时满足流动性需求。优质流动性资产应当为无变现障碍资产，可以包括在压力情景下能够通过出售或抵（质）押方式获取资金的流动性资产。

商业银行应当根据其流动性风险偏好，考虑压力情景的严重程度和持续时间、现金流缺口、优质流动性资产变现能力等因素，按照审慎原则确定优质流动性资产的规模和构成。

第四十七条　银行业监督管理机构应当定期监测商业银行无变现障碍资产的种类、金额和所在地。相关参考指标包括但不限于超额备付金率、本办法第三十一条所规定的优质流动性资产以及向中央银行或市场融资时可以用作抵（质）押品的其他资产。

第六十五条　本办法所称流动性转移限制是指由于法律、监管、税收、外汇管制以及货币不可自由兑换等原因，导致资金或融资抵（质）押品在跨境或跨机构转移时受到限制。

第六十六条　本办法所称无变现障碍资产是指未在任何交易中用作抵（质）押品、信用增级或者被指定用于支付运营费用，在清算、出售、转移、转让时不存在法律、监管、合同或操作障碍的资产。

6.12　《商业银行理财业务监督管理办法》的规定

【相关规定指引】

《商业银行理财业务监督管理办法》（2018 年 9 月 26 日）

第三条　本办法所称理财业务是指商业银行接受投资者委托，按照与投资者事先约定的投资策略、风险承担和收益分配方式，对受托的投资者财产进行投资和管理的金融服务。

本办法所称理财产品是指商业银行按照约定条件和实际投资收益情况向投资者支付收益、不保证本金支付和收益水平的非保本理财产品。

第四十九条 商业银行不得用自有资金购买本行发行的理财产品，不得为理财产品投资的非标准化债权类资产或权益类资产提供任何直接或间接、显性或隐性的担保或回购承诺，不得用本行信贷资金为本行理财产品提供融资和担保。

6.13 《银行抵债资产管理办法》的规定

【相关规定指引】

《银行抵债资产管理办法》（2005 年 5 月 27 日）

第三条 本办法所称抵债资产是指银行依法行使债权或担保物权而受偿于债务人、担保人或第三人的实物资产或财产权利。

本办法所称以物抵债是指银行的债权到期，但债务人无法用货币资金偿还债务，或债权虽未到期，但债务人已出现严重经营问题或其他足以严重影响债务人按时足额用货币资金偿还债务，或当债务人完全丧失清偿能力时，担保人也无力以货币资金代为偿还债务，经银行与债务人、担保人或第三人协商同意，或经人民法院、仲裁机构依法裁决，债务人、担保人或第三人以实物资产或财产权利作价抵偿银行债权的行为。

第五条 以物抵债管理应遵循严格控制、合理定价、妥善保管、及时处置的原则。

（一）严格控制原则。银行债权应首先考虑以货币形式受偿，从严控制以物抵债。受偿方式以现金受偿为第一选择，债务人、担保人无货币资金偿还能力时，要优先选择以直接拍卖、变卖非货币资产的方式回收债权。当现金受偿确实不能实现时，可接受以物抵债。

（二）合理定价原则。抵债资产必须经过严格的资产评估来确定价值，评估程序应合法合规，要以市场价格为基础合理定价。

（三）妥善保管原则。对收取的抵债资产应妥善保管，确保抵债资产安全、完整和有效。

（四）及时处置原则。收取抵债资产后应及时进行处置，尽快实现抵债资产向货币资产的有效转化。

第七条 以物抵债主要通过以下两种方式：

（一）协议抵债。经银行与债务人、担保人或第三人协商同意，债务人、担保人或第三人以其拥有所有权或处置权的资产作价，偿还银行债权。

（二）法院、仲裁机构裁决抵债。通过诉讼或仲裁程序，由终结的裁决文书确定将债务人、担保人或第三人拥有所有权或处置权的资产，抵偿银行债权。

诉讼程序和仲裁程序中的和解，参照协议抵债处理。

第八条 债务人出现下列情况之一，无力以货币资金偿还银行债权，或当债务人完全丧失清偿能力时，担保人也无力以货币资金代为偿还债务，或担保人根本无货币支付义务的，银行可根据债务人或担保人以物抵债协议或人民法院、仲裁机构的裁决，实施以物抵债：

（一）生产经营已中止或建设项目处于停、缓建状态。

（二）生产经营陷入困境，财务状况日益恶化，处于关、停、并、转状态。

（三）已宣告破产，银行有破产分配受偿权的。

（四）对债务人的强制执行程序无法执行到现金资产，且执行实物资产或财产权利按司法惯例降价处置仍无法成交的。

（五）债务人及担保人出现只有通过以物抵债才能最大限度保全银行债权的其他情况。

第九条 银行要根据债务人、担保人或第三人可受偿资产的实际情况，优先选择产权明晰、权证齐全、具有独立使用功能、易于保管及变现的资产作为抵债资产。

第十条 下列财产一般不得用于抵偿债务：

（一）法律规定的禁止流通物。

（二）抵债资产欠缴和应缴的各种税收和费用已经接近、等于或者高于该资产价值的。

（三）权属不明或有争议的资产。

（四）伪劣、变质、残损或储存、保管期限很短的资产。

（五）资产已抵押或质押给第三人，且抵押或质押价值没有剩余的。

（六）依法被查封、扣押、监管或者依法被以其他形式限制转让的资产（银行有优先受偿权的资产除外）。

（七）公益性质的生活设施、教育设施、医疗卫生设施等。

（八）法律禁止转让和转让成本高的集体所有土地使用权。

（九）已确定要被征用的土地使用权。

（十）其他无法变现的资产。

第十四条　银行应合理确定抵债金额。

（一）协议抵债的，原则上应在具有合法资质的评估机构进行评估确值的基础上，与债务人、担保人或第三人协商确定抵债金额。评估时，应要求评估机构以公开市场价值标准为原则，确定资产的市场价值，在可能的情况下应要求评估机构提供资产的快速变现价值。抵债资产欠缴的税费和取得抵债资产支付的相关税费应在确定抵债金额时予以扣除。

（二）采用诉讼、仲裁等法律手段追偿债权的，如债务人和担保人确无现金偿还能力，银行要及时申请法院或仲裁机构对债务人、担保人的财产进行拍卖或变卖，以拍卖或变卖所得偿还债权。若拍卖流拍后，银行要申请法院或仲裁机构按照有关法律规定或司法惯例降价后继续拍卖。确需收取抵债资产时，应比照协议抵债金额的确定原则，要求法院、仲裁机构以最后一次的拍卖保留价为基础，公平合理地确定抵债金额。

第二十六条　除法律法规规定债权与债务关系已完全终结的情况外，抵债金额不足冲减债权本息的部分，应继续向债务人、担保人追偿，追偿未果的，按规定进行核销和冲减。

第三十条　银行应当对抵债资产收取、保管和处置情况进行检查，发现问题及时纠正。在收取、保管、处置抵债资产过程中，有下列情况之一者，应视情节轻重进行处理；涉嫌违法犯罪的，应当移交司法机关，依法追究法律责任：

（一）截留抵债资产经营处置收入的。

（二）擅自动用抵债资产的。

（三）未经批准收取、处置抵债资产的。

（四）恶意串通抵债人或中介机构，在收取抵债资产过程中故意高估抵债资产价格，或在处理抵债资产过程中故意低估价格，造成银行资产损失的。

（五）玩忽职守，怠于行使职权而造成抵债资产毁损、灭失的。

（六）擅自将抵债资产转为自用资产的。

（七）其他在抵债资产的收取、保管、处置过程中，违反本办法有关规定的行为。

6.14　《商业银行资本管理办法》的规定

【相关规定指引】

《商业银行资本管理办法》（2023 年 10 月 26 日）

第二十四条　商业银行在计算调整后表内外资产余额时，除本办法附件 19 另有规定外，不考虑抵质押品、保证和信用衍生工具等信用风险缓释因素。

第四十七条　商业银行采用权重法，应按照本办法规定的机构划分标准，实施差异化的银行账簿信用风险暴露分类和信用风险加权资产计量规则。

（一）第一档商业银行应按照本办法附件 2 的规定对银行账簿信用风险暴露进行分类，按照本章第二节的规定计量信用风险加权资产。

（二）第二档商业银行应按照本办法第六十五条第五款、第六十六条第二款、第六十七条第二款、第六十八条第三款、第六十九条第三款、第七十一条第三款、第七十二条第三款、第七十四条、第七十九条第三款、第八十条第三款的规定，对商业银行风险暴露、其他金融机构风险暴露、公司风险暴露、个人风险暴露、房地产风险暴露、存在币种错配情形的个人风险暴露和向个人发放的居住用房地产风险暴露、合格资产担保债券、已违约风险暴露进行划分和计量。

第六十九条　商业银行对个人风险暴露的风险权重。

（一）对符合本办法附件 2 规定的监管零售个人风险暴露的风险权重为 75%，其中符合标准的合格交易者个人风险暴露的风险权重为 45%。

（二）对其他个人风险暴露的风险权重为 100%。

（三）第二档商业银行对个人住房抵押贷款的风险权重为 50%。对已抵押房产，商业银行以再评估后的净值为抵押追加贷款并用于房地产投资的，追加部分的风险权重为 150%。

第七十三条　商业银行自用不动产的风险权重为 100%，商业银行非自用不动产的风险权重为 400%。

商业银行因行使抵押权等方式而持有的非自用不动产在法律规定处分期限内的风险权重为 100%。

第七十六条　商业银行对工商企业股权投资的风险权重。

（一）被动持有的对工商企业股权投资在法律规定处分期限内的风险权重为 250%。

（二）对因市场化债转股持有的工商企业股权投资的风险权重为 250%。

（三）对获得国家重大补贴并受到政府监督的股权投资的风险权重为 250%。

（四）对工商企业其他股权投资的风险权重为 1250%。

第七十九条　商业银行对合格资产担保债券的风险权重。

（一）债券自身具有外部信用评级的，以债券自身的外部信用评级结果为基准。债券评级为 AA-（含）以上的，风险权重为 10%；AA-以下，BBB-（含）以上的，风险权重为 20%；BBB-以下，B-（含）以上的，风险权重为 50%；B-以下的，风险权重为 100%。

（二）债券自身不具有外部信用评级的，以债券发行银行的标准信用风险评估结果为基准。债券发行银行为 A+级的，风险权重为 15%；A 级的，风险权重为 20%；B 级的，风险权重为 35%；C 级的，风险权重为 100%。

（三）第二档商业银行不单独划分合格资产担保债券，按照交易对手风险权重计量。

第八十条　商业银行对已违约风险暴露的风险权重。

（一）以居住用房为抵押、还款不实质性依赖于房地产所产生的现金流的已违约风险暴露，风险权重为 100%。

（二）对其他已违约风险暴露，损失准备低于资产账面价值的 20% 的，风险权重为 150%；损失准备不低于资产账面价值的 20% 的，风险权重为 100%。

（三）第二档商业银行不单独划分已违约风险暴露，按照交易对手风险权重计量。

第八十二条　商业银行各类表外项目的信用转换系数。

（一）等同于贷款的授信业务的信用转换系数为 100%。

（二）贷款承诺的信用转换系数为 40%，其中可随时无条件撤销的贷款承诺的信用转换系数为 10%。满足本办法附件 3 规定的特定条件的可随时无条件撤销的贷款承诺可豁免计量信用风险加权资产。

（三）未使用的信用卡授信额度的信用转换系数为 40%，但符合以下条件的未使用的信用卡授信额度的信用转换系数为 20%。

1. 授信对象为自然人，授信方式为无担保循环授信。

2. 对同一持卡人的授信额度不超过 100 万元人民币。

3. 商业银行应至少每年一次评估持卡人的信用程度，按季监控授信额度的使用情况；若持卡人信用状况恶化，商业银行有权降低甚至取消授信额度。

（四）票据发行便利和循环认购便利的信用转换系数为 50%。

（五）银行借出的证券或用作抵押物的证券，信用转换系数为 100%。

（六）与贸易直接相关的短期或有项目，信用转换系数为 20%，其中基于服务贸易的国内信用证的信用转换系数为 50%。

（七）与交易直接相关的或有项目，信用转换系数为 50%。

（八）信用风险仍在银行的资产销售与购买协议，信用转换系数为 100%。

（九）远期资产购买、远期定期存款、部分交款的股票及证券，信用转换系数为 100%。

（十）其他表外项目的信用转换系数均为 100%。

第八十四条　商业银行采用权重法计量信用风险加权资产时，可按照本办法附件 3 的规定考虑合格质物、合格保证或合格信用衍生工具的风险缓释作用。

（一）合格质物质押的风险暴露（含证券融资交易形成的风险暴露），取得与质物相同的风险权重，或取得对质物发行人或承兑人直接风险暴露的风险权重。部分质押的风险暴露（含证券融资交易形成的风险暴露），受质物保护的部分获得相应的较低风险权重。

（二）合格保证主体提供全额保证的风险暴露，取得对保证人直接风险暴露的风险权重。部分保证的风险暴露，被保证部分获得相应的较低风险权重。

（三）合格信用衍生工具提供信用保护的风险暴露，取得对信用保护提供方直接风险暴露的风险权重。部分受信用保护的风险暴露，被保护部分获得相应的较低风险权重。

第八十五条　合格保证的剩余期限短于风险暴露剩余期限的，不具备风险缓释作用。合格质物、合格信用衍生工具的剩余期限短于风险暴露剩余期限时，商业银行应按照本办法附件3的规定对合格信用风险缓释工具与风险暴露之间的期限错配进行调整。

第八十七条　合格质物质押的风险暴露的风险权重应不低于20%，满足本办法附件3规定的特定条件的风险暴露不受上述底线约束。

第八十八条　商业银行应对银行账簿信用风险暴露进行分类，并至少分为以下六类：

（一）主权风险暴露。

（二）金融机构风险暴露。

（三）公司风险暴露，包括中小企业风险暴露、专业贷款和一般公司风险暴露。

（四）零售风险暴露，包括个人住房抵押贷款、合格循环零售风险暴露和其他零售风险暴露。合格循环零售风险暴露包括合格交易者循环零售风险暴露和一般循环零售风险暴露。

（五）股权风险暴露。

（六）其他风险暴露，包括购入应收账款、资产证券化风险暴露及资产管理产品。

主权风险暴露、金融机构风险暴露和公司风险暴露统称为非零售风险暴露。

第九十一条 商业银行应按照以下方法确定违约概率：

（一）主权风险暴露的违约概率为商业银行内部估计的 1 年期违约概率。

（二）公司和金融机构风险暴露的违约概率为商业银行内部估计的 1 年期违约概率与 0.05% 中的较大值。

由主权提供合格保证担保覆盖的风险暴露部分，违约概率不受 0.05% 底线约束。

（三）零售风险暴露的违约概率为商业银行内部估计的 1 年期违约概率与 0.05% 中的较大值，其中一般循环零售风险暴露的违约概率为商业银行内部估计的 1 年期违约概率与 0.1% 中的较大值。

（四）对于提供合格保证或信用衍生工具的风险暴露，商业银行可以使用保证人或信用保护提供方的违约概率替代债务人的违约概率。

第九十二条 商业银行应按照以下方法确定违约损失率：

（一）商业银行采用初级内部评级法，主权和金融机构风险暴露中没有合格抵质押品的高级债权和次级债权的违约损失率分别为 45% 和 75%，公司风险暴露中没有合格抵质押品的高级债权和次级债权的违约损失率分别为 40% 和 75%。对于提供合格抵质押品的高级债权和从属于净额结算主协议的回购交易，商业银行可以根据风险缓释效应调整违约损失率。

（二）商业银行采用高级内部评级法，应使用内部估计的单笔非零售风险暴露的违约损失率。

1. 主权风险暴露的违约损失率为商业银行内部估计的违约损失率。

2. 对于没有合格抵质押品的公司风险暴露，违约损失率为商业银行内部估计的违约损失率与 25% 中的较大值。对于提供合格抵质押品的公司风险暴露，采用金融质押品质押的，违约损失率为商业银行内部估计的违约损失率；采用应收账款质押、商用房地产和居住用房地产抵押的，违约损失率为商业银行内部估计的违约损失率与 10% 中的较大值；采用其他抵质押品担保的，违约损失率为商业银行内部估计的违约损失率与 15% 中的较大值。

由主权提供合格保证担保覆盖的风险暴露部分，违约损失率不受上述底线约束。

（三）商业银行应使用内部估计的零售资产池的违约损失率。

1. 个人住房抵押贷款的违约损失率为商业银行内部估计的违约损失率与10%中的较大值。

2. 合格循环零售风险暴露的违约损失率为商业银行内部估计的违约损失率与50%中的较大值。

3. 对于没有合格抵质押品的其他零售风险暴露，违约损失率为商业银行内部估计的违约损失率与30%中的较大值。对于提供合格抵质押品的其他零售风险暴露，采用金融质押品质押的，违约损失率为商业银行内部估计的违约损失率；采用应收账款质押、商用房地产和居住用房地产抵押的，违约损失率为商业银行内部估计的违约损失率与10%中的较大值；采用其他抵质押品担保的，违约损失率为商业银行内部估计的违约损失率与15%中的较大值。

第九十四条　商业银行应按照以下方法确定有效期限：

（一）商业银行采用初级内部评级法，非零售风险暴露的有效期限为2.5年。回购类交易的有效期限为0.5年。

（二）商业银行采用高级内部评级法，有效期限为内部估计的有效期限与1年中的较大值，但最大不超过5年。中小企业风险暴露的有效期限可以采用2.5年。

（三）对于下列短期风险暴露，有效期限为内部估计的有效期限与1天中的较大值：

1. 原始期限1年以内全额抵押的场外衍生品交易、保证金贷款、回购交易和证券借贷交易。交易文件中必须包括按日重新估值并调整保证金，且在交易对手违约或未能补足保证金时可以及时平仓或处置抵押品的条款。

2. 原始期限1年以内自我清偿性的贸易融资，包括开立的和保兑的信用证。

3. 原始期限3个月以内的其他短期风险暴露，包括：场外衍生品交易、保证金贷款、回购交易、证券借贷，短期贷款和存款，证券和外汇清算而产生的风险暴露，以电汇方式进行现金清算产生的风险暴露等。

第一百三十条　商业银行董事会承担本行资本管理的最终责任，履行以下职责：

（一）设定与银行发展战略和外部环境相适应的风险偏好和资本充足目标，审批银行内部资本充足评估程序，确保资本充分覆盖主要风险。

（二）审批资本管理制度，确保资本管理政策和控制措施有效。

（三）监督内部资本充足评估程序的全面性、前瞻性和有效性。

（四）审批并监督资本规划的实施，满足银行持续经营和应急性资本补充需要。

（五）至少每年一次审批资本充足率管理计划，审议资本充足率管理报告及内部资本充足评估报告，听取对资本充足率管理和内部资本充足评估程序执行情况的审计报告。

（六）审批第三支柱信息披露政策、程序和内容，并保证披露信息的真实、准确和完整。

（七）确保商业银行有足够的资源，能够独立、有效地开展资本管理工作。

第一百七十二条　国家金融监督管理总局及其派出机构有权通过调整风险权重、相关性系数、有效期限、违约损失率等风险参数，设置或调整风险加权资产底线等方法，提高特定资产组合的资本要求，包括但不限于以下内容：

（一）根据区域风险差异，确定地方政府融资平台贷款的集中度风险资本要求。

（二）通过期限调整因子，确定中长期贷款的资本要求。

（三）针对贷款行业集中度风险状况，确定部分行业的贷款集中度风险资本要求。

（四）根据区域房地产运行情况、个人住房抵押贷款用于购买非自住用房的风险状况，提高个人住房抵押贷款资本要求。

6.15 《金融机构反洗钱规定》及相关规定

6.15.1 《金融机构反洗钱规定》的规定

【相关规定指引】

《金融机构反洗钱规定》（2006 年 11 月 14 日）

第二条 本规定适用于在中华人民共和国境内依法设立的下列金融机构：

（一）商业银行、城市信用合作社、农村信用合作社、邮政储汇机构、政策性银行；

（二）证券公司、期货经纪公司、基金管理公司；

（三）保险公司、保险资产管理公司；

（四）信托投资公司、金融资产管理公司、财务公司、金融租赁公司、汽车金融公司、货币经纪公司；

（五）中国人民银行确定并公布的其他金融机构。

从事汇兑业务、支付清算业务和基金销售业务的机构适用本规定对金融机构反洗钱监督管理的规定。

第五条 中国人民银行依法履行下列反洗钱监督管理职责：

（一）制定或者会同中国银行业监督管理委员会、中国证券监督管理委员会和中国保险监督管理委员会制定金融机构反洗钱规章；

（二）负责人民币和外币反洗钱的资金监测；

（三）监督、检查金融机构履行反洗钱义务的情况；

（四）在职责范围内调查可疑交易活动；

（五）向侦查机关报告涉嫌洗钱犯罪的交易活动；

（六）按照有关法律、行政法规的规定，与境外反洗钱机构交换与反洗钱有关的信息和资料；

（七）国务院规定的其他有关职责。

6.15.2 与追赃相关的司法政策

【相关规定指引】

《最高人民法院研究室关于对诈骗后抵债的赃款能否判决追缴问题的电话答复》 (1992 年 8 月 26 日)①

赃款赃物的追缴并不限于犯罪分子本人，对犯罪分子转移、隐匿、抵债的，均应顺着赃款赃物的流向，一追到底，即使是享有债权的人善意取得的赃款，也应追缴。

《最高人民法院、最高人民检察院关于办理诈骗刑事案件具体应用法律若干问题的解释》 (2011 年 3 月 1 日)

第十条 行为人已将诈骗财物用于清偿债务或者转让给他人，具有下列情形之一的，应当依法追缴：

（一）对方明知是诈骗财物而收取的；

（二）对方无偿取得诈骗财物的；

（三）对方以明显低于市场的价格取得诈骗财物的；

（四）对方取得诈骗财物系源于非法债务或者违法犯罪活动的。

他人善意取得诈骗财物的，不予追缴。

《最高人民法院关于刑事裁判涉财产部分执行的若干规定》 (2014 年 10 月 30 日)

第十一条 被执行人将刑事裁判认定为赃款赃物的涉案财物用于清偿债务、转让或者设置其他权利负担，具有下列情形之一的，人民法院应予追缴：

（一）第三人明知是涉案财物而接受的；

（二）第三人无偿或者以明显低于市场的价格取得涉案财物的；

（三）第三人通过非法债务清偿或者违法犯罪活动取得涉案财物的；

（四）第三人通过其他恶意方式取得涉案财物的。

第三人善意取得涉案财物的，执行程序中不予追缴。作为原所有人的被害人对该涉案财物主张权利的，人民法院应当告知其通过诉讼程序处理。

---

① 该文件已失效，仅供读者研究参考。

6.15.3 遵守反洗钱规定的必要性

（1）商业银行应当清晰地认识到，在涉嫌洗钱的情形下，也就是涉嫌刑事犯罪时，追缴是原则，善意取得是例外。

（2）商业银行之所以要重视反洗钱，不仅是遵守监管的要求，更是避免现实刑事法律风险的需要。

（3）商业银行要尽力避免因合同涉及刑事犯罪/追赃而给担保及主债权实现带来的法律风险和权益损失。

6.16 《中国人民银行、中国银行业监督管理委员会关于加强商业性房地产信贷管理的通知》的规定

【相关规定指引】

《中国人民银行、中国银行业监督管理委员会关于加强商业性房地产信贷管理的通知》（2007年9月27日）

根据2007年全国城市住房工作会议精神及《国务院关于解决低收入家庭住房困难的若干意见》[1]（国发〔2007〕24号）、《国务院办公厅转发建设部等部门关于调整住房供应结构稳定住房价格意见[2]的通知》[3]（国办发〔2006〕37号）等政策规定，现就加强商业性房地产信贷管理的有关事项通知如下：

一、严格房地产开发贷款管理

对项目资本金（所有者权益）比例达不到35%或未取得土地使用权证

---

① 《国务院关于解决低收入家庭住房困难的若干意见》规定："要加大住房供应结构调整力度，认真落实《国务院办公厅转发建设部等部门关于调整住房供应结构稳定住房价格意见的通知》（国办发〔2006〕37号），重点发展中低价位、中小套型普通商品住房，增加住房有效供应。城市新审批、新开工的住房建设，套型建筑面积90平方米以下住房面积所占比重，必须达到开发建设总面积的70%以上。"

② 《关于调整住房供应结构稳定住房价格的意见》规定："（四）严格房地产开发信贷条件。为抑制房地产开发企业利用银行贷款囤积土地和房源，对项目资本金比例达不到35%等贷款条件的房地产企业，商业银行不得发放贷款。对闲置土地和空置商品房较多的开发企业，商业银行要按照审慎经营原则，从严控制展期贷款或任何形式的滚动授信。对空置3年以上的商品房，商业银行不得接受其作为贷款的抵押物。"

③ 《国务院办公厅转发建设部等部门关于调整住房供应结构稳定住房价格意见的通知》规定："各地区、特别是城市人民政府要切实负起责任，把调整住房供应结构、控制住房价格过快上涨纳入经济社会发展工作的目标责任制，促进房地产业健康发展。"

书、建设用地规划许可证、建设工程规划许可证和施工许可证的项目，商业银行不得发放任何形式的贷款；对经国土资源部门、建设主管部门查实具有囤积土地、囤积房源行为的房地产开发企业，商业银行不得对其发放贷款；对空置 3 年以上的商品房，商业银行不得接受其作为贷款的抵押物。

商业银行对房地产开发企业发放的贷款只能通过房地产开发贷款科目发放，严禁以房地产开发流动资金贷款或其他贷款科目发放。

商业银行发放的房地产开发贷款原则上只能用于本地区的房地产开发项目，不得跨地区使用。对确需用于异地房地产开发项目并已落实相应风险控制措施的贷款，商业银行在贷款发放前应向监管部门报备。

二、严格规范土地储备贷款管理

商业银行不得向房地产开发企业发放专门用于缴交土地出让金的贷款①。对政府土地储备机构的贷款应以抵押贷款方式发放，且贷款额度不得超过所收购土地评估价值的 70%，贷款期限最长不得超过 2 年。

三、严格住房消费贷款管理

商业银行应重点支持借款人购买首套中小户型自住住房的贷款需求，且只能对购买主体结构已封顶住房的个人发放住房贷款。

......

商业银行不得发放贷款额度随房产评估价值浮动、不指明用途的住房抵押贷款；对已抵押房产，在购房人没有全部归还贷款前，不得以再评估后的净值为抵押追加贷款。

四、严格商业用房购房贷款管理

利用贷款购买的商业用房应为已竣工验收的房屋。

商业用房购房贷款首付款比例不得低于 50%，期限不得超过 10 年，贷款利率不得低于中国人民银行公布的同期同档次利率的 1.1 倍，具体的首付款比例、贷款期限和利率水平由商业银行根据贷款风险管理相关原则自主确定；对以"商住两用房"名义申请贷款的，首付款比例不得低于 45%，贷款期限

---

① 违反了《银行业监督管理法》第四十六条第五项、《流动资金贷款管理暂行办法》（已失效）第三十九条第四项。

和利率水平按照商业性用房贷款管理规定执行。

五、加强房地产信贷征信管理

商业银行接受房地产开发企业贷款申请后，应及时通过中国人民银行企业信用信息基础数据库对借款企业信用状况进行查询；贷款申请批准后，应将相关信息录入企业信用信息基础数据库，详细记载房地产开发企业的基本信息、借款金额、贷款期限以及违约情况等。

商业银行接受个人住房贷款申请后，应及时通过中国人民银行个人信用信息基础数据库对借款人信用状况进行查询；贷款申请批准后，应将相关信息及时录入个人信用信息基础数据库，详细记载借款人及其配偶的身份证号码、购房套数、贷款金额、贷款期限、房屋抵押状况以及违约信息等。

6.17 《中国银监会关于进一步深化整治银行业市场乱象的通知》的规定

【相关规定指引】

《中国银监会关于进一步深化整治银行业市场乱象的通知》（2018 年 1 月 12 日）

附件 2：2018 年整治银行业市场乱象工作要点

二、违反宏观调控政策

4. 违反信贷政策。违规将表内外资金直接或间接、借道或绕道投向股票市场、"两高一剩"等限制或禁止领域，特别是失去清偿能力的"僵尸企业"；违规为地方政府提供债务融资，放大政府性债务；违规为环保排放不达标、严重污染环境且整改无望的落后企业提供授信或融资；违规为固定资产投资项目提供资本金，或向不符合条件的固定资产投资项目提供融资，导致资金滞留或闲置；不尽职审查和管理，导致用于支持棚户区改造、精准扶贫、乡村振兴战略等民生领域的贷款被侵占或挪用；人为调整企业标准形态，规避小微企业贷款指标等。

5. 违反房地产行业政策。直接或变相为房地产企业支付土地购置费用提供各类表内外融资，或以自身信用提供支持或通道；向"四证"不全、资本金未足额到位的商业性房地产开发项目提供融资；发放首付不合规的个人住房贷款；以充当筹资渠道或放款通道等方式，直接或间接为各类机构发放首付贷等行为提供便利；综合消费贷款、个人经营性贷款、信用卡透支等资金用于购房等。

6.18 《中国银保监会关于开展"巩固治乱象成果 促进合规建设"工作的通知》的规定

【相关规定指引】

《中国银保监会关于开展"巩固治乱象成果 促进合规建设"工作的通知》（2019 年 5 月 8 日）

附件 1：2019 年银行机构"巩固治乱象成果 促进合规建设"工作要点

三、信贷管理

8. 授信管理。贷款"三查"不尽职，接受重复抵质押、虚假抵质押；贷款资金长期滞留账户；集团客户统一授信管理和联合授信管理不力，大额风险暴露指标突破监管要求；向从事转贷或投资套利活动为主业的客户提供融资；票据业务贸易背景尽职调查不到位，保证金来源不实；利用票据业务调节存贷款规模及资本占用等监管指标；以利率倒挂等形式办理贴现业务，开展资金套利。

9. 不良资产管理。违规通过以贷还贷、以贷收息、贷款重组等方式延缓风险暴露，掩盖不良贷款；人为操纵风险分类结果，隐匿资产质量；人为调整贷款逾期天数，规避逾期贷款入账要求；直接或借道各类资管计划实现不良资产非洁净出表。

10. 信贷资产转让。开展信贷资产转让、信贷资产收益权转让、以信贷资产为基础资产的信托受益权转让业务，存在资产不真实、不洁净转让，转出方安排显性或隐性回购，转入方未准确计算风险资产并计提必要的风险拨备，风险承担落空等。

6.19 《中国人民银行、中国银行保险监督管理委员会关于做好当前金融支持房地产市场平稳健康发展工作的通知》的规定

【相关规定指引】

《中国人民银行、中国银行保险监督管理委员会关于做好当前金融支持房地产市场平稳健康发展工作的通知》（2022 年 11 月 11 日）

一、保持房地产融资平稳有序

（一）稳定房地产开发贷款投放。坚持"两个毫不动摇"，对国有、民营等各类房地产企业一视同仁。鼓励金融机构重点支持治理完善、聚焦主业、资质良好的房地产企业稳健发展。金融机构要合理区分项目子公司风险与集团控股公司风险，在保证债权安全、资金封闭运作的前提下，按照市场化原则满足房地产项目合理融资需求。支持项目主办行和银团贷款模式，强化贷款审批、发放、收回全流程管理，切实保障资金安全。

（二）支持个人住房贷款合理需求。支持各地在全国政策基础上，因城施策实施好差别化住房信贷政策，合理确定当地个人住房贷款首付比例和贷款利率政策下限，支持刚性和改善性住房需求。鼓励金融机构结合自身经营情况、客户风险状况和信贷条件等，在城市政策下限基础上，合理确定个人住房贷款具体首付比例和利率水平。支持金融机构优化新市民住房金融服务，合理确定符合购房条件新市民首套住房个人住房贷款的标准，多维度科学审慎评估新市民信用水平，提升借款和还款便利度。

（三）稳定建筑企业信贷投放。鼓励金融机构在风险可控、商业可持续基础上，优化建筑企业信贷服务，提供必要的贷款支持，保持建筑企业融资连续稳定。

（四）支持开发贷款、信托贷款等存量融资合理展期。对于房地产企业开发贷款、信托贷款等存量融资，在保证债权安全的前提下，鼓励金融机构与房地产企业基于商业性原则自主协商，积极通过存量贷款展期、调整还款安排等方式予以支持，促进项目完工交付。自本通知印发之日起，未来半年内到期的，可以允许超出原规定多展期 1 年，可不调整贷款分类，报送征信

系统的贷款分类与之保持一致。

（五）保持债券融资基本稳定。支持优质房地产企业发行债券融资。推动专业信用增进机构为财务总体健康、面临短期困难的房地产企业债券发行提供增信支持。鼓励债券发行人与持有人提前沟通，做好债券兑付资金安排。按期兑付确有困难的，通过协商做出合理展期、置换等安排，主动化解风险。支持债券发行人在境内外市场回购债券。

（六）保持信托等资管产品融资稳定。鼓励信托等资管产品支持房地产合理融资需求。鼓励信托公司等金融机构加快业务转型，在严格落实资管产品监管要求、做好风险防控的基础上，按市场化、法治化原则支持房地产企业和项目的合理融资需求，依法合规为房地产企业项目并购、商业养老地产、租赁住房建设等提供金融支持。

二、积极做好"保交楼"金融服务

（七）支持开发性政策性银行提供"保交楼"专项借款。支持国家开发银行、农业发展银行按照有关政策安排和要求，依法合规、高效有序地向经复核备案的借款主体发放"保交楼"专项借款，封闭运行、专款专用，专项用于支持已售逾期难交付住宅项目加快建设交付。

（八）鼓励金融机构提供配套融资支持。在专项借款支持项目明确债权债务安排、专项借款和新增配套融资司法保障后，鼓励金融机构特别是项目个人住房贷款的主融资商业银行或其牵头组建的银团，按照市场化、法治化原则，为专项借款支持项目提供新增配套融资支持，推动化解未交楼个人住房贷款风险。

对于剩余货值的销售回款可同时覆盖专项借款和新增配套融资的项目，以及剩余货值的销售回款不能同时覆盖专项借款和新增配套融资，但已明确新增配套融资和专项借款配套机制安排并落实还款来源的项目，鼓励金融机构在商业自愿前提下积极提供新增配套融资支持。

新增配套融资的承贷主体应与专项借款支持项目的实施主体保持一致，项目存量资产负债应经地方政府组织有资质机构进行审计评估确认并已制定"一楼一策"实施方案。商业银行可在房地产开发贷款项下新设"专项借款配套融资"子科目用于统计和管理。配套融资原则上不应超过对应专项借款的期限，最长不超过3年。项目销售回款应当划入在主融资商业银行或其他商业银行开立的项目专用账户，项目专用账户由提供新增配套融资的商业银行参与共同管理。明确按照"后进先出"原则，项目剩余货值的销售回款要优先偿还新增配套融资和专项借款。

对于商业银行按照本通知要求，自本通知印发之日起半年内，向专项借款支持项目发放的配套融资，在贷款期限内不下调风险分类；对债务新老划断后的承贷主体按照合格借款主体管理。对于新发放的配套融资形成不良的，相关机构和人员已尽职的，可予免责。

7. 担保管理相关行业业务操作指引准则

7.1 《商业银行授信工作尽职指引》的规定

【相关规定指引】

《商业银行授信工作尽职指引》（2004年7月25日）

第八条 商业银行应加强授信文档管理，对借贷双方的权利、义务、约定、各种形式的往来及违约纠正措施记录并存档。

第九条 商业银行应建立授信工作尽职问责制，明确规定各个授信部门、岗位的职责，对违法、违规造成的授信风险进行责任认定，并按规定对有关责任人进行处理。

第十六条 商业银行对客户调查和客户资料的验证应以实地调查为主，间接调查为辅。必要时，可通过外部征信机构对客户资料的真实性进行核实。

第二十八条 商业银行应对第二还款来源进行分析评价，确认保证人的保证主体资格和代偿能力，以及抵押、质押的合法性、充分性和可实现性。

第三十条 在客户信用等级和客户评价报告的有效期内，对发生影响客户资信的重大事项，商业银行应重新进行授信分析评价。重大事项包括：

（一）外部政策变动；

（二）客户组织结构、股权或主要领导人发生变动；

（三）客户的担保超过所设定的担保警戒线；

（四）客户财务收支能力发生重大变化；

（五）客户涉及重大诉讼；

（六）客户在其他银行交叉违约的历史记录；

（七）其他。

第三十五条　商业银行不得对以下用途的业务进行授信：

（一）国家明令禁止的产品或项目；

（二）违反国家有关规定从事股本权益性投资，以授信作为注册资本金、注册验资和增资扩股；

（三）违反国家有关规定从事股票、期货、金融衍生产品等投资；

（四）其他违反国家法律法规和政策的项目。

第三十七条　商业银行授信决策做出后，授信条件发生变更的，商业银行应依有关法律、法规或相应的合同条款重新决策或变更授信。

第三十八条　商业银行实施有条件授信时应遵循"先落实条件，后实施授信"的原则，授信条件未落实或条件发生变更未重新决策的，不得实施授信。

第四十一条　商业银行授信实施后，应对所有可能影响还款的因素进行持续监测，并形成书面监测报告。重点监测以下内容：

（一）客户是否按约定用途使用授信，是否诚实地全面履行合同；

（二）授信项目是否正常进行；

（三）客户的法律地位是否发生变化；

（四）客户的财务状况是否发生变化；

（五）授信的偿还情况；

（六）抵押品可获得情况和质量、价值等情况。

第四十三条　商业银行应通过非现场和现场检查，及时发现授信主体的潜在风险并发出预警风险提示。风险提示参见《附录》中的"预警信号风险提示"，授信工作人员应及时对授信情况进行分析，发现客户违约时应及时制止并采取补救措施。

第四十六条　商业银行对问题授信应采取以下措施：

（一）确认实际授信余额；

（二）重新审核所有授信文件，征求法律、审计和问题授信管理等方面专家的意见；

（三）对于没有实施的授信额度，依照约定条件和规定予以终止。依法难以终止或因终止将造成客户经营困难的，应对未实施的授信额度专户管理，未经有权部门批准，不得使用；

（四）书面通知所有可能受到影响的分支机构并要求承诺落实必要的措施；

（五）要求保证人履行保证责任，追加担保或行使担保权；

（六）向所在地司法部门申请冻结问题授信客户的存款账户以减少损失；

（七）其他必要的处理措施。

第四十八条　商业银行应支持授信工作尽职调查人员独立行使尽职调查职能，调查可采取现场或非现场的方式进行。必要时，可聘请外部专家或委托专业机构开展特定的授信尽职调查工作。

第五十一条　商业银行应根据授信工作尽职调查人员的调查结果，对具有以下情节的授信工作人员依法、依规追究责任。

（一）进行虚假记载、误导性陈述或重大疏漏的；

（二）未对客户资料进行认真和全面核实的；

（三）授信决策过程中超越权限、违反程序审批的；

（四）未按照规定时间和程序对授信和担保物进行授信后检查的；

（五）授信客户发生重大变化和突发事件时，未及时实地调查的；

（六）未根据预警信号及时采取必要保全措施的；

（七）故意隐瞒真实情况的；

（八）不配合授信尽职调查人员工作或提供虚假信息的；

（九）其他。

7.2 《商业银行房地产贷款风险管理指引》的规定

【相关规定指引】

《商业银行房地产贷款风险管理指引》（2004 年 8 月 30 日）

第二条 本指引所称房地产贷款是指与房产或地产的开发、经营、消费活动有关的贷款。主要包括土地储备贷款、房地产开发贷款、个人住房贷款、商业用房贷款等。

本指引所称土地储备贷款是指向借款人发放的用于土地收购及土地前期开发、整理的贷款。土地储备贷款的借款人仅限于负责土地一级开发的机构。

房地产开发贷款是指向借款人发放的用于开发、建造向市场销售、出租等用途的房地产项目的贷款。

个人住房贷款是指向借款人发放的用于购买、建造和大修理各类型住房的贷款。

商业用房贷款是指向借款人发放的用于购置、建造和大修理以商业为用途的各类型房产的贷款。

第二章 风险控制

第三条 商业银行应建立房地产贷款的风险政策及其不同类型贷款的操作审核标准，明确不同类型贷款的审批标准、操作程序、风险控制、贷后管理以及中介机构的选择等内容。

商业银行办理房地产业务，要对房地产贷款市场风险、法律风险、操作风险等予以关注，建立相应的风险管理及内控制度。

第五条 商业银行应根据房地产贷款的专业化分工，按照申请的受理、审核、审批、贷后管理等环节分别制定各自的职业道德标准和行为规范，明确相应的权责和考核标准。

第三章 土地储备贷款的风险管理[1]

......

第四章 房地产开发贷款的风险管理

第十五条 商业银行对未取得国有土地使用证、建设用地规划许可证、建设工程规划许可证、建筑工程施工许可证的项目不得发放任何形式的贷款。

第十六条 商业银行对申请贷款的房地产开发企业，应要求其开发项目资本金比例不低于35%。

第十七条 商业银行在办理房地产开发贷款时，应建立严格的贷款项目审批机制，对该贷款项目进行尽职调查，以确保该项目符合国家房地产发展总体方向，有效满足当地城市规划和房地产市场的需求，确认该项目的合法性、合规性、可行性。

第十八条 商业银行应对申请贷款的房地产开发企业进行深入调查审核：包括企业的性质、股东构成、资质信用等级等基本背景，近三年的经营管理和财务状况，以往的开发经验和开发项目情况，与关联企业的业务往来等。对资质较差或以往开发经验较差的房地产开发企业，贷款应审慎发放；对经营管理存在问题、不具备相应资金实力或有不良经营记录的，贷款发放应严格限制。对于依据项目而成立的房地产开发项目公司，应根据其自身特点对其业务范围、经营管理和财务状况，以及股东及关联公司的上述情况以及彼此间的法律关系等进行深入调查审核。

第十九条 商业银行应严格落实房地产开发企业贷款的担保，确保担保真实、合法、有效。

第二十条 商业银行应建立完备的贷款发放、使用监控机制和风险防范

---

[1] 2016年2月2日，财政部、国土资源部、中国人民银行、银监会四部门发布《关于规范土地储备和资金管理等相关问题的通知》。该通知规定："四、妥善处置存量土地储备债务 对清理甄别后认定为地方政府债务的截至2014年12月31日的存量土地储备贷款，应纳入政府性基金预算管理，偿债资金通过政府性基金预算统筹安排，并逐步发行地方政府债券予以置换。五、调整土地储备筹资方式 土地储备机构新增土地储备项目所需资金，应当严格按照规定纳入政府性基金预算，从国有土地收益基金、土地出让收入和其他财政资金中统筹安排，不足部分在国家核定的债务限额内通过省级政府代发地方政府债券筹集资金解决。自2016年1月1日起，各地不得再向银行业金融机构举借土地储备贷款。地方政府应在核定的债务限额内，根据本地区土地储备相关政府性基金收入、地方政府性债务风险等因素，合理安排年度用于土地储备的债券发行规模和期限。"

机制。在房地产开发企业的自有资金得到落实后，可根据项目的进度和进展状况，分期发放贷款，并对其资金使用情况进行监控，防止贷款挪作他用。同时，积极采取措施应对项目开发过程中出现的项目自身的变化、房地产开发企业的变化、建筑施工企业的变化等，及时发现并制止违规使用贷款情况。

第二十一条　商业银行应严密监控建筑施工企业流动资金贷款使用情况，防止用流动资金贷款为房地产开发项目垫资。

第二十二条　商业银行应对有逾期未还款或有欠息现象的房地产开发企业销售款进行监控，在收回贷款本息之前，防止将销售款挪作他用。

第二十三条　商业银行应密切关注房地产开发企业的开发情况，确保对购买主体结构已封顶住房的个人发放个人住房贷款后，该房屋能够在合理期限内正式交付使用。

第二十四条　商业银行应密切关注建筑工程款①优于抵押权受偿等潜在的法律风险。

第二十五条　商业银行应密切关注国家政策及市场的变化对房地产开发项目的影响，利用市场风险预警预报机制、区域市场分类的指标体系，建立针对市场风险程度和风险类型的阶段监测方案，并积极采取措施化解因此产生的各种风险。

第五章　个人住房贷款的风险管理

第二十九条　商业银行应将经贷款审核人员确认后的所有相关信息以风险评估报告的形式记录存档。上述相关信息包括个人信息的确认、银行对申请人偿还能力、偿还意愿的风险审核及对抵押品的评估情况（具体内容参见附件2）。

第三十一条　商业银行应通过借款人的年龄、学历、工作年限、职业、在职年限等信息判断借款人目前收入的合理性及未来行业发展对收入水平的影响；应通过借款人的收入水平、财务情况和负债情况判断其贷款偿付能力；

---

① 2021年1月1日施行的《最高人民法院关于审理建设工程施工合同纠纷案件适用法律问题的解释（一）》第四十二条规定，发包人与承包人约定放弃或者限制建设工程价款优先受偿权，损害建筑工人利益，发包人根据该约定主张承包人不享有建设工程价款优先受偿权的，人民法院不予支持。据此推论，建筑工人利益要更优先于抵押权。

应通过了解借款人目前居住情况及此次购房的首付支出判断其对于所购房产的目的及拥有意愿等因素，并据此对贷款申请做整体分析。

第三十四条 对以个人身份申请的商业用房贷款，如借款人是自雇人士或公司的股东、董事，商业银行应要求借款人提供公司财务报表，业务资料并进行审核。

第三十五条 商业银行应根据各地市场情况的不同制定合理的贷款成数上限，但所有住房贷款的贷款成数不超过80%。

第三十八条 商业银行应区别判断抵押物状况。抵押物价值的确定以该房产在该次买卖交易中的成交价或评估价的较低者为准。

商业银行在发放个人住房贷款前应对新建房进行整体性评估，可根据各行实际情况选择内部评估，但要由具有房地产估价师执业资格的专业人士出具意见书，或委托独立的具有房地产价格评估资质的评估机构进行评估；对于精装修楼盘以及售价明显高出周边地区售价的楼盘的评估要重点关注。

对再交易房，应对每个用作贷款抵押的房屋进行独立评估。

第三十九条 商业银行在对贷款申请做出最终审批前，贷款经办人员须至少直接与借款人面谈一次，从而基本了解借款人的基本情况及其贷款用途。对于借款人递交的贷款申请表和贷款合同需有贷款经办人员的见证签署。

商业银行应向房地产管理部门查询拟抵押房屋的权属状况，决定发放抵押贷款的，应在贷款合同签署后及时到房地产管理部门办理房地产抵押登记。

7.3 《银团贷款业务指引》的规定

【相关规定指引】

《银团贷款业务指引》（2011年8月1日）

第七条 按照在银团贷款中的职能和分工，银团成员通常分为牵头行、代理行和参加行等角色，也可根据实际规模与需要在银团内部增设副牵头行、联合牵头行等，并按照银团贷款合同履行相应职责。

第十一条 银团代理行是指银团贷款合同签订后，按相关贷款条件确定的金额和进度归集资金向借款人提供贷款，并接受银团委托按银团贷款合同约定进行银团贷款事务管理和协调活动的银行。

对担保结构比较复杂的银团贷款，可以指定担保代理行，由其负责落实银团贷款的各项担保及抵（质）押物登记、管理等工作。

代理行经银团成员协商确定，可以由牵头行或者其他银行担任。银团代理行应当代表银团利益，借款人的附属机构或关联机构不得担任代理行。

第十二条　代理行应当依据银团贷款合同的约定履行代理行职责。其主要职责包括：

（一）审查、督促借款人落实贷款条件，提供贷款或办理其他授信业务；

（二）办理银团贷款的担保抵押手续，负责抵（质）押物的日常管理工作；

（三）制定账户管理方案，开立专门账户管理银团贷款资金，对专户资金的变动情况进行逐笔登记；

（四）根据约定用款日期或借款人的用款申请，按照银团贷款合同约定的承贷份额比例，通知银团成员将款项划到指定账户；

（五）划收银团贷款本息和代收相关费用，并按承贷比例和银团贷款合同约定及时划转到银团成员指定账户；

（六）根据银团贷款合同，负责银团贷款资金支付管理、贷后管理和贷款使用情况的监督检查，并定期向银团成员通报；

（七）密切关注借款人财务状况，对贷款期间发生的企业并购、股权分红、对外投资、资产转让、债务重组等影响借款人还款能力的重大事项，在借款人通知后按银团贷款合同约定尽早通知各银团成员；

（八）根据银团贷款合同，在借款人出现违约事项时，及时组织银团成员对违约贷款进行清收、保全、追偿或其他处置；

（九）根据银团贷款合同，负责组织召开银团会议，协调银团成员之间的关系；

（十）接受各银团成员不定期的咨询与核查，办理银团会议委托的其他事项等。

第十七条　牵头行应当按照授信工作尽职的相关要求，对借款人或贷款项目进行贷前尽职调查，并在此基础上与借款人进行前期谈判，商谈贷款的用途、额度、利率、期限、担保形式、提款条件、还款方式和相关费用等，并据此编制银团贷款信息备忘录。

第十八条　银团贷款信息备忘录由牵头行分发给潜在参加行，作为潜在参加行审贷和提出修改建议的重要依据。

银团贷款信息备忘录内容主要包括：银团贷款的基本条件、借款人的法律地位及概况、借款人的财务状况、项目概况及市场分析、项目财务现金流量分析、担保人和担保物介绍、风险因素及避险措施、项目的准入审批手续及有资质环保机构出具的环境影响监测评估文件等。

第十九条　牵头行在编制银团贷款信息备忘录过程中，应如实向潜在参加行披露其知悉的借款人全部真实信息。牵头行在向其他银行发送银团贷款信息备忘录前，应要求借款人审阅该银团贷款信息备忘录，并由借款人签署"对信息备忘录所载内容的真实性、完整性负责"的声明。必要时，牵头行也可以要求担保人审阅银团贷款信息备忘录并签署上述声明。

第二十五条　银团贷款合同是银团成员与借款人、担保人根据有关法律法规，经过协商后共同签订，主要约定银团成员与借款人、担保人之间权利义务关系的法律文本。银团贷款合同应当包括以下主要条款：

（一）当事人基本情况；

（二）定义及解释；

（三）与贷款有关的约定，包括贷款金额与币种、贷款期限、贷款利率、贷款用途、支付方式、还款方式及还款资金来源、贷款担保组合、贷款展期条件、提前还款约定等；

（四）银团各成员承诺的贷款额度及贷款划拨的时间；

（五）提款先决条件；

（六）费用条款；

（七）税务条款；

（八）财务约束条款；

（九）非财务承诺，包括资产处置限制、业务变更和信息披露等条款；

（十）违约事件及处理；

（十一）适用法律；

（十二）其他约定及附属文件。

第三十二条 银团会议商议的重大事项主要包括：修改银团贷款合同、调整贷款额度、变更担保、变动利率、终止银团贷款、通报企业并购和重大关联交易、认定借款人违约事项、贷款重组和调整代理行等。

第三十七条 开办银团贷款业务的银行应当定期向当地银行业协会报送银团贷款有关信息。内容包括：银团贷款一级市场的包销量及持有量、二级市场的转让量，银团贷款的利率水平、费率水平、贷款期限、担保条件、借款人信用评级等。

第三十九条 银行向大型集团客户发放银团贷款，应当注意防范集团客户内部关联交易及关联方之间相互担保的风险。对集团客户内部关联交易频繁、互相担保严重的，应当加强对其资信的审核，并严格控制贷款发放。

第四十八条 代理行应当按照银团贷款合同的约定及时履行转让交易相关义务；其他银团成员、担保人等相关各方应当按照银团贷款合同的约定履行相关义务，协助转让交易的顺利进行。

7.4 《商业银行集团客户授信业务风险管理指引》的规定

【相关规定指引】

《商业银行集团客户授信业务风险管理指引》（2010 年 6 月 4 日）

第四条 授信是指商业银行向客户直接提供资金支持，或者对客户在有关经济活动中可能产生的赔偿、支付责任做出保证。包括但不限于：贷款、贸易融资、票据承兑和贴现、透支、保理、担保、贷款承诺、开立信用证等表内外业务。

商业银行持有的集团客户成员企业发行的公司债券、企业债券、短期融资券、中期票据等债券资产以及通过衍生产品等交易行为所产生的信用风险暴露应纳入集团客户授信业务进行风险管理。

第十三条 商业银行在对集团客户授信时，应当要求集团客户提供真实、完整的信息资料，包括但不限于集团客户各成员的名称、相互之间的关联关系、组织机构代码、法定代表人及证件、实际控制人及证件、注册地、注册资本、主营业务、股权结构、高级管理人员情况、财务状况、重大资产项目、担保情况和重大诉讼情况以及在其他金融机构授信情况等。

必要时，商业银行可要求集团客户聘请独立的具有公证效力的第三方出具资料真实性证明。

第十五条 商业银行对跨国集团客户在境内机构授信时，除了要对其境内机构进行调查外，还要关注其境外公司的背景、信用评级、经营和财务、担保和重大诉讼等情况，并在调查报告中记录相关情况。

第十六条 商业银行在给集团客户授信时，应当注意防范集团客户内部关联方之间互相担保的风险。对于集团客户内部直接控股或间接控股关联方之间互相担保，商业银行应当严格审核其资信情况，并严格控制。

第二十四条 商业银行在给集团客户授信前，应当通过查询贷款卡信息及其他合法途径，充分掌握集团客户的负债信息、关联方信息、对外对内担保信息和诉讼情况等重大事项，防止对集团客户过度授信。

7.5 《商业银行押品管理指引》及相关规定

【相关规定指引】

《商业银行押品管理指引》（2017 年 4 月 26 日）

第一条 为规范商业银行押品管理，根据《中华人民共和国银行业监督管理法》、《中华人民共和国商业银行法》、《中华人民共和国物权法》和《中华人民共和国担保法》等法律法规，制定本指引。

第三条 本指引所称押品是指债务人或第三方为担保商业银行相关债权实现，抵押或质押给商业银行，用于缓释信用风险的财产或权利。

第五条 商业银行押品管理应遵循以下原则：

（一）合法性原则。押品管理应符合法律法规规定。

（二）有效性原则。抵质押担保手续完备，押品估值合理并易于处置变现，具有较好的债权保障作用。

（三）审慎性原则。充分考虑押品本身可能存在的风险因素，审慎制定押品管理政策，动态评估押品价值及风险缓释作用。

（四）从属性原则。商业银行使用押品缓释信用风险应以全面评估债务人的偿债能力为前提。

第十一条　商业银行应根据需要，设置押品价值评估、抵质押登记、保管等相关业务岗位，明确岗位职责，配备充足人员，确保相关人员具备必要的专业知识和业务能力。同时，应采取建立回避制度、流程化管理等措施防范操作风险。

第十二条　商业银行应健全押品管理制度和流程，明确可接受的押品类型、目录、抵质押率、估值方法及频率、担保设立及变更、存续期管理、返还和处置等相关要求。

第十三条　商业银行应建立押品管理信息系统，持续收集押品类型、押品估值、抵质押率等相关信息，支持对押品及相关担保业务开展统计分析，动态监控押品债权保障作用和风险缓释能力，将业务管控规则嵌入信息系统，加强系统制约，防范抵质押业务风险。

第十四条　商业银行应真实、完整保存押品管理过程中产生的各类文档，包括押品调查文档、估值文档、存续期管理记录等相关资料，并易于检索和查询。

第十五条　商业银行接受的押品应符合以下基本条件：

（一）押品真实存在；

（二）押品权属关系清晰，抵押（出质）人对押品具有处分权；

（三）押品符合法律法规规定或国家政策要求；

（四）押品具有良好的变现能力。

第十六条　商业银行应至少将押品分为金融质押品、房地产、应收账款和其他押品等类别，并在此基础上进一步细分。同时，应结合本行业务实践和风控水平，确定可接受的押品目录，且至少每年更新一次。

第十七条　商业银行应遵循客观、审慎原则，依据评估准则及相关规程、规范，明确各类押品的估值方法，并保持连续性。原则上，对于有活跃交易市场、有明确交易价格的押品，应参考市场价格确定押品价值。采用其他方法估值时，评估价值不能超过当前合理市场价格。

第十八条　商业银行应根据不同押品的价值波动特性，合理确定价值重估频率，每年应至少重估一次。价格波动较大的押品应适当提高重估频率，有活跃交易市场的金融质押品应进行盯市估值。

第十九条　商业银行应明确押品估值（包括重估）的责任主体以及估值流程，包括发起、评估、确认等相关环节。对于外部估值情形，其评估结果应由内部审核确认。

第二十条　商业银行应审慎确定各类押品的抵质押率上限，并根据经济周期、风险状况和市场环境及时调整。

抵质押率指押品担保本金余额与押品估值的比率：抵质押率＝押品担保本金余额÷押品估值×100%。

第二十一条　商业银行应建立动态监测机制，跟踪押品相关政策及行业、地区环境变化，分析其对押品价值的影响，及时发布预警信息，必要时采取相应措施。

第二十二条　商业银行应加强押品集中度管理，采取必要措施，防范因单一押品或单一种类押品占比过高产生的风险。

第二十四条　商业银行各类表内外业务采用抵质押担保的，应对押品情况进行调查与评估，主要包括受理、调查、估值、审批等环节。

第二十五条　商业银行应明确抵押（出质）人需提供的材料范围，及时、全面收集押品相关信息和材料。

第二十六条　商业银行应对抵押（出质）人以及押品情况进行调查并形成书面意见，内容包括但不限于押品权属及抵质押行为的合法性、押品及其权属证书的真实性、押品变现能力、押品与债务人风险的相关性，以及抵押（出质）人的担保意愿、与债务人的关联关系等。

第二十七条　押品调查方式包括现场调查和非现场调查，原则上以现场调查为主，非现场调查为辅。

第二十八条　商业银行应按照既定的方法、频率、流程对押品进行估值，并将评估价值和变现能力作为业务审批的参考因素。

第二十九条　下列情形下，押品应由外部评估机构进行估值：

（一）法律法规及政策规定、人民法院、仲裁机关等要求必须由外部评估机构估值的押品；

（二）监管部门要求由外部评估机构估值的押品；

（三）估值技术性要求较高的押品；

（四）其他确需外部评估机构估值的押品。

第三十条 商业银行应明确外部评估机构的准入条件，选择符合法定要求、取得相应专业资质的评估机构，实行名单制管理，定期开展后评价，动态调整合作名单。原则上不接受名单以外的外部评估机构的估值结果，确需名单以外的外部评估机构估值的，应审慎控制适用范围。

第三十一条 商业银行应参考押品调查意见和估值结果，对抵质押业务进行审批。

第三十二条 商业银行办理抵质押担保业务时，应签订合法、有效的书面主合同及抵质押从合同，押品存续期限原则上不短于主债权期限。主从合同合一的，应在合同中明确抵质押担保事项。

第三十三条 对于法律法规规定抵质押权经登记生效或未经登记不得对抗第三人的押品，应按登记部门要求办理抵质押登记，取得他项权利证书或其他抵质押登记证明，确保抵质押登记真实有效。

第三十四条 对于法律规定以移交占有为质权生效要件的押品和应移交商业银行保管的权属证书，商业银行应办理转移占有的交付或止付手续，并采取必要措施，确保押品真实有效。

第三十五条 押品由第三方监管的，商业银行应明确押品第三方监管的准入条件，对合作的监管方实行名单制管理，加强日常监控，全面评价其管理能力和资信状况。对于需要移交第三方保管的押品，商业银行应与抵押（出质）人、监管方签订监管合同或协议，明确监管方的监管责任和违约赔偿责任。监管方应将押品与其他资产相分离，不得重复出具仓储单据或类似证明。

第三十六条 商业银行应明确押品及其权属证书的保管方式和操作要求，妥善保管抵押（出质）人依法移交的押品或权属证书。

第三十七条 商业银行应按规定频率对押品进行价值重估。出现下列情形之一的，即使未到重估时点，也应重新估值：

（一）押品市场价格发生较大波动；

（二）发生合同约定的违约事件；

（三）押品担保的债权形成不良；

（四）其他需要重估的情形。

第三十八条　发生可能影响抵质押权实现或出现其他需要补充变更押品的情形时，商业银行应及时采取补充担保等相关措施防范风险。

第三十九条　抵质押合同明确约定警戒线或平仓线的押品，商业银行应加强押品价格监控，触及警戒线时要及时采取防控措施，触及强制平仓条件时应按合同约定平仓。

第四十条　商业银行在对押品相关主合同办理展期、重组、担保方案变更等业务时，应确保抵质押担保的连续性和有效性，防止债权悬空。

第四十一条　商业银行应对押品管理情况进行定期或不定期检查，重点检查押品保管情况以及权属变更情况，排查风险隐患，评估相关影响，并以书面形式在相关报告中反映。原则上不低于每年一次。

第四十二条　出现下列情形之一的，商业银行应办理抵质押注销登记手续，返还押品或权属证书：

（一）抵质押担保合同履行完毕，押品所担保的债务已经全部清偿；

（二）人民法院解除抵质押担保裁判生效；

（三）其他法定或约定情形。

第四十三条　商业银行向受让方转让抵质押担保债权的，应协助受让方办理担保变更手续。

第四十四条　债务人未能按期清偿押品担保的债务或发生其他风险状况的，商业银行应根据合同约定，按照损失最小化原则，合理选择行使抵质押权的时机和方式，通过变卖、拍卖、折价等合法方式及时行使抵质押权，或通过其他方式保障合同约定的权利。

第四十五条　处置押品回收的价款超过合同约定主债权金额、利息、违约金、损害赔偿金和实现债权的相关费用的，商业银行应依法将超过部分退还抵押（出质）人；价款低于合同约定主债权本息及相关费用的，不足部分依法由债务人清偿。

《中国银监会关于整治银行业金融机构不规范经营的通知》（2012 年 1 月 20 日）

（七）不得转嫁成本。银行业金融机构应依法承担贷款业务及其他服务中产生的尽职调查、押品评估等相关成本，不得将经营成本以费用形式转嫁给客户。

7.6　《银行业从业人员职业操守和行为准则》的规定

【相关规定指引】

《银行业从业人员职业操守和行为准则》（2020 年 9 月 2 日）

第十七条　【严禁骗取信贷行为】银行业从业人员不得向客户明示、暗示或者默许以虚假资料骗取、套取信贷资金。

第十九条　【遵守信贷业务规定】银行业从业人员应当根据监管规定和所在机构风险控制的要求，严格执行贷前调查、贷时审查和贷后检查等"三查"工作。

第四十二条　【遵守反洗钱、反恐怖融资规定】银行业从业人员应当遵守反洗钱、反恐怖融资有关规定，熟知银行承担的义务，严格按照要求落实报告大额和可疑交易等工作。

8. 担保方式的选择

8.1　担保方式的选择原则

8.1.1　选择时考虑因素

授信业务的一般担保方式为：保证、抵押和质押。

银行应当根据授信客户的信用状况、授信品种、金额、期限、风险程度以及各种担保方式的特点，因时制宜、因地制宜、因事制宜而采用与业务相适应/匹配的担保方式，既要考虑到业务的发展，又要考虑到风险的防控，达到风险防控与业务发展的总体平衡。

8.1.2 一般的选择顺序

完全现金担保首选，非完全现金担保其次。

8.2 担保方式单独适用的情形

8.2.1 完全现金担保的情形

对于低风险的授信业务，如其提供的担保方式，担保价值完全覆盖授信业务本息及相关费用的，可以视为完全现金担保，现金担保有以下常见情形：

（1）保证金质押；

（2）国债、银行承兑汇票；

（3）本行存单、对金融机构的债权质押；

（4）其他普通金融机构的备用信用证和担保；

（5）但主业务类型及操作违反监管规定的除外。

8.2.2 完全现金担保的风险

完全现金担保一般情形下为低风险业务，在无第三方介入的情形下，债权受到损失的概率较低，但也不是万无一失。

最常见的合规风险：在于违反反洗钱等（如非法集资）监管规定所带来的行政处罚。

最常见的法律风险：

（1）"金融规章、规范性文件是落实党中央关于金融工作决策部署的重要载体，是金融法律规范体系的重要组成部分。金融规章一般不能作为认定金融合同无效的直接依据，但可以作为判断是否违背公序良俗的重要依据或裁判理由……虽然金融监管规章不能作为认定合同效力的直接依据，但可以作为认定民事权利义务及相应民事责任的重要参考或依据。"[①] 依此判断，在主业务类型及操作违反监管规定的情形下，无论是合同效力抑或是民事责任都可能会受到影响，另外，一旦主合同无效，担保合同也会随之无效。

（2）在第三方国家机关介入的情形下：既包括第三方特定民事债权人的介入，通常通过人民法院的保全、诉讼、执行行为，又包括第三方不特定债权人的介入，通常表现为公安机关、检察机关、审判机关等刑事侦查、起诉、审判、执行机关的冻结、扣划行为，还包括其他税务、监察等公权力机关的介入而采取法定措施的情形。

8.2.3　非完全现金担保的情形

非完全现金担保一般不适用单用情形。

8.3　担保方式并用的情形

8.3.1　非完全现金担保情形

在非完全现金担保的情形下，担保方式既可以采用保证、抵押、质押中的一种，也可以同时采用其中的多种。

8.3.2　非完全现金担保的风险

非完全现金担保的法律风险，应当根据实际采用的担保主体、担保方式、担保要求不同而具体确定。

8.3.3　并用适用的前提条件

8.3.3.1　并用适用前提条件

单独适用一种担保方式不足以有效防范和分散授信风险的，应当选择两种或者两种以上的担保方式。

8.3.3.2　全部担保/分割担保

在同时适用两种或者以上担保方式时，各担保方式通常分别担保全部债权，但在根据授信客户的信用状况、授信品种、金额、期限、风险程度以及

---

① 刘贵祥：《关于金融民商事审判工作中的理念、机制和法律适用问题》，载《法律适用》2023 年第 1 期。

各种担保方式的特点，寻求与业务相适应/匹配的担保方式的前提下，也可以划分各自担保的债权范围。

银行在办理抵押登记时，经常会遇到不动产登记中心要求登记的主债权金额不得超过抵押物评估价值①的情形，这也是实践中分割担保的重要成因。

8.3.3.3　分割担保注意事项

划分各自担保的债权范围的，在债权清收的过程中要格外注意各担保人之间的利益平衡问题，即混合担保情形下，各担保人之间是否成立追偿权，相互追偿的可能性，以及可能带来的各担保人之间的利益失衡从而带来的各种诉讼、执行、异议等纠纷增加与反弹问题。

9. 担保审核的基本要求

9.1　真实性原则

9.1.1　真实性原则定义

真实性原则是指担保人/物应当真实存在，是其他所有原则的基础，如果不满足真实性原则，虚构事实、隐瞒真相、伪造凭证、无中生有，那么，借款人会涉嫌骗取贷款罪或者贷款诈骗罪，银行工作人员会涉嫌违法发放贷款罪。

9.1.2　监管规定的体现

在行业监管规定中，真实性原则在《商业银行押品管理指引》第十五条、第二十七条中有明确规定和具体体现。

---

① 所谓"禁止超额抵押"的做法来源于《担保法》及《城市房地产抵押管理办法》第九条的规定。《担保法》第三十五条第一款规定："抵押人所担保的债权不得超出抵押物的价值"，但该规定已被《物权法》以及现行《民法典》物权编规定所废止。《城市房地产抵押管理办法》仍然有效。

【相关规定指引】

《商业银行押品管理指引》（2017 年 4 月 26 日）

第十五条　商业银行接受的押品应符合以下基本条件：

（一）押品真实存在；

……

第二十七条　押品调查方式包括现场调查和非现场调查，原则上以现场调查为主，非现场调查为辅。

9.2　合法性原则

9.2.1　合法性原则定义

合法性原则是指担保方式种类应当是国家法律允许、认可的合法担保方式种类。

9.2.2　监管规定的体现

在行业监管规定中，合法性原则在《商业银行押品管理指引》第五条中有明确规定和具体体现。

【相关规定指引】

《商业银行押品管理指引》（2017 年 4 月 26 日）

第五条　商业银行押品管理应遵循以下原则：

（一）合法性原则。押品管理应符合法律法规规定。

……

9.3　有效性原则

9.3.1　有效性原则定义

有效性原则是指在担保方式种类合法的前提下，具体采用抵质押担保手续完备，抵质押权能够有效设立，并且可以对抗第三人，其优先受偿权能够被国家认可，是合同有效、物权有效的意思，可以起到较好的债权保障作用。

9.3.2　监管规定的体现

在行业监管规定中，有效性原则在《商业银行押品管理指引》第五条中也有明确规定和具体体现。

【相关规定指引】

《商业银行押品管理指引》（2017 年 4 月 26 日）

第五条　商业银行押品管理应遵循以下原则：

……

（二）有效性原则。抵质押担保手续完备，押品估值合理并易于处置变现，具有较好的债权保障作用。

……

9.4　可靠性原则概述

9.4.1　可靠性原则定义

可靠性原则是指在所设担保方式种类合法，而且抵、质押担保手续完备，抵、质押权能够有效设立，而且可以对抗第三人的基础上，所设的保证担保不仅确有代偿能力并易于实现债权，所设的抵、质押担保物估值合理，且易于处置变现，具有较好的债权保障作用。

9.4.2　监管规定中的定义

在行业监管规定中，可靠性原则在《商业银行押品管理指引》第五条中也有明确规定和具体体现。

【相关规定指引】

《商业银行押品管理指引》（2017 年 4 月 26 日）

第五条　商业银行押品管理应遵循以下原则：

……

（二）有效性原则。抵质押担保手续完备，押品估值合理并易于处置变现，具有较好的债权保障作用。

……

9.5 可靠性之经济性

担保物的可靠性又可以称为担保物的担保能力，主要体现在经济性和流动性两个方面。

9.5.1 经济性的定义

经济性主要是指担保物估值合理情形下的价值高低，通俗地说就是担保物"值不值钱"，担保物经济性的高低直接决定了担保物是否能够覆盖债权，能否起到债权保障作用。

9.5.2 对债务人的经济性评价

需要区分担保物的市场价值，担保物的抵押价值，担保物的抵押净值三个概念。

（1）担保物的市场价值

是指担保物对债务人的经济性，在正常市场环境下担保物的市场流通价值，通俗地说就是担保物"能值多少钱"。

（2）抵押价值

是指估价对象假定未设立法定优先受偿权下的价值减去注册房地产估价师知悉的法定优先受偿款后的价值。[1] 担保物的抵押价值，就是担保物市场价值扣除法定优先受偿款后的价值，通俗地说就是"能剩多少钱"。

（3）抵押净值

是指抵押价值减去预期实现抵押权的费用和税金后的价值。[2] 担保物对债权人的经济性，在正常清收过程中，担保物对债权人的债权保障价值，就是担保物市场价值扣除法定优先受偿权再减去实现抵押权的费用和税金后，通俗地说就是"能还债权人多少钱"。

9.5.3 债权人司法经济性评价

从司法强制执行角度来考虑对债权人的经济性评价。

---

[1] 引自《房地产估价基本术语标准》第 3.0.10 项。
[2] 引自《房地产估价基本术语标准》第 3.0.11 项。

债权人可实现债权价值=抵押物的市场价值×（最大降幅至70%）×（最大降幅至80%）-法定优先受偿权-实现抵押权的费用-税金。

9.6 可靠性之流动性

9.6.1 流动性的定义

流动性主要是指担保物在合理价格情形下，是否具备迅速成交的能力，通俗地说就是担保物"好不好卖"，这是担保物进行交易的基础和保证，决定了债权人在将担保物及时变现时需要付出代价的大小。流动性弱的担保物最终很可能以较大的折价幅度出售或者无法出售，从而对债权人造成损失。因此，担保物流动性是债权人需要重点考虑的风险要素之一。

9.6.2 一般通用影响因素

以不动产为例，影响不动产流动性的因素有以下几种：

（1）市场风险偏好

一般来说，市场风险偏好是指市场参与者对不动产持有的态度，是长期持有、中期持有还是短期持有，是乐观状态还是悲观状态。

（2）交易场所和担保物类型

一般来讲，在不同的交易场所，其标的物的流动性也就不同，比如一二线城市的不动产流动性要远远强于三四五线城市的不动产流动性。

（3）市场需求

一般来讲，市场需求是指一定的顾客在一定的地区、时间、市场营销环境和市场营销计划下对某种商品或服务愿意而且能够购买的数量。市场需求是消费者需求的总和，市场需求量不仅取决于一种物品的价格，而且还取决于买方的收入、嗜好、预期，以及相关物品的价格。它也取决于买方的人数，比如对于同等条件下的不动产，承载特殊户口功能、就医功能、教育功能的不动产，市场需求要远远强于普通只承载居住功能的不动产。

（4）担保物供给趋势

一般来讲，担保物供给是指类似的担保物在未来一段时间内的供给量，在不动产交易市场，担保物供给最典型的就是一段时间内的土地供给，直接决定了担保物的稀缺和未来市场的态度。

（5）信贷政策支撑

一般来讲，信贷政策是调控不动产交易市场的有效手段，也是保持房地产平稳健康发展的工具，信贷政策是市场的晴雨表，可以直接影响受众及市场需求的多少，需要债权人认真考量。

9.6.3 物上负担成本大小

法定优先受偿权+实现抵押权的费用+税金。

（1）以不动产为例，常见的法定优先受偿权情形有：

①首位抵押权的债权；

②需补交的土地出让金：国有划拨土地上的房产、经济适用住房、房改房等；

③所拖欠的相应工程款，需甄别是否真正享有优先权；

④上一手交易所拖欠的税费，需根据税收政策来核定缴纳主体。

（2）以不动产为例，常见的实现抵押权费用的情形有：

①评估费；

②拍卖佣金。

（3）以不动产为例，常见的税金有：

①交易税；

②土地增值税；

③印花税；

④个人所得税。

9.6.4 持有是否需要资质

持有是否需要有特殊资质是抵押权人需要考量的问题，资质的有无直接影响市场需求，影响受众的多寡，影响变现的可能性。

一般来讲，持有需要的资质越多，越严格，其变现的可能性就越低。

9.6.5 受众群体是否广泛

在某些行业，尤其是工业厂房的流动性上，受众非常狭窄，因为担保物的位置、设计、消防、排污、环保等方面的要求，导致其大概率只能在同行业主体之间交易才会发挥物的最大效用。

受众群体越广泛，其流动性也就越强，这也就是为什么在实践中，住宅优于商铺、优于工业厂房、优于商业综合体。

9.6.6　标的物的持有成本

标的物的持有成本也是影响标的物的流动性的重要因素，持有成本越高，其流动性就越差，如持有大型商业综合体的资金成本、税费成本、维修成本、未来可能承担的市场风险，都会导致其变现的可能性降低。

9.6.7　交易税费负担大小

交易税费的多寡也是影响不动产流动性的因素之一，在商业地产和工业地产的交易过程中，会产生高额的交易税费，尤其是土地增值税等税种，直接增加了交易双方的成本，将进一步降低相关标的物的流动性。

2022 年[①]、2023 年[②]，财政部、国家税务总局相继对银行业金融机构、金融资产管理公司不良债权以物抵债实施了宽松的税收政策。

9.6.8　其他特殊影响因素

除此之外，对于不动产来讲，标的物的通用性、独立使用性、价值大小、是否可以分割转让、开发程度、区位都是影响流动性的因素。

9.7　法律与部门规范性文件中的"有效"差异

9.7.1　法律规定中"有效"的定义

【相关规定指引】

《民法典》（2020 年 5 月 28 日）

第二百零九条　不动产物权的设立、变更、转让和消灭，经依法登记，

[①]　《财政部、税务总局关于银行业金融机构、金融资产管理公司不良债权以物抵债有关税收政策的公告》（2022 年 9 月 30 日）。

[②]　《财政部、税务总局关于继续实施银行业金融机构、金融资产管理公司不良债权以物抵债有关税收政策的公告》（2023 年 8 月 21 日）。

发生效力；未经登记，不发生效力，但是法律另有规定的除外。

依法属于国家所有的自然资源，所有权可以不登记。

第二百一十四条 不动产物权的设立、变更、转让和消灭，依照法律规定应当登记的，自记载于不动产登记簿时发生效力。

第二百一十五条 当事人之间订立有关设立、变更、转让和消灭不动产物权的合同，除法律另有规定或者当事人另有约定外，自合同成立时生效；未办理物权登记的，不影响合同效力。

第四百零二条 以本法第三百九十五条第一款第一项至第三项规定的财产或者第五项规定的正在建造的建筑物抵押的，应当办理抵押登记。抵押权自登记时设立。

第四百零三条 以动产抵押的，抵押权自抵押合同生效时设立；未经登记，不得对抗善意第三人。

第四百二十九条 质权自出质人交付质押财产时设立。

第四百六十五条 依法成立的合同，受法律保护。

依法成立的合同，仅对当事人具有法律约束力，但是法律另有规定的除外。

第六百八十二条 保证合同是主债权债务合同的从合同。主债权债务合同无效的，保证合同无效，但是法律另有规定的除外。

保证合同被确认无效后，债务人、保证人、债权人有过错的，应当根据其过错各自承担相应的民事责任。

由《民法典》的上述相关规定，再回溯到已经废止的《物权法》相关规定来分析，有效性在法律上的定义从来都是指合同效力或者物权效力，是对世有效，是法律对于行为的价值判断，而不是对人效力，更不是对某个人是否有清偿效果或者清偿效果大小的判断。

9.7.2 两种规范之间的具体区别

【相关规定指引】

《商业银行押品管理指引》（2017 年 4 月 26 日）

第五条 商业银行押品管理应遵循以下原则：

......

（二）有效性原则。抵质押担保手续完备，押品估值合理并易于处置变现，具有较好的债权保障作用。

......

在这一点上，《商业银行押品管理指引》中的有效性原则和《民法典》等法律上的有效性有着本质差别，指引中的有效性实际上包含了法律上合同效力有效性和物权效力有效性两种情形，而且包含了对押品估值合理性和押品的易于处置变现性，是指对债权保障有效果的意思，是站在指导押品管理工作的角度制定的规范。

指引中的相对应规定应当为标的物合法、主体合法、行为合法、程序合法，再加上真实意思表示，最后得出合同有效的结论，该登记的登记，该备案的备案，公示后，产生或保证效力或优先受偿效力，最后再经过执行、拍卖、市场因素之后的变现顺利，清偿债权整体有效果的意思，与《民法典》等法律中的用语有着本质差异，应当区别对待。

第二章 保证担保的调查管理

1. 保证的法定/适宜资格

1.1 《担保法》的规定

【相关规定指引】

《担保法》（1995 年 6 月 30 日）

第七条 具有代为清偿债务能力的法人、其他组织或者公民，可以作保证人。

《最高人民法院关于适用〈中华人民共和国担保法〉若干问题的解释》（2000 年 12 月 8 日）[①]

第十四条 不具有完全代偿能力的法人、其他组织或者自然人，以保证人身份订立保证合同后，又以自己没有代偿能力要求免除保证责任的，人民法院不予支持。

结论：保证人不具有代为清偿债务能力的，不影响保证合同效力。

1.2 《民法典》的规定

【相关规定指引】

《民法典》（2020 年 5 月 28 日）

第十七条 十八周岁以上的自然人为成年人。不满十八周岁的自然人为

---

① 该文件已失效，仅供读者研究参考。

未成年人。

第十八条   成年人为完全民事行为能力人，可以独立实施民事法律行为。

十六周岁以上的未成年人，以自己的劳动收入为主要生活来源的，视为完全民事行为能力人。

第一百四十三条   具备下列条件的民事法律行为有效：

（一）行为人具有相应的民事行为能力；

（二）意思表示真实；

（三）不违反法律、行政法规的强制性规定，不违背公序良俗。

第六百八十一条   保证合同是为保障债权的实现，保证人和债权人约定，当债务人不履行到期债务或者发生当事人约定的情形时，保证人履行债务或者承担责任的合同。

结论：《民法典》明确否定了《担保法》第七条的规定，不再对保证人的"代为清偿债务能力"作出立法上的要求。保证是债务人以过去、现在、将来的责任财产总和为债权人债务履行提供保障，故不应对有无清偿债务能力作出判断，无论有无代为清偿债务能力、清偿债务能力如何，都可以作保证人，但对于银行来讲，具有清偿债务能力更适宜作保证人，保障更有效果。

1.3   非自然人保证人考察因素

法人、其他组织为保证人的，建议同时考察下列条件：

（1）是否依法经市场监督管理机关（或者其他主管机关）核准登记并办理年检手续；特殊行业或按规定应取得相应许可的，还应同时持有有权部门的相应批准文件/许可；

（2）是否独立核算、自负盈亏、有无健全的管理机构和财务制度，有无享有所有权或者依法享有处分权的独立财产；

（3）是否具有代为清偿债务能力和意愿；

（4）是否有逃废银行债务等不良信用记录；

（5）是否有重大经济纠纷。

【相关规定指引】

《最高人民法院关于适用〈中华人民共和国民事诉讼法〉的解释》（2022 年 4 月 1 日）

第五十二条①　民事诉讼法第五十一条规定的其他组织是指合法成立、有一定的组织机构和财产，但又不具备法人资格的组织，包括：

（一）依法登记领取营业执照的个人独资企业；

（二）依法登记领取营业执照的合伙企业；

（三）依法登记领取我国营业执照的中外合作经营企业、外资企业；

（四）依法成立的社会团体的分支机构、代表机构；

（五）依法设立并领取营业执照的法人的分支机构；

（六）依法设立并领取营业执照的商业银行、政策性银行和非银行金融机构的分支机构；

（七）经依法登记领取营业执照的乡镇企业、街道企业；

（八）其他符合本条规定条件的组织。

1.4　自然人保证人考察因素

自然人作为保证人的，应当符合下列条件：

（1）拥有中华人民共和国国籍；②

（2）具有完全民事行为能力；

（3）有固定的住所；

（4）有合法收入来源和具有代为清偿债务能力；

（5）无贷款逾期、欠息、信用卡恶意透支等不良信用记录。

1.5　二种保证方式的并用

办理授信业务保证担保时，原则上应当首先选择代为清偿债务能力强、

---

①　与《民法典》第一百零二条规定的角度不同，可结合理解适用。

②　《民法典》并未将保证人国籍作为担保条件，但拥有外国国籍或居留权的自然人难以执行是普遍情形。

信誉状况好的法人为保证人；但对于一些资信平常的企业，按照行业规范与惯例，银行经常要求借款企业的法定代表人和实际控制人（含配偶及成年子女）为贷款提供无限连带责任保证。

对集团公司本部（母公司）为本集团公司内部成员单位担保、集团公司内部成员单位之间保证、其他保证人之间相互保证以及其他组织、自然人作为保证人的，应当参照《商业银行集团客户授信业务风险管理指引》从严掌握。

公司授信业务一般不应当接受单一的自然人保证担保方式，但已经以其他担保方式进行担保，又附加自然人保证担保的除外。

2. 不同单位组织担保资格

2.1　法人的类型

2.1.1　法人的定义

【相关规定指引】

《民法典》（2020 年 5 月 28 日）

第五十七条　法人是具有民事权利能力和民事行为能力，依法独立享有民事权利和承担民事义务的组织。

2.1.2　法人成立的条件

【相关规定指引】

《民法典》（2020 年 5 月 28 日）

第五十八条　法人应当依法成立。

法人应当有自己的名称、组织机构、住所、财产或者经费。法人成立的具体条件和程序，依照法律、行政法规的规定。

设立法人，法律、行政法规规定须经有关机关批准的，依照其规定。

2.1.3　法人的类型

法人	营利法人	有限公司	
		股份公司	
		其他企业法人	
	非营利法人	事业单位	
		捐助法人	基金会
			社会服务机构
			宗教活动场所
	特别法人	社会团体	
		机关法人	
		农村集体经济组织法人	
		城镇农村的合作经济组织法人	
		基层群众性自治组织法人	

2.2　营利法人

营利法人可以作为保证人，并具备担保资格。

2.3　非营利法人

2.3.1　非营利法人种类

【相关规定指引】

《民法典》（2020 年 5 月 28 日）

第八十七条　为公益目的或者其他非营利目的成立，不向出资人、设立人或者会员分配所取得利润的法人，为非营利法人。

非营利法人包括事业单位、社会团体、基金会、社会服务机构等。

第六百八十三条　……

以公益为目的的非营利法人、非法人组织不得为保证人。

2.3.2　以公益为目的

【相关规定指引】

《民法典》（2020 年 5 月 28 日）

第六百八十三条　……

以公益为目的的非营利法人、非法人组织不得为保证人。

故，以公益为目的的非营利法人不得为保证人，不具备担保资格。

2.3.3　其他目的

非以公益为目的的非营利法人可以作为保证人，具备担保资格，但其担保能力均较营利法人要弱。

2.3.4　事业单位法人

【相关规定指引】

《事业单位登记管理暂行条例》（2004 年 6 月 27 日）

第二条　本条例所称事业单位，是指国家为了社会公益目的，由国家机关举办或者其他组织利用国有资产举办的，从事教育、科技、文化、卫生等活动的社会服务组织。

事业单位依法举办的营利性经营组织，必须实行独立核算，依照国家有关公司、企业等经营组织的法律、法规登记管理。

2.3.5　社会团体法人

【相关规定指引】

《社会团体登记管理条例》（2016 年 2 月 6 日）

第二条　本条例所称社会团体，是指中国公民自愿组成，为实现会员共同意愿，按照其章程开展活动的非营利性社会组织。

国家机关以外的组织可以作为单位会员加入社会团体。

第三条　成立社会团体，应当经其业务主管单位审查同意，并依照本条例的规定进行登记。

社会团体应当具备法人条件。

下列团体不属于本条例规定登记的范围：

（一）参加中国人民政治协商会议的人民团体；

（二）由国务院机构编制管理机关核定，并经国务院批准免于登记的团体；

（三）机关、团体、企业事业单位内部经本单位批准成立、在本单位内部活动的团体。

2.3.6　捐助法人

【相关规定指引】

《慈善法》（2023 年 12 月 29 日）

第八条　本法所称慈善组织，是指依法成立、符合本法规定，以面向社会开展慈善活动为宗旨的非营利性组织。

慈善组织可以采取基金会、社会团体、社会服务机构等组织形式。

第九条　慈善组织应当符合下列条件：

（一）以开展慈善活动为宗旨；

（二）不以营利为目的；

（三）有自己的名称和住所；

（四）有组织章程；

（五）有必要的财产；

（六）有符合条件的组织机构和负责人；

（七）法律、行政法规规定的其他条件。

第十条　设立慈善组织，应当向县级以上人民政府民政部门申请登记，民政部门应当自受理申请之日起三十日内作出决定。符合本法规定条件的，准予登记并向社会公告；不符合本法规定条件的，不予登记并书面说明理由。

已经设立的基金会、社会团体、社会服务机构等非营利性组织，可以向办理其登记的民政部门申请认定为慈善组织，民政部门应当自受理申请之日起二十日内作出决定。符合慈善组织条件的，予以认定并向社会公告；不符合慈善组织条件的，不予认定并书面说明理由。

有特殊情况需要延长登记或者认定期限的，报经国务院民政部门批准，可以适当延长，但延长的期限不得超过六十日。

据此，捐助法人可分为基金会、社会服务机构、宗教类相关法人。

2.3.6.1　基金会

【相关规定指引】

《基金会管理条例》（2004 年 3 月 8 日）

第二条　本条例所称基金会，是指利用自然人、法人或者其他组织捐赠的财产，以从事公益事业为目的，按照本条例的规定成立的非营利性法人。

第三条　基金会分为面向公众募捐的基金会（以下简称公募基金会）和不得面向公众募捐的基金会（以下简称非公募基金会）。公募基金会按照募捐的地域范围，分为全国性公募基金会和地方性公募基金会。

2.3.6.2　社会服务机构

【相关规定指引】

《民办非企业单位登记管理暂行条例》（1998 年 10 月 25 日）

第二条　本条例所称民办非企业单位，是指企业事业单位、社会团体和其他社会力量以及公民个人利用非国有资产举办的，从事非营利性社会服务活动的社会组织。

2.3.6.3　其他

【相关规定指引】

《宗教事务条例》（2017 年 8 月 26 日）

第四条第一款　国家依法保护正常的宗教活动，积极引导宗教与社会主义社会相适应，维护宗教团体、宗教院校、宗教活动场所和信教公民的合法权益。

第七条　宗教团体的成立、变更和注销，应当依照国家社会团体管理的有关规定办理登记。

宗教团体章程应当符合国家社会团体管理的有关规定。

宗教团体按照章程开展活动，受法律保护。

第十一条　宗教院校由全国性宗教团体或者省、自治区、直辖市宗教团体设立。其他任何组织或者个人不得设立宗教院校。

第十二条　设立宗教院校，应当由全国性宗教团体向国务院宗教事务部门提出申请，或者由省、自治区、直辖市宗教团体向拟设立的宗教院校所在地的省、自治区、直辖市人民政府宗教事务部门提出申请。省、自治区、直辖市人民政府宗教事务部门应当自收到申请之日起 30 日内提出意见，报国务院宗教事务部门审批。

国务院宗教事务部门应当自收到全国性宗教团体的申请或者省、自治区、直辖市人民政府宗教事务部门报送的材料之日起 60 日内，作出批准或者不予批准的决定。

第十九条　宗教活动场所包括寺观教堂和其他固定宗教活动处所。

寺观教堂和其他固定宗教活动处所的区分标准由省、自治区、直辖市人民政府宗教事务部门制定，报国务院宗教事务部门备案。

2.4　特别法人

【相关规定指引】

《民法典》（2020 年 5 月 28 日）

第九十六条　本节规定的机关法人、农村集体经济组织法人、城镇农村的合作经济组织法人、基层群众性自治组织法人，为特别法人。

2.4.1　机关法人定义

机关法人，是指依法行使国家权力，并因行使国家权力的需要而享有相应的民事权利能力和民事行为能力的国家机关。在进行民事活动时，国家机关以法人身份出现，与自然人或法人的相对方一样是平等民事主体，而不是行政主体。

2.4.2　《民法典》的规定

【相关规定指引】

《民法典》（2020 年 5 月 28 日）

第九十七条　有独立经费的机关和承担行政职能的法定机构从成立之日起，具有机关法人资格，可以从事为履行职能所需要的民事活动。

第九十八条　机关法人被撤销的，法人终止，其民事权利和义务由继任的机关法人享有和承担；没有继任的机关法人的，由作出撤销决定的机关法人享有和承担。

2.4.3 机关法人种类

（1）有独立经费的依照法律和行政命令组建的履行公共管理职能的各级国家机关，包括各级权力机关、行政机关、监察机关、审判机关、检察机关、军事机关。

（2）承担行政职能的法定机构，主要指承担行政职能的社会团体法人、事业单位法人，比如妇联、共青团、2023 年改革之前的银保监会等。

（3）参照公务员管理的事业单位中行使履行公共管理职能的部分事业单位。

2.4.4 担保资格规定

【相关规定指引】

《民法典》（2020 年 5 月 28 日）

第六百八十三条 机关法人不得为保证人，但是经国务院批准为使用外国政府或者国际经济组织贷款进行转贷的除外。

……

2.4.5 农村集体经济组织法人

2.4.5.1 定义

农村集体经济组织法人是指依法取得法人资格的农村集体经济组织，具体是指以土地集体所有为基础，依法代表成员集体行使所有权，实行家庭承包经营为基础、统分结合双层经营体制的地区性经济组织，包括乡镇级集体经济组织、村级集体经济组织、组级集体经济组织，不包括农村供销合作社、农村信用合作社、农民专业合作社等合作经济组织。

2.4.5.2 法律规定

【相关规定指引】

《民法典》（2020 年 5 月 28 日）

第一百零一条 居民委员会、村民委员会具有基层群众性自治组织法人资格，可以从事为履行职能所需要的民事活动。

未设立村集体经济组织的，村民委员会可以依法代行村集体经济组织的职能。

《农村集体经济组织法》（2024 年 6 月 28 日）

第二条 本法所称农村集体经济组织，是指以土地集体所有为基础，依法代表成员集体行使所有权，实行家庭承包经营为基础、统分结合双层经营体制的区域性经济组织，包括乡镇级农村集体经济组织、村级农村集体经济组织、组级农村集体经济组织。

2.4.5.3 担保资格规定

【相关规定指引】

《最高人民法院关于适用〈中华人民共和国民法典〉有关担保制度的解释》（2020 年 12 月 31 日）

第五条 ……

居民委员会、村民委员会提供担保的，人民法院应当认定担保合同无效，但是依法代行村集体经济组织职能的村民委员会，依照村民委员会组织法规定的讨论决定程序对外提供担保的除外。

2.4.6 城镇农村的合作经济组织法人

2.4.6.1 《民法典》的规定

【相关规定指引】

《民法典》（2020 年 5 月 28 日）

第一百条 城镇农村的合作经济组织依法取得法人资格。

法律、行政法规对城镇农村的合作经济组织有规定的，依照其规定。

2.4.6.2 《农业法》的规定

【相关规定指引】

《农业法》（2012 年 12 月 28 日）

第十一条 国家鼓励农民在家庭承包经营的基础上自愿组成各类专业合作经济组织。

农民专业合作经济组织应当坚持为成员服务的宗旨，按照加入自愿、退出自由、民主管理、盈余返还的原则，依法在其章程规定的范围内开展农业生产经营和服务活动。

农民专业合作经济组织可以有多种形式，依法成立、依法登记。任何组织和个人不得侵犯农民专业合作经济组织的财产和经营自主权。

国家引导和支持从事农产品生产、加工、流通服务的企业、科研单位和其他组织，通过与农民或者农民专业合作经济组织订立合同或者建立各类企业等形式，形成收益共享、风险共担的利益共同体，推进农业产业化经营，带动农业发展。

2.4.6.3　《农民专业合作社法》的规定

【相关规定指引】

《农民专业合作社法》（2017 年 12 月 27 日）

第二条　本法所称农民专业合作社，是指在农村家庭承包经营基础上，农产品的生产经营者或者农业生产经营服务的提供者、利用者，自愿联合、民主管理的互助性经济组织。

2.4.6.4　城镇的合作经济组织法人

（1）现实情况

供销合作社分为基层供销合作社，县级、市级、省级供销合作社联合社，中华全国供销合作总社在供销合作社系统中，上级社对下级社有指导、协调、监督、服务、教育培训等职责。

（2）政策依据

【相关规定指引】

《中共中央、国务院关于深化供销合作社综合改革的决定》（2015 年 3 月 23 日）

（十八）确立供销合作社的特定法律地位。在长期的为农服务实践中，供销合作社形成了独具中国特色的组织和服务体系，组织成分多元，资产构成多样，地位性质特殊，既体现党和政府政策导向，又承担政府委托的公益性服务，既有事业单位和社团组织的特点，又履行管理社有企业的职责，既要办成以农民为基础的合作经济组织，又要开展市场化经营和农业社会化服务，是党和政府以合作经济组织形式推动"三农"工作的重要载体，是新形势下推动农村经济社会发展不可替代、不可或缺的重要力量。为更好发挥供销合作社独特优势和重要作用，必须确立其特定法律地位，抓紧制定供销合作社条例，适时启动供销合作社法立法工作。

2.4.7 基层群众性自治组织法人

2.4.7.1 定义

【相关规定指引】

《民法典》（2020 年 5 月 28 日）

第一百零一条 居民委员会、村民委员会具有基层群众性自治组织法人资格，可以从事为履行职能所需要的民事活动。

未设立村集体经济组织的，村民委员会可以依法代行村集体经济组织的职能。

《城市居民委员会组织法》（2018 年 12 月 29 日）

第二条 居民委员会是居民自我管理、自我教育、自我服务的基层群众性自治组织。

不设区的市、市辖区的人民政府或者它的派出机关对居民委员会的工作给予指导、支持和帮助。居民委员会协助不设区的市、市辖区的人民政府或者它的派出机关开展工作。

《村民委员会组织法》（2018 年 12 月 29 日）

第二条 村民委员会是村民自我管理、自我教育、自我服务的基层群众性自治组织，实行民主选举、民主决策、民主管理、民主监督。

村民委员会办理本村的公共事务和公益事业，调解民间纠纷，协助维护社会治安，向人民政府反映村民的意见、要求和提出建议。

村民委员会向村民会议、村民代表会议负责并报告工作。

2.4.7.2 居民委员会

【相关规定指引】

《城市居民委员会组织法》（2018 年 12 月 29 日）

第三条 居民委员会的任务：

（一）宣传宪法、法律、法规和国家的政策，维护居民的合法权益，教育居民履行依法应尽的义务，爱护公共财产，开展多种形式的社会主义精神文明建设活动；

（二）办理本居住地区居民的公共事务和公益事业；

（三）调解民间纠纷；

（四）协助维护社会治安；

（五）协助人民政府或者它的派出机关做好与居民利益有关的公共卫生、计划生育、优抚救济、青少年教育等项工作；

（六）向人民政府或者它的派出机关反映居民的意见、要求和提出建议。

第四条　居民委员会应当开展便民利民的社区服务活动，可以兴办有关的服务事业。

居民委员会管理本居民委员会的财产，任何部门和单位不得侵犯居民委员会的财产所有权。

2.4.7.3　村民委员会

【相关规定指引】

《村民委员会组织法》（2018 年 12 月 29 日）

第三条　村民委员会根据村民居住状况、人口多少，按照便于群众自治，有利于经济发展和社会管理的原则设立。

村民委员会的设立、撤销、范围调整，由乡、民族乡、镇的人民政府提出，经村民会议讨论同意，报县级人民政府批准。

村民委员会可以根据村民居住状况、集体土地所有权关系等分设若干村民小组。

第四条　中国共产党在农村的基层组织，按照中国共产党章程进行工作，发挥领导核心作用，领导和支持村民委员会行使职权；依照宪法和法律，支持和保障村民开展自治活动、直接行使民主权利。

第五条　乡、民族乡、镇的人民政府对村民委员会的工作给予指导、支持和帮助，但是不得干预依法属于村民自治范围内的事项。

村民委员会协助乡、民族乡、镇的人民政府开展工作。

第八条　村民委员会应当支持和组织村民依法发展各种形式的合作经济和其他经济，承担本村生产的服务和协调工作，促进农村生产建设和经济发展。

村民委员会依照法律规定，管理本村属于村农民集体所有的土地和其他财产，引导村民合理利用自然资源，保护和改善生态环境。

村民委员会应当尊重并支持集体经济组织依法独立进行经济活动的自主权，维护以家庭承包经营为基础、统分结合的双层经营体制，保障集体经济组织和村民、承包经营户、联户或者合伙的合法财产权和其他合法权益。

2.5　非法人组织

【相关规定指引】

《民法典》（2020 年 5 月 28 日）

第一百零二条①　非法人组织是不具有法人资格，但是能够依法以自己的名义从事民事活动的组织。

非法人组织包括个人独资企业、合伙企业、不具有法人资格的专业服务机构等。

第一百零三条　非法人组织应当依照法律的规定登记。

设立非法人组织，法律、行政法规规定须经有关机关批准的，依照其规定。

第一百零四条　非法人组织的财产不足以清偿债务的，其出资人或者设立人承担无限责任。法律另有规定的，依照其规定。

3. 不宜接受的自然人保证人

3.1　与银行相关的信用不符条件的自然人

（1）存在不良信用记录较长时间，又无法作出合理解释的自然人；

（2）有过两次或两次以上拖欠银行贷款本息等不良信用记录的自然人；

---

① 与《最高人民法院关于适用〈中华人民共和国民事诉讼法〉的解释》第五十二条规定角度不同，可结合理解适用。

（3）担任法定代表人、董事、监事或者高级管理人员所在公司有过破产、逃废银行债务等行为的自然人；

（4）有过银行不良资产剥离或者核销记录的自然人；

（5）被列入失信被执行人名单或者限制消费的自然人。

3.2 与银行无关的信用不符条件的自然人

（1）有赌博、吸毒等不良行为或犯罪记录的自然人；

（2）被列入失信被执行人名单或者限制消费的自然人；

（3）无合理理由，出入境过于频繁的自然人；

（4）配偶、其他近亲属非中国国籍或者长期居住在域外的自然人；

（5）无配偶，也无其他近亲属的自然人；

（6）没有固定住所的自然人；

（7）其他明显没有代偿能力的自然人。

4. 保证人应提供的基本材料

4.1 自然人

保证人为自然人的，应提交下列材料：

（1）保证人及配偶的有效身份证件（居民身份证或其他有效身份证件）。

（2）保证人的固定住所居住证明（户口簿或近3—6个月房租、水、电费收据）。

（3）保证人财产及收入状况证明（合法、有效的财产所有权证明；单位财务或劳动人事部门出具的收入证明、个人所得税纳税证明、养老保险缴费记录或者公积金缴费明细、近6个月的银行账户明细，或银行认可的其他证明材料）。

（4）保证人及配偶同意提供担保的书面文件。

（5）授信金额巨大的，还应当提供护照、通行证查询结果或者最近 3 年的出入境记录。

（6）银行要求提供的其他有关材料。

【关联案例指引】

某资产四川分公司与某商贸公司等金融借款合同纠纷案①

配偶同意执行共同财产承诺不等于提供保证担保。② 某资产四川分公司主张，刘某东、贾某二人应在夫妻共同财产范围内承担与对方相同的质押担保责任，依据是刘某东、贾某二人分别签署的《关于同意执行共同财产的承诺函》。经查明，前述承诺函均明确载明，本人刘某东（或贾某）现为出质人贾某（或刘某东）的合法配偶，为《权利最高额质押合同》之签署和履行而作出该承诺；结合一审法院查明的该承诺函的内容，该承诺函表明承诺人同意处分质押财产，但并无在共同财产范围内承担质押担保责任的意思表示。该上诉理由不能成立，法院不予支持。

武某某与高某某执行实施案③

被执行人配偶不能提供证据证明名下存款系其个人财产的，法院可以进行冻结。被执行人名下无可供执行财产时，法院应充分调查被执行人是否与他人拥有共同财产。被执行人配偶名下银行存款虽以个人名义所存，但不能提供证据证明案涉存款系其个人财产，法院可以对被执行人共有的登记在案外人名下的涉案银行存款进行冻结。

4.2　法人和其他组织

保证人为法人和其他组织时，应当审查其提供的下列材料：

---

① 参见最高人民法院（2021）最高法民终 561 号民事判决书，载中国裁判文书网，2024 年 3 月 11 日访问。

② 该内容为笔者概括总结，笔者认为，《关于同意执行共同财产的承诺函》等类似文件的效力，是否将其视为共同债务，实乃对相关条款的意思表示的解释问题。若相关条款表明担保人配偶认可以其现有的和将来的所有概括性财产来清偿债务，则应当认定为夫妻共同债务，是双方的一致意思表示；否则不应将夫妻一方的担保之债视为共同债务。

③ 载人民法院案例库，入库编号：2024-17-5-101-005，https：//rmfyalk. court. gov. cn/，2024 年 5 月 18 日访问。

（1）营业执照（特殊行业或按规定应取得相应许可的，还应同时持有有权部门的相应批准文件/许可）及最近年度的年检证明。

（2）法定代表人（负责人）身份证明及签字样本或印鉴。

（3）法定代表人授权委托书、委托代理人身份证明及签字样本或印鉴。

（4）成立的章程及历次修正案。

（5）税务登记证明及最近二年至三年的年检证明。

（6）当期财务报表及审计报告。报表主要包括：资产负债表、损益表、现金流量表等。

（7）负债清单及情况说明（如有）。

（8）银行认为需要提交的其他材料。

国家政策性银行、全国性股份制商业银行、全国排名前 50 名的城市商业银行等信用良好的金融机构为保证人的。

4.3　有限责任公司/股份有限公司

有限责任公司、股份有限公司为保证人的，还应当提交下列材料：

（1）有效公司章程及历次章程修正案。

（2）公司董事会或股东会依公司章程作出的，同意提供该保证担保的有效决议。[①]

（3）公司董事会或股东会依公司章程作出的，签约人授权委托书或者法定代表人签字样本或者印鉴。[②]

（4）提供担保的决议经合理审查后存在明显异常，不能作出合理解释的，需要进一步审查相关会议召开、召集等程序、会议的主持、记录情况，法定代表人、董事、监事和其他高级管理人员是否列席了会议并在会议记录[③]上

　　[①]　此处的有效，指的是债权人对决议合理审查的主观评价，并不等同于司法机关事后对决议效力的判定状态，详见《公司法》第二十五条、第二十六条、第二十七条、第二十八条的规定。

　　[②]　《公司法》第一百一十八条规定，股东委托代理人出席股东会会议的，应当明确代理人代理的事项、权限和期限；代理人应当向公司提交股东授权委托书，并在授权范围内行使表决权。

　　[③]　《公司法》第一百一十九条规定，股东会应当对所议事项的决定作成会议记录，主持人、出席会议的董事应当在会议记录上签名。会议记录应当与出席股东的签名册及代理出席的委托书一并保存。

签名等情况，也可将会议记录或者记录载体作为附件予以留存。

（5）涉及上市公司或者其控股子公司提供担保的，除按照第1—4项提交材料外，还应审查其按规定履行信息披露义务[①]。

（6）其他能够证明银行已经尽到合理审查义务的材料。

5. 对保证人的调查分析

5.1 保证担保的合法/有效性

对保证人的主体资格、意思表示、授权情况以及其他相关手续和文件进行审查，确定其真实性、完整性、合法性和有效性。

5.2 审查保证担保的可靠性

对保证人的资信状况、代偿能力等事项进行审查评估，确定保证担保的可靠性；验证保证人名下财产信息，不动产、动产及权利、经营企业、收入状况等情况。

5.3 审查其银联征信准确性

应当通过银联征信系统查询保证人相关贷款状态和保证人的资信情况。

5.4 尽职调查报告必备事项

面对保证人情况的调查分析，是尽职调查报告的必备事项，应当在以上工作基础上形成综合结论，在相关尽职调查报告中予以载明。

---

① 《上市公司监管指引第8号——上市公司资金往来、对外担保的监管要求》第十五条规定："上市公司控股子公司对于向上市公司合并报表范围之外的主体提供担保的，应视同上市公司提供担保，上市公司应按照本章规定执行。"

6. 保证担保的审查要件

银行在对保证担保进行调查评估时，应当对保证人的下列情况予以核实。

6.1 主体资格是否合法

主体资格情况，主要包括保证人的名称、住所、注册资本、实缴/认缴、法定代表人、经营范围、营业执照号码及注册登记和年检情况，经营许可证记载及年检情况。

6.2 程序决议是否合法

（1）程序决议审批授权情况，主要包括保证人提供保证担保是否需要相关政府机关、上级单位的批准；（2）如需批准的，是否已经获得相应政府批文、内部决议和授权；（3）内部决议和授权文书是否按照保证人章程记载的议事规则作出，决议是否满足程序和表决比例等程序性要求。

6.3 意思表示是否真实

（1）保证人提供保证意愿的意思表示情况，主要包括提供本次担保并承担连带责任的意思表示是否自愿、真实，是否获得公司内部有权机关的决议作为授权的基础和来源。

（2）公司经办人是否能够代表公司，是否有合理授权或者合理表征，内部有权机关决议是否合法、无瑕疵。

（3）除法定代表人之外的人经办办理的，是否特别出具了授权手续，授权委托书上是否有法定代表人签字都应在具体审查范围之内。

6.4 担保能力是否得当

（1）个人征信报告及代偿能力情况，主要包括保证人资产状况、经营状况、收入情况、银行账户、本次担保金额、已对外提供担保金额及可担保能力、是否有逃废银行债务等不良信用记录、是否涉及重大的债权债务纠纷等。

（2）通过银联系统查询、打印近期个人征信报告。

6.5 技术操作具体细节

（1）印章及签字情况，主要包括保证人公章、法定代表人或授权代理人签字样本或印鉴的真伪的核实情况，签字人与经办人的身份核实。

（2）经办人应对以上核对情况形成书面结论，并由保证人签字盖章、经办人签字确认后作为保证合同附件留存。[1]

6.6 有权人签字要落实

6.6.1 担保要先与法定代表人商议

【相关规定指引】

《最高人民法院关于适用〈中华人民共和国民法典〉有关担保制度的解释》（2020 年 12 月 31 日）

第七条 公司的法定代表人违反公司法关于公司对外担保决议程序的规

---

[1] 《最高人民法院关于适用〈中华人民共和国民法典〉合同编通则若干问题的解释》第二十条规定，法律、行政法规为限制法人的法定代表人或者非法人组织的负责人的代表权，规定合同所涉事项应当由法人、非法人组织的权力机构或者决策机构决议，或者应当由法人、非法人组织的执行机构决定，法定代表人、负责人未取得授权而以法人、非法人组织的名义订立合同，未尽到合理审查义务的相对人主张该合同对法人、非法人组织发生效力并由其承担违约责任的，人民法院不予支持，但是法人、非法人组织有过错的，可以参照民法典第一百五十七条的规定判决其承担相应的赔偿责任。相对人已尽到合理审查义务，构成表见代表的，人民法院应当依据民法典第五百零四条的规定处理。合同所涉事项未超越法律、行政法规规定的法定代表人或者负责人的代表权限，但是超越法人、非法人组织的章程或者权力机构等对代表权的限制，相对人主张该合同对法人、非法人组织发生效力并由其承担违约责任的，人民法院依法予以支持。但是，法人、非法人组织举证证明相对人知道或者应当知道该限制的除外。法人、非法人组织承担民事责任后，向有过错的法定代表人、负责人追偿因越权代表行为造成的损失的，人民法院依法予以支持。法律、司法解释对法定代表人、负责人的民事责任另有规定的，依照其规定。

定，超越权限代表公司与相对人订立担保合同，人民法院应当依照民法典第六十一条和第五百零四条等规定处理：

（一）相对人善意的，担保合同对公司发生效力；相对人请求公司承担担保责任的，人民法院应予支持。

（二）相对人非善意的，担保合同对公司不发生效力；相对人请求公司承担赔偿责任的，参照适用本解释第十七条的有关规定。

法定代表人超越权限提供担保造成公司损失，公司请求法定代表人承担赔偿责任的，人民法院应予支持。

第一款所称善意，是指相对人在订立担保合同时不知道且不应当知道法定代表人超越权限。相对人有证据证明已对公司决议进行了合理审查，人民法院应当认定其构成善意，但是公司有证据证明相对人知道或者应当知道决议系伪造、变造的除外。

《最高人民法院对十三届全国人大五次会议第 4254 号建议的答复》（2023 年 1 月 9 日）

但无论是《中华人民共和国民法典》（以下简称《民法典》）编纂时的立法政策还是《民法典》颁布后最高人民法院的司法政策，一直坚持表见代理的规范目的在于保护交易安全，不至于使没有过失的相对人劳而不获，被代理人实施民事法律行为时是否有过失，并非认定表见代理的构成要件。法律规则的创设以及法律适用离不开对裁判结果妥当性的评价，表见代理规则的制度价值在于保障商事交易安全，但在此过程中如何更好地保护被代理人的合法权益，如何平衡不同主体之间的利益，存在不同的价值取舍。

……

代理权外观或表象，强调的是认定行为人取得代理权外观的客观事实。典型的如无权代理人持有被代理人签名盖章的授权委托书，而其代理权实际上已终止或根本未发生。行为人单纯持有公章、合同书、被代理人营业执照、被代理人不动产物权证书等，不构成有代理权外观。持有上述公章等物，须与足以构成授予代理权外观的另一事实（如授权委托书、总经理等特定职务）相结合，方能表明代理权外观。在具体案件裁判中，某一案件裁判主文认定，案涉《协议书》由公司股东签订，其并非公司法定代表人，亦无证据证明其在公司任职或具有代理公司对外进行相关民事行为的授权，仅具股东身份不足以成为其在案涉《协议书》上签字盖章的合理理由，该行为不构成表见代理【（2019）最高法民终1535号民事判决】。

【关联案例指引】

甲实业公司、乙实业公司企业借贷纠纷案①

（1）法定代表人和授权代表人代表公司时手续的区别②

根据《民法通则》、《公司法》和《民事诉讼法》等法律的有关规定，法定代表人作为最基础的公司意志代表机关，是法人意志的当然代表，能够对外代表公司的人一般仅有法定代表人；而法定代表人以外的其他人以公司名义对外为民事法律行为需要由法定代表人代表公司进行授权，适用有关委托代理的法律规定。

（2）仅凭持有公章不能直接代表公司意志③

尽管公章是公司对外作出意思表示的重要外在表现形式，但法律并未规定法定代表人以外持有公司公章的人仅凭其持有公章的事实就能够直接代表公司意志，持有公章是一种客观状态，某人持有公章只是反映该人可能有权代表公司意志的一种表象，至于其是否依授权真正体现公司意志，仍需进一步审查。

被代理人是否有过失，并非认定表见代理的构成要件。反向证明债权人应当尽到合理审查义务，该义务并不因被代理人有过失而免除，法律鼓励债权人积极作为，对商事交易进行合理审查。④

① 参见最高人民法院（2019）最高法民申2898号民事裁定书，载中国裁判文书网，2024年3月18日访问。

② 该标题为笔者概括总结。

③ 该标题为笔者概括总结。

④ 《关于当前形势下审理民商事合同纠纷案件若干问题的指导意见》第十三条规定："合同相对人主张构成表见代理的，应当承担举证责任，不仅应当举证证明代理行为存在诸如合同书、公章、印鉴等有权代理的客观表象形式要素，而且应当证明其善意且无过失地相信行为人具有代理权。"第十四条规定："人民法院在判断合同相对人主观上是否属于善意且无过失时，应当结合合同缔结与履行过程中的各种因素综合判断合同相对人是否尽到合理注意义务……"

6.6.2 公章与法定代表人意思不一致

【关联案例指引】

某起重挖掘有限公司、于某波金融借款合同纠纷案①

公章是公司对外作出意思表示的重要外在表现形式，一般情况下，公章持有者具有公司授权，盖有公章的文书反映了公司的意思。但文书盖有公章，仅使该文书具有代表公司意思的外在形式要素，在公章持有者非基于公司意思持有公章等情况下，盖有公章的文书并不当然代表公司意思。

同时，法定代表人是公司的诉讼意志代表主体，在公司章程或者公司权力机构对法定代表人代表权没有作出限制的情况下，法定代表人以公司名义从事的民事诉讼活动，一般即应视为公司的诉讼行为，其法律后果由公司承受。

在盖有公章的文书与法定代表人意思表示不一致的情况下，如果公司章程或者权力机构对究竟是法定代表人还是盖有公司公章的文书代表公司意志做出过明确意思表示的，应是公司意思自治的范畴，宜按公司意思认定。

6.7 有权人签字缺失的解决

6.7.1 查清签字缺失真实原因

法定代表人签字缺失的，有如下常见情形：

（1）法定代表人为虚职，仅挂名；

（2）法定代表人为员工，已离职或惧怕承担责任；

（3）法定代表人为小股东，拒绝配合；

（4）法定代表人涉刑事案件，被限制人身自由；

（5）法定代表人在国外，无法实际履职；

（6）可能存在挂靠/租借营业执照，违反限制性经营/违反特许性经营的情形；

（7）其他法定代表人无法签字的情形；

（8）所涉企业大多为中小规模企业/民营企业/区域性企业。

---

① 最高人民法院（2017）最高法执监412号执行裁定书，载中国裁判文书网，2024年3月18日访问。

6.7.2 签字缺失后的潜在风险

法定代表人签字缺失，可能带来如下风险：

（1）可能被法院认定为未尽到合理审查义务，其盖章行为不能代表公司真实意思表示；

（2）如法定代表人为挂名，则大概率股权也为代持，法定代表人或股东与公司没有实质利害关系；

（3）如果法定代表人、股权均为代持的公司，其公司存续期间、持久盈利能力以及承担担保的能力要大打折扣；

（4）此类法定代表人、股权均为代持的公司，其留存财富的积极性并不高，定会有大量不规范经营，大量资金体外循环，在诚信度上不适宜作为保证人。

6.7.3 法定代表人辞职不签字

（1）公司员工担任公司的法定代表人的，经常会遇见员工因辞职或劳动纠纷不配合签署任何文件情形。

（2）此时，原法定代表人无权代表公司对外进行民商事活动，在签署《借款合同》《抵押合同》及股东会决议等文件时，银行不可只图表面合规，而忽视其内在法律风险。

（3）银行不可在已经明知法定代表人离职的情形下，采取签署文件加盖已经辞职的法定代表人名章的方式，加盖其名章不仅没有法律效力，反而可以证明银行在签订合同时的非善意及违反工作流程，从而可能被认定为存在严重过错。

（4）应当催促公司按照公司章程的规定，召开股东会或董事会并作出有效决议，按照市场监督管理部门要求提供相应决议及其他必要资料进行变更登记。

（5）如不能，此时可以由保证人公司指派另一人来签署借款合同、抵押合同，委派手续按照公司章程中法定代表人的产生权限主体、程序来确定即可。

6.7.4 法定代表人缺位的解决

（1）法定代表人不能履职的，如按照章程约定，有候补履职人选的，且有相应人员实际履行法定代表人职能的，由公司出具现法定代表人职能行使人员说明，按照其章程规定由候补履职人选行使法定代表人职权。

（2）法定代表人不能履职的，如按照章程约定，无候补履职人选的，但有人员实际履行法定代表人职能的，由章程规定的决议机构/其股东会出具现法定代表人职能行使人员说明，可以为公司现行董事长、副董事长、总经理或副总经理代行总经理职权的人之一，来履行签署文件手续。

（3）法定代表人因故不能履职或辞职时，如按照章程约定，无候补履职人选的，且无人员实际履行法定代表人职能的，应通过法定程序让渡权力或者进行改选，而不能通过总体概括授权的方式让渡职权。

（4）如授权公司高级管理员工暂时行使部分法定代表人的职权，应当严格按照公司章程中法定代表人的产生权限主体、程序来确定。

（5）在法定代表人缺位，公司内部治理状态晦暗不明的情况下，不得接收其提供的担保，也不得为该笔业务操作授信，但即使没有该笔担保，授信业务仍可正常进行的除外。

6.7.5 法定代表人长期在国外

（1）长期在国外并非正常现象

一般来讲，法定代表人长期在国外，有极大的逃废债的可能性与嫌疑，如果业务确实需要，可以通过视频公证的方式进行。

（2）远程视频公证要注意域外因素

【相关规定指引】

《公证程序规则》（2020 年 10 月 20 日）

第十二条　居住在香港、澳门、台湾地区的当事人，委托他人代理申办涉及继承、财产权益处分、人身关系变更等重要公证事项的，其授权委托书应当经其居住地的公证人（机构）公证，或者经司法部指定的机构、人员证明。

居住在国外的当事人，委托他人代理申办前款规定的重要公证事项的，其授权委托书应当经其居住地的公证人（机构）、我驻外使（领）馆公证。

《关于优化公证服务更好利企便民的意见》（2021 年 5 月 28 日）

（十四）推广运用在线公证服务模式……完善身份识别比对、电子签名、在线询问、在线审查等功能，实行申请、受理、审核、缴费、出证、送达等全流程在线办理。推广远程视频公证在偏远地区、司法行政机关确定的定点场所应用，稳步有序推进我驻外使领馆（中国签证申请中心）和国内公证机构合作开展海外远程视频公证试点工作。

《外交部关于在驻外使领馆全面实施海外远程视频公证的通知》（2023 年 5 月 31 日）

海外远程视频公证是外交部会同司法部，指导驻外使领馆和国内公证机构合作开展的领事为民、公证惠民新举措。自 2022 年 5 月在部分国家试点实施以来，有效满足了居住海外的中国公民办理涉及人身关系和重大财产权益的公证需求，获广大侨胞一致认可与普遍欢迎。

在此基础上，经商司法部同意，外交部决定自 6 月 1 日起在驻外使领馆（名单见附件 1）全面推出海外远程视频公证服务，并与司法部确定的近 300 家国内公证机构（名单见附件 2）合作开展。详情请及时关注中国驻当地使领馆发布的通知公告。

6.7.6　有权人签字背后的实质

6.7.6.1　对债务人来讲

对债务人来讲，签字的本质在于其盖章行为与公司真实意思表示是否统一的问题。

6.7.6.2　对债权人来讲

对债权人来讲，签字的本质就是合理审查义务中"核实法定代表人并与其商谈、互相传达其权限范围内公司真实意思表示"的该部分义务是否尽到的问题。

6.8 盖章与签字双重必备

6.8.1 公章传统与意义

公私分明，以章为公，以章为重，自古有之，现应遵之。

6.8.2 公章是管理工具

现代社会，无论是政府机关还是企事业单位，持有公章可以说是我国现代社会公司内部治理的有效控制手段，没有公章就无法与其他社会主体进行有效商业交往。

6.8.2.1 《民法典》的规定

【相关规定指引】

《民法典》（2020 年 5 月 28 日）

第四百九十条 当事人采用合同书形式订立合同的，自当事人均签名、盖章或者按指印时合同成立。在签名、盖章或者按指印之前，当事人一方已经履行主要义务，对方接受时，该合同成立。

法律、行政法规规定或者当事人约定合同应当采用书面形式订立，当事人未采用书面形式但是一方已经履行主要义务，对方接受时，该合同成立。

6.8.2.2 《全国法院民商事审判工作会议纪要》的规定

【相关规定指引】

《全国法院民商事审判工作会议纪要》（2019 年 11 月 8 日）

41.【盖章行为的法律效力】司法实践中，有些公司有意刻制两套甚至多套公章，有的法定代表人或者代理人甚至私刻公章，订立合同时恶意加盖非备案的公章或者假公章，发生纠纷后法人以加盖的是假公章为由否定合同效力的情形并不鲜见。人民法院在审理案件时，应当主要审查签约人于盖章之时有无代表权或者代理权，从而根据代表或者代理的相关规则来确定合同的效力。

法定代表人或者其授权之人在合同上加盖法人公章的行为，表明其是以法人名义签订合同，除《公司法》第 16 条等法律对其职权有特别规定的情形外，应当由法人承担相应的法律后果。法人以法定代表人事后已无代表权、加盖的是假章、所盖之章与备案公章不一致等为由否定合同效力的，人民法院不予支持。

代理人以被代理人名义签订合同，要取得合法授权。代理人取得合法授权后，以被代理人名义签订的合同，应当由被代理人承担责任。被代理人以代理人事后已无代理权、加盖的是假章、所盖之章与备案公章不一致等为由否定合同效力的，人民法院不予支持。

6.8.2.3　判断规则

从上述规定可以看出，公章的真假固然重要，但是签约人/盖章人/其授权之人的身份在识别公章是否为其真实意思表示时，则更为重要。

6.8.3　公章相对客观

6.8.3.1　公章是有权代理客观表象之一

【相关规定指引】

《最高人民法院关于当前形势下审理民商事合同纠纷案件若干问题的指导意见》（2009 年 7 月 7 日）

13. 合同法第四十九条规定的表见代理制度①不仅要求代理人的无权代理行为在客观上形成具有代理权的表象，而且要求相对人在主观上善意且无过失地相信行为人有代理权。合同相对人主张构成表见代理的，应当承担举证责任，不仅应当举证证明代理行为存在诸如合同书、公章、印鉴等有权代理的客观表象形式要素，而且应当证明其善意且无过失地相信行为人具有代理权。

14. 人民法院在判断合同相对人主观上是否属于善意且无过失时，应当结合合同缔结与履行过程中的各种因素综合判断合同相对人是否尽到合理注意义务，此外还要考虑合同的缔结时间、以谁的名义签字、是否盖有相关印

---

① 《合同法》第四十九条："行为人没有代理权、超越代理权或者代理权终止后以被代理人名义订立合同，相对人有理由相信行为人有代理权的，该代理行为有效。"现规定在《民法典》第一百七十二条，行为人没有代理权、超越代理权或者代理权终止后，仍然实施代理行为，相对人有理由相信行为人有代理权的，代理行为有效。

章及印章真伪、标的物的交付方式与地点、购买的材料、租赁的器材、所借款项的用途、建筑单位是否知道项目经理的行为、是否参与合同履行等各种因素，作出综合分析判断。

6.8.3.2 公章可代表一定事实确认

意思表示要体现于书面，体现于文字，对于双方商议妥当的文件内容、合同条款，盖章或者签订均体现了对于文件所载文字的意思表示的确认。

6.8.3.3 持有公章≠善意无过失

由前述内容可以看出，行为人持有公章是判断行为人是否具有代理权、对方当事人是否善意的一个重要考量因素。

6.8.3.4 主观意思通过客观行为表现

（1）公章意思表示与法人意思表示是否一致

①意思存于内心，是不能发生法律效果的。当事人要使自己的内心意思产生法律效果，就必须将意思表现于外部，即将意思发表。发表则须借助语言、文字或者表意的行为。

②一般来讲，盖章或者签名并非意思表示，对于意思表示而言主要是证据、证明作用。

③当然在非证据法的意义上理解，也可以将盖章或者签名等同于当事人对外表示意思的一种行为，至于行为能否证明、直接得出当事人的主观心态/真实意思表示，还需要进一步综合审查。

④对于法人来讲，我们研究公章与签字问题，解决的是公章的意思与公司内部意思是否一致的问题，而非公司意思表示是不是真实意思表示。

（2）法人意思表示与真实意思表示是否一致的三种情形

①真实意思表示。

②意思表示不真实，作为表示于外部的意思也经常与意思表示不一致，如"名为买卖，实为借贷""循环性贸易""单方虚假意思表示""双方虚假意思表示"。

③意思表示不自由，如"欺诈""胁迫"。

6.8.4　盖章+签字习惯

6.8.4.1　从商业角度理解

从本质上是理解法人如何对外传达意思表示，相对方如何识别其意思表示，解决的是实体法的问题。

6.8.4.2　从法律角度理解

先解决公章意思表示与公司意思表示是否一致，再解决法人的意思表示与法人的真实意思表示是否一致，解决的是证据法的问题。

6.9　无效后的责任分担

【相关规定指引】

《最高人民法院关于适用〈中华人民共和国民法典〉有关担保制度的解释》（2020 年 12 月 31 日）

第十七条　主合同有效而第三人提供的担保合同无效，人民法院应当区分不同情形确定担保人的赔偿责任：

（一）债权人与担保人均有过错的，担保人承担的赔偿责任不应超过债务人不能清偿部分的二分之一；

（二）担保人有过错而债权人无过错的，担保人对债务人不能清偿的部分承担赔偿责任；

（三）债权人有过错而担保人无过错的，担保人不承担赔偿责任。

主合同无效导致第三人提供的担保合同无效，担保人无过错的，不承担赔偿责任；担保人有过错的，其承担的赔偿责任不应超过债务人不能清偿部分的三分之一。

【关联案例指引】

富某公司、宏某公司与某银行烟台分行、盈某公司、中某公司、颜某刚、梁某红金融借款合同纠纷案①

公司对外担保无效，双方都有过错的，金融机构应负主要过错责任。

---

① 最高人民法院（2020）最高法民终 1228 号民事判决书，载中国裁判文书网，2024 年 3 月 11 日访问。

一审法院认为，关于案涉《保证合同》无效后富某公司、宏某公司的责任承担问题。《最高人民法院关于适用〈中华人民共和国担保法〉若干问题的解释》第七条规定，主合同有效而担保合同无效，债权人无过错的，担保人与债务人对主合同债权人的经济损失，承担连带赔偿责任；债权人、担保人有过错的，担保人承担民事责任的部分，不应超过债务人不能清偿部分的二分之一。本案中，某银行烟台分行未提供证据证明其在签订案涉《保证合同》时对富某公司、宏某公司对外担保经过公司机关决议并进行了审查，且根据某银行烟台分行的当庭陈述可知，其在与富某公司、宏某公司签订《保证合同》时，曾经要求两公司提供董事会或股东大会同意担保的相关决议，但由于种种原因最终未果。据此，一审法院认为，某银行烟台分行系在知道富某公司、宏某公司对外进行担保未经公司机关决议的情况下与两公司签订案涉《保证合同》，其对案涉《保证合同》无效应负主要过错责任。同时，富某公司、宏某公司时任法定代表人以公司名义与某银行烟台分行签订案涉《保证合同》且加盖公司公章，存在内部管理不规范等问题，对于案涉《保证合同》无效亦存在一定过错。一审法院综合考虑全案情况以及各方当事人的过错程度，酌情确定富某公司、宏某公司分别对盈某公司不能清偿部分向某银行烟台分行承担10%的赔偿责任。

二审法院认为，关于《保证合同》无效后的责任承担问题，《最高人民法院关于适用〈中华人民共和国担保法〉若干问题的解释》第七条规定，主合同有效而担保合同无效，债权人无过错的，担保人与债务人对主合同债权人的经济损失，承担连带赔偿责任；债权人、担保人有过错的，担保人承担民事责任的部分，不应超过债务人不能清偿部分的二分之一。具体到本案，某银行烟台分行在知道富某公司、宏某公司对外提供担保未经公司机关决议的情况下与两公司签订《保证合同》，对《保证合同》无效应负主要过错责任。富某公司、宏某公司虽无需就《保证合同》承担担保责任，但其存在人员、公章等内部管理不规范等问题，对于《保证合同》无效亦有一定过错。综合考虑本案情况以及各方当事人的过错程度，一审判决酌情确定富某公司、宏某公司分别对主债务人不能清偿部分债务向某银行烟台分行承担10%的赔偿责任，有事实和法律依据，法院予以维持。

7. 普通有限公司的保证管理

7.1　《公司法》的规定

【相关规定指引】

《公司法》（2023 年 12 月 29 日）

第十五条　公司向其他企业投资或者为他人提供担保，按照公司章程的规定，由董事会或者股东会决议；公司章程对投资或者担保的总额及单项投资或者担保的数额有限额规定的，不得超过规定的限额。

公司为公司股东或者实际控制人提供担保的，应当经股东会决议。

前款规定的股东或者受前款规定的实际控制人支配的股东，不得参加前款规定事项的表决。该项表决由出席会议的其他股东所持表决权的过半数通过。

7.2　《全国法院民商事审判工作会议纪要》的规定

【相关规定指引】

《全国法院民商事审判工作会议纪要》（2019 年 11 月 8 日）

（六）关于公司为他人提供担保

关于公司为他人提供担保的合同效力问题，审判实践中裁判尺度不统一，严重影响了司法公信力，有必要予以规范。对此，应当把握以下几点：

17.【违反《公司法》第 16 条①构成越权代表】为防止法定代表人随意代表公司为他人提供担保给公司造成损失，损害中小股东利益，《公司法》第 16 条对法定代表人的代表权进行了限制。根据该条规定，担保行为不是法定代表人所能单独决定的事项，而必须以公司股东（大）会、董事会等公司机关的决议作为授权的基础和来源。法定代表人未经授权擅自为他人提供担

---

① 新《公司法》第十五条，下同。

保的，构成越权代表，人民法院应当根据《合同法》第 50 条关于法定代表人越权代表的规定，区分订立合同时债权人是否善意分别认定合同效力：债权人善意的，合同有效；反之，合同无效。

18.【善意的认定】前条所称的善意，是指债权人不知道或者不应当知道法定代表人超越权限订立担保合同。《公司法》第 16 条对关联担保和非关联担保的决议机关作出了区别规定，相应地，在善意的判断标准上也应当有所区别。一种情形是，为公司股东或者实际控制人提供关联担保，《公司法》第 16 条明确规定必须由股东（大）会决议，未经股东（大）会决议，构成越权代表。在此情况下，债权人主张担保合同有效，应当提供证据证明其在订立合同时对股东（大）会决议进行了审查，决议的表决程序符合《公司法》第 16 条的规定，即在排除被担保股东表决权的情况下，该项表决由出席会议的其他股东所持表决权的过半数通过，签字人员也符合公司章程的规定。另一种情形是，公司为公司股东或者实际控制人以外的人提供非关联担保，根据《公司法》第 16 条的规定，此时由公司章程规定是由董事会决议还是股东（大）会决议。无论章程是否对决议机关作出规定，也无论章程规定决议机关为董事会还是股东（大）会，根据《民法总则》第 61 条第 3 款关于"法人章程或者法人权力机构对法定代表人代表权的限制，不得对抗善意相对人"的规定，只要债权人能够证明其在订立担保合同时对董事会决议或者股东（大）会决议进行了审查，同意决议的人数及签字人员符合公司章程的规定，就应当认定其构成善意，但公司能够证明债权人明知公司章程对决议机关有明确规定的除外。

债权人对公司机关决议内容的审查一般限于形式审查，只要求尽到必要的注意义务即可，标准不宜太过严苛。公司以机关决议系法定代表人伪造或者变造、决议程序违法、签章（名）不实、担保金额超过法定限额等事由抗辩债权人非善意的，人民法院一般不予支持。但是，公司有证据证明债权人明知决议系伪造或者变造的除外。

19.【无须机关决议的例外情况】存在下列情形的，即便债权人知道或者应当知道没有公司机关决议，也应当认定担保合同符合公司的真实意思表示，合同有效：

（1）公司是以为他人提供担保为主营业务的担保公司，或者是开展保函业务的银行或者非银行金融机构；

（2）公司为其直接或者间接控制的公司开展经营活动向债权人提供担保；

（3）公司与主债务人之间存在相互担保等商业合作关系；

（4）担保合同系由单独或者共同持有公司三分之二以上有表决权的股东签字同意。①

20.【越权担保的民事责任】依据前述 3 条规定，担保合同有效，债权人请求公司承担担保责任的，人民法院依法予以支持；担保合同无效，债权人请求公司承担担保责任的，人民法院不予支持，但可以按照担保法及有关司法解释关于担保无效的规定处理。公司举证证明债权人明知法定代表人超越权限或者机关决议系伪造或者变造，债权人请求公司承担合同无效后的民事责任的，人民法院不予支持。

21.【权利救济】法定代表人的越权担保行为给公司造成损失，公司请求法定代表人承担赔偿责任的，人民法院依法予以支持。公司没有提起诉讼，股东依据《公司法》第 151 条的规定请求法定代表人承担赔偿责任的，人民法院依法予以支持。

7.3 《民法典》及相关规定

【相关规定指引】

《民法典》（2020 年 5 月 28 日）

第六十一条 依照法律或者法人章程的规定，代表法人从事民事活动的负责人，为法人的法定代表人。

法定代表人以法人名义从事的民事活动，其法律后果由法人承受。

法人章程或者法人权力机构对法定代表人代表权的限制，不得对抗善意相对人。

---

① 已经被《最高人民法院关于适用〈中华人民共和国民法典〉有关担保制度的解释》所修正，应当依该解释为准。

第五百零四条 法人的法定代表人或者非法人组织的负责人超越权限订立的合同，除相对人知道或者应当知道其超越权限外，该代表行为有效，订立的合同对法人或者非法人组织发生效力。

《最高人民法院关于适用〈中华人民共和国民法典〉有关担保制度的解释》（2020 年 12 月 31 日）

第七条 公司的法定代表人违反公司法关于公司对外担保决议程序的规定，超越权限代表公司与相对人订立担保合同，人民法院应当依照民法典第六十一条和第五百零四条等规定处理：

（一）相对人善意的，担保合同对公司发生效力；相对人请求公司承担担保责任的，人民法院应予支持。

（二）相对人非善意的，担保合同对公司不发生效力；相对人请求公司承担赔偿责任的，参照适用本解释第十七条的有关规定。

法定代表人超越权限提供担保造成公司损失，公司请求法定代表人承担赔偿责任的，人民法院应予支持。

第一款所称善意，是指相对人在订立担保合同时不知道且不应当知道法定代表人超越权限。相对人有证据证明已对公司决议进行了合理审查，人民法院应当认定其构成善意，但是公司有证据证明相对人知道或者应当知道决议系伪造、变造的除外。

第八条 有下列情形之一，公司以其未依照公司法关于公司对外担保的规定作出决议为由主张不承担担保责任的，人民法院不予支持：

（一）金融机构开立保函或者担保公司提供担保；

（二）公司为其全资子公司开展经营活动提供担保；

（三）担保合同系由单独或者共同持有公司三分之二以上对担保事项有表决权的股东签字同意。

上市公司对外提供担保，不适用前款第二项、第三项的规定。

应当注意的是，对公司决议的审查标准已经从《全国法院民商事审判工作会议纪要》中的形式审查改变为《最高人民法院关于适用〈中华人民共和国民法典〉有关担保制度的解释》中的合理审查。

7.4　对外担保决议操作要点

7.4.1　审查相应股东会/董事会决议

一般来讲，债权人在审查提供担保公司的股东会/董事会决议时，无须对决议的真实性负责，但是需要审查决议的合法性，主要审查的内容是：

（1）对照企业章程，提供担保的公司出具的董事会/股东会决议，在组织方式、参加人数、表决规则等方面，是否符合公司章程的规定，是否有相应数量符合要求的股东/董事签字。

（2）参加股东会/董事会①的股东/董事②的人员名单、身份，与公示信息登记是否一致。

（3）审查董事会决议是否通过，应当特别注意计算的基数，即经全体董事③过半数通过。

（4）是否存在关联关系。

（5）决议是否存在重大瑕疵或者行业内显而易见的缺陷或者错误④。

（6）能否以金融机构专业人员的水平得出决议有效的状态。

---

①　《公司法》第七十三条规定，董事会的议事方式和表决程序，除本法有规定的外，由公司章程规定。董事会会议应当有过半数的董事出席方可举行。董事会作出决议，应当经全体董事的过半数通过。董事会决议的表决，应当一人一票。董事会应当对所议事项的决定作成会议记录，出席会议的董事应当在会议记录上签名。

②　实践中，董事会决议的基数如何计算，这是实务中的难题。比如某股份有限公司章程规定11人，死亡2人，辞职2人，现仅余7人正常履职。董事会决议是否生效应当以11人为基数还是以7人为基数，这是一个常见的争议问题，现在根据《公司法》第七十三条规定，应当经全体董事的过半数通过。

③　全体董事首先应当以公司章程中的规定为基础，但应当不低于法定人数，再减去有效辞任/解任的董事人数即可。《公司法》第七十条规定，董事任期由公司章程规定，但每届任期不得超过三年。董事任期届满，连选可以连任。董事任期届满未及时改选，或者董事在任期内辞任导致董事会成员低于法定人数的，在改选出的董事就任前，原董事仍应当依照法律、行政法规和公司章程的规定，履行董事职务。董事辞任的，应当以书面形式通知公司，公司收到通知之日辞任生效，但存在前款规定情形的，董事应当继续履行职务。第七十一条规定，股东会可以决议解任董事，决议作出之日解任生效。无正当理由，在任期届满前解任董事的，该董事可以要求公司予以赔偿。

④　《最高人民法院关于适用〈中华人民共和国民法典〉有关担保制度的解释》第七条规定："……相对人有证据证明已对公司决议进行了合理审查，人民法院应当认定其构成善意，但是公司有证据证明相对人知道或者应当知道决议系伪造、变造的除外。"

7.4.2 法定代表人兼任执行董事

【关联案例指引】

再担保公司、三某建设公司等金融借款合同纠纷案①

关于本案《保证合同》是否对三某建设公司发生法律效力的问题。根据《公司法》第十六条第一款之规定，公司向其他企业投资或者为他人提供担保，依照公司章程的规定，由董事会或者股东会、股东大会决议；公司章程对投资或者担保的总额及单项投资或者担保的数额有限额规定的，不得超过规定的限额。

案涉《保证合同》签订时，三某建设公司设有股东会、未设董事会，仅设有执行董事一人，为刘某升。三某建设公司章程中未载明对外提供担保由股东会决议还是由董事会决议。法院认为，刘某升作为三某建设公司法定代表人，以三某建设公司名义为他人提供担保，应当经过公司机关决议授权。不设董事会而只设执行董事的公司中，执行董事必要时可以行使董事会职权。然而，本案中，刘某升同时为法定代表人和执行董事，而《公司法》第十六条规定本身即为约束法定代表人随意代表公司为他人提供担保给公司造成损失，从而对法定代表人的代表权进行了限制。因此，在三某建设公司对外提供担保时，应当经过股东会决议程序才符合《公司法》第十六条的规定。再担保公司关于刘某升的签字行为也应当认定为三某建设公司履行了决议程序的主张没有事实与法律依据，法院不予支持。

7.4.3 兼任时的两种特殊情形

章程赋予执行董事决定对外担保事项的，可分两种情形：

（1）非关联担保的，依章程规定审查决议。

（2）关联担保的，依《公司法》第十五条规定审查决议。

---

① 最高人民法院（2020）最高法民终908号民事判决书，载中国裁判文书网，2024年3月11日访问。

7.5　关联担保的排除与审查

7.5.1 关联担保的法律规定

【相关规定指引】

《公司法》（2023 年 12 月 29 日）

第十五条　公司向其他企业投资或者为他人提供担保，按照公司章程的规定，由董事会或者股东会决议；公司章程对投资或者担保的总额及单项投资或者担保的数额有限额规定的，不得超过规定的限额。

公司为公司股东或者实际控制人提供担保的，应当经股东会决议。

前款规定的股东或者受前款规定的实际控制人支配的股东，不得参加前款规定事项的表决。该项表决由出席会议的其他股东所持表决权的过半数通过。

第二百六十五条　本法下列用语的含义：

……

（二）控股股东，是指其出资额占有限责任公司资本总额超过百分之五十或者其持有的股份占股份有限公司股本总额超过百分之五十的股东；出资额或者持有股份的比例虽然低于百分之五十，但依其出资额或者持有的股份所享有的表决权已足以对股东会的决议产生重大影响的股东。

（三）实际控制人，是指通过投资关系、协议或者其他安排，能够实际支配公司行为的人。

（四）关联关系，是指公司控股股东、实际控制人、董事、监事、高级管理人员与其直接或者间接控制的企业之间的关系，以及可能导致公司利益转移的其他关系。但是，国家控股的企业之间不仅因为同受国家控股而具有关联关系。

7.5.2　最高人民法院的意见

实践中，受被担保的实际控制人支配的股东，既可能是名义股东，也可能是基于协议控制而被实际控制人支配的股东。如果公司不是为股东或者实际控制人担保，而是为股东或者实际控制人所控制的公司提供担保，根据《公司法》第十五条的立法目的，应理解为关联担保为宜，否则就无法避免大股东或者实际控制人通过公司担保损害中小股东的利益。[①]

7.5.3 关联担保决议的审查

公司对外提供担保的决议是否合格，银行应当根据《公司法》第十六条规定以及该公司章程约定进行审查，包括：

（1）按本章第 6 部分内容进行审查；

（2）在关联担保情况下，应当回避表决的股东是否参与了表决；

（3）在召集、表决程序、结果、比例方面是否符合章程的约定；

（4）需要相关政府机关、上级单位批准的，是否已经获得相应政府批文、内部决议和授权。

7.5.4 实际控制人的认定

7.5.4.1 **法律标准**

（1）一般主体标准

关于实际控制人的认定，应以《公司法》第二百六十五条[②]规定为准。

参照上交所、深交所的股票上市规则第 15.1 条[③]规定即可。

（2）特殊主体标准

上市公司实际控制人的认定，参照上交所、深交所的股票上市规则第 15.1 条[④]规定即可。

7.5.4.2 **参考标准**

股票上市规则中关于实际控制人的定义：指通过投资关系、协议或者其

---

① 最高人民法院民事审判第二庭：《最高人民法院民法典担保制度司法解释理解与适用》，人民法院出版社 2021 年版，第 144 页。

② 《公司法》第二百六十五条规定："本法下列用语的含义：……（三）实际控制人，是指通过投资关系、协议或者其他安排，能够实际支配公司行为的人……"

③ 《深圳证券交易所股票上市规则（2024 年修订）》第 15.1 条规定："本规则下列用语具有如下含义：……（五）实际控制人：指通过投资关系、协议或者其他安排，能够实际支配公司行为的自然人、法人或者其他组织。"

④ 上交所、深交所的规定一致。

他安排，能够实际支配公司行为的自然人、法人或者其他组织。①

7.6 公司决议效力的审查

7.6.1 公司有权机关决议效力审查

7.6.1.1 形式审查抑或是合理审查

（1）需要明确的是，形式审查的反义词是实质审查，而不是合理审查，合理审查本质上是合理的形式审查。

（2）为了准确理解《全国法院民商事审判工作会议纪要》规定的形式审查，可以将形式审查理解为行业内一般人的形式审查，即审查有权机关决议即可。

（3）《最高人民法院关于适用〈中华人民共和国民法典〉有关担保制度的解释》规定的合理审查，一般来讲，比《全国法院民商事审判工作会议纪要》规定的形式审查更进一步，将合理审查理解为具备债权人行业从业人员素质、能力的形式审查，本质上还是形式审查。

（4）但两者的区别，在很大程度上就在于应否审查章程，即既要审查有权机关决议，还要审查章程的具体约定。

（5）审查的目的并非只解决有效性的问题，通过审查合法性和有效性，其过程中的诸多不规范性问题，也可以在一定程度上帮助银行来审查得出该担保的可靠性，只不过因为银行内设部门的分离与分立问题，该种信息和目的经常被疏忽、遗漏。

7.6.1.2 合理审查到底是什么要求

（1）对债权人来讲，有三个积极要求：

①审查股东或者董事人数、身份是否属实；

②在关联担保情况下，应当回避表决的股东是否参与了表决；

③按照章程判断程序、结果及比例是否能够得出结论。

---

① 《上海证券交易所股票上市规则（2024年4月修订）》中关于实际控制人的定义规定在释义部分第七项，《深圳证券交易所股票上市规则（2024年修订）》关于实际控制人的定义规定在释义部分第五项，具体内容一致。

（2）担保人提出的四个消极抗辩：

①有权机关决议系法定代表人伪造或者变造、决议程序违法、签章（名）不实、担保金额超过法定限额[①]等事由抗辩债权人非善意的，人民法院一般不予支持。

②除非公司有证据证明债权人明知决议系伪造或者变造。

7.6.1.3　不限于审查有权机关决议

（1）正如前文所言，形式审查与合理审查两者的区别，在很大程度上就在于应否审查章程，但并不绝对，在一些特殊的情形下，债权人应当审查的范围很可能要大于有权机关决议+担保公司的章程。

（2）举例说明，如在本章6.7"有权人签字缺失的解决"部分中，如果在银行与保证人公司的接触过程中，法定代表人一直处于缺位的状态，则需要银行更加审慎、注意，审查的范围可能要大于有权机关决议+担保公司的章程。

7.6.1.4　股东会决议人数的普通审查

（1）实际出席人数的要求

现行法律法规并未对股东会出席人数作出具体要求，在担保公司章程没有特殊约定的情况下，可以按照实际出席股东会并行使表决权所作出的表决权比例来判断股东会决议效力，但如股东会决议人数明显不合常理，银行想证明其善意/尽到合理审查义务，是不现实的。

（2）出席人数异常的决议

对于出席人数异常的公司决议，债权人要严格审查，股东会的召开、召集等程序、会议的主持、记录等是否完全符合《公司法》及公司章程的规定，全体董事、监事、董事会秘书是否出席了会议，总裁和其他高级管理人员是否列席了会议并在会议记录上签名，也可将会议记录[②]或者记录载体作为附件予以留存。

---

① 笔者认为，如果超过公司章程规定的限额，仍属于合理审查的范围，这个时候应当归责于债权人，其不能主张尽到善意/合理审查的标准。
② 法律依据系《公司法》第一百一十八条、第一百一十九条规定。

（3）股东会会议记录佐证

【相关规定指引】

《公司法》（2023 年 12 月 29 日）

第一百一十八条　股东委托代理人出席股东会会议的，应当明确代理人代理的事项、权限和期限；代理人应当向公司提交股东授权委托书，并在授权范围内行使表决权。

第一百一十九条　股东会应当对所议事项的决定作成会议记录，主持人、出席会议的董事应当在会议记录上签名。会议记录应当与出席股东的签名册及代理出席的委托书一并保存。

根据《公司法》第一百一十八条、第一百一十九条的规定，必要时银行可以核实审查其股东会会议记录，并将其作为直接证据予以留存佐证。

7.6.1.5　有权机关决议资格特别审查

（1）股权被冻结时的决议审查

【相关规定指引】

《最高人民法院关于人民法院强制执行股权若干问题的规定》（2021 年12 月 20 日）

第八条　人民法院冻结被执行人股权的，可以向股权所在公司送达协助执行通知书，要求其在实施增资、减资、合并、分立等对被冻结股权所占比例、股权价值产生重大影响的行为前向人民法院书面报告有关情况。人民法院收到报告后，应当及时通知申请执行人，但是涉及国家秘密、商业秘密的除外。

股权所在公司未向人民法院报告即实施前款规定行为的，依照民事诉讼法第一百一十四条的规定处理。

股权所在公司或者公司董事、高级管理人员故意通过增资、减资、合并、分立、转让重大资产、对外提供担保等行为导致被冻结股权价值严重贬损，影响申请执行人债权实现的，申请执行人可以依法提起诉讼[①]。

---

① 司法解释并未明确诉讼的类型与法律后果，从谨慎的角度出发，对于股权被冻结的公司提供担保，应当分析股权冻结的原因及事项大小，再综合评价该对外担保是否会导致被冻结股权严重贬损。

（2）保守且审慎地对待公司决议

股权被冻结的公司对外提供担保，对其决议效力审查时，保守起见，不应当计算被冻结股权的投票，对该担保应当持保守且审慎的态度，以免将来陷入诉讼之中。

7.6.1.6　行业人员的审慎/注意/技能

理性行业从业人员应当具备的审慎、注意和技能，主要体现在以下方面：

（1）职业操守

职业操守就是诚实守信、遵纪守法，忠于企业、忠于职业。

（2）职业道德

职业道德就是对个人工作的热爱、积极、向上的态度；对集体，保持自己的正确的三观，一切以集体利益为出发点；对外，一切以公司利益为优先，做人忠于职守、做事实事求是，奖惩按规则。

（3）职业素养

职业素养就是行为、技能。一个积极向上的行为会使从业人员快速成长；而专业技能会快速地转变成能力，而能力又能渐渐地增加从业人员的影响力。

7.6.2　公司决议效力的司法审查

7.6.2.1　依职权主动审查善意与否

在担保人未出庭参加庭审的情况下，是否应当主动审查债权人在与担保人签订担保合同当时是否善意？

即使被告担保人没有到庭，人民法院也应当将原告债权人在签订担保合同时是否善意作为一个基本事实予以查明，以为查明案件的基本事实是人民法院的职责。[①]

7.6.2.2　依职权主动审查越权与否

在担保人出庭的情况下，担保人没有抗辩其法定代表人越权担保，人民法院是否依职权审查？

---

① 最高人民法院民事审判第二庭：《最高人民法院民法典担保制度司法解释理解与适用》，人民法院出版社 2021 年版，第 139—140 页。

就案件的基本事实，人民法院负有查明的义务。这一基本事实应当结合债权人是否善意，一并查明。[①]

7.6.3　公司瑕疵决议效力处理

7.6.3.1　公司决议无效的认定

【相关规定指引】

《公司法》（2023 年 12 月 29 日）

第二十五条　公司股东会、董事会的决议内容违反法律、行政法规的无效。

第二十八条　公司股东会、董事会决议被人民法院宣告无效、撤销或者确认不成立的，公司应当向公司登记机关申请撤销根据该决议已办理的登记。

……

7.6.3.2　公司决议可撤销的认定

【相关规定指引】

《公司法》（2023 年 12 月 29 日）

第二十六条　公司股东会、董事会的会议召集程序、表决方式违反法律、行政法规或者公司章程，或者决议内容违反公司章程的，股东自决议作出之日起六十日内，可以请求人民法院撤销。但是，股东会、董事会的会议召集程序或者表决方式仅有轻微瑕疵，对决议未产生实质影响的除外。

未被通知参加股东会会议的股东自知道或者应当知道股东会决议作出之日起六十日内，可以请求人民法院撤销；自决议作出之日起一年内没有行使撤销权的，撤销权消灭。

7.6.3.3　公司决议不成立认定

【相关规定指引】

《公司法》（2023 年 12 月 29 日）

第二十七条　有下列情形之一的，公司股东会、董事会的决议不成立：

（一）未召开股东会、董事会会议作出决议；

---

① 最高人民法院民事审判第二庭：《最高人民法院民法典担保制度司法解释理解与适用》，人民法院出版社 2021 年版，第 140 页。

（二）股东会、董事会会议未对决议事项进行表决；

（三）出席会议的人数或者所持表决权数未达到本法或者公司章程规定的人数或者所持表决权数；

（四）同意决议事项的人数或者所持表决权数未达到本法或者公司章程规定的人数或者所持表决权数。

7.6.3.4　决议无效/撤销的影响

【相关规定指引】

《公司法》（2023 年 12 月 29 日）

第二十八条　公司股东会、董事会决议被人民法院宣告无效、撤销或者确认不成立的，公司应当向公司登记机关申请撤销根据该决议已办理的登记。

股东会、董事会决议被人民法院宣告无效、撤销或者确认不成立的，公司根据该决议与善意相对人形成的民事法律关系不受影响。

7.6.4　债权人善意的认定标准

【相关规定指引】

《最高人民法院关于适用〈中华人民共和国民法典〉有关担保制度的解释》（2020 年 12 月 31 日）

第七条　公司的法定代表人违反公司法关于公司对外担保决议程序的规定，超越权限代表公司与相对人订立担保合同，人民法院应当依照民法典第六十一条和第五百零四条等规定处理：……

第一款所称善意，是指相对人在订立担保合同时不知道且不应当知道法定代表人超越权限。相对人有证据证明已对公司决议进行了合理审查，人民法院应当认定其构成善意，但是公司有证据证明相对人知道或者应当知道决议系伪造、变造的除外。

《全国法院民商事审判工作会议纪要》（2019 年 11 月 8 日）

18.【善意的认定】前条所称的善意，是指债权人不知道或者不应当知道法定代表人超越权限订立担保合同。《公司法》第 16 条对关联担保和非关联担保的决议机关作出了区别规定，相应地，在善意的判断标准上也应当有所区别。一种情形是，为公司股东或者实际控制人提供关联担保，《公司法》

第 16 条明确规定必须由股东（大）会决议，未经股东（大）会决议，构成越权代表。在此情况下，债权人主张担保合同有效，应当提供证据证明其在订立合同时对股东（大）会决议进行了审查，决议的表决程序符合《公司法》第 16 条的规定，即在排除被担保股东表决权的情况下，该项表决由出席会议的其他股东所持表决权的过半数通过，签字人员也符合公司章程的规定。另一种情形是，公司为公司股东或者实际控制人以外的人提供非关联担保，根据《公司法》第 16 条的规定，此时由公司章程规定是由董事会决议还是股东（大）会决议。无论章程是否对决议机关作出规定，也无论章程规定决议机关为董事会还是股东（大）会，根据《民法总则》第 61 条第 3 款关于"法人章程或者法人权力机构对法定代表人代表权的限制，不得对抗善意相对人"的规定，只要债权人能够证明其在订立担保合同时对董事会决议或者股东（大）会决议进行了审查，同意决议的人数及签字人员符合公司章程的规定，就应当认定其构成善意，但公司能够证明债权人明知公司章程对决议机关有明确规定的除外。

债权人对公司机关决议内容的审查一般限于形式审查，只要求尽到必要的注意义务即可，标准不宜太过严苛。公司以机关决议系法定代表人伪造或者变造、决议程序违法、签章（名）不实、担保金额超过法定限额等事由抗辩债权人非善意的，人民法院一般不予支持。但是，公司有证据证明债权人明知决议系伪造或者变造的除外。

7.6.5　法人股东决议的意思审查

7.6.5.1　法人股东表决时是否必备法定代表人签字

（1）在这个事项上，按照担保公司章程的约定，如果有程序性要求，则建议按照要求执行。

（2）如其章程并没有特殊约定，参照《公司法》第五十九条规定[①]，法

[①] 《公司法》第五十九条规定，股东会行使下列职权：（一）选举和更换董事、监事，决定有关董事、监事的报酬事项；……（九）公司章程规定的其他职权。股东会可以授权董事会对发行公司债券作出决议。对本条第一款所列事项股东以书面形式一致表示同意的，可以不召开股东会会议，直接作出决定，并由全体股东在决定文件上签名或者盖章。

人股东的表决是仅需要该法人的公司盖章或者法定代表人（或委托代理人）签字即可生效。

（3）法人股东决议中法人的意思表示应当真实，对于法人股东的法定代表人是否必须同时在股东会决议上签名，法律对此没有规定。

（4）但需要重点说明的是，签字和盖章都只是一种行为，不能等同于真实意思表示。关于意思表示的判断和识别，参见第二章6.3、6.6、6.7、6.8部分内容。

（5）在明股实债的情况下，其登记公示的股东不能行使股东权利[1]，债权人对此知情的，不能判断为善意无过失。

（6）股东会决议对于本公司经营来讲非常重要，但是对于其股东来讲，却并非最重要的，故要求法人股东的法定代表人到场并签字在现实中缺乏可行性。

7.6.5.2　审查股东会决议效力的方法

以审查股东会决议有效无效的问题，举例而言：

（1）按照公司章程约定进行审查，除却通知、召集程序和决议通过的表决权比例之外，审议股东会决议有效无效最常见的问题主要取决于股东意思是否为其真实意思表示。

（2）对于法人股东是否为其意思表示主要取决于公章真伪＋盖章时盖章/指令盖章人是否有权限＋有权人书面签字确认。

（3）盖章/指令盖章人是否有权限主要取决于其自身身份（法定代表人、董事、监事、财务负责人、其他高级管理人员或者班子成员）或者其合法有效的组织授权（公司章程、股东会/董事会/总经理办公会等一系列规章制度中的正式书面授权文件[2]）。

（4）其中盖章/指令盖章人是否有权限解决的是意思表示的实体问题，而有权人书面签字确认解决的是真实意思表示背后的证据问题。

---

[1] 《最高人民法院关于适用〈中华人民共和国民法典〉有关担保制度的解释》第六十九条规定，股东以将其股权转移至债权人名下的方式为债务履行提供担保，公司或者公司的债权人以股东未履行或者未全面履行出资义务、抽逃出资等为由，请求作为名义股东的债权人与股东承担连带责任的，人民法院不予支持。

[2] 以房地产行业为例，地产行业 Top30 以内的地产企业，无一例外，对于公司内部管理和授权均有相关的授权文件，不同级别的决策事项，由不同级别的管理人员决策、实施、执行。

7.7　有权人签字与公司决议审查

7.7.1　《最高人民法院关于适用〈中华人民共和国民法典〉有关担保制度的解释》的规定

【相关规定指引】

《最高人民法院关于适用〈中华人民共和国民法典〉有关担保制度的解释》（2020 年 12 月 31 日）

第七条　公司的法定代表人违反公司法关于公司对外担保决议程序的规定，超越权限代表公司与相对人订立担保合同，人民法院应当依照民法典第六十一条和第五百零四条等规定处理……

第一款所称善意，是指相对人在订立担保合同时不知道且不应当知道法定代表人超越权限。相对人有证据证明已对公司决议进行了合理审查，人民法院应当认定其构成善意，但是公司有证据证明相对人知道或者应当知道决议系伪造、变造的除外。

7.7.2　有权人签字与决议审查

从《最高人民法院关于适用〈中华人民共和国民法典〉有关担保制度的解释》第七条逻辑的前后关系来看，法定代表人参与到保证人公司提供担保的商谈之中是题中应有之义，如果法定代表人缺位，或者由其他人参与，或者法定代表人无法签字，则应当予以严格审查。

【相关规定指引】

《最高人民法院关于适用〈中华人民共和国民法典〉合同编通则若干问题的解释》（2023 年 12 月 4 日）

第二十二条　法定代表人、负责人或者工作人员以法人、非法人组织的名义订立合同且未超越权限，法人、非法人组织仅以合同加盖的印章不是备案印章或者系伪造的印章为由主张该合同对其不发生效力的，人民法院不予支持。

合同系以法人、非法人组织的名义订立，但是仅有法定代表人、负责人或者工作人员签名或者按指印而未加盖法人、非法人组织的印章，相对人能够证明法定代表人、负责人或者工作人员在订立合同时未超越权限的，人民法院应当认定合同对法人、非法人组织发生效力。但是，当事人约定以加盖印章作为合同成立条件的除外。

合同仅加盖法人、非法人组织的印章而无人员签名或者按指印，相对人能够证明合同系法定代表人、负责人或者工作人员在其权限范围内订立的，人民法院应当认定该合同对法人、非法人组织发生效力。

在前三款规定的情形下，法定代表人、负责人或者工作人员在订立合同时虽然超越代表或者代理权限，但是依据民法典第五百零四条的规定构成表见代表，或者依据民法典第一百七十二条的规定构成表见代理的，人民法院应当认定合同对法人、非法人组织发生效力。

举重以明轻，有法定代表人参与的保证合同，尚需合理审查公司决议的效力。何况未有法定代表人参与的保证合同，更应当尽到审慎的义务。

在法定代表人无法签字的情况下，对于公司决议效力的审查，应当更加严格方为合理审查。

8. 国有独资公司的保证管理

8.1　国有独资公司的认定

根据工商档案查询反馈情况，确认其是否为国有独资公司。

【相关规定指引】

《公司法》（2023 年 12 月 29 日）

第一百六十九条　国家出资公司，由国务院或者地方人民政府分别代表国家依法履行出资人职责，享有出资人权益。国务院或者地方人民政府可以授权国有资产监督管理机构或者其他部门、机构代表本级人民政府对国家出资公司履行出资人职责。

代表本级人民政府履行出资人职责的机构、部门，以下统称为履行出资人职责的机构。

《关于划分企业登记注册类型的规定》（2011 年 9 月 30 日）①

第七条　有限责任公司是指根据《中华人民共和国公司登记管理条例》规定登记注册，由两个以上，五十个以下的股东共同出资，每个股东以其所认缴的出资额对公司承担有限责任，公司以其全部资产对其债务承担责任的经济组织。

有限责任公司包括国有独资公司以及其他有限责任公司。

国有独资公司是指国家授权的投资机构或者国家授权的部门单独投资设立的有限责任公司。

其他有限责任公司是指国有独资公司以外的其他有限责任公司。

《关于市场主体统计分类的划分规定》（2023 年 1 月 31 日）

第一条　本规定以市场主体登记注册类型为基础，根据统计工作的需要，对各种市场主体进行再分类。具体划分为以下类别：

代码	市场主体统计类别	代码	市场主体统计类别
100	内资企业	200	港澳台投资企业
110	有限责任公司	210	港澳台投资有限责任公司
111	国有独资公司	220	港澳台投资股份有限公司
112	私营有限责任公司	230	港澳台投资合伙企业
119	其他有限责任公司	290	其他港澳台投资企业
120	股份有限公司	300	外商投资企业
121	私营股份有限公司	310	外商投资有限责任公司
129	其他股份有限公司	320	外商投资股份有限公司
130	非公司企业法人	330	外商投资合伙企业
131	全民所有制企业（国有企业）	390	其他外商投资企业
132	集体所有制企业（集体企业）	400	农民专业合作社（联合社）
133	股份合作企业	500	个体工商户

---

① 该文件已失效，仅供读者研究参考。

续表

代码	市场主体统计类别	代码	市场主体统计类别
134	联营企业	900	其他市场主体
140	个人独资企业		
150	合伙企业		
190	其他内资企业		

第二条　内资企业分为有限责任公司、股份有限公司、非公司企业法人、个人独资企业、合伙企业和其他内资企业。

有限责任公司包括登记注册为"内资公司有限责任公司（国有独资）"、"内资公司有限责任公司（外商投资企业投资）"、"内资公司有限责任公司（自然人投资或控股）"和"内资分公司有限责任公司分公司（国有独资）"等类型的市场主体。根据相关属性，将有限责任公司进一步划分为国有独资公司、私营有限责任公司和其他有限责任公司。

股份有限公司包括登记注册为"内资公司股份有限公司（上市）"、"内资公司股份有限公司（非上市）"和"内资分公司股份有限公司分公司（上市）"等类型的市场主体。根据相关属性，将股份有限公司进一步划分为私营股份有限公司和其他股份有限公司。

非公司企业法人包括登记注册为"全民所有制"、"集体所有制"、"股份合作制"和"联营"等类型的市场主体。根据相关属性，将非公司企业法人进一步划分为全民所有制企业（国有企业）、集体所有制企业（集体企业）、股份合作企业和联营企业。

个人独资企业包括登记注册为"个人独资企业"和"个人独资企业分支机构"的市场主体。

合伙企业包括登记注册为"合伙企业"和"合伙企业分支机构"的市场主体。

其他内资企业包括除上述之外，登记注册为"内资企业法人"和"内资集团"等类型的市场主体。

第三条　港澳台投资企业包括登记注册为"港、澳、台投资企业有限责任公司"、"港、澳、台投资企业股份有限公司"和"港、澳、台投资企业非公司"等类型的市场主体。根据相关属性，将港澳台投资企业进一步划分为港澳台投资有限责任公司、港澳台投资股份有限公司、港澳台投资合伙企业和其他港澳台投资企业。

第四条　外商投资企业包括登记注册为"外商投资企业有限责任公司"、"外商投资企业股份有限公司"、"外国（地区）公司分支机构"和"外资集团"等类型的市场主体。根据相关属性，将外商投资企业进一步划分为外商投资有限责任公司、外商投资股份有限公司、外商投资合伙企业和其他外商投资企业。

第五条　农民专业合作社（联合社）包括登记注册为"农民专业合作社"和"农民专业合作社分支机构"的市场主体。

第六条　个体工商户是指登记注册为"个体工商户"的市场主体。

第七条　其他市场主体包括除上述第二条至第六条之外的市场主体。

第八条　本规定由国家统计局会同国家市场监督管理总局负责解释。

可见，国有独资公司在设立主体、出资比例、公司类型方面作出了明确要求。

8.2　相关国有资产法律规定

国有独资公司对外担保同时受《公司法》及《企业国有资产法》的制约，提供担保应遵循法律、法规、企业章程规定。

【相关规定指引】

《公司法》（2023 年 12 月 29 日）

第一百七十二条　国有独资公司不设股东会，由履行出资人职责的机构行使股东会职权。履行出资人职责的机构可以授权公司董事会行使股东会的部分职权，但公司章程的制定和修改，公司的合并、分立、解散、申请破产，增加或者减少注册资本，分配利润，应当由履行出资人职责的机构决定。①

---

① 原《公司法》规定，发行公司债券，必须由国有资产监督管理机构决定，新《公司法》取消了这一规定，但《企业国有资产法》第三十一条仍留有这一内容。

《企业国有资产法》（2008 年 10 月 28 日）

第三十条　国家出资企业合并、分立、改制、上市，增加或者减少注册资本，发行债券，进行重大投资，为他人提供大额担保，转让重大财产，进行大额捐赠，分配利润，以及解散、申请破产等重大事项，应当遵守法律、行政法规以及企业章程的规定，不得损害出资人和债权人的权益。

第三十一条　国有独资企业、国有独资公司合并、分立，增加或者减少注册资本，发行债券，分配利润，以及解散、申请破产，由履行出资人职责的机构决定。

第三十二条　国有独资企业、国有独资公司有本法第三十条所列事项的，除依照本法第三十一条和有关法律、行政法规以及企业章程的规定，由履行出资人职责的机构决定的以外，国有独资企业由企业负责人集体讨论决定，国有独资公司由董事会决定。

8.3　企业章程/组织研究审查

8.3.1　企业章程审查

【相关规定指引】

《公司法》（2023 年 12 月 29 日）

第五条　设立公司应当依法制定公司章程。公司章程对公司、股东、董事、监事、高级管理人员具有约束力。

第九条　公司的经营范围由公司章程规定。公司可以修改公司章程，变更经营范围。

公司的经营范围中属于法律、行政法规规定须经批准的项目，应当依法经过批准。

第十八条　在公司中，根据中国共产党章程的规定，设立中国共产党的组织，开展党的活动。公司应当为党组织的活动提供必要条件。

第三十条　申请设立公司，应当提交设立登记申请书、公司章程等文件，提交的相关材料应当真实、合法和有效。

申请材料不齐全或者不符合法定形式的，公司登记机关应当一次性告知需要补正的材料。

第四十五条　设立有限责任公司，应当由股东共同制定公司章程。

第九十四条　设立股份有限公司，应当由发起人共同制订公司章程。

第一百七十条　国家出资公司中中国共产党的组织，按照中国共产党章程的规定发挥领导作用，研究讨论公司重大经营管理事项，支持公司的组织机构依法行使职权。

第一百七十一条　国有独资公司章程由履行出资人职责的机构制定。

第一百七十二条　国有独资公司不设股东会，由履行出资人职责的机构行使股东会职权。履行出资人职责的机构可以授权公司董事会行使股东会的部分职权，但公司章程的制定和修改，公司的合并、分立、解散、申请破产，增加或者减少注册资本，分配利润，应当由履行出资人职责的机构决定。

《国有企业公司章程制定管理办法》（2020 年 12 月 31 日）

第二条　国家出资并由履行出资人职责的机构监管的国有独资公司、国有全资公司和国有控股公司章程制定过程中的制订、修改、审核、批准等管理行为适用本办法。

第三条　本办法所称履行出资人职责的机构（以下简称出资人机构）是指国务院国有资产监督管理机构和地方人民政府按照国务院的规定设立的国有资产监督管理机构，以及国务院和地方人民政府根据需要授权代表本级人民政府对国有企业履行出资人职责的其他部门、机构。

第四条　国有企业公司章程的制定管理应当坚持党的全面领导、坚持依法治企、坚持权责对等原则，切实规范公司治理，落实企业法人财产权与经营自主权，完善国有企业监管，确保国有资产保值增值。

第九条　公司党组织条款应当按照《中国共产党章程》《中国共产党国有企业基层组织工作条例（试行）》等有关规定，写明党委（党组）或党支部（党总支）的职责权限、机构设置、运行机制等重要事项。明确党组织研究讨论是董事会、经理层决策重大问题的前置程序。

设立公司党委（党组）的国有企业应当明确党委（党组）发挥领导作用，把方向、管大局、保落实，依照规定讨论和决定企业重大事项；明确坚持和完善"双向进入、交叉任职"领导体制及有关要求。设立公司党支部（党总支）的国有企业应当明确公司党支部（党总支）围绕生产经营开展工作，发挥战斗堡垒作用；具有人财物重大事项决策权的企业党支部（党总支），明确一般由企业党员负责人担任书记和委员，由党支部（党总支）对企业重大事项进行集体研究把关。

对于国有相对控股企业的党建工作，需结合企业股权结构、经营管理等实际，充分听取其他股东包括机构投资者的意见，参照有关规定和本条款的内容把党建工作基本要求写入公司章程。

第十六条　国有独资公司章程由出资人机构负责制定，或者由董事会制订报出资人机构批准。出资人机构可以授权新设、重组、改制企业的筹备机构等其他决策机构制订公司章程草案，报出资人机构批准。

第十七条　发生下列情形之一时，应当依法制定国有独资公司章程：

（一）新设国有独资公司的；

（二）通过合并、分立等重组方式新产生国有独资公司的；

（三）国有独资企业改制为国有独资公司的；

（四）发生应当制定公司章程的其他情形。

第十八条　出资人机构负责修改国有独资公司章程。国有独资公司董事会可以根据企业实际情况，按照法律、行政法规制订公司章程修正案，报出资人机构批准。

第三十七条　国有企业可以参照本办法根据实际情况制定所出资企业的公司章程制定管理办法。

第三十八条　国有控股上市公司章程制定管理应当同时符合证券监管相关规定。

第三十九条　金融、文化等国有企业的公司章程制定管理，另有规定的依其规定执行。

8.3.2　企业章程组织研究讨论

8.3.2.1　审查公司章程

审查公司章程中关于党建工作及其重要事项的内容，如有此类规定，应当遵循该规定，如没有此类规定，应当建议其补充相应程序。

8.3.2.2　《中国共产党国有企业基层组织工作条例（试行）》的规定

【相关规定指引】

《中国共产党国有企业基层组织工作条例（试行）》（2019年12月30日）

第十三条　国有企业应当将党建工作要求写入公司章程，写明党组织的职责权限、机构设置、运行机制、基础保障等重要事项，明确党组织研究讨论是董事会、经理层决策重大问题的前置程序，落实党组织在公司治理结构中的法定地位。

8.3.2.3　审查的具体形式

要求企业出具党组织会议研究讨论签字记录可能存在现实障碍，建议对此事项的结果/结论进行相关载体形式审查即可。

8.3.3　"三重一大"决策制度的意见

【相关规定指引】

《中共中央办公厅、国务院办公厅印发关于进一步推进国有企业贯彻落实"三重一大"决策制度的意见》（2010年6月5日）

二、"三重一大"事项的主要范围

……

（五）重大项目安排事项，是指对企业资产规模、资本结构、盈利能力以及生产装备、技术状况等产生重要影响的项目的设立和安排。主要包括年度投资计划，融资、担保项目，期权、期货等金融衍生业务，重要设备和技术引进，采购大宗物资和购买服务，重大工程建设项目，以及其他重大项目安排事项。

（六）大额度资金运作事项，是指超过由企业或者履行国有资产出资人职责的机构所规定的企业领导人员有权调动、使用的资金限额的资金调动和使用。主要包括年度预算内大额度资金调动和使用，超预算的资金调动和使用，对外大额捐赠、赞助，以及其他大额度资金运作事项。

三、"三重一大"事项决策的基本程序

……

（九）党委（党组）、董事会、未设董事会的经理班子应当以会议的形式，对职责权限内的"三重一大"事项作出集体决策。不得以个别征求意见等方式作出决策。紧急情况下由个人或少数人临时决定的，应在事后及时向党委（党组）、董事会或未设董事会的经理班子报告；临时决定人应当对决策情况负责，党委（党组）、董事会或未设董事会的经理班子应当在事后按程序予以追认。经董事会授权，经理班子决策"三重一大"事项的，按照本意见执行。

（十）决策会议符合规定人数方可召开。与会人员要充分讨论并分别发表意见，主要负责人应当最后发表结论性意见。会议决定多个事项时，应逐项研究决定。若存在严重分歧，一般应当推迟作出决定。

（十一）会议决定的事项、过程、参与人及其意见、结论等内容，应当完整、详细记录并存档备查。

（十二）决策作出后，企业应当及时向履行国有资产出资人职责的机构报告有关决策情况；企业负责人应当按照分工组织实施，并明确落实部门和责任人。参与决策的个人对集体决策有不同意见，可以保留或者向上级反映，但在没有作出新的决策前，不得擅自变更或者拒绝执行。如遇特殊情况需对决策内容作重大调整，应当重新按规定履行决策程序。

（十三）董事会、未设董事会的经理班子研究"三重一大"事项时，应事先与党委（党组）沟通，听取党委（党组）的意见。进入董事会、未设董事会的经理班子的党委（党组）成员，应当贯彻党组织的意见或决定。企业党组织要团结带领全体党员和广大职工群众，推动决策的实施，并对实施中发现的与党和国家方针政策、法律法规不符或脱离实际的情况及时提出意见，如得不到纠正，应当向上级反映。

……

8.3.4　《中国共产党国有企业基层组织工作条例（试行）》的规定

【相关规定指引】

《中国共产党国有企业基层组织工作条例（试行）》（2019 年 12 月 30 日）

第十一条　国有企业党委（党组）发挥领导作用，把方向、管大局、保落实，依照规定讨论和决定企业重大事项。主要职责是：

······

（三）研究讨论企业重大经营管理事项，支持股东（大）会、董事会、监事会和经理层依法行使职权；

······

第十五条　国有企业重大经营管理事项必须经党委（党组）研究讨论后，再由董事会或者经理层作出决定。研究讨论的事项主要包括：

（一）贯彻党中央决策部署和落实国家发展战略的重大举措；

（二）企业发展战略、中长期发展规划，重要改革方案；

（三）企业资产重组、产权转让、资本运作和大额投资中的原则性方向性问题；

（四）企业组织架构设置和调整，重要规章制度的制定和修改；

（五）涉及企业安全生产、维护稳定、职工权益、社会责任等方面的重大事项；

（六）其他应当由党委（党组）研究讨论的重要事项。

国有企业党委（党组）应当结合企业实际制定研究讨论的事项清单，厘清党委（党组）和董事会、监事会、经理层等其他治理主体的权责。

具有人财物重大事项决策权且不设党委的独立法人企业的党支部（党总支），一般由党员负责人担任书记和委员，由党支部（党总支）对企业重大事项进行集体研究把关。

8.4　关联关系的标准与审查

8.4.1　关联关系实质审查

在审查关联关系过程中，应注意借款企业及担保企业之间的实质关系审查，根据《企业国有资产法》第四十五条的规定，如存在关联方，对其担保必须经履行出资人职责的机构同意。

8.4.2 《企业国有资产法》的规定

【相关规定指引】

《企业国有资产法》（2008 年 10 月 28 日）

第四十三条 国家出资企业的关联方不得利用与国家出资企业之间的交易，谋取不当利益，损害国家出资企业利益。

本法所称关联方，是指本企业的董事、监事、高级管理人员及其近亲属，以及这些人员所有或者实际控制的企业。

第四十五条 未经履行出资人职责的机构同意，国有独资企业、国有独资公司不得有下列行为：

（一）与关联方订立财产转让、借款的协议；

（二）为关联方提供担保；

（三）与关联方共同出资设立企业，或者向董事、监事、高级管理人员或者其近亲属所有或者实际控制的企业投资。

8.4.3 《公司法》的规定

【相关规定指引】

《公司法》（2023 年 12 月 29 日）

第二百六十五条 本法下列用语的含义：

（一）高级管理人员，是指公司的经理、副经理、财务负责人，上市公司董事会秘书和公司章程规定的其他人员。

（二）控股股东，是指其出资额占有限责任公司资本总额超过百分之五十或者其持有的股份占股份有限公司股本总额超过百分之五十的股东；出资额或者持有股份的比例虽然低于百分之五十，但依其出资额或者持有的股份所享有的表决权已足以对股东会的决议产生重大影响的股东。

（三）实际控制人①，是指通过投资关系、协议或者其他安排，能够实际

---

① 与原《公司法》规定相比，删除了实际控制人"虽不是公司的股东"的规定。

支配公司行为的人。

（四）关联关系，是指公司控股股东、实际控制人、董事、监事、高级管理人员与其直接或者间接控制的企业之间的关系，以及可能导致公司利益转移的其他关系。但是，国家控股的企业之间不仅因为同受国家控股而具有关联关系。

8.5　必须由出资人决定事项

【相关规定指引】

《公司法》（2023 年 12 月 29 日）

第一百七十二条　国有独资公司不设股东会，由履行出资人职责的机构行使股东会职权。履行出资人职责的机构可以授权公司董事会行使股东会的部分职权，但公司章程的制定和修改，公司的合并、分立、解散、申请破产，增加或者减少注册资本，分配利润，应当由履行出资人职责的机构决定。

《企业国有资产法》（2008 年 10 月 28 日）

第三十条　国家出资企业合并、分立、改制、上市，增加或者减少注册资本，发行债券，进行重大投资，为他人提供大额担保，转让重大财产，进行大额捐赠，分配利润，以及解散、申请破产等重大事项，应当遵守法律、行政法规以及企业章程的规定，不得损害出资人和债权人的权益。

第三十一条　国有独资企业、国有独资公司合并、分立，增加或者减少注册资本，发行债券，分配利润，以及解散、申请破产，由履行出资人职责的机构决定。

第三十二条　国有独资企业、国有独资公司有本法第三十条所列事项的，除依照本法第三十一条和有关法律、行政法规以及企业章程的规定，由履行出资人职责的机构决定的以外，国有独资企业由企业负责人集体讨论决定，国有独资公司由董事会决定。

由此可见，对外担保不是《公司法》明确规定的履行出资人职责的机构决定事项。

8.6　必须决定事项类推解释

8.6.1　谨慎推理

【相关规定指引】

《企业国有资产法》（2008 年 10 月 28 日）

第三十一条　国有独资企业、国有独资公司合并、分立，增加或者减少注册资本，发行债券，分配利润，以及解散、申请破产，由履行出资人职责的机构决定。

但根据以上法律规定分析，对发行公司债券（损益平衡）类投资尚需履行出资人职责的机构决定。理论上讲，对外提供担保，属于只损不益的行为，也应类比推定属于履行出资人职责的机构决定范畴，但法律对此并无明确规定，而且《企业国有资产法》第三十条中是将"发行债券"与"为他人提供大额担保"并列规定的，证明对比该两种情形，立法者认为应当区分对待。

8.6.2　实践操作

实践中，由履行出资人职责的机构/国有资产监督管理机构为债权人出具批准、同意、决定类文件的，较为少见。

8.6.3　笔者观点

（1）关于是否需履行出资人职责的机构决定这一问题，现实中各方观点不一，存在争议，没有明确的结论性意见。一般认为，按照《企业国有资产法》第三十二条规定执行即可。

（2）若地方性法规、履行出资人职责机构文件、公司章程中明确规定应由履行出资人职责机构决定的，从其规定。

8.6.4　实践案例

【关联案例指引】

某省投资集团控股有限公司、某银行股份有限公司濮阳开州路支行金融借款合同纠纷案①

法律行政法规并未规定国有独资公司对外担保必须经过国有资产管理机构的审批程序，同时也未有法律明确规定国有独资公司签订对外担保合同必须经过批准方能生效。

某房地产开发有限公司、某高新技术股份有限公司民间借贷纠纷案②

《企业国有资产法》第三十二条规定："国有独资企业、国有独资公司有本法第三十条所列事项的，除依照本法第三十一条和有关法律、行政法规以及企业章程的规定，由履行出资人职责的机构决定的以外，国有独资企业由企业负责人集体讨论决定，国有独资公司由董事会决定。"故，国有独资公司对外提供担保应由董事会决定。

8.7　地方性法规检索

【相关规定指引】

《辽宁省企业国有资产监督管理条例》（2019 年 7 月 31 日）

第十八条　关系国有资产出资人权益的重大事项是指：

（一）制定或者修改企业章程；

（二）企业合并、分立、解散、申请破产；

（三）企业增加或者减少注册资本；

（四）企业发展战略规划、年度投资计划、主营业务范围；

（五）企业年度财务预算方案、决算方案、利润分配方案；

（六）企业上市、发行债券；

（七）企业重大投融资、大额捐赠、为他人提供大额担保；

---

① 最高人民法院（2017）最高法民申 370 号民事裁定书，载中国裁判文书网，2024 年 3 月 11 日访问。
② 最高人民法院（2020）最高法民再 270 号民事判决书，载中国裁判文书网，2024 年 3 月 11 日访问。

（八）企业管理者薪酬；

（九）企业改制、与关联方的交易、资产评估、国有资产转让；

（十）法律、法规和企业章程规定的其他重大事项。

上述重大事项的批准或者决定，国有资产监督管理机构和国家出资企业应当按照法律、法规和企业章程规定的权限和程序执行。

8.8   三类企业的特殊适用

8.8.1   国有资本控股公司

【相关规定指引】

《企业国有资产法》（2008 年 10 月 28 日）

第十三条   履行出资人职责的机构委派的股东代表参加国有资本控股公司、国有资本参股公司召开的股东会会议、股东大会会议，应当按照委派机构的指示提出提案、发表意见、行使表决权，并将其履行职责的情况和结果及时报告委派机构。

第三十条   国家出资企业合并、分立、改制、上市，增加或者减少注册资本，发行债券，进行重大投资，为他人提供大额担保，转让重大财产，进行大额捐赠，分配利润，以及解散、申请破产等重大事项，应当遵守法律、行政法规以及企业章程的规定，不得损害出资人和债权人的权益。

第三十三条   国有资本控股公司、国有资本参股公司有本法第三十条所列事项的，依照法律、行政法规以及公司章程的规定，由公司股东会、股东大会或者董事会决定。由股东会、股东大会决定的，履行出资人职责的机构委派的股东代表应当依照本法第十三条的规定行使权利。

8.8.2   国有资本参股公司

参见第二章 8.8.1 部分内容。

8.8.3   中央管理企业

除依法适用本节规定外，还应当遵守国务院国有资产监督管理委员会《国资委关于加强中央企业融资担保管理工作的通知》。

9. 中央管理企业的保证管理

9.1 央企担保规范依据

9.1.1 《关于加强地方国有企业债务风险管控工作的指导意见》的规定

【相关规定指引】

国务院国有资产监督管理委员会《关于加强地方国有企业债务风险管控工作的指导意见》（2021 年 2 月 28 日）

各省、自治区、直辖市及计划单列市和新疆生产建设兵团国资委：

近期，个别地方国有企业发生债券违约，引发金融市场波动和媒体关注。中央、国务院领导同志高度重视，要求加强国有企业债务风险处置和防范应对工作。国务院金融稳定发展委员会召开专题会议研究部署风险防范化解工作，要求地方政府和地方国有企业严格落实主体责任，防范化解重大债务风险，维护金融市场稳定，并要求国务院国资委督促指导地方加强国有企业债务风险管控。为此，国务院国资委结合中央企业债务风险管控工作实践，研究制定了《关于加强地方国有企业债务风险管控工作的指导意见》，现印发给你们，请结合地方国有企业实际，认真组织实施。

......

三、分类管控资产负债率，保持合理债务水平

各地方国资委可参照中央企业资产负债率行业警戒线和管控线进行分类管控，对高负债企业实施负债规模和资产负债率双约束，"一企一策"确定管控目标，指导企业通过控投资、压负债、增积累、引战投、债转股等方式多措并举降杠杆减负债，推动高负债企业资产负债率尽快回归合理水平。督促指导企业转变过度依赖举债投资做大规模的发展理念，根据财务承受能力

科学确定投资规模，从源头上防范债务风险。加强对企业隐性债务的管控，严控资产出表、表外融资等行为，指导企业合理使用权益类融资工具，对永续债券、永续保险、永续信托等权益类永续债和并表基金产品余额占净资产的比例进行限制，严格对外担保管理，对有产权关系的企业按股比提供担保，原则上不对无产权关系的企业提供担保，严控企业相互担保等捆绑式融资行为，防止债务风险交叉传导。规范平台公司重大项目的投融资管理，严控缺乏交易实质的变相融资行为。

9.1.2 《关于加强中央企业融资担保管理工作的通知》的规定

【相关规定指引】

国务院国有资产监督管理委员会《关于加强中央企业融资担保管理工作的通知》（2021 年 10 月 9 日）

近年来，中央企业认真执行国资委关于担保管理有关要求，建立担保制度、规范担保行为，担保规模总体合理，担保风险基本可控，但也有部分企业存在担保规模增长过快、隐性担保风险扩大、代偿损失风险升高等问题。为贯彻落实党中央、国务院关于统筹发展和安全的决策部署，进一步规范和加强中央企业融资担保管理，有效防范企业相互融资担保引发债务风险交叉传导，推动中央企业提升抗风险能力，加快实现高质量发展，现将有关事项通知如下：

……

9.1.3 《国务院国资委授权放权清单（2019 年版）》的规定

【相关规定指引】

《国务院国资委授权放权清单（2019 年版）》（2019 年 6 月 3 日）

20. 授权中央企业（负债水平高、财务风险较大的中央企业除外）合理确定公司担保规模，制定担保风险防范措施，决定集团内部担保事项，向集团外中央企业的担保事项不再报国资委备案。但不得向中央企业以外的其他企业进行担保。

9.2 管控对象明确限制

管控对象包括中央企业及未纳入合并范围内的子公司、未纳入合并范围的参股企业提供的担保，不包括主业范围含担保的金融类企业以及地产企业为购房人按揭贷款提供的阶段性担保。

9.3　融资行为范围限制

融资行为主要包括借款以及发行的债券、基金产品、信托产品、资管计划等。

9.4　担保行为种类限制

9.4.1　显性担保

担保行为包括一般保证、连带责任保证、抵质押。

9.4.2　隐性担保

具有担保效力的共同借款合同、差额补足承诺、安慰承诺等支持性函件的隐性担保。

9.4.3　除外担保

不包括中央企业主业含担保的金融子企业开展的担保，以及房地产企业为购房人按揭贷款提供的阶段性担保。

9.5　融资担保对象限制

严格限制融资担保对象。中央企业严禁对集团外无股权关系的企业提供任何形式担保。原则上只能对具备持续经营能力和偿债能力的子企业或参股企业提供融资担保。不得对进入重组或破产清算程序、资不抵债、连续三年及以上亏损且经营净现金流为负等不具备持续经营能力的子企业或参股企业提供担保，不得对金融子企业提供担保，集团内无直接股权关系的子企业之间不得互保，以上三种情况确因客观情况需要提供担保且风险可控的，需经集团董事会审批。中央企业控股上市公司开展融资担保业务应符合《证券法》和证券监管等相关规定。

9.6　融资担保规模限制

严格控制融资担保规模。中央企业应当转变子企业过度依赖集团担保融资的观念，鼓励拥有较好资信评级的子企业按照市场化方式独立融资。根据自身财务承受能力合理确定融资担保规模，原则上总融资担保规模不得超过集团合并净资产的40%，单户子企业（含集团本部）融资担保额不得超过本企业净资产的50%，纳入国资委年度债务风险管控范围的企业总融资担保规模不得比上年增加。

9.7　严控超股比担保

严格控制超股比融资担保。中央企业应当严格按照持股比例对子企业和参股企业提供担保。严禁对参股企业超股比担保。对子企业确需超股比担保的，需报集团董事会审批，同时，对超股比担保额应由小股东或第三方通过抵押、质押等方式提供足额且有变现价值的反担保。对所控股上市公司、少数股东含有员工持股计划或股权基金的企业提供超股比担保且无法取得反担保的，经集团董事会审批后，在符合融资担保监管等相关规定的前提下，采取向被担保人依据代偿风险程度收取合理担保费用等方式防范代偿风险。

9.8　严格防范代偿风险

严格防范代偿风险。中央企业应当将融资担保业务纳入内控体系，建立融资担保业务台账，实行定期盘点并对融资担保业务进行分类分析和风险识别，重点关注被担保人整体资信状况变化情况、融资款项使用情况、用款项目进展情况、还款计划及资金筹集情况，对发现有代偿风险的担保业务及时采取资产保全等应对措施，最大限度减少损失。

9.9　是否影响担保效力

9.9.1　《民法典》的规定

【相关规定指引】

《民法典》（2020 年 5 月 28 日）

第一百五十三条　违反法律、行政法规的强制性规定的民事法律行为无效。但是，该强制性规定不导致该民事法律行为无效的除外。

违背公序良俗的民事法律行为无效。

9.9.2　《全国法院民商事审判工作会议纪要》的规定

【相关规定指引】

《全国法院民商事审判工作会议纪要》（2019 年 11 月 8 日）

30.【强制性规定的识别】合同法施行后，针对一些人民法院动辄以违反法律、行政法规的强制性规定为由认定合同无效，不当扩大无效合同范围的情形，合同法司法解释（二）第 14 条将《合同法》第 52 条第 5 项规定的"强制性规定"明确限于"效力性强制性规定"。此后，《最高人民法院关于当前形势下审理民商事合同纠纷案件若干问题的指导意见》进一步提出了"管理性强制性规定"的概念，指出违反管理性强制性规定的，人民法院应当根据具体情形认定合同效力。随着这一概念的提出，审判实践中又出现了另一种倾向，有的人民法院认为凡是行政管理性质的强制性规定都属于"管理性强制性规定"，不影响合同效力。这种望文生义的认定方法，应予纠正。

人民法院在审理合同纠纷案件时，要依据《民法总则》第 153 条第 1 款和合同法司法解释（二）第 14 条的规定慎重判断"强制性规定"的性质，特别是要在考量强制性规定所保护的法益类型、违法行为的法律后果以及交易安全保护等因素的基础上认定其性质，并在裁判文书中充分说明理由。下列强制性规定，应当认定为"效力性强制性规定"：强制性规定涉及金融安全、市场秩序、国家宏观政策等公序良俗的；交易标的禁止买卖的，如禁止人体器官、毒品、枪支等买卖；违反特许经营规定的，如场外配资合同；

交易方式严重违法的，如违反招投标等竞争性缔约方式订立的合同；交易场所违法的，如在批准的交易场所之外进行期货交易。关于经营范围、交易时间、交易数量等行政管理性质的强制性规定，一般应当认定为"管理性强制性规定"。

31.【违反规章的合同效力】违反规章一般情况下不影响合同效力，但该规章的内容涉及金融安全、市场秩序、国家宏观政策等公序良俗的，应当认定合同无效。人民法院在认定规章是否涉及公序良俗时，要在考察规范对象基础上，兼顾监管强度、交易安全保护以及社会影响等方面进行慎重考量，并在裁判文书中进行充分说理。

9.9.3 《最高人民法院关于适用〈中华人民共和国民法典〉合同编通则若干问题的解释》的规定

【相关规定指引】

《最高人民法院关于适用〈中华人民共和国民法典〉合同编通则若干问题的解释》（2023年12月4日）

第十六条 合同违反法律、行政法规的强制性规定，有下列情形之一，由行为人承担行政责任或者刑事责任能够实现强制性规定的立法目的的，人民法院可以依据民法典第一百五十三条第一款关于"该强制性规定不导致该民事法律行为无效的除外"的规定认定该合同不因违反强制性规定无效：

（一）强制性规定虽然旨在维护社会公共秩序，但是合同的实际履行对社会公共秩序造成的影响显著轻微，认定合同无效将导致案件处理结果有失公平公正；

（二）强制性规定旨在维护政府的税收、土地出让金等国家利益或者其他民事主体的合法利益而非合同当事人的民事权益，认定合同有效不会影响该规范目的的实现；

（三）强制性规定旨在要求当事人一方加强风险控制、内部管理等，对方无能力或者无义务审查合同是否违反强制性规定，认定合同无效将使其承担不利后果；

（四）当事人一方虽然在订立合同时违反强制性规定，但是在合同订立后其已经具备补正违反强制性规定的条件却违背诚信原则不予补正；

（五）法律、司法解释规定的其他情形。

法律、行政法规的强制性规定旨在规制合同订立后的履行行为，当事人以合同违反强制性规定为由请求认定合同无效的，人民法院不予支持。但是，合同履行必然导致违反强制性规定或者法律、司法解释另有规定的除外。

依据前两款认定合同有效，但是当事人的违法行为未经处理的，人民法院应当向有关行政管理部门提出司法建议。当事人的行为涉嫌犯罪的，应当将案件线索移送刑事侦查机关；属于刑事自诉案件的，应当告知当事人可以向有管辖权的人民法院另行提起诉讼。

第十七条　合同虽然不违反法律、行政法规的强制性规定，但是有下列情形之一，人民法院应当依据民法典第一百五十三条第二款的规定认定合同无效：

（一）合同影响政治安全、经济安全、军事安全等国家安全的；

（二）合同影响社会稳定、公平竞争秩序或者损害社会公共利益等违背社会公共秩序的；

（三）合同背离社会公德、家庭伦理或者有损人格尊严等违背善良风俗的。

人民法院在认定合同是否违背公序良俗时，应当以社会主义核心价值观为导向，综合考虑当事人的主观动机和交易目的、政府部门的监管强度、一定期限内当事人从事类似交易的频次、行为的社会后果等因素，并在裁判文书中充分说理。当事人确因生活需要进行交易，未给社会公共秩序造成重大影响，且不影响国家安全，也不违背善良风俗的，人民法院不应当认定合同无效。

9.9.4　是否影响担保效力

9.9.4.1　违反规定的后果

因国资委的级别为国家部委，其规定规范层次属于部门规章和部门规范性文件层级，尚未达到法律和行政法规层级，因此，中央企业违反国资委规定本身并不会导致担保无效。

9.9.4.2　违反法律的后果

违反国资委规章是否会被认定为违反法律、行政法规的强制性规定，尤其是以"监管规章的强制性规定是根据上位法的授权或者是为了落实法律、行政法规的强制性规定而制定的具体规定"。从而直接适用《民法典》第一百五十三条第一款的规定来认定合同效力具有相当的不确定性。

一般来讲，中央企业与金融行业同为国家经济的主动脉，其重要性相当，故涉央企审判政策应当与金融审判政策保持基本一致，违反规章是否构成违反法律、行政法规的强制性规定，在判断担保效力问题上，应当持谨慎而又保守的态度。

9.9.4.3　违背公序良俗的后果

违反国资委规章是否会被认定为违背公序良俗，尤其在涉及金融安全、市场秩序、国家宏观政策等领域，同时中央企业所在的领域与该三个典型领域有着高度重合，从而适用《民法典》第一百五十三条第二款的规定来认定合同效力具有较大的可能性。

一般来讲，违反规章是否构成违背公序良俗，在判断担保效力问题上，应当持谨慎而又保守的态度。

9.10　实务担保操作建议

9.10.1　禁止类的担保

禁止类的担保：具有极大的不确定法律风险，不建议接受此类担保，如接受，建议密切关注司法实践的动态及司法政策的变化。

9.10.2　限制类的担保

限制类的担保：具有一定的不确定法律风险，建议谨慎接受此类担保，并督促提供担保方尽早沟通集团，并获得相应决议或者同等级别的决议或者议案等文件。

9.10.3　融资担保规模

融资担保规模的控制：建议就该问题与提供担保方进行沟通，并在融资、担保文件或者在提供担保方的其他决策性文件中予以提及、承诺、处理。

10. 上市公众公司的保证管理

10.1　上市公司的定义

10.1.1　法律规定

【相关规定指引】

《公司法》（2023 年 12 月 29 日）

第二条　本法所称公司，是指依照本法在中华人民共和国境内设立的有限责任公司和股份有限公司。

第一百三十四条　本法所称上市公司，是指其股票在证券交易所上市交易的股份有限公司。

《证券法》（2019 年 12 月 28 日）

第一百条　证券交易所必须在其名称中标明证券交易所字样。其他任何单位或者个人不得使用证券交易所或者近似的名称。

10.1.2　适用的担保规则

【相关规定指引】

《最高人民法院关于适用〈中华人民共和国民法典〉有关担保制度的解释》（2020 年 12 月 31 日）

第九条　相对人根据上市公司公开披露的关于担保事项已经董事会或者股东大会决议通过的信息，与上市公司订立担保合同，相对人主张担保合同对上市公司发生效力，并由上市公司承担担保责任的，人民法院应予支持。

相对人未根据上市公司公开披露的关于担保事项已经董事会或者股东大会决议通过的信息，与上市公司订立担保合同，上市公司主张担保合同对其不发生效力，且不承担担保责任或者赔偿责任的，人民法院应予支持。

相对人与上市公司已公开披露的控股子公司订立的担保合同，或者相对人与股票在国务院批准的其他全国性证券交易场所交易的公司订立的担保合同，适用前两款规定。

10.1.3 担保主体范围结论

由此可以得出结论，《最高人民法院关于适用〈中华人民共和国民法典〉有关担保制度的解释》第九条适用的担保主体范围包括三类，即"上市公司""上市公司已公开披露的控股子公司""股票在国务院批准的其他全国性证券交易场所交易的公司"，三者适用同一规则。

目前，在我国境内符合"全国性证券交易场所"定义的机构有三家，即上海证券交易所、深圳证券交易所和北京证券交易所。

10.2 上市公司的分类及规则适用

10.2.1 上市公司的分类

根据注册地和上市地的不同组合，上市公司可以分为三类：

（1）境内注册、境内上市的上市公司；

（2）境内注册、境外上市/境内外同时上市的上市公司；

（3）境外注册的上市公司。

10.2.2 规则的具体适用

（1）境内注册、境内上市的上市公司，适用《最高人民法院关于适用〈中华人民共和国民法典〉有关担保制度的解释》第九条的规定。

（2）境内注册、境外上市/境内外同时上市的上市公司是否适用《最高人民法院关于适用〈中华人民共和国民法典〉有关担保制度的解释》第九条的规定，暂时还未有定论，有待最高人民法院明确。[1]

（3）境外注册的上市公司，不适用《最高人民法院关于适用〈中华人民共和国民法典〉有关担保制度的解释》第九条的规定。[2]

---

① "对此问题还需要研究，再通过正式的途径表明最高人民法院的观点"，参见最高人民法院民事审判第二庭：《最高人民法院民法典担保制度司法解释理解与适用》，人民法院出版社2021年版，第150—151页。

② "接受境外注册、境外上市的公司提供的担保，不适用《最高人民法院关于适用〈中华人民共和国民法典〉有关担保制度的解释》第9条的规定"，参见最高人民法院民事审判第二庭：《最高人民法院民法典担保制度司法解释理解与适用》，人民法院出版社2021年版，第151页。

10.2.3 相关风险提示

从更好地保障债权安全的角度出发，在对法律、司法解释规定理解如遇争议的情形下，存在两种或者两种以上理解时，均应当按照不利于债权人的理解方能较好地保障债权的安全性。

10.3 相关法律及司法解释的规定

10.3.1 《证券法》的规定

【相关规定指引】

《证券法》（2019 年 12 月 28 日）

第八十条 发生可能对上市公司、股票在国务院批准的其他全国性证券交易场所交易的公司的股票交易价格产生较大影响的重大事件，投资者尚未得知时，公司应当立即将有关该重大事件的情况向国务院证券监督管理机构和证券交易场所报送临时报告，并予公告，说明事件的起因、目前的状态和可能产生的法律后果。

前款所称重大事件包括：

……

（三）公司订立重要合同、提供重大担保或者从事关联交易，可能对公司的资产、负债、权益和经营成果产生重要影响；

……

公司的控股股东或者实际控制人对重大事件的发生、进展产生较大影响的，应当及时将其知悉的有关情况书面告知公司，并配合公司履行信息披露义务。

10.3.2 《全国法院民商事审判工作会议纪要》的规定

【相关规定指引】

《全国法院民商事审判工作会议纪要》（2019 年 11 月 8 日）

22.【上市公司为他人提供担保】债权人根据上市公司公开披露的关于担保事项已经董事会或者股东大会决议通过的信息订立的担保合同，人民法院应当认定有效。

上述规定从正面规定了接受上市公司担保已审查公告的，担保合同有效，但并未明确从反面规定未审查公告的，担保合同一律无效或不发生效力。

对于需由上市公司股东会决议的担保事项，未经公告的，应认定债权人非属善意相对人，担保合同无效……

如果有证据证明，上市公司召开了董事会会议，会议通过了为该债权人提供担保的决议，债权人据此与上市公司签订了担保合同，但上市公司没有公告担保事项，这时应认为债权人善意担保合同有效。[①]

最高人民法院在解读上市公司对外担保不生效的民事责任承担问题时指出："本解释的这一规定，与《全国法院民商事审判工作会议纪要》第 22 条规定的无效后果不同，根据民法典时间效力司法解释第 2 条的规定，这一规定不具有溯及力。换言之，民法典施行之前债权人与上市公司订立的担保合同被认定无效的，上市公司应当视情况承担不超过二分之一或者三分之一的民事责任。民法典施行之后债权人与上市公司订立的担保合同被认定对上市公司不发生效力的，上市公司不承担任何民事责任。"[②]

10.3.3　《最高人民法院关于适用〈中华人民共和国民法典〉有关担保制度的解释》的规定

参见第二章 10.1.2 部分内容。

提示：《最高人民法院关于适用〈中华人民共和国民法典〉有关担保制度的解释》第九条已经将《全国法院民商事审判工作会议纪要》第二十二条规定进行了修订，《全国法院民商事审判工作会议纪要》及《〈全国法院民商事审判工作会议纪要〉理解与适用》中的观点已不再适用。

[①]　最高人民法院民事审判第二庭编著：《〈全国法院民商事审判工作会议纪要〉理解与适用》，人民法院出版社 2019 年版，第 199 页。

[②]　《民法典担保制度司法解释系列解读之二》，载最高人民法院微信公众号，2021 年 2 月 9 日发布，2024 年 4 月 11 日访问。

10.4　证券交易所的特殊规则

10.4.1　《上市公司信息披露管理办法》的规定

【相关规定指引】

《上市公司信息披露管理办法》（2021年3月18日）

第二十二条　发生可能对上市公司证券及其衍生品种交易价格产生较大影响的重大事件，投资者尚未得知时，上市公司应当立即披露，说明事件的起因、目前的状态和可能产生的影响。

前款所称重大事件包括：

（一）《证券法》第八十条第二款规定的重大事件……

上市公司的控股股东或者实际控制人对重大事件的发生、进展产生较大影响的，应当及时将其知悉的有关情况书面告知上市公司，并配合上市公司履行信息披露义务。

10.4.2　《上市公司章程指引》的规定

【相关规定指引】

《上市公司章程指引》（2023年12月15日）

第四十二条　公司下列对外担保行为，须经股东大会审议通过。

（一）本公司及本公司控股子公司的对外担保总额，超过最近一期经审计净资产的百分之五十以后提供的任何担保；

（二）公司的对外担保总额，超过最近一期经审计总资产的百分之三十以后提供的任何担保；

（三）公司在一年内担保金额超过公司最近一期经审计总资产百分之三十的担保；

（四）为资产负债率超过百分之七十的担保对象提供的担保；

（五）单笔担保额超过最近一期经审计净资产百分之十的担保；

（六）对股东、实际控制人及其关联方提供的担保。

公司应当在章程中规定股东大会、董事会审批对外担保的权限和违反审批权限、审议程序的责任追究制度。

第七十八条 下列事项由股东大会以特别决议通过：

（一）公司增加或者减少注册资本；

（二）公司的分立、分拆、合并、解散和清算；

（三）本章程的修改；

（四）公司在一年内购买、出售重大资产或者担保金额超过公司最近一期经审计总资产百分之三十的；

（五）股权激励计划；

（六）法律、行政法规或本章程规定的，以及股东大会以普通决议认定会对公司产生重大影响的、需要以特别决议通过的其他事项。

注释：股东大会就以下事项作出特别决议，除须经出席会议的普通股股东（含表决权恢复的优先股股东，包括股东代理人）所持表决权的三分之二以上通过之外，还须经出席会议的优先股股东（不含表决权恢复的优先股股东，包括股东代理人）所持表决权的三分之二以上通过：（1）修改公司章程中与优先股相关的内容；（2）一次或累计减少公司注册资本超过百分之十；（3）公司合并、分立、解散或变更公司形式；（4）发行优先股；（5）公司章程规定的其他情形。

第一百零七条 董事会行使下列职权：

（一）召集股东大会，并向股东大会报告工作；

（二）执行股东大会的决议；

（三）决定公司的经营计划和投资方案；

（四）制订公司的年度财务预算方案、决算方案；

（五）制订公司的利润分配方案和弥补亏损方案；

（六）制订公司增加或者减少注册资本、发行债券或其他证券及上市方案；

（七）拟订公司重大收购、收购本公司股票或者合并、分立、解散及变更公司形式的方案；

（八）在股东大会授权范围内，决定公司对外投资、收购出售资产、资产抵押、对外担保事项、委托理财、关联交易、对外捐赠等事项；

（九）决定公司内部管理机构的设置；

（十）决定聘任或者解聘公司经理、董事会秘书及其他高级管理人员，并决定其报酬事项和奖惩事项；根据经理的提名，决定聘任或者解聘公司副经理、财务负责人等高级管理人员，并决定其报酬事项和奖惩事项；

（十一）制订公司的基本管理制度；

（十二）制订本章程的修改方案；

（十三）管理公司信息披露事项；

（十四）向股东大会提请聘请或更换为公司审计的会计师事务所；

（十五）听取公司经理的工作汇报并检查经理的工作；

（十六）法律、行政法规、部门规章或本章程授予的其他职权。

公司董事会设立【审计委员会】，并根据需要设立【战略】、【提名】、【薪酬与考核】等相关专门委员会。专门委员会对董事会负责，依照本章程和董事会授权履行职责，提案应当提交董事会审议决定。专门委员会成员全部由董事组成，其中【审计委员会】、【提名委员会】、【薪酬与考核委员会】中独立董事占多数并担任召集人，【审计委员会】的召集人为会计专业人士。董事会负责制定专门委员会工作规程，规范专门委员会的运作。

注释：公司股东大会可以授权公司董事会按照公司章程的约定向优先股股东支付股息。

超过股东大会授权范围的事项，应当提交股东大会审议。

10.4.3　《上海证券交易所股票上市规则》的规定

【相关规定指引】

《上海证券交易所股票上市规则（2024 年 4 月修订）》（2024 年 4 月 30 日）

第六章　应当披露的交易

第一节　重大交易

6.1.1　本节所称重大交易，包括除上市公司日常经营活动之外发生的下列类型的事项：

……

（三）提供财务资助（含有息或者无息借款、委托贷款等）；

（四）提供担保（含对控股子公司担保等）；

……

6.1.10 上市公司发生"提供担保"交易事项，除应当经全体董事的过半数审议通过外，还应当经出席董事会会议的三分之二以上董事审议通过，并及时披露。

担保事项属于下列情形之一的，还应当在董事会审议通过后提交股东大会审议：

（一）单笔担保额超过上市公司最近一期经审计净资产10%的担保；

（二）上市公司及其控股子公司对外提供的担保总额，超过上市公司最近一期经审计净资产50%以后提供的任何担保；

（三）上市公司及其控股子公司对外提供的担保总额，超过上市公司最近一期经审计总资产30%以后提供的任何担保；

（四）按照担保金额连续12个月内累计计算原则，超过上市公司最近一期经审计总资产30%的担保；

（五）为资产负债率超过70%的担保对象提供的担保；

（六）对股东、实际控制人及其关联人提供的担保；

（七）本所或者公司章程规定的其他担保。

上市公司股东大会审议前款第（四）项担保时，应当经出席会议的股东所持表决权的三分之二以上通过。

6.1.11   对于达到披露标准的担保，如果被担保人于债务到期后15个交易日内未履行还款义务，或者被担保人出现破产、清算或者其他严重影响其还款能力的情形，上市公司应当及时披露。

6.3.11   上市公司为关联人提供担保的，除应当经全体非关联董事的过半数审议通过外，还应当经出席董事会会议的非关联董事的三分之二以上董事审议同意并作出决议，并提交股东大会审议。公司为控股股东、实际控制人及其关联人提供担保的，控股股东、实际控制人及其关联人应当提供反担保。

公司因交易或者关联交易导致被担保方成为公司的关联人，在实施该交易或者关联交易的同时，应当就存续的关联担保履行相应审议程序和信息披露义务。

董事会或者股东大会未审议通过前款规定的关联担保事项的，交易各方应当采取提前终止担保等有效措施。

《深圳证券交易所股票上市规则（2024 年修订）》，与此内容相同。

10.5　上市公司对外担保的相关规定

10.5.1　上市公司对外担保的监管要求

【相关规定指引】

《上市公司监管指引第 8 号——上市公司资金往来、对外担保的监管要求》（2022 年 1 月 28 日）

第七条　上市公司对外担保必须经董事会或者股东大会审议。

第八条　上市公司的《公司章程》应当明确股东大会、董事会审批对外担保的权限及违反审批权限、审议程序的责任追究制度。

第九条　应由股东大会审批的对外担保，必须经董事会审议通过后，方可提交股东大会审批。须经股东大会审批的对外担保，包括但不限于下列情形：

（一）上市公司及其控股子公司的对外担保总额，超过最近一期经审计净资产百分之五十以后提供的任何担保；

（二）为资产负债率超过百分之七十的担保对象提供的担保；

（三）单笔担保额超过最近一期经审计净资产百分之十的担保；

（四）对股东、实际控制人及其关联方提供的担保。

股东大会在审议为股东、实际控制人及其关联方提供的担保议案时，该股东或者受该实际控制人支配的股东，不得参与该项表决，该项表决由出席股东大会的其他股东所持表决权的半数以上通过。

第十条　应由董事会审批的对外担保，必须经出席董事会的三分之二以上董事审议同意并做出决议。

第十一条　上市公司为控股股东、实际控制人及其关联方提供担保的，控股股东、实际控制人及其关联方应当提供反担保。

第十二条　上市公司董事会或者股东大会审议批准的对外担保，必须在证券交易所的网站和符合中国证监会规定条件的媒体及时披露，披露的内容包括董事会或者股东大会决议、截止信息披露日上市公司及其控股子公司对外担保总额、上市公司对控股子公司提供担保的总额。

第十三条　上市公司在办理贷款担保业务时，应向银行业金融机构提交《公司章程》、有关该担保事项董事会决议或者股东大会决议原件、该担保事项的披露信息等材料。

第十四条　上市公司独立董事应在年度报告中，对上市公司报告期末尚未履行完毕和当期发生的对外担保情况、执行本章规定情况进行专项说明，并发表独立意见。

第十五条　上市公司控股子公司对于向上市公司合并报表范围之外的主体提供担保的，应视同上市公司提供担保，上市公司应按照本章规定执行。

10.5.2　上市公司对外担保的贷款审批

【相关规定指引】

《上市公司监管指引第 8 号——上市公司资金往来、对外担保的监管要求》（2022 年 1 月 28 日）

第十六条　各银行业金融机构应当严格依据《民法典》《公司法》《最高人民法院关于适用〈中华人民共和国民法典〉有关担保制度的解释》等法律法规、司法解释，加强对由上市公司提供担保的贷款申请的审查，切实防范相关信贷风险，并及时将贷款、担保信息登录征信管理系统。

第十七条　各银行业金融机构必须依据本指引、上市公司《公司章程》及其他有关规定，认真审核以下事项：

（一）由上市公司提供担保的贷款申请的材料齐备性及合法合规性；

（二）上市公司对外担保履行董事会或者股东大会审批程序的情况；

（三）上市公司对外担保履行信息披露义务的情况；

（四）上市公司的担保能力；

（五）贷款人的资信、偿还能力等其他事项。

第十八条 各银行业金融机构应根据相关法律法规和监管规定完善内部控制制度，控制贷款风险。

第十九条 对由上市公司控股子公司提供担保的贷款申请，比照本章规定执行。

10.5.3 违反监管指引的法律后果

违反监管指引的，将按照《全国法院民商事审判工作会议纪要》和《民法典》的规定审查，符合无效的情形的，要依法认定无效。

情形一：需请示后适用公序良俗认定合同效力

应当充分注意到，金融监管规章可以作为判断金融合同是否违背公序良俗的重要依据或裁判理由。公序良俗是一个极度抽象、弹性的条款，法官判断和适用时理应充分阐明理由，规章中关于维护金融市场基本秩序、维护金融安全、防控系统性金融风险的禁止性规定，可以用来识别是否违背公序良俗。在金融监管规章有关条款构成公序良俗的情况下，可以适用《民法典》第一百五十三条第二款的规定认定合同效力。应当强调的是，对公序良俗条款的应用，既要避免"公序良俗"条款泛化，成为滥用裁量权、司法恣意妄为的"挡箭牌"，也要避免对监管规章中有关公共利益的禁止性规定熟视无睹，甚至机械执法，以规章不能作为认定合同无效依据为由，否定对"公序良俗"条款的适用。实践中，对某一金融监管规章的违反是否构成违背公序良俗产生争议，应当向上级法院请示，必要时可层报最高人民法院予以指导，由最高人民法院按一定程序征求有关监管部门的意见，以形成共识。[①]

情形二：直接依据《民法典》第一百五十三条第一款认定合同效力

还应当充分注意到，一些金融监管规章的强制性规定是根据上位法的

[①] 刘贵祥：《关于金融民商事审判工作中的理念、机制和法律适用问题》，载《法律适用》2023年第1期。

授权或者是为了落实法律、行政法规的强制性规定而制定的具体规定。也就是说，金融监管规章的强制性规定有上位法的明确依据，只不过该上位法的规定较为原则，其在结合实践经验的基础上，将该原则性的规定予以具体化，使其具有可操作性。在这种情况下，合同违反的是法律、行政法规的强制性规定，人民法院可依据《民法典》第一百五十三条第一款认定合同效力。[①]

10.6　上市公司公告的特殊情形

10.6.1　概括授权公告及法律后果

10.6.1.1《上市公司监管指引第 8 号——上市公司资金往来、对外担保的监管要求 》的规定

【相关规定指引】

《上市公司监管指引第 8 号——上市公司资金往来、对外担保的监管要求》（2022 年 1 月 28 日）

第十二条 ……披露的内容包括董事会或者股东大会决议、截止信息披露日上市公司及其控股子公司对外担保总额、上市公司对控股子公司提供担保的总额。

10.6.1.2　概括公告是否等于公开披露

概括性授权公告是否满足《最高人民法院关于适用〈中华人民共和国民法典〉有关担保制度的解释》第九条之规定。

（1）判断标准

"年度担保预计"下的概括性授权公告是否能够满足《最高人民法院关于适用〈中华人民共和国民法典〉有关担保制度的解释》第九条之规定，应当看概括性授权公告的具体形式和具体内容是否明确，能不能满足保护广大中小投资者的利益，能不能切实履行信息披露义务，能不能根治违法

---

① 刘贵祥：《关于金融民商事审判工作中的理念、机制和法律适用问题》，载《法律适用》2023 年第 1 期。

违规担保，如果答案是肯定的，那么就满足；如果答案是否定的，就不满足。

（2）现实分析

因为概括性授权公告的具体形式和具体内容不一样，债权人不一样，也就无法得出同样的结论。但是，从现实各家上市公司发布的概括性公告实例来看，大多数概括性授权公告无法满足《最高人民法院关于适用〈中华人民共和国民法典〉有关担保制度的解释》第九条之规定。

10.6.2　逐笔披露公告及法律后果

10.6.2.1　**逐笔披露＝公开披露**

在上海证券交易所和深圳证券交易所制定的信息披露格式指引中，对外担保公告格式样本中提及上市公司应对后续实际发生的担保事项"逐笔披露"，并应于公告中明确该笔担保是否在担保预计的额度范围内。

10.6.2.2　**格式要求与公开披露**

具体明确的逐笔披露公告，可以满足《最高人民法院关于适用〈中华人民共和国民法典〉有关担保制度的解释》第九条之规定的，即使格式要求与指引稍有不符，但尽到了公开披露信息，没有漏报、瞒报的信息披露义务即可。

10.6.3　债权人的严格审查义务

10.6.3.1　**遵守《上市公司监管指引第8号——上市公司资金往来、对外担保的监管要求》是商业银行义务**

遵守《上市公司监管指引第8号——上市公司资金往来、对外担保的监管要求》中的相关规定是商业银行的义务，因为该指引是中国证监会、公安部、国资委、中国银保监会联合发布的部门规范性文件。

参见第二章10.5.1、10.5.2部分内容。

10.6.3.2　**贷中审查时的具体标准**

商业银行在审查上市公司的公告时从严把握审查标准，详见《上市公司监管指引第8号——上市公司资金往来、对外担保的监管要求》第十七条、

第十九条等规定，要求上市公司对担保事项做到"逐笔披露"，督促上市公司依法履行决议和披露程序，以维护自己的合法权益。

10.7 债权人权益的有效保护

10.7.1 发生于 2021 年 1 月 1 日之前

2021 年 1 月 1 日之前上市公司对外提供担保的，不能仅因未经公告而否认担保合同的效力：

（1）对于仅需董事会决议的担保事项，已通过决议但未予公告的，只要债权人履行了实质审查义务，可认定担保合同有效。

（2）对于须由上市公司股东会决议的担保事项，已通过决议但未经公告的，应认定债权人非属善意相对人、担保合同无效。

（3）2021 年 1 月 1 日之前上市公司对外提供担保，因未经过决议或经过决议未公告被认定无效的，上市公司应当视情况承担不超过二分之一或者三分之一的民事责任。

10.7.2 发生于 2021 年 1 月 1 日之后

2021 年 1 月 1 日之后发生的上市公司对外担保行为，应当适用《最高人民法院关于适用〈中华人民共和国民法典〉有关担保制度的解释》第九条的规定，不仅须经过董事会或者股东会决议，债权人接受上市公司担保的，还必须基于公开披露的信息对担保事项进行审查，如未经公告，担保合同对上市公司不发生效力，上市公司不承担担保责任和赔偿责任。

10.7.3 前后规则具有性质上的改变

最大的区别在于由担保合同无效到担保合同不成立。

11. 一人有限公司的保证管理

11.1 《公司法》的规定

【相关规定指引】

《公司法》（2023 年 12 月 29 日）

第二十三条 公司股东滥用公司法人独立地位和股东有限责任，逃避债务，严重损害公司债权人利益的，应当对公司债务承担连带责任。

股东利用其控制的两个以上公司实施前款规定行为的，各公司应当对任一公司的债务承担连带责任。

只有一个股东的公司，股东不能证明公司财产独立于股东自己的财产的，应当对公司债务承担连带责任。①

第五十九条 股东会行使下列职权：

（一）选举和更换董事、监事，决定有关董事、监事的报酬事项；

（二）审议批准董事会的报告；

（三）审议批准监事会的报告；

（四）审议批准公司的利润分配方案和弥补亏损方案；

（五）对公司增加或者减少注册资本作出决议；

（六）对发行公司债券作出决议；

（七）对公司合并、分立、解散、清算或者变更公司形式作出决议；

（八）修改公司章程；

（九）公司章程规定的其他职权。

股东会可以授权董事会对发行公司债券作出决议。

---

① 原《公司法》设置了一人有限责任公司的章节，新《公司法》将一人有限公司的财产混同的法律责任条款由原来的第六十三条调整到第二十三条，至于该条能否适用于国有独资公司，还没有明确的意见，有待未来权威机关来确定。

对本条第一款所列事项股东以书面形式一致表示同意的，可以不召开股东会会议，直接作出决定，并由全体股东在决定文件上签名或者盖章。

第六十条　只有一个股东的有限责任公司不设股东会。股东作出前条第一款所列事项的决定时，应当采用书面形式，并由股东签名或者盖章后置备于公司。

第一百一十二条　本法第五十九条第一款、第二款关于有限责任公司股东会职权的规定，适用于股份有限公司股东会。

本法第六十条关于只有一个股东的有限责任公司不设股东会的规定，适用于只有一个股东的股份有限公司。

11.2　《最高人民法院关于适用〈中华人民共和国民法典〉有关担保制度的解释》的规定

【相关规定指引】

《最高人民法院关于适用〈中华人民共和国民法典〉有关担保制度的解释》（2020 年 12 月 31 日）

第十条　一人有限责任公司为其股东提供担保，公司以违反公司法关于公司对外担保决议程序的规定为由主张不承担担保责任的，人民法院不予支持。公司因承担担保责任导致无法清偿其他债务，提供担保时的股东不能证明公司财产独立于自己的财产，其他债权人请求该股东承担连带责任的，人民法院应予支持。

11.3　一人公司为其股东提供担保

11.3.1　可以为其股东提供担保

一人有限责任公司可以为其股东提供担保，并不因没有股东会决议而无效。

11.3.2　意味着股东和公司财产混同

一人公司为股东提供担保的，则意味着股东和公司的财产是混同的，一人公司为股东提供担保，就是为自己提供担保。

11.3.3　提供担保无法清偿混同证据

一人公司为股东提供担保导致无法清偿其他债务这一事实本身即公司人格与股东人格混同的重要证据。

11.4　国有独资公司及全资设立的子公司

11.4.1　国有独资公司的设立

【相关规定指引】

《市场主体登记管理条例》（2021 年 7 月 27 日）

第二条　本条例所称市场主体，是指在中华人民共和国境内以营利为目的从事经营活动的下列自然人、法人及非法人组织：

（一）公司、非公司企业法人及其分支机构；

（二）个人独资企业、合伙企业及其分支机构；

（三）农民专业合作社（联合社）及其分支机构；

（四）个体工商户；

（五）外国公司分支机构；

（六）法律、行政法规规定的其他市场主体。

第八条　市场主体的一般登记事项包括：

（一）名称；

（二）主体类型；

（三）经营范围；

（四）住所或者主要经营场所；

（五）注册资本或者出资额；

（六）法定代表人、执行事务合伙人或者负责人姓名。

除前款规定外，还应当根据市场主体类型登记下列事项：

（一）有限责任公司股东、股份有限公司发起人、非公司企业法人出资人的姓名或者名称；

（二）个人独资企业的投资人姓名及居所；

（三）合伙企业的合伙人名称或者姓名、住所、承担责任方式；

（四）个体工商户的经营者姓名、住所、经营场所；

（五）法律、行政法规规定的其他事项。

第九条　市场主体的下列事项应当向登记机关办理备案：

（一）章程或者合伙协议；

（二）经营期限或者合伙期限；

（三）有限责任公司股东或者股份有限公司发起人认缴的出资数额，合伙企业合伙人认缴或者实际缴付的出资数额、缴付期限和出资方式；

（四）公司董事、监事、高级管理人员；

（五）农民专业合作社（联合社）成员；

（六）参加经营的个体工商户家庭成员姓名；

（七）市场主体登记联络员、外商投资企业法律文件送达接受人；

（八）公司、合伙企业等市场主体受益所有人相关信息；

（九）法律、行政法规规定的其他事项。

11.4.2　国有独资公司全资设立的子公司

11.4.2.1　企业性质认定标准

一般来讲，国有独资公司全资设立的子公司性质应为一人公司中的法人独资公司，而非国有独资公司，具体应当以工商营业执照上登记载明的性质为准。

【相关规定指引】

《市场主体登记管理条例实施细则》（2022 年 3 月 1 日）

第二十三条　市场主体营业执照应当载明名称、法定代表人（执行事务合伙人、个人独资企业投资人、经营者或者负责人）姓名、类型（组成形式）、注册资本（出资额）、住所（主要经营场所、经营场所）、经营范围、登记机关、成立日期、统一社会信用代码。

电子营业执照与纸质营业执照具有同等法律效力，市场主体可以凭电子营业执照开展经营活动。

市场主体在办理涉及营业执照记载事项变更登记或者申请注销登记时，

需要在提交申请时一并缴回纸质营业执照正、副本。对于市场主体营业执照拒不缴回或者无法缴回的，登记机关在完成变更登记或者注销登记后，通过国家企业信用信息公示系统公告营业执照作废。

11.4.2.2　属于法人独资公司

国有独资公司全资设立的子公司属于法人独资公司，不适用《企业国有资产法》关于国有独资公司的规定。

11.4.2.3　担保审查标准及要件

参见第二章 7.4、7.5、7.6 部分内容。

11.4.2.4　受《企业国有资产法》约束

国有独资公司全资设立的子公司应当适用《企业国有资产法》关于企业国有资产保护的规定约束。

【相关规定指引】

《企业国有资产法》（2008 年 10 月 28 日）

第二条　本法所称企业国有资产（以下称国有资产），是指国家对企业各种形式的出资所形成的权益。

第六十七条　履行出资人职责的机构根据需要，可以委托会计师事务所对国有独资企业、国有独资公司的年度财务会计报告进行审计，或者通过国有资本控股公司的股东会、股东大会决议，由国有资本控股公司聘请会计师事务所对公司的年度财务会计报告进行审计，维护出资人权益。

第七十条　履行出资人职责的机构委派的股东代表未按照委派机构的指示履行职责，造成国有资产损失的，依法承担赔偿责任；属于国家工作人员的，并依法给予处分。

第七十一条　国家出资企业的董事、监事、高级管理人员有下列行为之一，造成国有资产损失的，依法承担赔偿责任；属于国家工作人员的，并依法给予处分：

（一）利用职权收受贿赂或者取得其他非法收入和不当利益的；

（二）侵占、挪用企业资产的；

（三）在企业改制、财产转让等过程中，违反法律、行政法规和公平交易规则，将企业财产低价转让、低价折股的；

（四）违反本法规定与本企业进行交易的；

（五）不如实向资产评估机构、会计师事务所提供有关情况和资料，或者与资产评估机构、会计师事务所串通出具虚假资产评估报告、审计报告的；

（六）违反法律、行政法规和企业章程规定的决策程序，决定企业重大事项的；

（七）有其他违反法律、行政法规和企业章程执行职务行为的。

国家出资企业的董事、监事、高级管理人员因前款所列行为取得的收入，依法予以追缴或者归国家出资企业所有。

履行出资人职责的机构任命或者建议任命的董事、监事、高级管理人员有本条第一款所列行为之一，造成国有资产重大损失的，由履行出资人职责的机构依法予以免职或者提出免职建议。

11.5 实质一人公司的认定

11.5.1 关联论述

如果公司的股东持股比例过于悬殊，不仅存在一个对公司处于绝对控股地位的股东，且股东之间还存在近亲属关系，除控股股东外，被担保的债权人有证据证明其他股东从未参与过公司的经营和管理，则可以推定公司构成实质的一人公司，再将举证责任分配给一人公司，由该公司承担举证证明其不是实质一人公司的责任。[①]

11.5.2 关联案例

【关联案例指引】

熊某平、沈某霞申请执行人执行异议之诉案[②]

关于青某瑞公司是否属于一人有限责任公司问题。《公司法》第五十八

[①] 最高人民法院民事审判第二庭：《最高人民法院民法典担保制度司法解释理解与适用》，人民法院出版社 2021 年版，第 165 页。

[②] 最高人民法院（2019）最高法民再 372 号民事判决书，载中国裁判文书网，2024 年 3 月 11 日访问。

条第二款规定："本法所称一人有限责任公司，是指只有一个自然人股东或者一个法人股东的有限责任公司。"本案中，青某瑞公司虽系熊某平、沈某霞两人出资成立，但熊某平、沈某霞为夫妻，青某瑞公司设立于双方婚姻存续期间，且青某瑞公司工商登记备案资料中没有熊某平、沈某霞财产分割的书面证明或协议，熊某平、沈某霞亦未补充提交。《婚姻法》第十七条规定，除该法第十八条规定的财产及第十九条规定的约定财产之外，夫妻在婚姻存续期间所得财产归夫妻共同共有。据此可以认定，青某瑞公司的注册资本来源于熊某平、沈某霞的夫妻共同财产，青某瑞公司的全部股权属于熊某平、沈某霞婚后取得的财产，应归双方共同共有。青某瑞公司的全部股权实质来源于同一财产权，并为一个所有权共同享有和支配，该股权主体具有利益的一致性和实质的单一性。另外，一人有限责任公司区别于普通有限责任公司的特别规定在于《公司法》第六十三条，该条规定："一人有限责任公司的股东不能证明公司财产独立于股东自己的财产的，应当对公司债务承担连带责任。"即一人有限责任公司的法人人格否认适用举证责任倒置规则。之所以如此规定，原因系一人有限责任公司只有一个股东，缺乏社团性和相应的公司机关，没有分权制衡的内部治理结构，缺乏内部监督。股东既是所有者，又是管理者，个人财产和公司财产极易混同，极易损害公司债权人利益。故通过举证责任倒置，强化一人有限责任公司的财产独立性，从而加强对债权人的保护。本案青某瑞公司由熊某平、沈某霞夫妻二人在婚姻关系存续期间设立，公司资产归熊某平、沈某霞共同共有，双方利益具有高度一致性，亦难以形成有效的内部监督。熊某平、沈某霞均实际参与公司的管理经营，夫妻其他共同财产与青某瑞公司财产亦容易混同，从而损害债权人利益。在此情况下，应参照《公司法》第六十三条规定，将公司财产独立于股东自身财产的举证责任分配给股东熊某平、沈某霞。综上，青某瑞公司与一人有限责任公司在主体构成和规范适用上具有高度相似性，二审法院认定青某瑞公司系实质意义上的一人有限责任公司并无不当。

12. 全民所有制企业的保证管理

12.1　全民所有制企业的定义

【相关规定指引】

《全民所有制工业企业法》（2009 年 8 月 27 日）

第二条　全民所有制工业企业（以下简称企业）是依法自主经营、自负盈亏、独立核算的社会主义商品生产和经营单位。[①]

企业的财产属于全民所有，国家依照所有权和经营权分离的原则授予企业经营管理。企业对国家授予其经营管理的财产享有占有、使用和依法处分的权利。

企业依法取得法人资格，以国家授予其经营管理的财产承担民事责任。

企业根据政府主管部门的决定，可以采取承包、租赁等经营责任制形式。
（2009 年 8 月 27 日删除）

《企业国有资产法》（2008 年 10 月 28 日）

第二条　本法所称企业国有资产（以下称国有资产），是指国家对企业各种形式的出资所形成的权益。

第三条　国有资产属于国家所有即全民所有。国务院代表国家行使国有资产所有权。

12.2　是否受《公司法》调整

由《全民所有制工业企业法》第二条及《企业国有资产法》第二条、第三条的规定可见，我国全民所有制企业的资产是全部由国家出资形成的。依

[①]　国企公司制改革，主要是指将传统的全民所有制企业改制为符合现代企业制度要求、规范的公司制企业。《国有企业公司制改革今年全面完成》，载《人民日报》2021 年 3 月 21 日。

照《全民所有制工业企业法》设立的企业，全部资本均为国有资本的非公司制企业。

【关联案例指引】

某国有资产经营有限公司、某蔬菜集团等债权转让合同纠纷案[①]

某蔬菜集团其工商登记信息及法人营业执照均显示为全民所有制企业，蔬菜集团并非依照《公司法》设立的有限责任公司或股份有限公司，而是依照《民法通则》设立的全民所有制企业法人，《民法通则》第四十八条规定："全民所有制企业法人以国家授予它经营管理的财产承担民事责任。"故某蔬菜集团并非《公司法》调整的主体范围，更非《公司法》规定的一人有限责任公司。

12.3 国有企业的现状与趋势

国企公司制改革，主要是指将传统的全民所有制企业改制为符合现代企业制度要求、规范的公司制企业。党的十八大以来，国务院国资委积极推动中央企业于 2017 年完成公司制改革，省级国资委监管企业约 96% 也完成了改革任务。2020 年启动的国企改革三年行动明确提出，要全面完成国有企业公司制改革。[②]

12.4 关联关系的标准与审查

参见第二章 8.4 部分内容。

12.5 "履行出资人职责的机构"的定义

【相关规定指引】

《企业国有资产法》（2008 年 10 月 28 日）

第十一条 国务院国有资产监督管理机构和地方人民政府按照国务院的

---

① 最高人民法院（2015）民提字第 197 号民事判决书，载中国裁判文书网，2024 年 3 月 11 日访问。

② 《今年底国有企业公司制改革将全面完成》，载中国政府网，https：//www.gov.cn/xinwen/2021-03/20/content_ 5594147. htm，2024 年 5 月 19 日访问。

规定设立的国有资产监督管理机构，根据本级人民政府的授权，代表本级人民政府对国家出资企业履行出资人职责。

国务院和地方人民政府根据需要，可以授权其他部门、机构代表本级人民政府对国家出资企业履行出资人职责。

代表本级人民政府履行出资人职责的机构、部门，以下统称履行出资人职责的机构。

第十二条　履行出资人职责的机构代表本级人民政府对国家出资企业依法享有资产收益、参与重大决策和选择管理者等出资人权利。

履行出资人职责的机构依照法律、行政法规的规定，制定或者参与制定国家出资企业的章程。

履行出资人职责的机构对法律、行政法规和本级人民政府规定须经本级人民政府批准的履行出资人职责的重大事项，应当报请本级人民政府批准。

12.6　"企业负责人"的定义

【相关规定指引】

《全民所有制工业企业法》（2009 年 8 月 27 日）

第七条　企业实行厂长（经理）负责制。

厂长依法行使职权，受法律保护。

第四十七条　企业设立管理委员会或者通过其他形式，协助厂长决定企业的重大问题。管理委员会由企业各方面的负责人和职工代表组成。厂长任管理委员会主任。

前款所称重大问题：

（一）经营方针、长远规划和年度计划、基本建设方案和重大技术改造方案，职工培训计划，工资调整方案，留用资金分配和使用方案，承包和租赁经营责任制方案。

（二）工资列入企业成本开支的企业人员编制和行政机构的设置和调整。

（三）制订、修改和废除重要规章制度的方案。

上述重大问题的讨论方案，均由厂长提出。

因此，全民所有制工业企业负责人应为厂长（经理），管理委员会只是负责协助工作。

12.7　企业章程/组织研究审查

参见第二章 8.3 部分内容。

12.8　以一般资产对外担保

12.8.1　程序规定

无条件地允许：一般固定资产，可以自主决定出租、抵押或者有偿转让。

无条件地允许：为他人提供非大额担保。

有条件地允许：为他人提供大额担保。

【相关规定指引】

《企业国有资产法》（2008 年 10 月 28 日）

第三十条　国家出资企业合并、分立、改制、上市，增加或者减少注册资本，发行债券，进行重大投资，为他人提供大额担保，转让重大财产，进行大额捐赠，分配利润，以及解散、申请破产等重大事项，应当遵守法律、行政法规以及企业章程的规定，不得损害出资人和债权人的权益。

第三十一条　国有独资企业、国有独资公司合并、分立，增加或者减少注册资本，发行债券，分配利润，以及解散、申请破产，由履行出资人职责的机构决定。

第三十二条　国有独资企业、国有独资公司有本法第三十条所列事项的，除依照本法第三十一条和有关法律、行政法规以及企业章程的规定，由履行出资人职责的机构决定的以外，国有独资企业由企业负责人集体讨论决定，国有独资公司由董事会决定。

12.8.2　操作指引

基于前，全民所有制企业属于国有独资企业，根据《企业国有资产法》第三十条、第三十一条以及第三十二条规定，国有独资企业为他人提供大额担保由企业负责人集体讨论决定，即由厂长或管理委员会决定即可，无须履行出资职责机构批准。

【相关规定指引】

《全民所有制工业企业转换经营机制条例》①(2011 年 1 月 8 日)

第十五条　企业享有资产处置权。

企业根据生产经营的需要，对一般固定资产，可以自主决定出租、抵押或者有偿转让；对关键设备、成套设备或者重要建筑物可以出租，经政府主管部门批准也可以抵押、有偿转让。法律和行政法规另有规定的除外。

企业处置生产性固定资产所得收入，必须全部用于设备更新和技术改造。

企业处置固定资产，应当依照国家有关规定进行评估。

12.8.3　组织研究讨论

是否需要经过党组织前置研究讨论，则要看拟决定事项是否符合党组织讨论的范围，是否属于"三重一大"，是否属于《中国共产党国有企业基层组织工作条例（试行）》规定的研究讨论的范围。

12.9　以重要资产对外担保

有条件地允许：对关键设备、成套设备或者重要建筑物可以出租，经政府主管部门批准也可以抵押、有偿转让。

以重要资产（关键设备、成套设备或者重要建筑物）对外进行财产担保的，应当经履行出资人职责的机构同意。

【相关规定指引】

《全民所有制工业企业转换经营机制条例》(2011 年 1 月 8 日)②

第十五条　企业享有资产处置权。

企业根据生产经营的需要，对一般固定资产，可以自主决定出租、抵押

---

① 该文件已失效，仅供读者研究参考。

② 该文件已失效，仅供读者研究参考。

或者有偿转让；对关键设备、成套设备或者重要建筑物可以出租，经政府主管部门批准也可以抵押、有偿转让。法律和行政法规另有规定的除外。

企业处置生产性固定资产所得收入，必须全部用于设备更新和技术改造。

企业处置固定资产，应当依照国家有关规定进行评估。

12.10　对外提供保证担保

12.10.1　是否需要履行批准的考量

其一，虽然《企业国有资产法》第三十二条规定，除依照《企业国有资产法》第三十一条规定的国有独资企业合并、分立，增加或者减少注册资本，发行债券，分配利润，以及解散、申请破产和有关法律、行政法规以及企业章程的规定，由履行出资人职责的机构决定的以外，国有独资企业由企业负责人集体讨论决定，国有独资公司由董事会决定，但需要正确理解《企业国有资产法》的相关规定。

其二，《企业国有资产法》第一条①、第八条②、第十条③的规定，国有资产保值增值责任是《企业国有资产法》的立法目的之一。

其三，依据《全民所有制工业企业转换经营机制条例》第十五条④的规定，对重要资产的抵押和有偿转让，需要经政府主管部门批准。一般来讲，抵押是有限责任，以抵押物价值为限承担责任，有偿转让是双务行为，有损有益的行为，对外提供保证担保，是以现在取得的和未来将取得的所有财产总额为限对外承担责任，是只损无益的行为，并不仅限于某一物。

---

① 《企业国有资产法》第一条规定，为了维护国家基本经济制度，巩固和发展国有经济，加强对国有资产的保护，发挥国有经济在国民经济中的主导作用，促进社会主义市场经济发展，制定本法。

② 《企业国有资产法》第八条规定，国家建立健全与社会主义市场经济发展要求相适应的国有资产管理与监督体制，建立健全国有资产保值增值考核和责任追究制度，落实国有资产保值增值责任。

③ 《企业国有资产法》第十条规定，国有资产受法律保护，任何单位和个人不得侵害。

④ 《全民所有制工业企业转换经营机制条例》第十五条规定，企业享有资产处置权。企业根据生产经营的需要，对一般固定资产，可以自主决定出租、抵押或者有偿转让；对关键设备、成套设备或者重要建筑物可以出租，以政府主管部门批准也可以抵押、有偿转让。法律和行政法规另有规定的除外。企业处置生产性固定资产所得收入，必须全部用于设备更新和技术改造。企业处置固定资产，应当依照国家有关规定进行评估。

两者相比，对外提供保证对国有资产的危险要明显大于抵押和有偿转让。故，举重以明轻，抵押和有偿转让，尚需经政府主管部门批准，对外提供保证担保，亦需要经政府主管部门批准。

其四，《企业国有资产法》对国有独资企业发行公司债券（损益平衡）类经营行为尚需履行出资人职责的机构决定，理论上讲，对外提供担保，属于只损不益的行为，也应类比推定属于履行出资人职责的机构决定范畴，但法律对此并无明确规定。

12.10.2　初步结论

实践中履行出资人职责的机构为债权人出具批准、同意、决定类文件的，并不常见。

关于是否需履行出资人职责的机构同意这一问题上，现实中各方观点不一，存在争议，并没有明确的结论性意见。

一般来讲，如果担保是为了国有企业，是为了政府事务、职工利益、公共利益，则倾向于认定担保成立并生效，反之，则倾向于认定担保不成立或者担保无效。

12.11　对外保证担保材料清单

全民所有制企业成立有效担保应该出具以下文件材料：

（1）企业营业执照、《企业章程》；

（2）管理委员会会议记录（表明管理委员会同意对外担保）；

（3）履行出资人职责机构批准文件（视需要）；

（4）《保证合同》上加盖全民所有制企业公章；

（5）《保证合同》上法定代表人厂长（经理）签名。

13. 集体所有制企业的保证管理

13.1　集体所有制企业的种类

13.1.1　城镇集体所有制企业

【相关规定指引】

《城镇集体所有制企业条例》（2016 年 2 月 6 日）

第二条　本条例适用于城镇的各种行业、各种组织形式的集体所有制企业，但乡村农民集体举办的企业除外。

第四条　城镇集体所有制企业（以下简称集体企业）是财产属于劳动群众集体所有、实行共同劳动、在分配方式上以按劳分配为主体的社会主义经济组织。

前款所称劳动群众集体所有，应当符合下列中任一项的规定：

（一）本集体企业的劳动群众集体所有；

（二）集体企业的联合经济组织范围内的劳动群众集体所有；

（三）投资主体为两个或者两个以上的集体企业，其中前（一）、（二）项劳动群众集体所有的财产应当占主导地位。本项所称主导地位，是指劳动群众集体所有的财产占企业全部财产的比例，一般情况下应不低于 51%，特殊情况经过原审批部门批准，可以适当降低。

第六条　集体企业依法取得法人资格，以其全部财产独立承担民事责任。集体企业的财产及其合法权益受国家法律保护，不受侵犯。

第八条　集体企业的职工是企业的主人，依照法律、法规和集体企业章程行使管理企业的权力。集体企业职工的合法权益受法律保护。

第九条　集体企业依照法律规定实行民主管理。职工（代表）大会是集体企业的权力机构，由其选举和罢免企业管理人员，决定经营管理的重大问题。

集体企业实行厂长（经理）负责制。

集体企业职工的民主管理权和厂长（经理）依法行使职权，均受法律保护。

第十条　中国共产党在集体企业的基层组织是集体企业的政治领导核心，领导企业的思想政治工作，保证监督党和国家的方针、政策在本企业的贯彻执行。

第三十一条　集体企业实行厂长（经理）负责制。厂长（经理）对企业职工（代表）大会负责，是集体企业的法定代表人。

13.1.2　乡村集体所有制企业

【相关规定指引】

《乡村集体所有制企业条例》（2011 年 1 月 8 日）

第二条　本条例适用于由乡（含镇，下同）村（含村民小组，下同）农民集体举办的企业。

农业生产合作社、农村供销合作社、农村信用社不适用本条例。

第六条　乡村集体所有制企业实行自主经营，独立核算，自负盈亏。

乡村集体所有制企业实行多种形式的经营责任制。

乡村集体所有制企业可以在不改变集体所有制性质的前提下，吸收投资入股。

第十条　乡村集体所有制企业经依法审查，具备法人条件的，登记后取得法人资格，厂长（经理）为企业的法定代表人。

第十八条　企业财产属于举办该企业的乡或者村范围内的全体农民集体所有，由乡或者村的农民大会（农民代表会议）或者代表全体农民的集体经济组织行使企业财产的所有权。

企业实行承包、租赁制或者与其他所有制企业联营的，企业财产的所有权不变。

第十九条　企业所有者依法决定企业的经营方向、经营形式、厂长（经理）人选或者选聘方式，依法决定企业税后利润在其与企业之间的具体分配比例，有权作出关于企业分立、合并、迁移、停业、终止、申请破产等决议。

企业所有者应当为企业的生产、供应、销售提供服务，并尊重企业的自主权。

第二十二条　企业经营者是企业的厂长（经理）。企业实行厂长（经理）负责制。厂长（经理）对企业全面负责，代表企业行使职权。

二者的区别，城镇集体所有制企业均有法人资格，乡村集体所有制企业有可能有法人资格，也有可能没有法人资格，前者能独立承担民事责任，后者没有法人资格的，不能独立承担民事责任。

13.1.3　《乡镇企业法》的规定

【相关规定指引】

《乡镇企业法》（1996 年 10 月 29 日）

第二条　本法所称乡镇企业，是指农村集体经济组织或者农民投资为主，在乡镇（包括所辖村）举办的承担支援农业义务的各类企业。

前款所称投资为主，是指农村集体经济组织或者农民投资超过百分之五十，或者虽不足百分之五十，但能起到控股或者实际支配作用。

乡镇企业符合企业法人条件的，依法取得企业法人资格。

第十条　农村集体经济组织投资设立的乡镇企业，其企业财产权属于设立该企业的全体农民集体所有。

农村集体经济组织与其他企业、组织或者个人共同投资设立的乡镇企业，其企业财产权按照出资份额属于投资者所有。

农民合伙或者单独投资设立的乡镇企业，其企业财产权属于投资者所有。

第十一条　乡镇企业依法实行独立核算，自主经营，自负盈亏。

具有企业法人资格的乡镇企业，依法享有法人财产权。

13.1.4　《农村集体经济组织法》的规定

【相关规定指引】

《农村集体经济组织法》（2024 年 6 月 28 日）

第二条　本法所称农村集体经济组织，是指以土地集体所有为基础，依法代表成员集体行使所有权，实行家庭承包经营为基础、统分结合双层经营体制的区域性经济组织，包括乡镇级农村集体经济组织、村级农村集体经济组织、组级农村集体经济组织。

第五条 农村集体经济组织依法代表成员集体行使所有权，履行下列职能：

（一）发包农村土地；

（二）办理农村宅基地申请、使用事项；

（三）合理开发利用和保护耕地、林地、草地等土地资源并进行监督；

（四）使用集体经营性建设用地或者通过出让、出租等方式交由单位、个人使用；

（五）组织开展集体财产经营、管理；

（六）决定集体出资的企业所有权变动；

（七）分配、使用集体收益；

（八）分配、使用集体土地被征收征用的土地补偿费等；

（九）为成员的生产经营提供技术、信息等服务；

（十）支持和配合村民委员会在村党组织领导下开展村民自治；

（十一）支持农村其他经济组织、社会组织依法发挥作用；

（十二）法律法规和农村集体经济组织章程规定的其他职能。

第三十五条 农村集体经济组织理事会成员、监事会成员或者监事应当遵守法律法规和农村集体经济组织章程，履行诚实信用、勤勉谨慎的义务，为农村集体经济组织及其成员的利益管理集体财产，处理农村集体经济组织事务。

农村集体经济组织理事会成员、监事会成员或者监事、主要经营管理人员不得有下列行为：

（一）侵占、挪用、截留、哄抢、私分、破坏集体财产；

（二）直接或者间接向农村集体经济组织借款；

（三）以集体财产为本人或者他人债务提供担保；

（四）违反法律法规或者国家有关规定为地方政府举借债务；

（五）以农村集体经济组织名义开展非法集资等非法金融活动；

（六）将集体财产低价折股、转让、租赁；

（七）以集体财产加入合伙企业成为普通合伙人；

（八）接受他人与农村集体经济组织交易的佣金归为己有；

（九）泄露农村集体经济组织的商业秘密；

（十）其他损害农村集体经济组织合法权益的行为。

第五十二条　国家鼓励政策性金融机构立足职能定位，在业务范围内采取多种形式对农村集体经济组织发展新型农村集体经济提供多渠道资金支持。

国家鼓励商业性金融机构为农村集体经济组织及其成员提供多样化金融服务，优先支持符合条件的农村集体经济发展项目，支持农村集体经济组织开展集体经营性财产股权质押贷款；鼓励融资担保机构为农村集体经济组织提供融资担保服务；鼓励保险机构为农村集体经济组织提供保险服务。

第五十八条　农村集体经济组织理事会成员、监事会成员或者监事、主要经营管理人员有本法第三十五条第二款规定行为的，由乡镇人民政府、街道办事处或者县级人民政府农业农村主管部门责令限期改正；情节严重的，依法给予处分或者行政处罚；造成集体财产损失的，依法承担赔偿责任；构成犯罪的，依法追究刑事责任。

前款规定的人员违反本法规定，以集体财产为本人或者他人债务提供担保的，该担保无效。

13.1.5　《村民委员会组织法》的规定

【相关规定指引】

《村民委员会组织法》（2018 年 12 月 29 日）

第二条　村民委员会是村民自我管理、自我教育、自我服务的基层群众性自治组织，实行民主选举、民主决策、民主管理、民主监督。

村民委员会办理本村的公共事务和公益事业，调解民间纠纷，协助维护社会治安，向人民政府反映村民的意见、要求和提出建议。

村民委员会向村民会议、村民代表会议负责并报告工作。

第二十一条　村民会议由本村十八周岁以上的村民组成。

村民会议由村民委员会召集。有十分之一以上的村民或者三分之一以上的村民代表提议，应当召集村民会议。召集村民会议，应当提前十天通知村民。

第二十二条　召开村民会议，应当有本村十八周岁以上村民的过半数，或者本村三分之二以上的户的代表参加，村民会议所作决定应当经到会人员的过半数通过。法律对召开村民会议及作出决定另有规定的，依照其规定。

召开村民会议，根据需要可以邀请驻本村的企业、事业单位和群众组织派代表列席。

第二十三条　村民会议审议村民委员会的年度工作报告，评议村民委员会成员的工作；有权撤销或者变更村民委员会不适当的决定；有权撤销或者变更村民代表会议不适当的决定。

村民会议可以授权村民代表会议审议村民委员会的年度工作报告，评议村民委员会成员的工作，撤销或者变更村民委员会不适当的决定。

第二十四条　涉及村民利益的下列事项，经村民会议讨论决定方可办理：

（一）本村享受误工补贴的人员及补贴标准；

（二）从村集体经济所得收益的使用；

（三）本村公益事业的兴办和筹资筹劳方案及建设承包方案；

（四）土地承包经营方案；

（五）村集体经济项目的立项、承包方案；

（六）宅基地的使用方案；

（七）征地补偿费的使用、分配方案；

（八）以借贷、租赁或者其他方式处分村集体财产；

（九）村民会议认为应当由村民会议讨论决定的涉及村民利益的其他事项。

村民会议可以授权村民代表会议讨论决定前款规定的事项。

法律对讨论决定村集体经济组织财产和成员权益的事项另有规定的，依照其规定。

第二十五条　人数较多或者居住分散的村，可以设立村民代表会议，讨论决定村民会议授权的事项。村民代表会议由村民委员会成员和村民代表组成，村民代表应当占村民代表会议组成人员的五分之四以上，妇女村民代表应当占村民代表会议组成人员的三分之一以上。

村民代表由村民按每五户至十五户推选一人，或者由各村民小组推选若干人。村民代表的任期与村民委员会的任期相同。村民代表可以连选连任。

村民代表应当向其推选户或者村民小组负责，接受村民监督。

13.1.6　《城市居民委员会组织法》的规定

【相关规定指引】

《城市居民委员会组织法》（2018 年 12 月 29 日）

第二条　居民委员会是居民自我管理、自我教育、自我服务的基层群众性自治组织。

不设区的市、市辖区的人民政府或者它的派出机关对居民委员会的工作给予指导、支持和帮助。居民委员会协助不设区的市、市辖区的人民政府或者它的派出机关开展工作。

第三条　居民委员会的任务：

（一）宣传宪法、法律、法规和国家的政策，维护居民的合法权益，教育居民履行依法应尽的义务，爱护公共财产，开展多种形式的社会主义精神文明建设活动；

（二）办理本居住地区居民的公共事务和公益事业；

（三）调解民间纠纷；

（四）协助维护社会治安；

（五）协助人民政府或者它的派出机关做好与居民利益有关的公共卫生、计划生育、优抚救济、青少年教育等项工作；

（六）向人民政府或者它的派出机关反映居民的意见、要求和提出建议。

第四条　居民委员会应当开展便民利民的社区服务活动，可以兴办有关的服务事业。

居民委员会管理本居民委员会的财产，任何部门和单位不得侵犯居民委员会的财产所有权。

第九条　居民会议由十八周岁以上的居民组成。

居民会议可以由全体十八周岁以上的居民或者每户派代表参加，也可以由每个居民小组选举代表二至三人参加。

居民会议必须有全体十八周岁以上的居民、户的代表或者居民小组选举的代表的过半数出席，才能举行。会议的决定，由出席人的过半数通过。

第十条　居民委员会向居民会议负责并报告工作。

居民会议由居民委员会召集和主持。有五分之一以上的十八周岁以上的居民、五分之一以上的户或者三分之一以上的居民小组提议，应当召集居民会议。涉及全体居民利益的重要问题，居民委员会必须提请居民会议讨论决定。

居民会议有权撤换和补选居民委员会成员。

第十一条　居民委员会决定问题，采取少数服从多数的原则。

居民委员会进行工作，应当采取民主的方法，不得强迫命令。

13.2　集体所有制企业的经营管理

13.2.1　城镇集体企业的经营管理

【相关规定指引】

《城镇集体所有制企业条例》（2016 年 2 月 6 日）

第九条　集体企业依照法律规定实行民主管理。职工（代表）大会是集体企业的权力机构，由其选举和罢免企业管理人员，决定经营管理的重大问题。

集体企业实行厂长（经理）负责制。

集体企业职工的民主管理权和厂长（经理）依法行使职权，均受法律保护。

13.2.2　乡村集体企业的经营管理

【相关规定指引】

《乡村集体所有制企业条例》（2011 年 1 月 8 日）

第十条　乡村集体所有制企业经依法审查，具备法人条件的，登记后取得法人资格，厂长（经理）为企业的法定代表人。

第二十二条　企业经营者是企业的厂长（经理）。企业实行厂长（经理）负责制。厂长（经理）对企业全面负责，代表企业行使职权。

第二十六条　企业职工有参加企业民主管理，对厂长（经理）和其他管理人员提出批评和控告的权利。

企业职工大会或者职工代表大会有权对企业经营管理中的问题提出意见和建议，评议、监督厂长（经理）和其他管理人员，维护职工的合法权益。

13.2.3　乡镇企业的经营管理

【相关规定指引】

《乡镇企业法》（1996 年 10 月 29 日）

第十三条　乡镇企业按照法律、行政法规规定的企业形式设立，投资者依照有关法律、行政法规决定企业的重大事项，建立经营管理制度，依法享有权利和承担义务。

第十四条　乡镇企业依法实行民主管理，投资者在确定企业经营管理制度和企业负责人，作出重大经营决策和决定职工工资、生活福利、劳动保护、劳动安全等重大问题时，应当听取本企业工会或者职工的意见，实施情况要定期向职工公布，接受职工监督。

第二十条　国家运用信贷手段，鼓励和扶持乡镇企业发展。对于符合前条规定条件之一并且符合贷款条件的乡镇企业，国家有关金融机构可以给予优先贷款，对其中生产资金困难且有发展前途的可以给予优惠贷款。

前款优先贷款、优惠贷款的具体办法由国务院规定。

第二十八条　举办乡镇企业，其建设用地应当符合土地利用总体规划，严格控制、合理利用和节约使用土地，凡有荒地、劣地可以利用的，不得占用耕地、好地。

举办乡镇企业使用农村集体所有的土地的，应当依照法律、法规的规定，办理有关用地批准手续和土地登记手续。

乡镇企业使用农村集体所有的土地，连续闲置两年以上或者因停办闲置一年以上的，应当由原土地所有者收回该土地使用权，重新安排使用。

13.3　房地产抵押的特殊规定

【相关规定指引】

《城市房地产抵押管理办法》（2021 年 3 月 30 日）

第十四条　以集体所有制企业的房地产抵押的，必须经集体所有制企业职工（代表）大会通过，并报其上级主管机关备案。

13.4　集体所有制企业对外提供保证

13.4.1　不具备法人资格的企业

不具备法人资格的集体所有制企业，因其不能独立承担民事责任，除现有法律在其提供抵押担保时有特殊规定外，在其提供保证担保没有特别规定，参照其企业性质、后果，建议按照合伙企业提供保证的规定、要求执行。

13.4.2　具备法人资格的企业

13.4.2.1　**抵押的特别规定**

具备法人资格的，依据《城市房地产抵押管理办法》第十四条的规定，以集体所有制企业的房地产抵押的，必须经集体所有制企业职工（代表）大会通过，并报其上级主管机关备案。

一般来讲，抵押是有限责任，以抵押物价值为限承担责任，抵押根据为自身抵押，还是为他人抵押的不同，可能为有损有益，也可能为只损不益的行为，而对外提供保证担保，是以现在取得的和未来将取得的所有财产总额为限对外承担责任，是只损无益的行为，并不仅限于某一物。

13.4.2.2　**保证责任重于抵押**

两者相比，无论是承担责任的范围，还是对集体资产的危险，对外提供保证都要明显大于抵押。故，举重以明轻，抵押房地产，必须经集体所有制企业职工（代表）大会通过，并报其上级主管机关备案。那么以此推论，对外提供保证担保，其要求只会严于房地产抵押的程序要求，而不会弱于此。

14. 农民专业合作社的保证管理

14.1 农民专业合作社的定义

14.1.1 《农民专业合作社法》的规定

【相关规定指引】

《农民专业合作社法》（2017 年 12 月 27 日）

第二条 本法所称农民专业合作社，是指在农村家庭承包经营基础上，农产品的生产经营者或者农业生产经营服务的提供者、利用者，自愿联合、民主管理的互助性经济组织。

第三条 农民专业合作社以其成员为主要服务对象，开展以下一种或者多种业务：

（一）农业生产资料的购买、使用；

（二）农产品的生产、销售、加工、运输、贮藏及其他相关服务；

（三）农村民间工艺及制品、休闲农业和乡村旅游资源的开发经营等；

（四）与农业生产经营有关的技术、信息、设施建设运营等服务。

14.1.2 《民法典》的规定

【相关规定指引】

《民法典》（2020 年 5 月 28 日）

第一百条 城镇农村的合作经济组织依法取得法人资格。

法律、行政法规对城镇农村的合作经济组织有规定的，依照其规定。

14.1.3 农民专业合作社的性质

依此分析，农民专业合作社属于《民法典》规定的城镇农村的合作经济组织法人。

14.2 农民专业合作社的设立

【相关规定指引】

《农民专业合作社法》（2017 年 12 月 27 日）

第五条 农民专业合作社依照本法登记，取得法人资格。

农民专业合作社对由成员出资、公积金、国家财政直接补助、他人捐赠以及合法取得的其他资产所形成的财产，享有占有、使用和处分的权利，并以上述财产对债务承担责任。

14.3 农民专业合作社的权力机构

【相关规定指引】

《农民专业合作社法》（2017 年 12 月 27 日）

第十五条 农民专业合作社章程应当载明下列事项：

......

（五）组织机构及其产生办法、职权、任期、议事规则；

......

（十一）附加表决权的设立、行使方式和行使范围；

（十二）需要载明的其他事项。

第二十九条 农民专业合作社成员大会由全体成员组成，是本社的权力机构，行使下列职权：

......

（三）决定重大财产处置、对外投资、对外担保和生产经营活动中的其他重大事项；

......

（九）章程规定的其他职权。

14.4 农民专业合作社的议事程序

14.4.1 《农民专业合作社法》的规定

【相关规定指引】

《农民专业合作社法》（2017年12月27日）

第三十条 农民专业合作社召开成员大会，出席人数应当达到成员总数三分之二以上。

成员大会选举或者作出决议，应当由本社成员表决权总数过半数通过；作出修改章程或者合并、分立、解散，以及设立、加入联合社的决议应当由本社成员表决权总数的三分之二以上通过。章程对表决权数有较高规定的，从其规定。

14.4.2 章程与法律规定不一致的处理

提示：章程对表决权数有较高规定的，从其规定。按照反面解释，章程对表决权数有较低规定的，则需要按照法律规定执行。

14.5 农民专业合作社联合社的特殊规定

14.5.1 是否有法人资格

【相关规定指引】

《农民专业合作社法》（2017年12月27日）

第五十七条 农民专业合作社联合社依照本法登记，取得法人资格，领取营业执照，登记类型为农民专业合作社联合社。

14.5.2 是否为有限责任

【相关规定指引】

《农民专业合作社法》（2017年12月27日）

第五十八条 农民专业合作社联合社以其全部财产对该社的债务承担责任；农民专业合作社联合社的成员以其出资额为限对农民专业合作社联合社

承担责任。

14.5.3　对外担保的决策程序

【相关规定指引】

《农民专业合作社法》（2017 年 12 月 27 日）

第五十九条第一款　农民专业合作社联合社应当设立由全体成员参加的成员大会，其职权包括修改农民专业合作社联合社章程，选举和罢免农民专业合作社联合社理事长、理事和监事，决定农民专业合作社联合社的经营方案及盈余分配，决定对外投资和担保方案等重大事项。

14.6　保证担保的审查标准

14.6.1　担保的审查标准

由上述规定可见，债权人接受农民专业合作社提供担保，就应当审查担保决议是否经过由全体成员组成农民专业合作社成员大会通过。若章程没有特别规定的，担保就应当由农民合作社成员表决权总数过半数通过，章程对表决权数有较高规定的，从其规定。

14.6.2　典型案例

【关联案例指引】

某银行徐州分行与宗某、乙合作社等金融借款合同纠纷案①

乙合作社虽然是农民专业合作社，但不论是《农民专业合作社法》，还是乙合作社章程均规定对外担保应经成员大会表决。在银行已明知应对甲公司审查股东会决议的情况下，亦应对乙合作社同意担保的成员大会决议进行审查。在银行不能提供乙合作社成员大会决议同意对案涉贷款进行担保的情况下，乙合作社的保证担保合同亦无效。

---

①　江苏省徐州市中级人民法院（2020）苏 03 民终 766 号民事判决书，载中国裁判文书网，2024 年 3 月 11 日访问。

15. 合伙企业的保证管理

15.1　合伙企业的定义

【相关规定指引】

《合伙企业法》（2006 年 8 月 27 日）

第二条　本法所称合伙企业，是指自然人、法人和其他组织依照本法在中国境内设立的普通合伙企业和有限合伙企业。

普通合伙企业由普通合伙人组成，合伙人对合伙企业债务承担无限连带责任。本法对普通合伙人承担责任的形式有特别规定的，从其规定。

有限合伙企业由普通合伙人和有限合伙人组成，普通合伙人对合伙企业债务承担无限连带责任，有限合伙人以其认缴的出资额为限对合伙企业债务承担责任。

15.2　是否受《公司法》的调整

合伙企业是指自然人、法人和其他组织依照《合伙企业法》在中国境内设立的普通合伙企业和有限合伙企业。

公司是指依照《公司法》在中国境内设立的有限责任公司和股份有限公司。

由此看出，合伙企业受《合伙企业法》调整，而不受《公司法》调整。

15.3　合伙企业对外担保的规定

15.3.1　普通合伙企业的规定

【相关规定指引】

《合伙企业法》（2006 年 8 月 27 日）

第三十一条　除合伙协议另有约定外，合伙企业的下列事项应当经全体合伙人一致同意：

（一）改变合伙企业的名称；

（二）改变合伙企业的经营范围、主要经营场所的地点；

（三）处分合伙企业的不动产；

（四）转让或者处分合伙企业的知识产权和其他财产权利；

（五）以合伙企业名义为他人提供担保；

（六）聘任合伙人以外的人担任合伙企业的经营管理人员。

第三十五条　被聘任的合伙企业的经营管理人员应当在合伙企业授权范围内履行职务。

被聘任的合伙企业的经营管理人员，超越合伙企业授权范围履行职务，或者在履行职务过程中因故意或者重大过失给合伙企业造成损失的，依法承担赔偿责任。

15.3.2　有限合伙企业的规定

【相关规定指引】

《合伙企业法》（2006 年 8 月 27 日）

第六十条　有限合伙企业及其合伙人适用本章规定；本章未作规定的，适用本法第二章第一节至第五节关于普通合伙企业及其合伙人的规定。

15.3.3　对外担保的审查程序

对外担保的审查程序如下：

（1）审查合伙企业的营业执照；

（2）查清是普通合伙还是有限合伙；

（3）查清合伙协议的约定；

（4）对外担保事宜没有约定或约定不明，应当经全体合伙人一致同意；

（5）仅在担保合同加盖公章，或者在担保合同加盖公章外加有执行事务合伙人签名，此等情形下，担保合同无效。

15.4 以财产份额出质的规定

15.4.1 《合伙企业法》的规定

【相关规定指引】

《合伙企业法》（2006 年 8 月 27 日）

第二十五条 合伙人以其在合伙企业中的财产份额出质的，须经其他合伙人一致同意；未经其他合伙人一致同意，其行为无效，由此给善意第三人造成损失的，由行为人依法承担赔偿责任。

第七十二条 有限合伙人可以将其在有限合伙企业中的财产份额出质；但是，合伙协议另有约定的除外。

15.4.2 《合伙企业法》第二十五条和第七十二条是否冲突

《合伙企业法》第二十五条规定的是普通合伙人和有限合伙人以其财产份额出质的生效和行使程序问题，第七十二条规定的是有限合伙人其财产份额是否可以出质的问题，两者并不冲突。

15.5 体系解释与操作指引

一方面，《合伙企业法》第六十条已经明确规定有限合伙企业未规定的，适用第二章第一节至第五节关于普通合伙企业及其合伙人的规定。

另一方面，建议债权人从审慎角度出发，不论接受质押的财产份额是普通合伙企业还是有限合伙企业，均应当要求出质人提供所有合伙人一致同意的书面文件。

16. 个人独资企业的保证管理

16.1 个人独资企业的定义

【相关规定指引】

《个人独资企业法》（1999 年 8 月 30 日）

第二条 本法所称个人独资企业，是指依照本法在中国境内设立，由一个自然人投资，财产为投资人个人所有，投资人以其个人财产对企业债务承担无限责任的经营实体。

16.2 是否受《公司法》调整

与合伙企业一样，个人独资企业亦不属于《公司法》调整范畴。

个人独资企业是以投资人个人财产对企业债务承担无限责任的经营实体。因此，若债权人接受个人独资企业为他人债务提供担保，应当获得投资人同意。

16.3 应当视同自然人提供担保

16.3.1 个人财产投资的担保

【相关规定指引】

《个人独资企业法》（1999 年 8 月 30 日）

第八条 设立个人独资企业应当具备下列条件：

（一）投资人为一个自然人；

（二）有合法的企业名称；

（三）有投资人申报的出资；

（四）有固定的生产经营场所和必要的生产经营条件；

（五）有必要的从业人员。

第十七条　个人独资企业投资人对本企业的财产依法享有所有权，其有关权利可以依法进行转让或继承。

16.3.2　个人财产投资的操作指引

提示：以上规定表明，个人独资企业对外提供保证担保时，应视为以投资人个人所有财产对外提供担保，应当获得个人独资企业投资人的书面同意。

16.3.3　家庭共有财产投资的担保

【相关规定指引】

《个人独资企业法》（1999 年 8 月 30 日）

第十八条　个人独资企业投资人在申请企业设立登记时明确以其家庭共有财产作为个人出资的，应当依法以家庭共有财产对企业债务承担无限责任。

16.3.4　家庭共有财产投资的操作指引

提示：如个人独资企业投资人在申请企业设立登记时明确以其家庭共有财产作为个人出资，那么在以个人独资企业名义作保证人的场合，应视为以家庭共有财产对外提供担保。除取得投资人同意外，还要取得其家庭财产共有人的同意，其担保方具备法律效力。

16.3.5　个体工商户的担保

【相关规定指引】

《民法典》（2020 年 5 月 28 日）

第五十五条　农村集体经济组织的成员，依法取得农村土地承包经营权，从事家庭承包经营的，为农村承包经营户。

《促进个体工商户发展条例》（2022 年 10 月 1 日）

第二条　有经营能力的公民在中华人民共和国境内从事工商业经营，依法登记为个体工商户的，适用本条例。

第六条　个体工商户可以个人经营，也可以家庭经营。个体工商户的财产权、经营自主权等合法权益受法律保护，任何单位和个人不得侵害或者非法干预。

第十三条　个体工商户可以自愿变更经营者或者转型为企业。变更经营者的，可以直接向市场主体登记机关申请办理变更登记。涉及有关行政许可的，行政许可部门应当简化手续，依法为个体工商户提供便利。

个体工商户变更经营者或者转型为企业的，应当结清依法应缴纳的税款等，对原有债权债务作出妥善处理，不得损害他人的合法权益。

16.4　经营权与所有权分离的处理

16.4.1　经营管理人员的职权与禁止

16.4.1.1　经营管理人员的职权

【相关规定指引】

《个人独资企业法》（1999 年 8 月 30 日）

第十九条　个人独资企业投资人可以自行管理企业事务，也可以委托或者聘用其他具有民事行为能力的人负责企业的事务管理。

投资人委托或者聘用他人管理个人独资企业事务，应当与受托人或者被聘用的人签订书面合同，明确委托的具体内容和授予的权利范围。

受托人或者被聘用的人员应当履行诚信、勤勉义务，按照与投资人签订的合同负责个人独资企业的事务管理。

投资人对受托人或者被聘用的人员职权的限制，不得对抗善意第三人。

16.4.1.2　经营管理人员的职权禁止

【相关规定指引】

《个人独资企业法》（1999 年 8 月 30 日）

第二十条　投资人委托或者聘用的管理个人独资企业事务的人员不得有下列行为：

（一）利用职务上的便利，索取或者收受贿赂；

（二）利用职务或者工作上的便利侵占企业财产；

（三）挪用企业的资金归个人使用或者借贷给他人；

（四）擅自将企业资金以个人名义或者以他人名义开立帐户储存；

（五）擅自以企业财产提供担保；

（六）未经投资人同意，从事与本企业相竞争的业务；

（七）未经投资人同意，同本企业订立合同或者进行交易；

（八）未经投资人同意，擅自将企业商标或者其他知识产权转让给他人使用；

（九）泄露本企业的商业秘密；

（十）法律、行政法规禁止的其他行为。

16.4.1.3 经营管理人员与企业对外担保

以上规定表明，个人独资企业对外提供保证担保时，应视为以投资人个人所有财产对外提供担保，未经过投资人书面同意的，对外提供担保无效。

16.4.2 加盖公章且管理人员签字

16.4.2.1 个人财产投资

如个人独资企业投资人委托或聘用他人管理个人独资企业事务的，担保文件仅加盖个人独资企业公章并有受托或受聘用的管理人员签字，不能视为投资人已经同意提供担保。债权人仍然应当获得个人独资企业投资人的书面同意。

16.4.2.2 家庭共有财产投资

在申请企业设立登记时明确以其家庭共有财产作为个人出资，那么在以个人独资企业名义作保证人的场合，应视为以家庭共有财产对外提供担保。除取得投资人同意外，还要取得其家庭财产共有人的同意，其担保方具备法律效力。

16.5 投资人变更与担保权属确定

16.5.1 投资人变更需登记

【相关规定指引】

《个人独资企业法》（1999 年 8 月 30 日）

第十七条 个人独资企业投资人对本企业的财产依法享有所有权，其有关权利可以依法进行转让或继承。

16.5.2 投资人变更不同于财产变更登记

进行个人独资企业投资人变更事项不能产生个人独资企业名下的财产发生权属变更的法律效果。

16.5.3 经营角度的投资人信息的确定

（1）到注册的市场监督管理局变更确定；

（2）新投资人对企业的经营行为负责，企业财产中新投资人投资的财产为投资人个人所有，投资人以其个人财产对企业债务承担无限责任。

16.5.4 财产角度的投资人信息的确定

（1）到不动产登记机关变更不动产登记的权属信息；

（2）再按照财产权属，来确定抵质押人并履行相应的手续。

16.5.5 变更登记还是转移登记

虽然企业财产转让给新投资人，企业名称未发生变化，但实质是变更了投资主体，新投资人对企业财产享有所有权，实为一种财产转移，因此应当办理不动产转移登记。[①]

16.5.6 审查时的特别注意事项

（1）仅投资人信息变更，个人独资企业的统一社会信用代码不会变更。

（2）部分不动产登记机关查询结果载明的权利主体仅为个人独资企业信息，不显示投资人信息。

（3）此时，需在不动产登记机关一并查询个人独资企业的投资人信息。

（4）以上文件，于载有查询结果的信息反馈件，需加盖不动产登记机关公章，并加盖骑缝章，方为妥当。

---

① 史意、鲁明娟等：《非法人组织申请不动产登记的合规性审查》，载江苏省不动产登记微信公众号，2024 年 4 月 15 日发布，2024 年 8 月 11 日访问。

17. 公司分支机构的保证管理

17.1　公司分支机构的定义

【相关规定指引】

《**公司法**》（2023 年 12 月 29 日）

第十三条　公司可以设立子公司。子公司具有法人资格，依法独立承担民事责任。

公司可以设立分公司。分公司不具有法人资格，其民事责任由公司承担。

第三十八条　公司设立分公司，应当向公司登记机关申请登记，领取营业执照。

《**民法典**》（2020 年 5 月 28 日）

第七十四条　法人可以依法设立分支机构。法律、行政法规规定分支机构应当登记的，依照其规定。

分支机构以自己的名义从事民事活动，产生的民事责任由法人承担；也可以先以该分支机构管理的财产承担，不足以承担的，由法人承担。

17.2　分支机构对外担保的本质

17.2.1　《民法典》的规定

【相关规定指引】

《**民法典**》（2020 年 5 月 28 日）

第一百七十一条　行为人没有代理权、超越代理权或者代理权终止后，仍然实施代理行为，未经被代理人追认的，对被代理人不发生效力。

相对人可以催告被代理人自收到通知之日起三十日内予以追认。被代理人未作表示的，视为拒绝追认。行为人实施的行为被追认前，善意相对人有撤销的权利。撤销应当以通知的方式作出。

行为人实施的行为未被追认的，善意相对人有权请求行为人履行债务或者就其受到的损害请求行为人赔偿。但是，赔偿的范围不得超过被代理人追认时相对人所能获得的利益。

相对人知道或者应当知道行为人无权代理的，相对人和行为人按照各自的过错承担责任。

第一百七十二条　行为人没有代理权、超越代理权或者代理权终止后，仍然实施代理行为，相对人有理由相信行为人有代理权的，代理行为有效。

17.2.2　分支机构对外担保的本质

总结：分支机构对外担保的本质在于是否越权担保。

17.3　分支机构对外担保的审查

【相关规定指引】

《公司法》（2023 年 12 月 29 日）

第十五条　公司向其他企业投资或者为他人提供担保，按照公司章程的规定，由董事会或者股东会决议；公司章程对投资或者担保的总额及单项投资或者担保的数额有限额规定的，不得超过规定的限额。

公司为公司股东或者实际控制人提供担保的，应当经股东会决议。

前款规定的股东或者受前款规定的实际控制人支配的股东，不得参加前款规定事项的表决。该项表决由出席会议的其他股东所持表决权的过半数通过。

《全国法院民商事审判工作会议纪要》（2019 年 11 月 8 日）

18.【善意的认定】前条所称的善意，是指债权人不知道或者不应当知道法定代表人超越权限订立担保合同……只要债权人能够证明其在订立担保合同时对董事会决议或者股东（大）会决议进行了审查，同意决议的人数及签字人员符合公司章程的规定，就应当认定其构成善意，但公司能够证明债权人明知公司章程对决议机关有明确规定的除外。

债权人对公司机关决议内容的审查一般限于形式审查，只要求尽到必要的注意义务即可，标准不宜太过严苛。公司以机关决议系法定代表人伪造或者变造、决议程序违法、签章（名）不实、担保金额超过法定限额等事由抗辩债权人非善意的，人民法院一般不予支持。但是，公司有证据证明债权人明知决议系伪造或者变造的除外。

《最高人民法院关于适用〈中华人民共和国民法典〉有关担保制度的解释》（2020 年 12 月 31 日）

第七条　公司的法定代表人违反公司法关于公司对外担保决议程序的规定，超越权限代表公司与相对人订立担保合同，人民法院应当依照民法典第六十一条和第五百零四条等规定处理：

（一）相对人善意的，担保合同对公司发生效力；相对人请求公司承担担保责任的，人民法院应予支持。

（二）相对人非善意的，担保合同对公司不发生效力；相对人请求公司承担赔偿责任的，参照适用本解释第十七条的有关规定。

法定代表人超越权限提供担保造成公司损失，公司请求法定代表人承担赔偿责任的，人民法院应予支持。

第一款所称善意，是指相对人在订立担保合同时不知道且不应当知道法定代表人超越权限。相对人有证据证明已对公司决议进行了合理审查，人民法院应当认定其构成善意，但是公司有证据证明相对人知道或者应当知道决议系伪造、变造的除外。

第十一条　公司的分支机构未经公司股东（大）会或者董事会决议以自己的名义对外提供担保，相对人请求公司或者其分支机构承担担保责任的，人民法院不予支持，但是相对人不知道且不应当知道分支机构对外提供担保未经公司决议程序的除外。

……

公司的分支机构对外提供担保，相对人非善意，请求公司承担赔偿责任的，参照本解释第十七条的有关规定处理。

第十七条　主合同有效而第三人提供的担保合同无效，人民法院应当区分不同情形确定担保人的赔偿责任：

（一）债权人与担保人均有过错的，担保人承担的赔偿责任不应超过债务人不能清偿部分的二分之一；

（二）担保人有过错而债权人无过错的，担保人对债务人不能清偿的部分承担赔偿责任；

（三）债权人有过错而担保人无过错的，担保人不承担赔偿责任。

主合同无效导致第三人提供的担保合同无效，担保人无过错的，不承担赔偿责任；担保人有过错的，其承担的赔偿责任不应超过债务人不能清偿部分的三分之一。

17.3.2　分支机构对外担保的区分

17.3.2.1　审查标准同法人对外担保

分支机构不能独立承担责任，分支机构以自己的名义从事民事活动，产生的民事责任由法人承担；也可以先以该分支机构管理的财产承担，不足以承担的，由法人承担。

17.3.2.2　相对人不知道未经决议

相对人不知道且不应当知道分支机构对外提供担保未经公司决议程序的，担保有效。①

17.4　金融机构的分支机构对外担保

17.4.1　金融机构的特殊规定

【相关规定指引】

《商业银行法》（2015 年 8 月 29 日）

第十六条　经批准设立的商业银行，由国务院银行业监督管理机构颁发经营许可证，并凭该许可证向工商行政管理部门办理登记，领取营业执照。

第十七条　商业银行的组织形式、组织机构适用《中华人民共和国公司法》的规定。

---

① 详见《最高人民法院关于适用〈中华人民共和国民法典〉有关担保制度的解释》第十一条的规定。

本法施行前设立的商业银行，其组织形式、组织机构不完全符合《中华人民共和国公司法》规定的，可以继续沿用原有的规定，适用前款规定的日期由国务院规定。

第二十一条 经批准设立的商业银行分支机构，由国务院银行业监督管理机构颁发经营许可证，并凭该许可证向工商行政管理部门办理登记，领取营业执照。

第二十二条 商业银行对其分支机构实行全行统一核算，统一调度资金，分级管理的财务制度。

商业银行分支机构不具有法人资格，在总行授权范围内依法开展业务，其民事责任由总行承担。

《中国保监会关于规范保险机构对外担保有关事项的通知》（2011 年 1 月 20 日）

一、自本通知发布之日起，保险公司、保险资产管理公司不得进行对外担保。本通知所称对外担保，是指保险机构为他人债务向第三方提供的担保。但不包括保险公司在正常经营管理活动中的下列行为：

（一）诉讼中的担保。

（二）出口信用保险公司经营的与出口信用保险相关的信用担保。

（三）海事担保。

二、除下属成员公司外，保险集团公司不得为其他公司提供担保。保险集团公司对下属成员公司的担保行为应当遵守《保险集团公司管理办法（试行）》、《保险公司关联交易管理暂行办法》的相关规定。

三、保险机构按照上述（一）、（二）项规定对外提供担保的，应当在财务报告中进行说明、披露，评估偿付能力时应当按照监管规定予以扣除。

四、各保险机构应当严禁分支机构对外担保，并健全分支机构内控，强化印章管理，切实消除分支机构擅自对外担保的风险。

17.4.2　保函常规业务的对外担保

【相关规定指引】

《最高人民法院关于适用〈中华人民共和国民法典〉有关担保制度的解释》（2020 年 12 月 31 日）

第十一条　……

金融机构的分支机构在其营业执照记载的经营范围内开立保函，或者经有权从事担保业务的上级机构授权开立保函，金融机构或者其分支机构以违反公司法关于公司对外担保决议程序的规定为由主张不承担担保责任的，人民法院不予支持。金融机构的分支机构未经金融机构授权提供保函之外的担保，金融机构或者其分支机构主张不承担担保责任的，人民法院应予支持，但是相对人不知道且不应当知道分支机构对外提供担保未经金融机构授权的除外。

……

公司的分支机构对外提供担保，相对人非善意，请求公司承担赔偿责任的，参照本解释第十七条的有关规定处理。

17.5　营业执照记载的经营范围

17.5.1　金融机构的经营范围

《最高人民法院关于适用〈中华人民共和国民法典〉有关担保制度的解释》区分开立保函与提供保函之外的担保规定如下：

（1）对于标准化的保函业务，金融机构的分支机构既可以在其营业执照记载的经营范围内根据金融机构的概括授权开展，也可以经有权从事担保业务的上级机构个别授权开展。

（2）但是，提供保函之外的个别担保，则应取得金融机构（如商业银行总行）授权，未经金融机构授权的，不承担责任。

（3）经过金融机构授权的，也需要按照《商业银行法》《银行业监督管理法》以及《民法典》《最高人民法院关于适用〈中华人民共和国民法典〉

有关担保制度的解释》规定，认定其担保效力，并确定是否承担担保责任。

（4）提醒注意，即便经过金融机构授权的，其担保是否有效的法律风险①还要随着国家金融审判政策的调整而进一步明确。

17.5.2　担保公司的经营范围

至于担保公司的分支机构对外提供担保，虽然类似于金融机构的分支机构开立保函，但金融机构分支机构的营业执照可以不记载保函业务，而担保公司分支机构的营业执照则必然都会记载担保业务，因此不能简单将担保公司分支机构营业执照记载的经营范围理解为担保公司对其分支机构的概括授权。

17.5.3　普通公司的经营范围

这种概括性授权是对金融机构分支机构的特别认可，普通公司主体的分支机构并不能如此操作。

17.6　担保公司及分支机构对外担保

17.6.1　融资担保公司的定义

【相关规定指引】

《融资担保公司监督管理条例》（2017年8月2日）

第二条　本条例所称融资担保，是指担保人为被担保人借款、发行债券等债务融资提供担保的行为；所称融资担保公司，是指依法设立、经营融资担保业务的有限责任公司或者股份有限公司。

17.6.2　融资担保公司的审批设立

【相关规定指引】

《融资担保公司监督管理条例》（2017年8月2日）

第六条　设立融资担保公司，应当经监督管理部门批准。

---

① 提醒各位读者，此处需结合《商业银行法》等特别法以及新近出台的一些政策性文件的规定，来综合评判法律风险。

融资担保公司的名称中应当标明融资担保字样。

未经监督管理部门批准，任何单位和个人不得经营融资担保业务，任何单位不得在名称中使用融资担保字样。国家另有规定的除外。

第七条　设立融资担保公司，应当符合《中华人民共和国公司法》的规定，并具备下列条件：

（一）股东信誉良好，最近 3 年无重大违法违规记录；

（二）注册资本不低于人民币 2000 万元，且为实缴货币资本；

（三）拟任董事、监事、高级管理人员熟悉与融资担保业务相关的法律法规，具有履行职责所需的从业经验和管理能力；

（四）有健全的业务规范和风险控制等内部管理制度。

省、自治区、直辖市根据本地区经济发展水平和融资担保行业发展的实际情况，可以提高前款规定的注册资本最低限额。

17.6.3　融资担保公司分支机构的设立

【相关规定指引】

《融资担保公司监督管理条例》（2017 年 8 月 2 日）

第十条　融资担保公司跨省、自治区、直辖市设立分支机构，应当具备下列条件，并经拟设分支机构所在地监督管理部门批准：

（一）注册资本不低于人民币 10 亿元；

（二）经营融资担保业务 3 年以上，且最近 2 个会计年度连续盈利；

（三）最近 2 年无重大违法违规记录。

拟设分支机构所在地监督管理部门审批的程序和期限，适用本条例第八条的规定。

融资担保公司应当自分支机构设立之日起 30 日内，将有关情况报告公司住所地监督管理部门。

融资担保公司跨省、自治区、直辖市设立的分支机构的日常监督管理，由分支机构所在地监督管理部门负责，融资担保公司住所地监督管理部门应当予以配合。

17.6.4　《最高人民法院关于适用〈中华人民共和国民法典〉有关担保制度的解释》的规定

【相关规定指引】

《最高人民法院关于适用〈中华人民共和国民法典〉有关担保制度的解释》(2020 年 12 月 31 日)

第八条　有下列情形之一,公司以其未依照公司法关于公司对外担保的规定作出决议为由主张不承担担保责任的,人民法院不予支持:

(一) 金融机构开立保函或者担保公司提供担保;

......

上市公司对外提供担保,不适用前款第二项、第三项的规定。

第十一条　......

担保公司的分支机构未经担保公司授权对外提供担保,担保公司或者其分支机构主张不承担担保责任的,人民法院应予支持,但是相对人不知道且不应当知道分支机构对外提供担保未经担保公司授权的除外。

公司的分支机构对外提供担保,相对人非善意,请求公司承担赔偿责任的,参照本解释第十七条的有关规定处理。

17.7　金融机构、担保公司对外担保异同

17.7.1　二者的相同之处

依据《最高人民法院关于适用〈中华人民共和国民法典〉有关担保制度的解释》第八条的规定,金融机构开立保函(标准化的担保行为)或者担保公司提供担保,均无须公司决议。

17.7.2　二者的不同之处①

依据《最高人民法院关于适用〈中华人民共和国民法典〉有关担保制度的解释》第十一条的规定,金融机构的分支机构开立保函,如果金融机构的

---

① 本部分内容引自最高人民法院民事审判第二庭:《最高人民法院民法典担保制度司法解释理解与适用》,人民法院出版社 2021 年版,第 171—172 页,引用时稍有编辑、整理。

分支机构的营业执照记载有保函业务，其开立保函的行为无须经公司决议授权。金融机构的分支机构开立保函，如果金融机构的分支机构的营业执照未记载保函业务，但经有权从事担保业务的上级机构授权开立保函，也应理解为已经获得金融机构的授权，其开立保函的行为亦无须经公司决议授权。

金融机构的分支机构从事非标准化的担保行为，仍应遵循公司的分支机构以自己名义对外提供担保的一般规则和相关行政法规的要求[1]。

担保公司的分支机构对外提供担保时，不区分标准化的担保行为和非标准化的担保行为，其营业执照上记载的经营范围，不能视为概括性授权，其在以自己的名义对外提供担保时，仍须获得总公司的授权。

17.8 公司的职能部门对外担保

17.8.1 相关法律规定

【相关规定指引】

《民法典》（2020 年 5 月 28 日）

第一百七十条 执行法人或者非法人组织工作任务的人员，就其职权范围内的事项，以法人或者非法人组织的名义实施的民事法律行为，对法人或者非法人组织发生效力。

法人或者非法人组织对执行其工作任务的人员职权范围的限制，不得对抗善意相对人。

但是，因为公司对外担保大概率需要法定代表人同意+公司决议，而内设职能部门负责人或者其部门工作人员均不具备此种法定条件，故不存在表见代理的适用空间[2]。

---

[1] 《最高人民法院关于适用〈中华人民共和国民法典〉有关担保制度的解释》第十一条第一款规定，公司的分支机构未经公司股东（大）会或者董事会决议以自己的名义对外提供担保，相对人请求公司或者其分支机构承担担保责任的，人民法院不予支持，但是相对人不知道且不应当知道分支机构对外提供担保未经公司决议程序的除外。

[2] 《民法典》第一百七十二条规定，行为人没有代理权、超越代理权或者代理权终止后，仍然实施代理行为，相对人有理由相信行为人有代理权的，代理行为有效。

17.8.2　分支机构和职能部门的区别

17.8.2.1　**二者区别**

（1）最重要的区别在于是否领取了营业执照，如领取了营业执照，则应视为分支机构，如未领取营业执照，大概率应为职能部门。

（2）不排除其内部按照分支机构管理的情形存在，但其内部管理不能等同于法律规定的分支机构。

（3）实践中，根据企业具体内部管理情况的不同，也可能出现赋予某个分支机构部分管理职能的情形。

17.8.2.2　**实例说明**

（1）举例来说，××有限公司××项目部，既有可能为分支机构，也有可能为职能部门。

（2）对于债权人来讲，无论对分支机构还是对职能部门的负责人及工作人员承诺、提供的担保，要严格审查，才能维护自己的合法权益不受损害。

（3）除法律、司法解释另有规定的外，公司的分支机构提供担保，应当与公司提供担保持同样的审查标准。

18.　专业服务机构的保证管理

18.1　会计师事务所的定义及分类

【相关规定指引】

《注册会计师法》（2014 年 8 月 31 日）

第三条　会计师事务所是依法设立并承办注册会计师业务的机构。

注册会计师执行业务，应当加入会计师事务所。

第五条　国务院财政部门和省、自治区、直辖市人民政府财政部门，依法对注册会计师、会计师事务所和注册会计师协会进行监督、指导。

18.2　会计师事务所的性质和设立

【相关规定指引】

《注册会计师法》（2014 年 8 月 31 日）

第二十三条　会计师事务所可以由注册会计师合伙设立。

合伙设立的会计师事务所的债务，由合伙人按照出资比例或者协议的约定，以各自的财产承担责任。合伙人对会计师事务所的债务承担连带责任。

第二十四条　会计师事务所符合下列条件的，可以是负有限责任的法人：

（一）不少于三十万元的注册资本；

（二）有一定数量的专职从业人员，其中至少有五名注册会计师；

（三）国务院财政部门规定的业务范围和其他条件。

负有限责任的会计师事务所以其全部资产对其债务承担责任。

第二十五条　设立会计师事务所，由省、自治区、直辖市人民政府财政部门批准。

申请设立会计师事务所，申请者应当向审批机关报送下列文件：

（一）申请书；

（二）会计师事务所的名称、组织机构和业务场所；

（三）会计师事务所章程，有合伙协议的并应报送合伙协议；

（四）注册会计师名单、简历及有关证明文件；

（五）会计师事务所主要负责人、合伙人的姓名、简历及有关证明文件；

（六）负有限责任的会计师事务所的出资证明；

（七）审批机关要求的其他文件。

18.3　资产评估机构的定义及分类

18.3.1　评估机构的定义

【相关规定指引】

《资产评估法》（2016 年 7 月 2 日）

第三条　自然人、法人或者其他组织需要确定评估对象价值的，可以自愿委托评估机构评估。

涉及国有资产或者公共利益等事项，法律、行政法规规定需要评估的（以下称法定评估），应当依法委托评估机构评估。

第四条 评估机构及其评估专业人员开展业务应当遵守法律、行政法规和评估准则，遵循独立、客观、公正的原则。

评估机构及其评估专业人员依法开展业务，受法律保护。

18.3.2 评估机构的性质和设立

【相关规定指引】

《资产评估法》（2016 年 7 月 2 日）

第十五条 评估机构应当依法采用合伙或者公司形式，聘用评估专业人员开展评估业务。

合伙形式的评估机构，应当有两名以上评估师；其合伙人三分之二以上应当是具有三年以上从业经历且最近三年内未受停止从业处罚的评估师。

公司形式的评估机构，应当有八名以上评估师和两名以上股东，其中三分之二以上股东应当是具有三年以上从业经历且最近三年内未受停止从业处罚的评估师。

评估机构的合伙人或者股东为两名的，两名合伙人或者股东都应当是具有三年以上从业经历且最近三年内未受停止从业处罚的评估师。

第十六条 设立评估机构，应当向工商行政管理部门申请办理登记。评估机构应当自领取营业执照之日起三十日内向有关评估行政管理部门备案。评估行政管理部门应当及时将评估机构备案情况向社会公告。

18.4 律师事务所的定义及分类

18.4.1 律师事务所的定义

【相关规定指引】

《律师法》（2017 年 9 月 1 日）

第十四条 律师事务所是律师的执业机构。设立律师事务所应当具备下列条件：

（一）有自己的名称、住所和章程；

（二）有符合本法规定的律师；

（三）设立人应当是具有一定的执业经历，且三年内未受过停止执业处罚的律师；

（四）有符合国务院司法行政部门规定数额的资产。

18.4.2 律师事务所的性质和设立

【相关规定指引】

《律师法》（2017 年 9 月 1 日）

第十五条 设立合伙律师事务所，除应当符合本法第十四条规定的条件外，还应当有三名以上合伙人，设立人应当是具有三年以上执业经历的律师。

合伙律师事务所可以采用普通合伙或者特殊的普通合伙形式设立。合伙律师事务所的合伙人按照合伙形式对该律师事务所的债务依法承担责任。

第十六条 设立个人律师事务所，除应当符合本法第十四条规定的条件外，设立人还应当是具有五年以上执业经历的律师。设立人对律师事务所的债务承担无限责任。

第十七条 申请设立律师事务所，应当提交下列材料：

（一）申请书；

（二）律师事务所的名称、章程；

（三）律师的名单、简历、身份证明、律师执业证书；

（四）住所证明；

（五）资产证明。

设立合伙律师事务所，还应当提交合伙协议。

18.5　各类专业服务机构的保证管理

18.5.1　会计师事务所的保证管理

18.5.1.1　合伙制

如会计师事务所系合伙设立，其对外担保程序参考"合伙企业的保证管理"内容。

【相关规定指引】

《注册会计师法》（2014 年 8 月 31 日）

第二十三条　会计师事务所可以由注册会计师合伙设立。

合伙设立的会计师事务所的债务，由合伙人按照出资比例或者协议的约定，以各自的财产承担责任。合伙人对会计师事务所的债务承担连带责任。

18.5.1.2　法人制

如会计师事务所系负有限责任的法人，先查阅公司章程，再按照《公司法》第十五条等要求执行。

【相关规定指引】

《注册会计师法》（2014 年 8 月 31 日）

第二十四条　会计师事务所符合下列条件的，可以是负有限责任的法人：

（一）不少于三十万元的注册资本；

（二）有一定数量的专职从业人员，其中至少有五名注册会计师；

（三）国务院财政部门规定的业务范围和其他条件。

负有限责任的会计师事务所以其全部资产对其债务承担责任。

18.5.2　资产评估机构的保证管理

18.5.2.1　合伙制

如资产评估机构系合伙设立，其对外担保程序参考"合伙企业的保证管理"部分内容。

18.5.2.2 法人制

如资产系负有限责任的法人，先查阅公司章程，再按照《公司法》第十五条等要求执行。

18.5.3 律师事务所的保证管理

18.5.3.1 个人制

如律师事务所系个人设立，其对外担保程序参考"个人独资企业的保证管理"部分内容。

18.5.3.2 法人制

如律师事务所系负有限责任的法人，先查阅公司章程，再按照《公司法》第十五条等要求执行。

18.5.3.3 国资所

【相关规定指引】

《律师事务所管理办法》（2018 年 12 月 5 日）

第七条 律师事务所可以由律师合伙设立、律师个人设立或者由国家出资设立。

合伙律师事务所可以采用普通合伙或者特殊的普通合伙形式设立。

第十二条 国家出资设立的律师事务所，除符合《律师法》规定的一般条件外，应当至少有二名符合《律师法》规定并能够专职执业的律师。

需要国家出资设立律师事务所的，由当地县级司法行政机关筹建，申请设立许可前须经所在地县级人民政府有关部门核拨编制、提供经费保障。

第十五条 律师事务所负责人人选，应当在申请设立许可时一并报审核机关核准。

合伙律师事务所的负责人，应当从本所合伙人中经全体合伙人选举产生；国家出资设立的律师事务所的负责人，由本所律师推选，经所在地县级司法行政机关同意。

个人律师事务所设立人是该所的负责人。

第十九条 申请设立律师事务所，应当向所在地设区的市级或者直辖市的区（县）司法行政机关提交下列材料：

（一）设立申请书；

（二）律师事务所的名称、章程；

（三）设立人的名单、简历、身份证明、律师执业证书，律师事务所负责人人选；

（四）住所证明；

（五）资产证明。

设立合伙律师事务所，还应当提交合伙协议。

设立国家出资设立的律师事务所，应当提交所在地县级人民政府有关部门出具的核拨编制、提供经费保障的批件。

申请设立许可时，申请人应当如实填报《律师事务所设立申请登记表》。

第五十一条 合伙律师事务所和国家出资设立的律师事务所应当按照规定为聘用的律师和辅助人员办理失业、养老、医疗等社会保险。

个人律师事务所聘用律师和辅助人员的，应当按前款规定为其办理社会保险。

第五十三条 律师违法执业或者因过错给当事人造成损失的，由其所在的律师事务所承担赔偿责任。律师事务所赔偿后，可以向有故意或者重大过失行为的律师追偿。

普通合伙律师事务所的合伙人对律师事务所的债务承担无限连带责任。特殊的普通合伙律师事务所一个合伙人或者数个合伙人在执业活动中因故意或者重大过失造成律师事务所债务的，应当承担无限责任或者无限连带责任，其他合伙人以其在律师事务所中的财产份额为限承担责任；合伙人在执业活动中非因故意或者重大过失造成的律师事务所债务，由全体合伙人承担无限连带责任。个人律师事务所的设立人对律师事务所的债务承担无限责任。国家出资设立的律师事务所以其全部资产对其债务承担责任。

第五十四条 律师事务所的负责人负责对律师事务所的业务活动和内部事务进行管理，对外代表律师事务所，依法承担对律师事务所违法行为的管理责任。

合伙人会议或者律师会议为合伙律师事务所或者国家出资设立的律师事

务所的决策机构；个人律师事务所的重大决策应当充分听取聘用律师的意见。

律师事务所根据本所章程可以设立相关管理机构或者配备专职管理人员，协助本所负责人开展日常管理工作。

笔者建议：因为律师事务所的执业许可中并无对外担保的经营范围，故国家出资的律师事务所不得对外担保，确有必要的，建议从严审查。参照国有独资企业、国有独资公司的重大事项处理，即需要出资人审批。

即法定代表人同意+律师会议讨论通过+出资人机构审批同意。

18.5.3.4　合伙制

如律师事务所乃合伙设立，其对外担保程序参考"合伙企业的保证管理"部分内容。

19. 外商投资企业的保证管理

19.1　中外合资经营企业

19.1.1　决议具体机关

中外合资经营企业对外担保应经董事会决议表决通过。

【相关规定指引】

《中外合资经营企业法》（2016 年 9 月 3 日）①

第六条　合营企业设董事会，其人数组成由合营各方协商，在合同、章程中确定，并由合营各方委派和撤换。董事长和副董事长由合营各方协商确定或由董事会选举产生。中外合营者的一方担任董事长的，由他方担任副董事长。董事会根据平等互利的原则，决定合营企业的重大问题。

董事会的职权是按合营企业章程规定，讨论决定合营企业的一切重大问题：企业发展规划、生产经营活动方案、收支预算、利润分配、劳动工资计

---

① 该文件已失效，仅供读者研究参考。

划、停业，以及总经理、副总经理、总工程师、总会计师、审计师的任命或聘请及其职权和待遇等。

正副总经理（或正副厂长）由合营各方分别担任。

合营企业职工的录用、辞退、报酬、福利、劳动保护、劳动保险等事项，应当依法通过订立合同加以规定。

《中外合资经营企业法实施条例》（2019 年 3 月 2 日）①

第三十条 董事会是合营企业的最高权力机构，决定合营企业的一切重大问题。

19.1.2 担保操作指引

依据前述法律规定，中外合资经营企业为他人提供担保的，应经董事会依据章程规定表决通过。

19.1.3 股东会决议

如果中外合资经营企业设置了股东会的，应当区分不同情形进行处理。

19.1.3.1 符合《外商投资法》的情况

组织形式符合《外商投资法》的，应按公司章程确定决议机关，由相应的股东会或者董事会决议表决通过。

19.1.3.2 不符合《外商投资法》的情况

组织形式不符合《外商投资法》的，应按《中外合资经营企业法》的规定兼顾公司章程的规定确定决议机关，如二者一致，按照一致的决议机关处理；如二者不一致，同时按照两种方式确定的决议机关进行处理，不可或缺。

19.2 中外合作经营企业

19.2.1 决议具体机关

中外合作企业应经董事会或联合管理委员会决议通过。

---

① 该文件已失效，仅供读者研究参考。

【相关规定指引】

《中外合作经营企业法》（2017 年 11 月 4 日）①

第十二条　合作企业应当设立董事会或者联合管理机构，依照合作企业合同或者章程的规定，决定合作企业的重大问题。中外合作者的一方担任董事会的董事长、联合管理机构的主任的，由他方担任副董事长、副主任。董事会或者联合管理机构可以决定任命或者聘请总经理负责合作企业的日常经营管理工作。总经理对董事会或者联合管理机构负责。

合作企业成立后改为委托中外合作者以外的他人经营管理的，必须经董事会或者联合管理机构一致同意，并向工商行政管理机关办理变更登记手续。

《中外合作经营企业法实施细则》（2017 年 11 月 17 日）②

第二十四条　合作企业设董事会或者联合管理委员会。董事会或者联合管理委员会是合作企业的权力机构，按照合作企业章程的规定，决定合作企业的重大问题。

19.2.2　担保操作指引

依据前述法律规定，应当先审查合作企业章程。一般来讲，对于具有法人资格的合作企业，应由董事会依据章程作出决议。对于不具有法人资格的合作企业，应依照合作企业合同处理或由联合管理会依据章程作出决议。

【相关规定指引】

《中外合作经营企业法实施细则》（2017 年 11 月 17 日）

第二十九条　下列事项由出席董事会会议或者联合管理委员会会议的董事或者委员一致通过，方可作出决议：

（一）合作企业章程的修改；

（二）合作企业注册资本的增加或者减少；

（三）合作企业的解散；

（四）合作企业的资产抵押；

（五）合作企业合并、分立和变更组织形式；

---

① 该文件已失效，仅供读者研究参考。

② 该文件已失效，仅供读者研究参考。

（六）合作各方约定由董事会会议或者联合管理委员会会议一致通过方可作出决议的其他事项。

19.2.3 出资未过户的指引

除保证外，提供抵质押物如系合作一方向合作企业的出资，但未履行登记过户义务的，即抵质押物的权属名实不符的，除需要合作企业联合管理会依据章程作出决议外，还需要合作方依据公司章程和法律规定履行登记过户审批手续。

19.3 外商独资企业

19.3.1 决议审批机关

外资企业为他人提供担保需经审批机关批准，并向市场监督管理机关备案。

【相关规定指引】

《外资企业法》（2016 年 9 月 3 日）①

第一条　为了扩大对外经济合作和技术交流，促进中国国民经济的发展，中华人民共和国允许外国的企业和其他经济组织或者个人（以下简称外国投资者）在中国境内举办外资企业，保护外资企业的合法权益。

第二条　本法所称的外资企业是指依照中国有关法律在中国境内设立的全部资本由外国投资者投资的企业，不包括外国的企业和其他经济组织在中国境内的分支机构。

第三条　设立外资企业，必须有利于中国国民经济的发展。国家鼓励举办产品出口或者技术先进的外资企业。

国家禁止或者限制设立外资企业的行业由国务院规定。

第四条　外国投资者在中国境内的投资、获得的利润和其他合法权益，受中国法律保护。

外资企业必须遵守中国的法律、法规，不得损害中国的社会公共利益。

---

① 该文件已失效，仅供读者研究参考。

第八条　外资企业符合中国法律关于法人条件的规定的，依法取得中国法人资格。

19.3.2　担保备案机关

【相关规定指引】

《外资企业法实施细则》（2014 年 2 月 19 日）[①]

第二十三条　外资企业将其财产或者权益对外抵押、转让，须经审批机关批准并向工商行政管理机关备案。

19.3.3　担保操作指引

依据前述法律规定，外资企业为他人提供担保的，应征得外资企业的投资者同意，同时需经审批机关批准。

审批机关是指商务部和省、自治区、直辖市和计划单列市、经济特区人民政府，与颁发外资企业批准证书的机关相一致。

19.4　新法与三旧法的差异

新法与三旧法的差异对照表

事项	"三资企业法"规定	《外商投资法》实施后
权力机构	董事会或联合管理委员会（中外合作经营企业）或股东/股东会（外资企业）	股东/股东会
董事任期	四年（中外合资经营企业）	三年
董事产生	投资方直接委派	非职工代表董事由股东会选举和更换，职工代表董事由公司通过民主选举产生
法定出席人数	董事会或联合管理委员会（中外合作经营企业）会议的最低出席人数比例为三分之二	无要求，公司章程中自行约定
重大事项表决	中外合资经营企业或中外合资经营企业重大事项决议必须经出席会议的董事（或委员）一致通过	三分之二以上表决权的股东通过

---

① 该文件已失效，仅供读者研究参考。

续表

事项	"三资企业法"规定	《外商投资法》实施后
法定代表人	董事长或联合管理委员会主任（中外合作经营企业）	董事长、执行董事或经理
监事	无规定（中外合资经营企业、中外合作经营企业）	应设监事或监事会
股权转让限制	其他股东一致同意	其他股东过半数同意
利润分配	按出资比例分配（中外合资经营企业）	可以按约定比例和方式分配

19.5 五年过渡期间的处理

19.5.1 过渡期的具体规定

【相关规定指引】

《外商投资法》（2019 年 3 月 15 日）

第三十一条 外商投资企业的组织形式、组织机构及其活动准则，适用《中华人民共和国公司法》、《中华人民共和国合伙企业法》等法律的规定。

第四十二条 本法自 2020 年 1 月 1 日起施行。《中华人民共和国中外合资经营企业法》、《中华人民共和国外资企业法》、《中华人民共和国中外合作经营企业法》同时废止。

本法施行前依照《中华人民共和国中外合资经营企业法》、《中华人民共和国外资企业法》、《中华人民共和国中外合作经营企业法》设立的外商投资企业，在本法施行后五年内可以继续保留原企业组织形式等。具体实施办法由国务院规定。

据此，依据"三资企业法"设立的外商投资企业在"三资企业法"废止后五年的过渡期内仍可继续保留原企业组织形式等。

19.5.2 过渡期的法律适用

19.5.2.1 按照外商投资法改制的

根据《外商投资法》规定，原"三资企业法"自 2020 年 1 月 1 日起废止，按照《外商投资法》第三十一条改制完成的，适用相应的法律规制。

19.5.2.2 未按照外商投资法改制的

（1）可继续保留原组织形式

根据《外商投资法》规定，原"三资企业法"自 2020 年 1 月 1 日起废止，但同时又规定已设立外商投资企业在过渡期内可继续保留原企业组织形式等。

（2）过渡期内的法律适用依据

《外商投资法》规定，本法施行后五年内可以继续保留原企业组织形式，建议过渡期内，原有符合三部法律的组织形式，未按新法调整组织形式的，或者未调整完成的，原有组织形式作出的相应决议，仍应当以原有"三资企业法"的相关规定作为评价标准。

（3）国务院规定了具体实施办法的

国务院就继续保留原企业组织形式等制定了具体实施办法的，按照国务院办法执行，未制定具体实施办法的，参照前述第一项、第二项执行。

19.5.3 过渡期外的法律适用

19.5.3.1 专项法律规定

【相关规定指引】

《外商投资法》（2019 年 3 月 15 日）

第四十二条 ……在本法施行后五年内可以继续保留原企业组织形式等。具体实施办法由国务院规定。

19.5.3.2 具体担保指引

在同时满足以下情形的条件下，外商投资企业的组织形式、组织机构及其活动准则，不符合/不具备《外资企业法》第三十一条规定的，一律应当按照无效处理。

（1）"三资企业法"已经彻底失效；

（2）《外资企业法》规定的过渡期已经届满；

（3）企业中的各方达不成一致或者不按/不能按照新法调整组织形式、治理结构和活动规则的。

19.5.3.3　可行解决方案

企业按照新法调整组织形式、治理结构和活动规则，然后按照要求审查其对外担保事项。

19.6　过渡期保证担保审查

【相关规定指引】

《外商投资法》（2019 年 3 月 15 日）

第三十一条　外商投资企业的组织形式、组织机构及其活动准则，适用《中华人民共和国公司法》、《中华人民共和国合伙企业法》等法律的规定。

由此可以看出，如外商投资企业其组织形式为公司的，按照《公司法》的要求审查其对外担保。

外商投资企业其组织形式为合伙企业的，按照《合伙企业法》的要求审查其对外担保。

20. 学幼医养机构的保证管理

20.1　学校的定义及分类

20.1.1　相关法律规定

20.1.1.1　《民办教育促进法》的规定

【相关规定指引】

《民办教育促进法》（2018 年 12 月 29 日）

第二条　国家机构以外的社会组织或者个人，利用非国家财政性经费，面向社会举办学校及其他教育机构的活动，适用本法。本法未作规定的，依照教育法和其他有关教育法律执行。

第三条　民办教育事业属于公益性事业，是社会主义教育事业的组成部分。

国家对民办教育实行积极鼓励、大力支持、正确引导、依法管理的方针。各级人民政府应当将民办教育事业纳入国民经济和社会发展规划。

第十九条　民办学校的举办者可以自主选择设立非营利性或者营利性民办学校。但是，不得设立实施义务教育的营利性民办学校。

非营利性民办学校的举办者不得取得办学收益，学校的办学结余全部用于办学。

营利性民办学校的举办者可以取得办学收益，学校的办学结余依照公司法等有关法律、行政法规的规定处理。

民办学校取得办学许可证后，进行法人登记，登记机关应当依法予以办理。

20.1.1.2　《民法典》的规定

【相关规定指引】

《民法典》（2020 年 5 月 28 日）

第三百九十九条　下列财产不得抵押：

……

（三）学校、幼儿园、医疗机构等为公益目的成立的非营利法人的教育设施、医疗卫生设施和其他公益设施；

……

（六）法律、行政法规规定不得抵押的其他财产。

第六百八十三条　机关法人不得为保证人，但是经国务院批准为使用外国政府或者国际经济组织贷款进行转贷的除外。

以公益为目的的非营利法人、非法人组织不得为保证人。

20.1.2　学校的相关分类

20.1.2.1　营利性学校

【相关规定指引】

《民办学校分类登记实施细则》（2016 年 12 月 30 日）

第三条　民办学校分为非营利性民办学校和营利性民办学校。民办学校的设立应当依据《中华人民共和国民办教育促进法》等法律法规和国家有关规定进行审批。经批准正式设立的民办学校，由审批机关发给办学许可证后，依法依规分类到登记管理机关办理登记证或者营业执照。

《工商总局、教育部关于营利性民办学校名称登记管理有关工作的通知》（2017 年 8 月 31 日）

各省、自治区、直辖市、工商行政管理局（市场监督管理部门）、教育厅（教委）：

为进一步落实《营利性民办学校监督管理实施细则》（教发〔2016〕20 号），根据《企业名称登记管理规定》及相关法规、规章和规范性文件，现就做好营利性民办学校（以下简称"民办学校"）名称登记管理有关工作通知如下：

一、民办学校应当按照《中华人民共和国公司法》《中华人民共和国民办教育促进法》有关规定，登记为有限责任公司或者股份有限公司，其名称应当符合公司登记管理和教育相关法律法规的规定。

……

20.1.2.2 非营利性学校

【相关规定指引】

《民办学校分类登记实施细则》（2016 年 12 月 30 日）

第七条 正式批准设立的非营利性民办学校，符合《民办非企业单位登记管理暂行条例》等民办非企业单位登记管理有关规定的到民政部门登记为民办非企业单位，符合《事业单位登记管理暂行条例》等事业单位登记管理有关规定的到事业单位登记管理机关登记为事业单位。

20.1.2.3 非营利组织种类

（1）民办非企业单位

【相关规定指引】

《民办非企业单位登记管理暂行条例》（1998 年 10 月 25 日）

第一条 为了规范民办非企业单位的登记管理，保障民办非企业单位的合法权益，促进社会主义物质文明、精神文明建设，制定本条例。

第二条 本条例所称民办非企业单位，是指企业事业单位、社会团体和其他社会力量以及公民个人利用非国有资产举办的，从事非营利性社会服务活动的社会组织。

第八条　申请登记民办非企业单位，应当具备下列条件：

（一）经业务主管单位审查同意；

（二）有规范的名称、必要的组织机构；

（三）有与其业务活动相适应的从业人员；

（四）有与其业务活动相适应的合法财产；

（五）有必要的场所。

民办非企业单位的名称应当符合国务院民政部门的规定，不得冠以"中国"、"全国"、"中华"等字样。

（2）民办非企业单位的细化

【相关规定指引】

《民办非企业单位登记暂行办法》（2010 年 12 月 27 日）

第一条　根据《民办非企业单位登记管理暂行条例》（以下简称条例）制定本办法。

第二条　民办非企业单位根据其依法承担民事责任的不同方式分为民办非企业单位（法人）、民办非企业单位（合伙）和民办非企业单位（个体）三种。

个人出资且担任民办非企业单位负责人的，可申请办理民办非企业单位（个体）登记；

两人或两人以上合伙举办的，可申请办理民办非企业单位（合伙）登记；

两人或两人以上举办且具备法人条件的，可申请办理民办非企业单位（法人）登记。

由企业事业单位、社会团体和其他社会力量举办的或由上述组织与个人共同举办的，应当申请民办非企业单位（法人）登记。

（3）事业单位

【相关规定指引】

《事业单位登记管理暂行条例》（2004 年 6 月 27 日）

第一条　为了规范事业单位登记管理，保障事业单位的合法权益，发挥事业单位在社会主义物质文明和精神文明建设中的作用，制定本条例。

第二条 本条例所称事业单位，是指国家为了社会公益目的，由国家机关举办或者其他组织利用国有资产举办的，从事教育、科技、文化、卫生等活动的社会服务组织。

事业单位依法举办的营利性经营组织，必须实行独立核算，依照国家有关公司、企业等经营组织的法律、法规登记管理。

第三条 事业单位经县级以上各级人民政府及其有关主管部门（以下统称审批机关）批准成立后，应当依照本条例的规定登记或者备案。

事业单位应当具备法人条件。

第六条 申请事业单位法人登记，应当具备下列条件：

（一）经审批机关批准设立；

（二）有自己的名称、组织机构和场所；

（三）有与其业务活动相适应的从业人员；

（四）有与其业务活动相适应的经费来源；

（五）能够独立承担民事责任。

20.2 幼儿园的定义及分类

20.2.1 相关法律规定

20.2.1.1 《幼儿园管理条例》的规定

【相关规定指引】

《幼儿园管理条例》（1989 年 9 月 11 日）

第一条 为了加强幼儿园的管理，促进幼儿教育事业的发展，制定本条例。

第五条 地方各级人民政府可以依据本条例举办幼儿园，并鼓励和支持企业事业单位、社会团体、居民委员会、村民委员会和公民举办幼儿园或捐资助园。

第六条 幼儿园的管理实行地方负责、分级管理和各有关部门分工负责的原则。

国家教育委员会主管全国的幼儿园管理工作；地方各级人民政府的教育行政部门，主管本行政辖区内的幼儿园管理工作。

20.2.1.2 《民办教育促进法》的规定

参见第二章20.1.1部分内容。

20.2.2 幼儿园的相关分类

20.2.2.1 营利性幼儿园

参见第二章20.1.2.1部分内容。

20.2.2.2 非营利性幼儿园

参见第二章20.1.2.2部分内容。

20.3 医疗机构的定义及分类

20.3.1 相关法律规定

20.3.1.1 《医疗机构管理条例》的规定

【相关规定指引】

《医疗机构管理条例》（2022年3月29日）

第一条 为了加强对医疗机构的管理，促进医疗卫生事业的发展，保障公民健康，制定本条例。

第二条 本条例适用于从事疾病诊断、治疗活动的医院、卫生院、疗养院、门诊部、诊所、卫生所（室）以及急救站等医疗机构。

第四条 国家扶持医疗机构的发展，鼓励多种形式兴办医疗机构。

第九条 单位或者个人设置医疗机构，按照国务院的规定应当办理设置医疗机构批准书的，应当经县级以上地方人民政府卫生行政部门审查批准，并取得设置医疗机构批准书。

第十一条 单位或者个人设置医疗机构，应当按照以下规定提出设置申请：

（一）不设床位或者床位不满100张的医疗机构，向所在地的县级人民政府卫生行政部门申请；

（二）床位在 100 张以上的医疗机构和专科医院按照省级人民政府卫生行政部门的规定申请。

第十四条　医疗机构执业，必须进行登记，领取《医疗机构执业许可证》；诊所按照国务院卫生行政部门的规定向所在地的县级人民政府卫生行政部门备案后，可以执业。

第十五条　申请医疗机构执业登记，应当具备下列条件：

（一）按照规定应当办理设置医疗机构批准书的，已取得设置医疗机构批准书；

（二）符合医疗机构的基本标准；

（三）有适合的名称、组织机构和场所；

（四）有与其开展的业务相适应的经费、设施、设备和专业卫生技术人员；

（五）有相应的规章制度；

（六）能够独立承担民事责任。

第十七条　医疗机构执业登记的主要事项：

（一）名称、地址、主要负责人；

（二）所有制形式；

（三）诊疗科目、床位；

（四）注册资金。

20.3.1.2　《医疗机构管理条例实施细则》的规定

【相关规定指引】

《医疗机构管理条例实施细则》（2017 年 2 月 21 日）

第十条　医疗机构不分类别、所有制形式、隶属关系、服务对象，其设置必须符合当地《医疗机构设置规划》。

第十一条　床位在一百张以上的综合医院、中医医院、中西医结合医院、民族医医院以及专科医院、疗养院、康复医院、妇幼保健院、急救中心、临床检验中心和专科疾病防治机构的设置审批权限的划分，由省、自治区、直辖市卫生计生行政部门规定；其他医疗机构的设置，由县级卫生计生行政部门负责审批。

医学检验实验室、病理诊断中心、医学影像诊断中心、血液透析中心、安宁疗护中心的设置审批权限另行规定。

第十二条　有下列情形之一的，不得申请设置医疗机构：

（一）不能独立承担民事责任的单位；

（二）正在服刑或者不具有完全民事行为能力的个人；

（三）发生二级以上医疗事故未满五年的医务人员；

（四）因违反有关法律、法规和规章，已被吊销执业证书的医务人员；

（五）被吊销《医疗机构执业许可证》的医疗机构法定代表人或者主要负责人；

（六）省、自治区、直辖市政府卫生计生行政部门规定的其他情形。

有前款第（二）、（三）、（四）、（五）项所列情形之一者，不得充任医疗机构的法定代表人或者主要负责人。

20.3.2　医疗机构的相关分类

20.3.2.1　医药卫生体制政策

【相关规定指引】

《国务院办公厅转发国务院体改办等部门关于城镇医药卫生体制改革指导意见的通知》（2000 年 2 月 21 日）

为贯彻《中共中央、国务院关于卫生改革与发展的决定》和《国务院关于建立城镇职工基本医疗保险制度的决定》，进一步调动医药卫生工作者的积极性，优化卫生资源配置，改进医德医风，提高医疗服务质量，整顿药品生产流通秩序，抑制医药费用过快增长，国务院决定在建立城镇职工基本医疗保险制度的同时，进行城镇医药卫生体制改革。改革的目标是：建立适应社会主义市场经济要求的城镇医药卫生体制，促进卫生机构和医药行业健康发展，让群众享有价格合理、质量优良的医疗服务，提高人民的健康水平。

……

二、建立新的医疗机构分类管理制度。将医疗机构分为非营利性和营利性两类进行管理。国家根据医疗机构的性质、社会功能及其承担的任务，制定并实施不同的财税、价格政策。非营利性医疗机构在医疗服务体系中占主导地位，享受相应的税收优惠政策。政府举办的非营利性医疗机构由同级财政给予合理补助，并按扣除财政补助和药品差价收入后的成本制定医疗服务价格；其他非营利性医疗机构不享受政府补助，医疗服务价格执行政府指导价。卫生、财政等部门要加强对非营利性医疗机构的财务监督管理。营利性医疗机构医疗服务价格放开，依法自主经营，照章纳税。

20.3.2.2　营利性医疗机构

【相关规定指引】

《关于城镇医疗机构分类管理的实施意见》（2000 年 7 月 18 日）

为贯彻国务院办公厅转发国务院体改办等八部门《关于城镇医药卫生体制改革的指导意见》（国办发〔2000〕16 号），实施医疗机构分类管理，促进医疗机构之间公平、有序的竞争，根据国家有关法律法规和政策，提出如下意见。

一、非营利性医疗机构和营利性医疗机构的界定

非营利性和营利性医疗机构按机构整体划分。划分的主要依据是医疗机构的经营目的、服务任务，以及执行不同的财政、税收、价格政策和财务会计制度。

1. 非营利性医疗机构是指为社会公众利益服务而设立和运营的医疗机构，不以营利为目的，其收入用于弥补医疗服务成本，实际运营中的收支结余只能用于自身的发展，如改善医疗条件、引进技术、开展新的医疗服务项目等。营利性医疗机构是指医疗服务所得收益可用于投资者经济回报的医疗机构。政府不举办营利性医疗机构。

2. 政府举办的非营利性医疗机构主要提供基本医疗服务并完成政府交办的其他任务，其他非营利性医疗机构主要提供基本医疗服务，这二类非营利性医疗机构也可以提供少量的非基本医疗服务；营利性医疗机构根据市场需求自主确定医疗服务项目。当发生重大灾害、事故、疫情等特殊情况时，各类医疗机构均有义务执行政府指令性任务。

3. 政府举办的非营利性医疗机构享受同级政府给予的财政补助，其他非

营利性医疗机构不享受政府财政补助。非营利性医疗机构执行政府规定的医疗服务指导价格，享受相应的税收优惠政策。营利性医疗机构医疗服务价格放开，依法自主经营，照章纳税。

4. 非营利性医疗机构执行财政部、卫生部颁布的《医院财务制度》和《医院会计制度》等有关法规、政策。营利性医疗机构参照执行企业的财务、会计制度和有关政策。

二、医疗机构分类的核定程序

医疗机构按《医疗机构管理条例》进行设置审批、登记注册和校验时，需要书面向卫生行政部门申明其性质，由接受其登记注册的卫生行政部门会同有关部门根据医疗机构投资来源、经营性质等有关分类界定的规定予以核定，在执业登记中注明"非营利性"或"营利性"。

取得《医疗机构执业许可证》的营利性医疗机构，按有关法律法规还需到工商行政管理、税务等有关部门办理相关登记手续。

医疗机构改变其性质，须经核发其《医疗机构执业许可证》的卫生行政部门和有关部门批准并办理相关变更手续。

……

20.3.2.3　非营业性医疗机构

参见第二章20.3.2.1和20.3.2.2部分内容。

20.3.3　实践典型案例

【关联案例指引】

周某泽与甲医院等借款合同纠纷案①

2011年11月21日，周某泽与甲医院签订一份《抵押合同》，甲医院为邢某的借款提供担保，将其所有的位于新城区××路西侧4140.74平方米国有土地抵押给周某泽。《物权法》第一百八十四条规定："下列财产不得抵押：……（三）学校、幼儿园、医院等以公益为目的的事业单位、社会团体的教育设施、医疗卫生设施和其他社会公益设施……"甲医院虽为私人所有的营

---

① 最高人民法院（2015）民一终字第240号民事判决书，载中国裁判文书网，2024年3月11日访问。

利性医疗机构，相较于公办医疗机构，仅是投资渠道上的不同，并不能否定其公益属性，私立医院中的医疗卫生设施仍属于社会公益设施。根据上述法律规定，甲医院为邢某的借款提供担保的财产属依法不得抵押的财产。由此，周某泽与甲医院签订的《抵押合同》为无效合同。《最高人民法院关于适用〈中华人民共和国担保法〉若干问题的解释》第七条规定："主合同有效而担保合同无效，债权人无过错的，担保人与债务人对主合同债权人的经济损失，承担连带赔偿责任；债权人、担保人有过错的，担保人承担民事责任的部分，不应超过债务人不能清偿部分的二分之一。"本案中，周某泽、甲医院在签订合同时均应知悉甲医院为邢某所负债务提供担保的财产属依法不得抵押的财产，周某泽、甲医院对案涉《抵押合同》无效均存在过错，对此，周某泽、甲医院应当根据其过错各自承担相应的民事责任。一审法院对甲医院的责任认定适用《最高人民法院关于适用〈中华人民共和国担保法〉若干问题的解释》第八条的规定，适用法律不当。但周某泽并未对甲医院的责任分担问题提起上诉，应视为周某泽对自己权利的处分，法院对此不予审理。综上，甲医院有关其不应承担责任的上诉主张，缺乏事实和法律依据，不能获得支持。

20.4 养老机构的定义及分类

20.4.1 相关法律规定

20.4.1.1 《老年人权益保障法》的规定

【相关规定指引】

《老年人权益保障法》（2018 年 12 月 29 日）

第四十条 地方各级人民政府和有关部门应当按照老年人口比例及分布情况，将养老服务设施建设纳入城乡规划和土地利用总体规划，统筹安排养老服务设施建设用地及所需物资。

公益性养老服务设施用地，可以依法使用国有划拨土地或者农民集体所有的土地。

养老服务设施用地，非经法定程序不得改变用途。

第四十一条 政府投资兴办的养老机构，应当优先保障经济困难的孤寡、失能、高龄等老年人的服务需求。

第四十二条 国务院有关部门制定养老服务设施建设、养老服务质量和养老服务职业等标准，建立健全养老机构分类管理和养老服务评估制度。

各级人民政府应当规范养老服务收费项目和标准，加强监督和管理。

第四十三条 设立公益性养老机构，应当依法办理相应的登记。

设立经营性养老机构，应当在市场监督管理部门办理登记。

养老机构登记后即可开展服务活动，并向县级以上人民政府民政部门备案。

第四十四条 地方各级人民政府加强对本行政区域养老机构管理工作的领导，建立养老机构综合监管制度。

县级以上人民政府民政部门负责养老机构的指导、监督和管理，其他有关部门依照职责分工对养老机构实施监督。

20.4.1.2 《养老机构管理办法》的规定

【相关规定指引】

《养老机构管理办法》（2020 年 9 月 1 日）

第一条 为了规范对养老机构的管理，促进养老服务健康发展，根据《中华人民共和国老年人权益保障法》和有关法律、行政法规，制定本办法。

第二条 本办法所称养老机构是指依法办理登记，为老年人提供全日集中住宿和照料护理服务，床位数在 10 张以上的机构。

养老机构包括营利性养老机构和非营利性养老机构。

第三条 县级以上人民政府民政部门负责养老机构的指导、监督和管理。其他有关部门依照职责分工对养老机构实施监督。

第四条 养老机构应当按照建筑、消防、食品安全、医疗卫生、特种设备等法律、法规和强制性标准开展服务活动。

养老机构及其工作人员应当依法保障收住老年人的人身权、财产权等合法权益。

第六条 政府投资兴办的养老机构在满足特困人员集中供养需求的前提下，优先保障经济困难的孤寡、失能、高龄、计划生育特殊家庭等老年人的服务需求。

政府投资兴办的养老机构，可以采取委托管理、租赁经营等方式，交由社会力量运营管理。

第七条　民政部门应当会同有关部门采取措施，鼓励、支持企业事业单位、社会组织或者个人兴办、运营养老机构。

鼓励自然人、法人或者其他组织依法为养老机构提供捐赠和志愿服务。

第九条　设立营利性养老机构，应当在市场监督管理部门办理登记。设立非营利性养老机构，应当依法办理相应的登记。

养老机构登记后即可开展服务活动。

第十条　营利性养老机构办理备案，应当在收住老年人后 10 个工作日以内向服务场所所在地的县级人民政府民政部门提出。非营利性养老机构办理备案，应当在收住老年人后 10 个工作日以内向登记管理机关同级的人民政府民政部门提出。①

第十一条　养老机构办理备案，应当向民政部门提交备案申请书、养老机构登记证书、符合本办法第四条要求的承诺书等材料，并对真实性负责。

备案申请书应当包括下列内容：

（一）养老机构基本情况，包括名称、住所、法定代表人或者主要负责人信息等；

（二）服务场所权属；

（三）养老床位数量；

（四）服务设施面积；

（五）联系人和联系方式。

民政部门应当加强信息化建设，逐步实现网上备案。

第十二条　民政部门收到养老机构备案材料后，对材料齐全的，应当出具备案回执；材料不齐全的，应当指导养老机构补正。

---

① 关于备案的性质。民政部养老服务司答复：《养老机构管理办法》及《福建省养老服务机构备案管理办法（试行）》对养老机构、养老服务机构的备案是监督性备案，相关机构不办理备案不承担相应法律责任。参见民政部网站，https://www.mca.gov.cn/consult/showQuestion.jsp？MZ=5060895953，2024 年 4 月 12 日访问。

20.4.2 养老机构的相关分类

20.4.2.1 养老机构专项政策

【相关规定指引】

《国务院关于加快发展养老服务业的若干意见》(2013年9月6日)

三、政策措施

(一)完善投融资政策。要通过完善扶持政策,吸引更多民间资本,培育和扶持养老服务机构和企业发展。各级政府要加大投入,安排财政性资金支持养老服务体系建设。金融机构要加快金融产品和服务方式创新,拓宽信贷抵押担保物范围,积极支持养老服务业的信贷需求。积极利用财政贴息、小额贷款等方式,加大对养老服务业的有效信贷投入。加强养老服务机构信用体系建设,增强对信贷资金和民间资本的吸引力。逐步放宽限制,鼓励和支持保险资金投资养老服务领域。开展老年人住房反向抵押养老保险试点。鼓励养老机构投保责任保险,保险公司承保责任保险。地方政府发行债券应统筹考虑养老服务需求,积极支持养老服务设施建设及无障碍改造。

(二)完善土地供应政策。各地要将各类养老服务设施建设用地纳入城镇土地利用总体规划和年度用地计划,合理安排用地需求,可将闲置的公益性用地调整为养老服务用地。民间资本举办的非营利性养老机构与政府举办的养老机构享有相同的土地使用政策,可以依法使用国有划拨土地或者农民集体所有的土地。对营利性养老机构建设用地,按照国家对经营性用地依法办理有偿用地手续的规定,优先保障供应,并制定支持发展养老服务业的土地政策。严禁养老设施建设用地改变用途、容积率等土地使用条件搞房地产开发。

(三)完善税费优惠政策。落实好国家现行支持养老服务业的税收优惠政策,对养老机构提供的养护服务免征营业税,对非营利性养老机构自用房产、土地免征房产税、城镇土地使用税,对符合条件的非营利性养老机构按规定免征企业所得税。对企事业单位、社会团体和个人向非营利性养老机构的捐赠,符合相关规定的,准予在计算其应纳税所得额时按税法规定比例扣除。各地对非营利性养老机构建设要免征有关行政事业性收费,对营利性养老机构建设要减半征收有关行政事业性收费，对养老机构提供养老服务也要适当减免行政事业性收费，养老机构用电、用水、用气、用热按居民生活类价格执行。境内外资本举办养老机构享有同等的税收等优惠政策。制定和完善支持民间资本投资养老服务业的税收优惠政策。

《民政部关于贯彻落实新修改的〈中华人民共和国老年人权益保障法〉的通知》（2019 年 1 月 2 日）

各省、自治区、直辖市民政厅（局），各计划单列市民政局，新疆生产建设兵团民政局：

新修改的《中华人民共和国老年人权益保障法》（以下简称《老年人权益保障法》）已由中华人民共和国第十三届全国人民代表大会常务委员会第七次会议于 2018 年 12 月 29 日审议通过，由中华人民共和国主席习近平签署第二十四号主席令公布，自公布之日起施行。此次修改《老年人权益保障法》，是深化养老服务"放管服"改革，推进养老服务发展的关键举措。为做好贯彻落实工作，现就有关事项通知如下：

……

二、依法做好登记和备案管理。县级以上地方人民政府民政部门应当明确内部职责分工，加强与相关部门工作协同和信息共享，不断提高服务便利化水平，逐步实现申请登记养老机构线上"一网通办"、线下"只进一扇门"、现场办理"最多跑一次"，最大限度方便申请人办事。取消养老机构设立许可后，设立民办公益性养老机构，依照《民办非企业单位登记管理暂行条例》规定，依法向县级以上地方人民政府民政部门申请社会服务机构登记。按照"一门、一网、一次"的办理原则，落实首问负责制，县级以上地方人民政府民政部门负责行政审批的窗口统一对外，受理举办者提交的申请材料，并征求养老服务部门的意见。民政部门批准成立登记的民办公益性养老机构，由民政部门承担业务主管单位职责，内部可明确由社会组织登记部门履行养老机构登记管理机关具体职责，养老服务部门履行业务主管单位具体职责。非民政部门（如行政审批局）批准成立登记的民办公益性养老机构、经营性养老机构，民政部门要及时与省级共享平台或者省级部门间数据接口对接，掌握相关信息。

养老机构登记后即可开展服务活动，并应当向民政部门备案，真实、准确、完整地提供备案信息，填写备案书和承诺书，民政部门应当提供备案回执，书面告知养老机构运营基本条件，以及本区域现行养老服务扶持政策措施清单。对于由民政部门承担业务主管单位职责的养老机构，可以相应简化备案手续。养老机构登记事项变更的，应当及时办理备案变更手续。

......

20.4.2.2 营利性养老机构

类别	营利性养老机构
土地	商业或住宅用地土地使用年限 40—70 年，产权可以分割出售
	招拍挂手段获得，正常缴纳费用
房屋	出租期 20 年
注册	市场监督管理局注册，民政局备案
税收	免征营业税，减半征收有关行政事业性收费
能源费用	享受非营利养老机构同样待遇
利润分配	没有限制
收费	实行市场调节价管理

20.4.2.3 非营利性养老机构

类别	非营利性养老机构
土地	养老专用地 50 年使用权，产权不可分割；方式可以划拨，不可以出售，不得改变规划确定的土地用途
	不需要或很少缴纳土地出让金
房屋	限定 40 平方米以内、出租期限不能超过 5 年
注册	民政局，民办非企业单位，民政局备案
税收	减免营业税等、企业所得税等税收优惠，同时免征有关行政事业性收费
能源费用	水电气暖实行民用价格
利润分配	不得分红，资产不能私有化、不得设立分支机构
收费	实行政府指导价管理

20.5　提供担保的效力区分

20.5.1　担保无效的情形

【相关规定指引】

《最高人民法院关于适用〈中华人民共和国民法典〉有关担保制度的解释》（2020 年 12 月 31 日）

第六条　以公益为目的的非营利性学校、幼儿园、医疗机构、养老机构等提供担保的，人民法院应当认定担保合同无效，但是有下列情形之一的除外：

……

登记为营利法人的学校、幼儿园、医疗机构、养老机构等提供担保，当事人以其不具有担保资格为由主张担保合同无效的，人民法院不予支持。

20.5.2　担保有效的情形

【相关规定指引】

《最高人民法院关于适用〈中华人民共和国民法典〉有关担保制度的解释》（2020 年 12 月 31 日）

第六条　以公益为目的的非营利性学校、幼儿园、医疗机构、养老机构等提供担保的，人民法院应当认定担保合同无效，但是有下列情形之一的除外：

（一）在购入或者以融资租赁方式承租教育设施、医疗卫生设施、养老服务设施和其他公益设施时，出卖人、出租人为担保价款或者租金实现而在该公益设施上保留所有权；

（二）以教育设施、医疗卫生设施、养老服务设施和其他公益设施以外的不动产、动产或者财产权利设立担保物权。

登记为营利法人的学校、幼儿园、医疗机构、养老机构等提供担保，当事人以其不具有担保资格为由主张担保合同无效的，人民法院不予支持。

21. 债务加入与连带保证的区别

21.1 债务加入的定义

【相关规定指引】

《民法典》（2020 年 5 月 28 日）

第五百五十二条 第三人与债务人约定加入债务并通知债权人，或者第三人向债权人表示愿意加入债务，债权人未在合理期限内明确拒绝的，债权人可以请求第三人在其愿意承担的债务范围内和债务人承担连带债务。

21.2 保证合同的定义

【相关规定指引】

《民法典》（2020 年 5 月 28 日）

第六百八十一条 保证合同是为保障债权的实现，保证人和债权人约定，当债务人不履行到期债务或者发生当事人约定的情形时，保证人履行债务或者承担责任的合同。

第六百八十七条 当事人在保证合同中约定，债务人不能履行债务时，由保证人承担保证责任的，为一般保证。

一般保证的保证人在主合同纠纷未经审判或者仲裁，并就债务人财产依法强制执行仍不能履行债务前，有权拒绝向债权人承担保证责任，但是有下列情形之一的除外：

（一）债务人下落不明，且无财产可供执行；

（二）人民法院已经受理债务人破产案件；

（三）债权人有证据证明债务人的财产不足以履行全部债务或者丧失履行债务能力；

（四）保证人书面表示放弃本款规定的权利。

第六百八十八条　当事人在保证合同中约定保证人和债务人对债务承担连带责任的，为连带责任保证。

连带责任保证的债务人不履行到期债务或者发生当事人约定的情形时，债权人可以请求债务人履行债务，也可以请求保证人在其保证范围内承担保证责任。

21.3　债务加入和连带保证之间的联系

【相关规定指引】

《全国法院民商事审判工作会议纪要》（2019 年 11 月 8 日）

23.【债务加入准用担保规则】法定代表人以公司名义与债务人约定加入债务并通知债权人或者向债权人表示愿意加入债务，该约定的效力问题，参照本纪要关于公司为他人提供担保的有关规则处理。

除了上述相同点之外，债务加入和连带保证还有以下共同点：

（1）债务加入和连带保证均有利于债权人；

（2）债务加入和连带保证两者均增加了担保债权实现的责任财产。[①]

21.4　债务加入和连带保证之间的区别

21.4.1　主从性区别

保证债务是债务人不履行债务时，保证人承担保证责任的从属性债务，而债务加入是第三人作为连带债务人，没有主从关系。[②]

21.4.2　权利保障期间区别

连带保证具有保证期间和诉讼时效的限制，而债务加入后产生的连带债务仅具有诉讼时效的限制。[③]

---

① 黄薇主编：《中华人民共和国民法典合同编解读》（上册），中国法制出版社 2020 年版，第 307 页。
② 黄薇主编：《中华人民共和国民法典合同编解读》（上册），中国法制出版社 2020 年版，第 307 页。
③ 黄薇主编：《中华人民共和国民法典合同编解读》（上册），中国法制出版社 2020 年版，第 307 页。

21.4.3　可追偿性区别

连带保证人承担保证责任后，可以向债务人追偿，而债务加入人作为连带债务人履行债务后，是否对债务人享有追偿权，取决于其与债务人之间的约定。[①]

【相关规定指引】

《最高人民法院关于适用〈中华人民共和国民法典〉合同编通则若干问题的解释》（2023年12月4日）

第五十一条　第三人加入债务并与债务人约定了追偿权，其履行债务后主张向债务人追偿的，人民法院应予支持；没有约定追偿权，第三人依照民法典关于不当得利等的规定，在其已经向债权人履行债务的范围内请求债务人向其履行的，人民法院应予支持，但是第三人知道或者应当知道加入债务会损害债务人利益的除外。

债务人就其对债权人享有的抗辩向加入债务的第三人主张的，人民法院应予支持。

21.4.4　总体比较

债务加入和连带保证都是典型的增加自我负担的行为，但相对比较而言，债务加入的责任更重，义务更多，权利更少，所以《最高人民法院关于适用〈中华人民共和国民法典〉有关担保制度的解释》规定，难以确定是保证还是债务加入的，人民法院应当将其认定为保证。

21.5　债务加入和连带保证的规定

【相关规定指引】

《最高人民法院关于适用〈中华人民共和国民法典〉有关担保制度的解释》（2020年12月31日）

第三十六条　第三人向债权人提供差额补足、流动性支持等类似承诺文件作为增信措施，具有提供担保的意思表示，债权人请求第三人承担保证责

[①]　黄薇主编：《中华人民共和国民法典合同编解读》（上册），中国法制出版社2020年版，第307页。

任的，人民法院应当依照保证的有关规定处理。

第三人向债权人提供的承诺文件，具有加入债务或者与债务人共同承担债务等意思表示的，人民法院应当认定为民法典第五百五十二条规定的债务加入。

前两款中第三人提供的承诺文件难以确定是保证还是债务加入的，人民法院应当将其认定为保证。

第三人向债权人提供的承诺文件不符合前三款规定的情形，债权人请求第三人承担保证责任或者连带责任的，人民法院不予支持，但是不影响其依据承诺文件请求第三人履行约定的义务或者承担相应的民事责任。

22. 抵/质押与保证可否参照适用

22.1 《担保法》的规定

【相关规定指引】

《担保法》（1995 年 6 月 30 日）

第二条 在借贷、买卖、货物运输、加工承揽等经济活动中，债权人需要以担保方式保障其债权实现的，可以依照本法规定设定担保。

本法规定的担保方式为保证、抵押、质押、留置和定金。

22.2 《民法典》及相关规定

22.2.1 《民法典》的规定

【相关规定指引】

《民法典》（2020 年 5 月 28 日）

第三百八十八条 设立担保物权，应当依照本法和其他法律的规定订立担保合同。担保合同包括抵押合同、质押合同和其他具有担保功能的合同。

担保合同是主债权债务合同的从合同。主债权债务合同无效的，担保合同无效，但是法律另有规定的除外。

担保合同被确认无效后，债务人、担保人、债权人有过错的，应当根据其过错各自承担相应的民事责任。

22.2.2　《最高人民法院关于适用〈中华人民共和国民法典〉有关担保制度的解释》的规定

【相关规定指引】

《最高人民法院关于适用〈中华人民共和国民法典〉有关担保制度的解释》（2020年12月31日）

为正确适用《中华人民共和国民法典》有关担保制度的规定，结合民事审判实践，制定本解释。

一、关于一般规定

第一条　因抵押、质押、留置、保证等担保发生的纠纷，适用本解释。所有权保留买卖、融资租赁、保理等涉及担保功能发生的纠纷，适用本解释的有关规定。

22.3　担保部分适用于抵/质押

抵、质押担保管理时担保主体、决策程序、决策内容要参照保证担保时的担保主体、决策程序、决策内容执行。

为了行文的逻辑性，本章第7—20部分的保证管理内容，实质上为各种担保主体提供担保时的情形适用，不仅适用于保证担保，还适用于抵押担保、质押担保的情形。

第三章　抵押担保的调查管理

1. 抵押人法定/适宜资格

1.1　完全民事行为能力人

【相关规定指引】

《民法典》（2020 年 5 月 28 日）

第十七条　十八周岁以上的自然人为成年人。不满十八周岁的自然人为未成年人。

第十八条　成年人为完全民事行为能力人，可以独立实施民事法律行为。

十六周岁以上的未成年人，以自己的劳动收入为主要生活来源的，视为完全民事行为能力人。

1.2　限制/无行为能力人

1.2.1　《民法典》的规定

【相关规定指引】

《民法典》（2020 年 5 月 28 日）

第十七条　十八周岁以上的自然人为成年人。不满十八周岁的自然人为未成年人。

第十八条　成年人为完全民事行为能力人，可以独立实施民事法律行为。

十六周岁以上的未成年人，以自己的劳动收入为主要生活来源的，视为完全民事行为能力人。

第十九条　八周岁以上的未成年人为限制民事行为能力人，实施民事法律行为由其法定代理人代理或者经其法定代理人同意、追认；但是，可以独立实施纯获利益的民事法律行为或者与其年龄、智力相适应的民事法律行为。

第二十条　不满八周岁的未成年人为无民事行为能力人，由其法定代理人代理实施民事法律行为。

第二十一条　不能辨认自己行为的成年人为无民事行为能力人，由其法定代理人代理实施民事法律行为。

八周岁以上的未成年人不能辨认自己行为的，适用前款规定。

第二十二条　不能完全辨认自己行为的成年人为限制民事行为能力人，实施民事法律行为由其法定代理人代理或者经其法定代理人同意、追认；但是，可以独立实施纯获利益的民事法律行为或者与其智力、精神健康状况相适应的民事法律行为。

第二十三条　无民事行为能力人、限制民事行为能力人的监护人是其法定代理人。

第三十五条　监护人应当按照最有利于被监护人的原则履行监护职责。监护人除为维护被监护人利益外，不得处分被监护人的财产。

未成年人的监护人履行监护职责，在作出与被监护人利益有关的决定时，应当根据被监护人的年龄和智力状况，尊重被监护人的真实意愿。

成年人的监护人履行监护职责，应当最大程度地尊重被监护人的真实意愿，保障并协助被监护人实施与其智力、精神健康状况相适应的民事法律行为。对被监护人有能力独立处理的事务，监护人不得干涉。

第一千零四十一条　婚姻家庭受国家保护。

实行婚姻自由、一夫一妻、男女平等的婚姻制度。

保护妇女、未成年人、老年人、残疾人的合法权益。

1.2.2　《未成年人保护法》的规定

【相关规定指引】

《未成年人保护法》（2024年4月26日）

第二条　本法所称未成年人是指未满十八周岁的公民。

第三条　国家保障未成年人的生存权、发展权、受保护权、参与权等权利。

未成年人依法平等地享有各项权利，不因本人及其父母或者其他监护人的民族、种族、性别、户籍、职业、宗教信仰、教育程度、家庭状况、身心健康状况等受到歧视。

第四条　保护未成年人，应当坚持最有利于未成年人的原则。处理涉及未成年人事项，应当符合下列要求：

（一）给予未成年人特殊、优先保护；

……

第十七条　未成年人的父母或者其他监护人不得实施下列行为：

……

（十）违法处分、侵吞未成年人的财产或者利用未成年人牟取不正当利益；

（十一）其他侵犯未成年人身心健康、财产权益或者不依法履行未成年人保护义务的行为。

1.2.3　《老年人权益保障法》的规定

【相关规定指引】

《老年人权益保障法》（2018年12月29日）

第二条　本法所称老年人是指六十周岁以上的公民。

第二十六条　具备完全民事行为能力的老年人，可以在近亲属或者其他与自己关系密切、愿意承担监护责任的个人、组织中协商确定自己的监护人。监护人在老年人丧失或者部分丧失民事行为能力时，依法承担监护责任。

老年人未事先确定监护人的，其丧失或者部分丧失民事行为能力时，依照有关法律的规定确定监护人。

1.2.4 《残疾人保障法》的规定

【相关规定指引】

《残疾人保障法》（2018 年 10 月 26 日）

第二条 残疾人是指在心理、生理、人体结构上，某种组织、功能丧失或者不正常，全部或者部分丧失以正常方式从事某种活动能力的人。

残疾人包括视力残疾、听力残疾、言语残疾、肢体残疾、智力残疾、精神残疾、多重残疾和其他残疾的人。

残疾标准由国务院规定。

第九条 残疾人的扶养人必须对残疾人履行扶养义务。

残疾人的监护人必须履行监护职责，尊重被监护人的意愿，维护被监护人的合法权益。

残疾人的亲属、监护人应当鼓励和帮助残疾人增强自立能力。

禁止对残疾人实施家庭暴力，禁止虐待、遗弃残疾人。

1.2.5 监护人抵押其房产的法律效力

1.2.5.1 监管原则的司法理解

父母以其未成年子女房产设定抵押行为的效力问题。最有利于被监护人原则体现在财产监管上，《民法典》在第三十五条第一款第二句规定了"监护人除为维护被监护人利益外，不得处分被监护人的财产"的内容，该内容是对监护人法定代理权的法定限制。监护人如果不是为了被监护人的利益而以被监护人的名义处分其财产，超越了法定代理权限，应当认为构成了无权代理，该处分财产的行为对被监护人不发生法律效力，而应当由监护人自己承担相应的法律责任。判断监护人的处分行为是否为了被监护人的利益，应当以一个处于与监护人同等情境下的理性人的判断为标准，但不应以财产得丧为唯一的标准。①

1.2.5.2 抵押处分有效的情形

父母以其未成年子女房产设定抵押行为的效力问题。鉴于房产的重大价

---

① 最高人民法院民法典贯彻实施工作领导小组主编：《中华人民共和国民法典婚姻家庭编继承编理解与适用》，人民法院出版社 2020 年版，第 23 页。

值和抵押行为的高风险性，父母抵押其未成年子女名下房产的行为，原则上应认定为非为其未成年子女利益，除非相对人有相反证据足以证明该抵押行为确系为子女利益而实施。比如父母以房产设定抵押办理银行贷款为子女就医筹措医疗费用或出国留学费用，此种抵押行为直接对子女有利。[①]

1.2.5.3　**抵押处分无效的情形**

父母以其未成年子女房产设定抵押行为的效力问题。《民法典》总则编中第三十五条第一款规定"监护人应当按照最有利于被监护人的原则履行监护职责。监护人除为维护被监护人利益外，不得处分被监护人的财产"。上述条款的规定旨在避免未成年人之父母，借由管理未成年子女财产之便，不当处分其财产，以致对未成年子女造成不利。其方式则为限制父母作为法定监护人的法定代理权，监护人行使法定代理权必须在为被监护人利益这一边界范围内进行，逾越此边界，非为被监护人利益处分其财产，则构成无权代理。鉴于房产的重大价值和抵押行为的高风险性，父母抵押其未成年子女名下房产的行为，原则上应认定为非为其未成年子女利益……父母替代未成年子女签章让其承担抵押风险的行为不属于接受奖励、赠与、报酬等纯利益的行为，应属无权代理，该代理行为无效。也有观点认为，认定抵押无效不利于保护交易安全，但我们认为，在无法兼顾交易安全与未成年人利益的情形下，应优先保护未成年人的利益。[②]

1.3　抵押财产权属核验

1.3.1　不动产物权以登记为准

【相关规定指引】

《民法典》（2020 年 5 月 28 日）

第二百零九条　不动产物权的设立、变更、转让和消灭，经依法登记，

[①]　最高人民法院民法典贯彻实施工作领导小组主编：《中华人民共和国民法典婚姻家庭编继承编理解与适用》，人民法院出版社 2020 年版，第 23 页。

[②]　最高人民法院民法典贯彻实施工作领导小组主编：《中华人民共和国民法典婚姻家庭编继承编理解与适用》，人民法院出版社 2020 年版，第 23 页。

发生效力；未经登记，不发生效力，但是法律另有规定的除外。

依法属于国家所有的自然资源，所有权可以不登记。

1.3.2 夫妻财产制度与物权制度

（1）法定财产制

【相关规定指引】

《民法典》（2020 年 5 月 28 日）

第一千零六十二条 夫妻在婚姻关系存续期间所得的下列财产，为夫妻的共同财产，归夫妻共同所有：

（一）工资、奖金、劳务报酬；

（二）生产、经营、投资的收益；

（三）知识产权的收益；

（四）继承或者受赠的财产，但是本法第一千零六十三条第三项规定的除外；

（五）其他应当归共同所有的财产。

夫妻对共同财产，有平等的处理权。

第一千零六十三条 下列财产为夫妻一方的个人财产：

（一）一方的婚前财产；

（二）一方因受到人身损害获得的赔偿或者补偿；

（三）遗嘱或者赠与合同中确定只归一方的财产；

（四）一方专用的生活用品；

（五）其他应当归一方的财产。

（2）约定财产制

【相关规定指引】

《民法典》（2020 年 5 月 28 日）

第一千零六十五条 男女双方可以约定婚姻关系存续期间所得的财产以及婚前财产归各自所有、共同所有或者部分各自所有、部分共同所有。约定应当采用书面形式。没有约定或者约定不明确的，适用本法第一千零六十二条、第一千零六十三条的规定。

夫妻对婚姻关系存续期间所得的财产以及婚前财产的约定，对双方具有法律约束力。

夫妻对婚姻关系存续期间所得的财产约定归各自所有，夫或者妻一方对外所负的债务，相对人知道该约定的，以夫或者妻一方的个人财产清偿。

（3）约定不明的处理

概括一句话说，对婚姻关系存续期间所得的财产的权属没有约定或者约定不明确的，适用法定财产制，即按法律具体规定确定其为共有或者单独所有状态。

1.3.3　证载一方所有的房屋抵押

1.3.3.1　共有抵押需共有人同意

《城市房地产抵押管理办法》第十九条规定，以共有的房地产抵押的，抵押人应当事先征得其他共有人的书面同意。

1.3.3.2　金融机构需核实共有情况

抵押权人在进行权属核实时，应当核实是否存在共有情况，以尽到严格的审查义务[①]。

1.3.3.3　"证载单独所有"是否为单独所有

（1）"证载单独所有"是否符合实际所有权情况，是否真实单独所有，要看相应不动产登记机关是否已对该财产权属登记时进行《民法典》上的约定财产制核实。

（2）如登记时已经核实，且核实准确，则应当以此为准确定抵押物的权属。

（3）如未核实，或核实时信息出现错误，则不应当以此为准确定抵押物

---

① 某银行佛山分行作为专业的金融机构，应当具备完善的金融交易知识和相关法律知识，在交易中应承担更多的注意义务，比如核实当事人的婚姻状况、财产状况……鉴于本案抵押的房屋为夫妻共有财产，虽未分割，但可合理推定姚某文夫妻各享一半权利。姚某文通常只能处理其享有权利的部分价值，对其余部分的处理属于无权处分，本应无效。某银行佛山分行作为专业金融机构应负严格的注意义务……综合双方当事人各自的过错大小、姚某文夫妻二人对于案涉抵押房屋所享有的权益等情况，法院将姚某文应当承担的责任酌情调整为在抵押房屋价值的25%范围内承担相应的赔偿责任，亦未超出某银行佛山分行在一审时对姚某文的诉讼请求范围。参见某银行佛山分行、某石化集团有限公司金融借款合同纠纷案，最高人民法院（2019）最高法民终117号民事判决书，载中国裁判文书网，2024年3月11日访问。

的权属。

（4）如有人民法院生效裁判文书对权属确定作出规定，如系与配偶之外的人产生的纠纷进而产生的处理结果，则仍应如上所述核实确定权属情况；如系与配偶产生的纠纷进而产生的处理结果，则应按生效裁判文书和登记情况具体情况核实确定权属情况。

1.3.4 抵押合同的签署主体对象

1.3.4.1 抵押合同的签署对象

签署对象应当以贷款人对权属的核实结果为准，共同共有则应双方签署，单独所有应单方签署。

1.3.4.2 签署对象错误的风险

若相信不动产登记中心登记的"证载单独所有"的权属信息，则要承担或由登记人虚假陈述或由其核实不准确而导致权属信息不真实的相应法律后果，即未得到共有人的同意，抵押无效的法律后果。

1.3.5 对于共有权利主体的核实

1.3.5.1 登记权利人配偶的认定

应当既包括财产取得时的配偶，也包括直至现夫妻关系存续的配偶。

1.3.5.2 登记权利人配偶核实的必要性

向登记权利配偶核实该房产的权属，要求其出具声明/承诺，该操作方式已成为金融行业的惯例，是金融机构作为专业机构应尽的合理审查义务的具体体现。[1]

---

[1] 某银行佛山分行作为专业的金融机构，应当具备完善的金融交易知识和相关法律知识，在交易中应承担更多的注意义务，比如核实当事人的婚姻状况、财产状况等。参见某银行佛山分行、某石化集团有限公司金融借款合同纠纷案，最高人民法院（2019）最高法民终 117 号民事判决书，载中国裁判文书网，2024年 3 月 11 日访问。

2. 不同单位法人担保资格

2.1　正常营利法人

【相关规定指引】

《民法典》（2020 年 5 月 28 日）

第七十六条　以取得利润并分配给股东等出资人为目的成立的法人，为营利法人。

营利法人包括有限责任公司、股份有限公司和其他企业法人等。

第七十七条　营利法人经依法登记成立。

第七十八条　依法设立的营利法人，由登记机关发给营利法人营业执照。营业执照签发日期为营利法人的成立日期。

第七十九条　设立营利法人应当依法制定法人章程。

第八十条　营利法人应当设权力机构。

权力机构行使修改法人章程，选举或者更换执行机构、监督机构成员，以及法人章程规定的其他职权。

第八十一条　营利法人应当设执行机构。

执行机构行使召集权力机构会议，决定法人的经营计划和投资方案，决定法人内部管理机构的设置，以及法人章程规定的其他职权。

执行机构为董事会或者执行董事的，董事长、执行董事或者经理按照法人章程的规定担任法定代表人；未设董事会或者执行董事的，法人章程规定的主要负责人为其执行机构和法定代表人。

第八十二条　营利法人设监事会或者监事等监督机构的，监督机构依法行使检查法人财务，监督执行机构成员、高级管理人员执行法人职务的行为，以及法人章程规定的其他职权。

第八十三条　营利法人的出资人不得滥用出资人权利损害法人或者其他

出资人的利益；滥用出资人权利造成法人或者其他出资人损失的，应当依法承担民事责任。

营利法人的出资人不得滥用法人独立地位和出资人有限责任损害法人债权人的利益；滥用法人独立地位和出资人有限责任，逃避债务，严重损害法人债权人的利益的，应当对法人债务承担连带责任。

第八十四条　营利法人的控股出资人、实际控制人、董事、监事、高级管理人员不得利用其关联关系损害法人的利益；利用关联关系造成法人损失的，应当承担赔偿责任。

第八十五条　营利法人的权力机构、执行机构作出决议的会议召集程序、表决方式违反法律、行政法规、法人章程，或者决议内容违反法人章程的，营利法人的出资人可以请求人民法院撤销该决议。但是，营利法人依据该决议与善意相对人形成的民事法律关系不受影响。

第八十六条　营利法人从事经营活动，应当遵守商业道德，维护交易安全，接受政府和社会的监督，承担社会责任。

2.2　破产时营利法人

2.2.1　抵押主体
抵押主体为破产管理人或者自行管理的债务人。

2.2.2　抵押用途
抵押用途为破产企业继续经营而借款。

2.2.3　抵押规则
【相关规定指引】
《企业破产法》（2006 年 8 月 27 日）
第六十九条　管理人实施下列行为，应当及时报告债权人委员会：
……
（四）借款；
（五）设定财产担保；

......

未设立债权人委员会的，管理人实施前款规定的行为应当及时报告人民法院。

《最高人民法院关于适用〈中华人民共和国企业破产法〉若干问题的规定（三）》（2020 年 12 月 29 日）

第二条　破产申请受理后，经债权人会议决议通过，或者第一次债权人会议召开前经人民法院许可，管理人或者自行管理的债务人可以为债务人继续营业而借款。提供借款的债权人主张参照企业破产法第四十二条第四项的规定优先于普通破产债权清偿的，人民法院应予支持，但其主张优先于此前已就债务人特定财产享有担保的债权清偿的，人民法院不予支持。

管理人或者自行管理的债务人可以为前述借款设定抵押担保，抵押物在破产申请受理前已为其他债权人设定抵押的，债权人主张按照民法典第四百一十四条规定的顺序清偿，人民法院应予支持。[①]

2.3　非营利法人

参见第二章 2.1 部分内容。在实践中，主要为学校、幼儿园、医疗机构、养老机构等，但值得注意的是，以上主体既可能是营利法人，也可能是非营利法人。

2.3.1　国务院指导意见

【相关规定指引】

《国务院办公厅关于完善建设用地使用权转让、出租、抵押二级市场的指导意见》（2019 年 7 月 6 日）

（四）适用范围。建设用地使用权转让、出租、抵押二级市场的交易对象是国有建设用地使用权，重点针对土地交易以及土地连同地上建筑物、其他附着物等整宗地一并交易的情况。涉及到房地产交易的，应当遵守《中华

---

① 《民法典》第四百一十四条规定："同一财产向两个以上债权人抵押的，拍卖、变卖抵押财产所得的价款按照下列规定清偿：（一）抵押权已经登记的，按照登记的时间先后确定清偿顺序；（二）抵押权已经登记的先于未登记的受偿；（三）抵押权未登记的，按照债权比例清偿。其他可以登记的担保物权，清偿顺序参照适用前款规定。"

人民共和国城市房地产管理法》、《城市房地产开发经营管理条例》等法律法规规定。

（十四）依法保障抵押权能。探索允许不以公益为目的的养老、教育等社会领域企业以有偿取得的建设用地使用权、设施等财产进行抵押融资。各地要进一步完善抵押权实现后保障原有经营活动持续稳定的配套措施，确保土地用途不改变、利益相关人权益不受损。探索建立建设用地使用权抵押风险提示机制和抵押资金监管机制，防控市场风险。

2.3.2 《最高人民法院关于适用〈中华人民共和国民法典〉有关担保制度的解释》的规定

【相关规定指引】

《最高人民法院关于适用〈中华人民共和国民法典〉有关担保制度的解释》（2020年12月31日）

第六条 以公益为目的的非营利性学校、幼儿园、医疗机构、养老机构等提供担保的，人民法院应当认定担保合同无效，但是有下列情形之一的除外：

（一）在购入或者以融资租赁方式承租教育设施、医疗卫生设施、养老服务设施和其他公益设施时，出卖人、出租人为担保价款或者租金实现而在该公益设施上保留所有权；

（二）以教育设施、医疗卫生设施、养老服务设施和其他公益设施以外的不动产、动产或者财产权利设立担保物权。

登记为营利法人的学校、幼儿园、医疗机构、养老机构等提供担保，当事人以其不具有担保资格为由主张担保合同无效的，人民法院不予支持。

2.4 非法人组织

【相关规定指引】

《民法典》（2020年5月28日）

第一百零四条 非法人组织的财产不足以清偿债务的，其出资人或者设立人承担无限责任。法律另有规定的，依照其规定。

2.4.1 以公益为目的

【相关规定指引】

《民法典》（2020 年 5 月 28 日）

第六百八十三条 机关法人不得为保证人，但是经国务院批准为使用外国政府或者国际经济组织贷款进行转贷的除外。

以公益为目的的非营利法人、非法人组织不得为保证人。

2.4.2 其他目的

【相关规定指引】

《民法典》（2020 年 5 月 28 日）

第一百零二条 非法人组织是不具有法人资格，但是能够依法以自己的名义从事民事活动的组织。

非法人组织包括个人独资企业、合伙企业、不具有法人资格的专业服务机构等。

第一百零三条 非法人组织应当依照法律的规定登记。

设立非法人组织，法律、行政法规规定须经有关机关批准的，依照其规定。

第一百零四条 非法人组织的财产不足以清偿债务的，其出资人或者设立人承担无限责任。法律另有规定的，依照其规定。

第一百零五条 非法人组织可以确定一人或者数人代表该组织从事民事活动。

3. 可以接受的抵押物种类

3.1 可以接受的抵押物

一般来讲，可以接受的抵押物如下：

（1）抵押人所有的房屋和其他地上定着物；

（2）抵押人正在建造中的房屋或者其他建筑物；

（3）抵押人所有的机器、交通运输工具和其他财产；

（4）抵押人依法有权处分的国有土地使用权、房屋和其他地上定着物；

（5）抵押人依法有权处分的机器、交通运输工具和其他财产；

（6）抵押人依法承包并经发包方同意抵押的荒山、荒沟、荒丘、荒滩等荒地土地使用权；

（7）依法可以抵押的其他财产。

抵押人可以将上述所列财产一并抵押，并须在抵押物清单中载明。

3.2　部分抵押物注意事项

（1）抵押人所有的房屋和其他地上定着物：

①以享受国家优惠政策购买的房屋抵押的，其抵押值以抵押人可以处分和收益的份额为限；

②有经营期限的法人、其他组织以其所有的房屋抵押的，抵押期限不得超过其经营期限；

③以具有土地使用年限的房屋抵押的，抵押期限不得超过土地使用权出让合同规定的使用年限减去已经使用年限后的剩余年限。

（2）抵押人正在建造中的房屋或者其他建筑物：

仅限于抵押人以其作抵押向银行申请该在建工程继续建设资金贷款，其余情形需谨慎抵押。

4. 不得接受的抵押物种类

4.1　抵押无效的情形

银行不得接受下列财产作为抵押物：

（1）土地所有权；

（2）其他依法禁止流通或者转让的自然资源或财产；

（3）耕地、宅基地、自留地、自留山等集体所有的土地使用权；

（4）国家机关、居民委员会、社区委员会的财产；

（5）学校、幼儿园、医院等以公益为目的的事业单位、社会团体的教育设施、医疗卫生设施和其他社会公益设施；

（6）列为文物保护的古建筑、有重要纪念意义的建筑物。

4.2　抵押有风险的情形

抵押存在风险的情形：

（1）所有权、使用权不明或有争议的财产；

（2）可能经法定程序确认为违法、违章的建筑物；

（3）依法被查封、扣押、监管或采取其他强制性措施的财产。

5. 不宜接受的抵押物种类

5.1　抵押物合法性有缺陷

银行不宜接受下列财产作为抵押物：

（1）为本公司的股东提供抵押担保的公司财产，但非上市公司且经股东会决议同意的除外；

（2）租用或者代管、代销的财产；

（3）不包括地上建筑和定着物的国有土地使用权；

（4）已经进入破产程序的法人、其他组织对原来没有财产担保的债务提供抵押担保；

（5）依法不得抵押的其他财产。

5.2 抵押物可靠性有缺陷

抵押物可靠性有缺陷的情形：

（1）已出租的公有住宅房屋和未定租赁期限的出租住宅房屋；

（2）已依法公告在国家建设征用拆迁范围内的房地产；

（3）不包括土地使用权或土地使用权即将到期的城市房屋；

（4）不包括土地使用权的乡（镇）、村企业厂房；

（5）已经折旧完或者在贷款期内将折旧完的固定资产，淘汰、老化、破损和非通用性机器、设备；

（6）已经涉嫌闲置的土地使用权。

5.3 抵押物价值与担保债权

【相关规定指引】

《民法典》（2020 年 5 月 28 日）

第二百一十三条 登记机构不得有下列行为：

（一）要求对不动产进行评估；

（二）以年检等名义进行重复登记；

（三）超出登记职责范围的其他行为。

从保障债权安全的角度来讲，抵押物所担保的债权不应超过抵押物的价值。已经设置抵押的抵押物不得重复抵押，但可以接受以该抵押物的价值大于已担保债权的余额部分再次抵押。

但数个抵押物共同抵押的情形除外。

6. 抵押物选择的基本要求

6.1　抵押主体审核的基本要求

参见第二章6—20部分内容。

6.2　具体抵押物选择的要求

6.2.1　房产优先选择原则

在办理贷款抵押担保时，应当优先选择现房、以出让方式取得的国有土地使用权及其他价值相对稳定、变现能力较强的抵押物。

对机器、设备及其他不易变现或价值波动较大的抵押物应当从严掌握，原则上不接受专用性较强的机器、设备及其他财产抵押。

在接受工业厂房土地抵押时，也要让抵押人单独出具承诺，将来实现抵押权时，其专用性较强的机器、设备自行处理，有义务将抵押物恢复原状。

6.2.2　房地同时抵押原则

（1）以依法取得的国有土地上的房屋抵押的，应当将该房屋占用范围内的国有土地使用权同时抵押。

（2）以出让方式取得的国有土地使用权抵押的，应当将该国有土地上的房屋同时抵押。

（3）以划拨方式取得国有土地使用权上的房屋及其他建筑物抵押的，应当将其占用范围内的土地使用权同时抵押，并在核定抵押率时充分考虑应补缴纳的土地使用权出让金因素。

（4）以乡（镇）、村企业的厂房等建筑物抵押的，应当将其占用范围内的土地使用权同时抵押。

（5）以在建工程抵押的，应当将在建工程占用范围内的土地使用权，连同在建工程的投入资产同时抵押，并在核定抵押率时充分考虑扣除相应建设工程承包人的工程价款因素。

以上所列房地产抵押，原则上应当将同宗土地上的电梯、楼梯、道路、绿地、露台、走廊、停车场、空余地或者其他公用设施同时抵押。

6.2.3　动产抵押+权利凭证保管

办理以新售车辆设定动产抵押的汽车销售贷款时，应当要求销售商将车辆合格证交银行保管作为辅助措施。

为防止销售商以车辆合格证遗失为由，向汽车生产商请求补发新的车辆合格证，银行应当与汽车生产商、销售商签订三方协议，对有关汽车合格证的遗失补办做出约定，在未得到银行的书面确认意见前，生产商不得给销售商补发新的车辆合格证。

7. 抵押担保必备基本资料

7.1　普通抵押人应提供的基本资料

对抵押人除审查合法资格外，还须审查抵押人应提交的如下材料：

（1）抵押人同意提供抵押担保的书面文件；

（2）抵押人对抵押物享有所有权或者使用权或者依法处分权的权属证明文件；

（3）抵押物的清单及基本资料，包括抵押物的名称、数量、质量、状况、所在地，同一抵押物已向其他债权人设定抵押的情况证明等；

（4）银行认为需要提交的其他材料，如税务机关出具的抵押人纳税情况证明等。

7.2　自然人抵押应提供的基本资料

（1）抵押人为自然人时，需提供下列材料：

①抵押人及配偶的有效身份证件（居民身份证或其他有效居留证件）；

②抵押人的居住证明（户口簿或近三个月房租、水、电费收据）；

③抵押人及配偶同意提供抵押担保的书面文件。

（2）以共同共有的财产抵押的，还应有全体共有人同意以该财产设定抵押的书面文件。

（3）以按份共有的财产抵押的，还应有抵押人对该财产占有份额的证明及其他共有人同意抵押人以其所占份额设定抵押的书面文件。

8. 对抵押担保的调查分析

8.1 调查分析的原则

收到抵押人提交的有关材料后，应当对抵押人的主体资格、意思表示、授权情况、抵押物的权属、清单以及其他相关手续和文件进行审查，确定其真实性、完整性、合法性和有效性，并符合金融监管机关的有关业务规定。

对上述事项的调查评估，应当形成详细的调查评估结论。

8.2 加强抵押占有调查

（1）银行应谨慎接受已出租房产的抵押。对以已出租房产作抵押的，银行应着重了解租赁对象、租赁期限、租金支付情况等合同要素，对剩余租赁期限过长或承租人已经支付全部或大部分租金的，应要求授信客户提供其他担保方式。

对确需接受抵押人以已出租房产作抵押的，应与抵押人、承租人签订三方协议，明确要求抵押人与承租人将租金支付给银行，用于提前归还授信业务。

（2）对采用抵押的授信业务进行借新还旧操作时，银行必须重新查实抵押物在原抵押期内是否被占有、出售、出租、抵押给第三人或因法律纠纷被有关机构查封。

（3）抵押人的占有是所有权的前提，更是抵押权的基础，脱离抵押人的占有，抵押权的实现就是一句空话。

9. 抵押物的市场价值评估

9.1 市场法的优先适用

对于具有公开市场的抵押物，可依照市场价格确定其变现价值，但必须提供充分的具有可比性的证据。

对于资产评估机构的评估结果明显异常的，要辅以抵押人取得时的年代、价格、投入等多方面因素综合判断后予以调整，并在"尽职调查报告"中阐明。

9.2 评估结果确定及调整

对于没有公开市场的抵押物，应依据有资质的资产评估机构评估确定，评估费用由银行承担。

银行认为资产评估机构的评估价值偏高的，可以在客观评估的基础上对抵押价值进行调整[①]，并在"尽职调查报告"中阐明。

9.3 审慎审阅评估报告

9.3.1 评估报告的重要性

显示抵押物价值的高低，授信数额的高低，贷款安全与否，是担保管理

---

① 一般来说，调整既可以调高，也可以调低。但实践中，绝大多数均为调低。

中的可靠性审查的核心事项。

9.3.2　评估报告要严格审查

银行应认真查阅资产评估机构出具的评估报告，主要查阅：

（1）评估机构是否具有评估资格，资质是否经银行认可；

（2）评估报告的合法性、真实性和科学性；

（3）评估物与抵押物的品种、数量是否相符；

（4）抵押物的评估方法是否科学；

（5）评估的基准日是否接近抵押时间，超过国家规定评估结果有效期一年的，须重新进行评估；

（6）抵押物变现的可行性，可从抵押物的适用性判断其变现能力，如专用性较强的机器、设备等应视为不易变现的资产；

（7）抵押物是否有其他抵押权设立在先；

（8）抵押物上的负担是否在评估报告中的假设项内予以提示，或者在评估结论中予以相应扣除；

（9）其他需要审查的事项。

9.4　合格不动产评估机构

9.4.1　相关法律规定

【相关规定指引】

《房地产管理法》（2019 年 8 月 26 日）

第三十四条　国家实行房地产价格评估制度。

房地产价格评估，应当遵循公正、公平、公开的原则，按照国家规定的技术标准和评估程序，以基准地价、标定地价和各类房屋的重置价格为基础，参照当地的市场价格进行评估。

第五十七条　房地产中介服务机构包括房地产咨询机构、房地产价格评估机构、房地产经纪机构等。

第五十九条　国家实行房地产价格评估人员资格认证制度。

9.4.2 住房和城乡建设部相关规定

【相关规定指引】

《房地产估价机构管理办法》（2015 年 5 月 4 日）

第三条 本办法所称房地产估价机构，是指依法设立并取得房地产估价机构资质，从事房地产估价活动的中介服务机构。

本办法所称房地产估价活动，包括土地、建筑物、构筑物、在建工程、以房地产为主的企业整体资产、企业整体资产中的房地产等各类房地产评估，以及因转让、抵押、房屋征收、司法鉴定、课税、公司上市、企业改制、企业清算、资产重组、资产处置等需要进行的房地产评估。

第四十七条 未取得房地产估价机构资质从事房地产估价活动或者超越资质等级承揽估价业务的，出具的估价报告无效，由县级以上地方人民政府房地产主管部门给予警告，责令限期改正，并处 1 万元以上 3 万元以下的罚款；造成当事人损失的，依法承担赔偿责任。

《注册房地产估价师管理办法》（2016 年 9 月 13 日）

第二条 中华人民共和国境内注册房地产估价师的注册、执业、继续教育和监督管理，适用本办法。

第三条 本办法所称注册房地产估价师，是指通过全国房地产估价师执业资格考试或者资格认定、资格互认，取得中华人民共和国房地产估价师执业资格（以下简称执业资格），并按照本办法注册，取得中华人民共和国房地产估价师注册证书（以下简称注册证书），从事房地产估价活动的人员。

第四条 注册房地产估价师实行注册执业管理制度。

取得执业资格的人员，经过注册方能以注册房地产估价师的名义执业。

9.4.3 国务院的意见

【相关规定指引】

《国务院对确需保留的行政审批项目设定行政许可的决定》（2016 年 8 月 25 日）

依照《中华人民共和国行政许可法》和行政审批制度改革的有关规定，

国务院对所属各部门的行政审批项目进行了全面清理。由法律、行政法规设定的行政许可项目，依法继续实施；对法律、行政法规以外的规范性文件设定，但确需保留且符合《中华人民共和国行政许可法》第十二条规定事项的行政审批项目，根据《中华人民共和国行政许可法》第十四条第二款的规定，现决定予以保留并设定行政许可，共 500 项。

为保证本决定设定的行政许可依法、公开、公平、公正实施，国务院有关部门应当对实施本决定所列各项行政许可的条件等作出具体规定，并予以公布。有关实施行政许可的程序和期限依照《中华人民共和国行政许可法》的有关规定执行。

110	房地产估价机构资质核准	县级以上地方人民政府房地产行政主管部门

9.4.4 结论

对不动产价值的评估，一般来讲应当选择房地产估价机构，而不应该选择资产评估机构。

10. 抵押额度及抵押率考量

10.1 最高担保额度

（1）银行在采用抵押担保并进行调查评估时，应当按照下列公式核定抵押物的最高担保额度：

抵押物最高担保额度＝抵押物评估价值×抵押率

（2）评估价值应当扣除抵押物上的负担，无论抵押物评估报告是否提示或扣除。

10.2 本次最高担保额度

抵押人以已抵押的财产价值余额部分再次抵押的，其最高担保额度按照下列公式核定：

本次抵押物最高担保额度=抵押物总评估价值×最高抵押率−上次贷款额

10.3　抵押率的公式

抵押率是指贷款本息总额与抵押物的评估价值的比率。

抵押率=贷款本息总额÷抵押物评估价值额×100%。

10.4　抵押率的合理因素

（1）调查评估时应当综合考虑授信客户的资信状况、偿债能力、贷款期限、贷款风险度。

（2）调查评估时应当综合考虑抵押物所处位置、使用年限、折旧程度、功能状况、估价可信度、变现能力、变现时可能发生的价格变动、税费等因素。

（3）调查评估时应当综合考虑抵押物的不同种类确定合理的抵押率，并据此与抵押人签订抵押合同。

（4）考虑合理因素时，应当扣除抵押物上的负担因素。

11.　抵押物必须现场查勘

11.1　抵押物应当调查评估

在对抵押担保进行调查评估时，银行应当安排两个人对抵押人及抵押物进行实地调查核实。

11.1.1　对真实性合法性调查

（1）抵押物是否真实存在；

（2）抵押物的所在地及存在状态是否与产权证书的指向相符合；

（3）抵押人是否具有合法的主体资格、是否对抵押物享有所有权或者依法处分权，其设定本次抵押担保的意思表示是否自愿、真实且已获得的各种书面同意或授权；

（4）抵押物是否属于可以接受抵押的财产，其权属是否明确、产权证书或其他权属文件是否完整、真实、有效。

11.1.2　对有效性可靠性调查

（1）抵押物是否存在出租、在先抵押、查封、扣押、监管等限制情况；

（2）抵押物的评估价值及变现能力是否与抵押物现状存在明显的出入；

（3）其他需要核查的事项，如抵押人是否有欠缴的税款、用于抵押的在建工程是否拖欠建设工程价款等；

（4）非住宅的抵押物如商业用房、工业用房等需走访四邻，获取更全面的信息。

11.1.3　调查结论需书面存档

应当对以上调查事项形成书面结论，在"尽职调查报告"的"担保分析"中详细阐述；并将调查情况制作成确认书，由抵押人签字盖章确认后作为抵押合同附件留存。

11.2　未调查评估的法律风险

11.2.1　对银行的法律风险

【关联案例指引】

参见第三章 19.3.1 部分内容相关案例。

【抵押权成立思路解析】

二、关于无权处分的适用问题。

……

（三）适用场景讨论

第一个场景是先卖后押的情形。开发商以售出后的房屋向商业银行设定抵押获取贷款，开发商是否构成无权处分？商业银行能否取得抵押权。对于开发商而言，建设用地使用权登记在开发商名下，开发商对房屋的所有权基于建造行为而取得。《民法典》第三百五十二条规定，建设用地使用权人建造的建筑物、构筑物及其附属设施的所有权属于建设用地使用权人，但是有相反证据证明的除外。这一条规定是基于中国的实际情况，开发商把房屋建完出售以后，购房者真正拿到房产证可能需要1—2年的时间。在很长的一段时间内，购房者出资购房，但是没有房产证。单从土地使用权登记的角度看，这个房屋就是归开发商所有的。所以，为了解决表面权利和实际权利冲突的情况，立法规定有相反证据证明的除外。

相反证据证明指的就是买房人证明已购买房屋，此时开发商再拿去抵押，就构成无权处分。无权处分的情况下，商业银行的抵押权是否有效设立？能否取得抵押权？这要看商业银行是否善意，而判断商业银行能否基于开发商建设用地使用权人的身份合理地相信房屋归开发商所有，不仅需要根据《民法典》第三百一十一条规定，更要结合《商业银行法》第三十六条的规定。因此，如果商业银行没有进行审查程序或者未严格审查，未必属于善意。在这种情况下，原则上只要购房人能够证明已经购买了房屋，有证据证明房屋不是开发商所有，开发商则为无权处分。此时银行是否享有抵押权，就要根据《最高人民法院关于适用〈中华人民共和国民法典〉合同编通则若干问题的解释》第十九条第二款的规定来判断。如果案件事实能够认定银行并非善意，购房人有权请求认定财产权利未发生变动，抵押权未作有效设定。①

11.2.2 对工作人员的法律风险

11.2.2.1 《刑法》的规定

【相关规定指引】

《刑法》（2023年12月29日）

第一百八十六条 银行或者其他金融机构的工作人员违反国家规定发放贷款，数额巨大或者造成重大损失的，处五年以下有期徒刑或者拘役，并处一万元以上十万元以下罚金；数额特别巨大或者造成特别重大损失的，处五

---

① 姜丹：《〈民法典合同编通则解释〉司法适用若干问题探讨——〈法律适用〉专题学习交流会会议综述》，载《法律适用》2024年第3期。

年以上有期徒刑，并处二万元以上二十万元以下罚金。

银行或者其他金融机构的工作人员违反国家规定，向关系人发放贷款的，依照前款的规定从重处罚。

单位犯前两款罪的，对单位判处罚金，并对其直接负责的主管人员和其他直接责任人员，依照前两款的规定处罚。

关系人的范围，依照《中华人民共和国商业银行法》和有关金融法规确定。

11.2.2.2 《商业银行法》的规定

【相关规定指引】

《商业银行法》（2015 年 8 月 29 日）

第三十五条 商业银行贷款，应当对借款人的借款用途、偿还能力、还款方式等情况进行严格审查。

商业银行贷款，应当实行审贷分离、分级审批的制度。

第三十六条 商业银行贷款，借款人应当提供担保。商业银行应当对保证人的偿还能力，抵押物、质物的权属和价值以及实现抵押权、质权的可行性进行严格审查。

经商业银行审查、评估，确认借款人资信良好，确能偿还贷款的，可以不提供担保。

11.2.2.3 《金融违法行为处罚办法》的规定

【相关规定指引】

《金融违法行为处罚办法》（1999 年 2 月 22 日）

第十六条 金融机构办理贷款业务，不得有下列行为：

（一）向关系人发放信用贷款；

（二）向关系人发放担保贷款的条件优于其他借款人同类贷款的条件；

（三）违反规定提高或者降低利率以及采用其他不正当手段发放贷款；

（四）违反中国人民银行规定的其他贷款行为。

金融机构有前款所列行为之一的，给予警告，没收违法所得，并处违法所得 1 倍以上 5 倍以下的罚款，没有违法所得的，处 10 万元以上 50 万元以下的罚款；对该金融机构直接负责的高级管理人员、其他直接负责的主管人员和直接责任人员，给予撤职直至开除的纪律处分；情节严重的，责令该金融机构停业整顿或者吊销经营金融业务许可证；构成违法向关系人发放贷款罪、违法发放贷款罪或者其他罪的，依法追究刑事责任。

12. 可依登记取得抵押权

12.1 依登记/备案取得抵押权

（1）不动产抵押权（建筑物抵押权）；

（2）用益物权抵押权；

（3）准物权抵押权：海域使用权/矿业权抵押。

12.2 登记/备案/公示与放款

抵押物登记手续办妥的日期不得迟于抵押贷款的实际发放日期。

12.3 登记/备案/公示部门

办理抵押物登记的部门如下：

（1）以无地上定着物的土地使用权抵押的，为不动产登记机关。

（2）以城市房地产或者乡（镇）、村企业的厂房等建筑物抵押的，为土地管理部门或者房产管理部门。

（3）以林木抵押的，为不动产登记机关。

（4）以矿业权抵押的，为颁发《采矿许可证》的自然资源主管机关。

13. 非依登记取得抵押权

13.1　依抵押合同取得抵押权

13.1.1　抵押合同生效时抵押权成立

【相关规定指引】

《民法典》（2020 年 5 月 28 日）

第四百零三条　以动产抵押的，抵押权自抵押合同生效时设立；未经登记，不得对抗善意第三人。

《动产和权利担保统一登记办法》（2021 年 12 月 28 日）

第二条　纳入动产和权利担保统一登记范围的担保类型包括：

（一）生产设备、原材料、半成品、产品抵押；

……

（七）其他可以登记的动产和权利担保，但机动车抵押、船舶抵押、航空器抵押、债券质押、基金份额质押、股权质押、知识产权中的财产权质押除外。

第六条　纳入统一登记范围的动产和权利担保登记通过统一登记系统办理。

第八条　担保权人办理登记时，应当注册为统一登记系统的用户。

第九条　登记内容包括担保权人和担保人的基本信息、担保财产的描述、登记期限。

担保权人或担保人为法人、非法人组织的，应当填写法人、非法人组织的法定注册名称、住所、法定代表人或负责人姓名，金融机构编码、统一社会信用代码、全球法人识别编码等机构代码或编码以及其他相关信息。

担保权人或担保人为自然人的，应当填写有效身份证件号码、有效身份证件载明的地址等信息。

担保权人可以与担保人约定将主债权金额、担保范围、禁止或限制转让的担保财产等项目作为登记内容。对担保财产进行概括性描述的，应当能够合理识别担保财产。

最高额担保应登记最高债权额。

13.1.2 抵押登记产生对抗效力

【相关规定指引】

《民法典》（2020 年 5 月 28 日）

第四百零三条 以动产抵押的，抵押权自抵押合同生效时设立；未经登记，不得对抗善意第三人。

13.2 依继承/转让取得抵押权

13.2.1 依继承/遗赠取得抵押权

【相关规定指引】

《民法典》（2020 年 5 月 28 日）

第二百三十条 因继承取得物权的，自继承开始时发生效力。

（1）在继承、遗赠事实出现时，继承人、受遗赠人即取得抵押权（无需登记）。

（2）但继承人、受遗赠人处分抵押权时，如果被转让的抵押权属于登记取得的抵押权：

①必须先进行抵押权变更登记，然后转让；

②否则不发生物权效力，受让人不能取得抵押权。

13.2.2 依转让取得抵押权

【相关规定指引】

《民法典》（2020 年 5 月 28 日）

第四百零七条 抵押权不得与债权分离而单独转让或者作为其他债权的担保。债权转让的，担保该债权的抵押权一并转让，但是法律另有规定或者当事人另有约定的除外。

第五百四十七条　债权人转让债权的，受让人取得与债权有关的从权利，但是该从权利专属于债权人自身的除外。

受让人取得从权利不因该从权利未办理转移登记手续或者未转移占有而受到影响。

分类来讲：

（1）动产抵押权：受让人取得债权即同时取得抵押权（与抵押登记无关）。

（2）登记取得抵押权：债权转让则抵押权一并转让（不需登记抵押权转让即生效）。

13.3　不动产抵押权登记[①]

13.3.1　转移登记

13.3.1.1　**适用**

因主债权转让导致抵押权转让的，当事人可以申请抵押权转移登记。

最高额抵押权担保的债权确定前，债权人转让部分债权的，除当事人另有约定外，不得办理最高额抵押权转移登记。债权人转让部分债权，当事人约定最高额抵押权随同部分债权的转让而转移的，应当分别申请下列登记：

（1）当事人约定原抵押权人与受让人共同享有最高额抵押权的，应当申请最高额抵押权转移登记和最高额抵押权变更登记；

（2）当事人约定受让人享有一般抵押权、原抵押权人就扣减已转移的债权数额后继续享有最高额抵押权的，应当一并申请一般抵押权转移登记和最高额抵押权变更登记；

（3）当事人约定原抵押权人不再享有最高额抵押权的，应当一并申请最高额抵押权确定登记和一般抵押权转移登记。

13.3.1.2　**申请主体**

抵押权转移登记应当由不动产登记簿记载的抵押权人和债权受让人共同申请。

---

① 具体参见《不动产登记操作规范（试行）》（2021年6月7日）相关规定。

13.3.1.3　申请材料

申请抵押权转移登记，提交的材料包括：

（1）不动产登记申请书。

（2）申请人身份证明。

（3）不动产权证书和不动产登记证明。

（4）抵押权转移的材料，包括：

①申请一般抵押权转移登记的，还应当提交被担保主债权的转让协议；

②申请最高额抵押权转移登记的，还应当提交部分债权转移的材料、当事人约定最高额抵押权随同部分债权的转让而转移的材料；

③债权人已经通知债务人的材料。

（5）法律、行政法规以及《不动产登记暂行条例实施细则》规定的其他材料。

13.3.1.4　审查要点

不动产登记机构在审核过程中应注意以下要点：

（1）申请转移登记的抵押权是否已经登记；

（2）申请转移登记的材料是否齐全、有效；

（3）申请转移的抵押权与抵押权转移登记申请材料的记载是否一致；

（4）其他审查事项。

不存在不予登记情形的，将登记事项记载于不动产登记簿，并向权利人核发不动产登记证明。

13.4　登记/备案/公示与放款

抵押物登记手续办妥的日期不得迟于抵押贷款的实际发放日期。

13.5　登记/备案/公示部门

办理抵押物登记的部门如下：

（1）以机动车辆抵押的，为车辆注册登记地公安机关车辆管理所；

（2）以个人、事业单位、社会团体和其他非企业组织所有的机械设备等生产资料、企业的设备和其他动产抵押的，为中国人民银行征信中心动产融资统一登记公示系统。

14. 抵押担保的审查要件

14.1 主体的真实性

14.1.1 主体的合法性

合法民事主体，允许提供担保，法律上对此没有限制。

14.1.2 主体的真伪性

14.1.2.1 民事主体的真实性

意思表示由民事主体本身作出，且不存在欺骗、冒用他人身份的情形。

14.1.2.2 意思表示的真实性

意思表示真实，能够为外界所客观感知，且不违反法律行政法规的限制性规定。

14.2 物权的真实性

抵押物的真实存在，是抵押权设立的前提，适用于不动产抵押和动产抵押的情形①。在抵押物为动产的情形下，也可以有条件地在将来的物上设立抵押②。

【相关规定指引】

《民法典》（2020 年 5 月 28 日）

第三百九十四条 为担保债务的履行，债务人或者第三人不转移财产的占有，将该财产抵押给债权人的，债务人不履行到期债务或者发生当事人约

---

① 见《民法典》第三百九十四条。
② 见《民法典》第三百九十六条。

定的实现抵押权的情形，债权人有权就该财产优先受偿。

前款规定的债务人或者第三人为抵押人，债权人为抵押权人，提供担保的财产为抵押财产。

第三百九十六条　企业、个体工商户、农业生产经营者可以将现有的以及将有的生产设备、原材料、半成品、产品抵押，债务人不履行到期债务或者发生当事人约定的实现抵押权的情形，债权人有权就抵押财产确定时的动产优先受偿。

14.3　物权的合法性

物权的合法性，主要指物权的客体必须具有合法性。这主要是站在物权保护的角度上来讲，只有物是合法的物，其权利才受法律保护。

【相关规定指引】

《民法典》（2020 年 5 月 28 日）

第一百一十五条　物包括不动产和动产。法律规定权利作为物权客体的，依照其规定。

第一百一十六条　物权的种类和内容，由法律规定。

第一百三十二条　民事主体不得滥用民事权利损害国家利益、社会公共利益或者他人合法权益。

《物权法》（2007 年 3 月 16 日）

第七条　物权的取得和行使，应当遵守法律，尊重社会公德，不得损害公共利益和他人合法权益。

14.4　物权的存在、代位性

14.4.1　相关法律规定

【相关规定指引】

《民法典》（2020 年 5 月 28 日）

第三百九十条　担保期间，担保财产毁损、灭失或者被征收等，担保物权人可以就获得的保险金、赔偿金或者补偿金等优先受偿。被担保债权的履行期限未届满的，也可以提存该保险金、赔偿金或者补偿金等。

第四百零六条　抵押期间，抵押人可以转让抵押财产。当事人另有约定的，按照其约定。抵押财产转让的，抵押权不受影响。

抵押人转让抵押财产的，应当及时通知抵押权人。抵押权人能够证明抵押财产转让可能损害抵押权的，可以请求抵押人将转让所得的价款向抵押权人提前清偿债务或者提存。转让的价款超过债权数额的部分归抵押人所有，不足部分由债务人清偿。

14.4.2　关联案例

【关联案例指引】

某融资担保公司、某企业集团有限公司追偿权纠纷案[①]

《物权法》第一百七十四条规定："担保期间，担保财产毁损、灭失或者被征收等，担保物权人可以就获得的保险金、赔偿金或者补偿金等优先受偿。被担保债权的履行期未届满的，也可以提存该保险金、赔偿金或者补偿金等。"《最高人民法院关于适用〈中华人民共和国担保法〉若干问题的解释》第八十条第一款规定："在抵押物灭失、毁损或者被征用的情况下，抵押权人可以就该抵押物的保险金、赔偿金或者补偿金优先受偿。"据此，担保物权具有物上代位性，当抵押物因灭失、毁损等原因获得保险金、赔偿金、补偿金或者其他物时，抵押权人可以就这些财物继续行使抵押权。因此，某融资担保公司提交的《房屋征收产权调换协议书》和桑某会在其两套菏泽抵押房屋拆迁时出具的《保证书》，虽然证明桑某会的案涉两套抵押房产已经被拆迁，但是依据前述规定，抵押权人可以就因拆迁获得的新房或者其他财物继续行使抵押权。因此，该项新证据不足以推翻二审判决关于某融资担保公司对桑某会两套菏泽抵押房屋享有优先受偿权的认定。

14.4.3　结论

实现抵押权的前提是抵押物仍然存在，如抵押物不存在，那么抵押权就

[①]　最高人民法院（2020）最高法民再31号民事判决书，载中国裁判文书网，2024年3月11日访问。

没有行使的对象，如果抵押物不存在，有可替代物的情形下，抵押权人可以就获得的保险金、赔偿金或者补偿金等优先受偿。

抵押物的权属发生了变化，对抵押权的行使没有影响，但当事人另有约定的，按照其约定。

14.5　抵押权的范围——从物

【相关规定指引】

《最高人民法院关于适用〈中华人民共和国民法典〉有关担保制度的解释》（2020 年 12 月 31 日）

第四十条　从物产生于抵押权依法设立前，抵押权人主张抵押权的效力及于从物的，人民法院应予支持，但是当事人另有约定的除外。

从物产生于抵押权依法设立后，抵押权人主张抵押权的效力及于从物的，人民法院不予支持，但是在抵押权实现时可以一并处分。

14.6　抵押物的范围——添附

【相关规定指引】

《最高人民法院关于适用〈中华人民共和国民法典〉有关担保制度的解释》（2020 年 12 月 31 日）

第四十一条　抵押权依法设立后，抵押财产被添附，添附物归第三人所有，抵押权人主张抵押权效力及于补偿金的，人民法院应予支持。

抵押权依法设立后，抵押财产被添附，抵押人对添附物享有所有权，抵押权人主张抵押权的效力及于添附物的，人民法院应予支持，但是添附导致抵押财产价值增加的，抵押权的效力不及于增加的价值部分。

抵押权依法设立后，抵押人与第三人因添附成为添附物的共有人，抵押权人主张抵押权的效力及于抵押人对共有物享有的份额的，人民法院应予支持。

本条所称添附，包括附合、混合与加工。

15. 普通房屋的抵押管理

15.1　有证房屋的抵押管理

【相关规定指引】

《民法典》（2020 年 5 月 28 日）

第二百零九条　不动产物权的设立、变更、转让和消灭，经依法登记，发生效力；未经登记，不发生效力，但是法律另有规定的除外。

依法属于国家所有的自然资源，所有权可以不登记。

第二百一十条　不动产登记，由不动产所在地的登记机构办理。

国家对不动产实行统一登记制度。统一登记的范围、登记机构和登记办法，由法律、行政法规规定。

第二百一十一条　当事人申请登记，应当根据不同登记事项提供权属证明和不动产界址、面积等必要材料。

第二百一十二条　登记机构应当履行下列职责：

（一）查验申请人提供的权属证明和其他必要材料；

（二）就有关登记事项询问申请人；

（三）如实、及时登记有关事项；

（四）法律、行政法规规定的其他职责。

申请登记的不动产的有关情况需要进一步证明的，登记机构可以要求申请人补充材料，必要时可以实地查看。

15.2　附属设施物的抵押管理

一般来讲，消防、电梯、配电室等相关配套设施属于房屋的组成部分，无法与房屋其他部分分离。所以，银行对抵押物的抵押权应包括相关配套设施在内。当然，这个结论成立需要有三个前提：

（1）查明附属设施的具体种类、数量、具体情况；

（2）将附属设施的具体情况明确约定在抵押合同之中；

（3）需要法院裁判时予以确认和认可。

【相关规定指引】

《民法典》（2020 年 5 月 28 日）

第三百四十四条　建设用地使用权人依法对国家所有的土地享有占有、使用和收益的权利，有权利用该土地建造建筑物、构筑物及其附属设施。

第三百四十八条　通过招标、拍卖、协议等出让方式设立建设用地使用权的，当事人应当采用书面形式订立建设用地使用权出让合同。

建设用地使用权出让合同一般包括下列条款：

（一）当事人的名称和住所；

（二）土地界址、面积等；

（三）建筑物、构筑物及其附属设施占用的空间；

（四）土地用途、规划条件；

（五）建设用地使用权期限；

（六）出让金等费用及其支付方式；

（七）解决争议的方法。

第三百五十二条　建设用地使用权人建造的建筑物、构筑物及其附属设施的所有权属于建设用地使用权人，但是有相反证据证明的除外。

第三百五十六条　建设用地使用权转让、互换、出资或者赠与的，附着于该土地上的建筑物、构筑物及其附属设施一并处分。

第三百五十七条　建筑物、构筑物及其附属设施转让、互换、出资或者赠与的，该建筑物、构筑物及其附属设施占用范围内的建设用地使用权一并处分。

15.3　合法建造物的抵押管理

15.3.1　相关法律规定

【相关规定指引】

《民法典》（2020 年 5 月 28 日）

第二百三十一条　因合法建造、拆除房屋等事实行为设立或者消灭物权的，自事实行为成就时发生效力。

第四百零二条　以本法第三百九十五条第一款第一项至第三项规定的财产或者第五项规定的正在建造的建筑物抵押的，应当办理抵押登记。抵押权自登记时设立。

第四百零三条　以动产抵押的，抵押权自抵押合同生效时设立；未经登记，不得对抗善意第三人。

15.3.2　关联案例

【关联案例指引】

某资产管理股份有限公司陕西省分公司与陕西某实业发展有限公司、西安某房地产综合开发有限责任公司案外人执行异议之诉案①

虽然《物权法》第三十条②规定，因合法建造、拆除房屋等事实行为设立或者消灭物权的，自事实行为成就时发生效力。但合法建造取得物权，应当包括两个前提条件，一是必须有合法的建房手续，完成特定审批，取得合法土地权利，符合规划要求；二是房屋应当建成……

---

① 最高人民法院（2016）最高法民终 763 号民事判决书，载中国裁判文书网，2024 年 3 月 11 日访问。
② 《民法典》第二百三十一条。

15.4   违法建筑物的抵押管理

15.4.1   相关法律规定

【相关规定指引】

《民法典》（2020 年 5 月 28 日）

第三百九十七条   以建筑物抵押的，该建筑物占用范围内的建设用地使用权一并抵押。以建设用地使用权抵押的，该土地上的建筑物一并抵押。

抵押人未依据前款规定一并抵押的，未抵押的财产视为一并抵押。

《第八次全国法院民事商事审判工作会议（民事部分）纪要》（2016 年 11 月 21 日）

（二）关于违法建筑相关纠纷的处理问题

21. 对于未取得建设工程规划许可证或者未按照建设工程规划许可证规定内容建设的违法建筑的认定和处理，属于国家有关行政机关的职权范围，应避免通过民事审判变相为违法建筑确权。当事人请求确认违法建筑权利归属及内容的，人民法院不予受理；已经受理的，裁定驳回起诉。

22. 因违法建筑倒塌或其搁置物、悬挂物脱落、坠落造成的损害赔偿纠纷，属于民事案件受案范围，应按照侵权责任法有关物件损害责任的相关规定处理。

《最高人民法院关于适用〈中华人民共和国民法典〉有关担保制度的解释》（2020 年 12 月 31 日）

第十七条   主合同有效而第三人提供的担保合同无效，人民法院应当区分不同情形确定担保人的赔偿责任：

（一）债权人与担保人均有过错的，担保人承担的赔偿责任不应超过债务人不能清偿部分的二分之一；

（二）担保人有过错而债权人无过错的，担保人对债务人不能清偿的部分承担赔偿责任；

（三）债权人有过错而担保人无过错的，担保人不承担赔偿责任。

主合同无效导致第三人提供的担保合同无效，担保人无过错的，不承担赔偿责任；担保人有过错的，其承担的赔偿责任不应超过债务人不能清偿部分的三分之一。

第四十九条 以违法的建筑物抵押的，抵押合同无效，但是一审法庭辩论终结前已经办理合法手续的除外。抵押合同无效的法律后果，依照本解释第十七条的有关规定处理。

当事人以建设用地使用权依法设立抵押，抵押人以土地上存在违法的建筑物为由主张抵押合同无效的，人民法院不予支持。

《最高人民法院关于适用〈中华人民共和国担保法〉若干问题的解释》（2000 年 12 月 8 日）

第四十八条 以法定程序确认为违法、违章的建筑物抵押的，抵押无效。

15.4.2 违法建筑物对抵押权人的危害

违反规划的无证违章建筑对抵押权人有以下三点危害：

（1）无法顺利查封无证违章建筑，因未在不动产登记机构登记，无法进行查封登记，现场查封又为大多数法院实践中予以排斥。

（2）增加抵押物整体的评估价值，在处置抵押物时，会导致增加整体处置范围的抵押物评估价值。

（3）无证违章建筑的相应评估价值，应当额外支付给首封债权人，即使其本身即为首封债权人，也面临相应价值不属优先受偿范围而被其他债权人申请参与分配的危险。

15.4.5 首先查封有助于部分消除危害

（1）首先查封可以避免其他债权人主张对无证违章建筑的权利，可以基于首先查封事实占有对无证违章建筑执行的顺序上的先机。

（2）《最高人民法院关于人民法院民事执行中查封、扣押、冻结财产的规定》第二十一条规定，查封地上建筑物的效力及于该地上建筑物使用范围内的土地使用权，查封土地使用权的效力及于地上建筑物，但土地使用权与地上建筑物的所有权分属被执行人与他人的除外。地上建筑物和土地使用权的登记机关不是同一机关的，应当分别办理查封登记。

15.5　如何区分附属、合法、违法建筑

（1）附属建筑：规划图、施工图、竣工验收图纸上存在，规划上有，但是没有房产证的，大概率是附属设施。

（2）合法建筑：施工图、竣工验收图上有的，竣工后可以取得相应证件，但是现在还不满足条件的，可以认定为合法建筑。

（3）违法建筑：未经规划审批，法律上给予否定性评价。

严格来讲，三者之间的区分和认定是建筑学上的概念。

15.6　国有土地上房屋的抵押管理

15.6.1　涉出让土地的抵押管理

15.6.1.1　2007 年前出让土地上的房产

2007 年之前的土地取得方式大多为协议出让，其土地出让金标准较低，后期处置时，土地增值税的成本对于买受人或在债权人抵债时会非常高。

建筑年代久远，除了变现成本高之外，还增加了房产大幅贬值与变价成本高两个危险因素，剩余土地年限过短也是高危因素之一。

2007 年是法律制度上树立"土地招拍挂"的关键之年，2007 年之前，通过协议出让，低价获地的可能性较大，土地增值税负担较重。

15.6.1.2　2007 年后出让土地上的房产

关于招拍挂制度的历史，参见第三章 16.2 部分内容。

15.6.1.3　经营性用地及房产抵押的注意事项

除了评估经营性用地及房产的市场价值，还要查清其土地取得价值，对将来抵押物处置难度与处置成本要有预判。

15.6.2　划拨土地上房产的抵押管理

15.6.2.1　划拨土地上的房产

【相关规定指引】

《城市房地产管理法》（2019 年 8 月 26 日）

第四十条　以划拨方式取得土地使用权的，转让房地产时，应当按照国

务院规定，报有批准权的人民政府审批。有批准权的人民政府准予转让的，应当由受让方办理土地使用权出让手续，并依照国家有关规定缴纳土地使用权出让金。

以划拨方式取得土地使用权的，转让房地产报批时，有批准权的人民政府按照国务院规定决定可以不办理土地使用权出让手续的，转让方应当按照国务院规定将转让房地产所获收益中的土地收益上缴国家或者作其他处理。

第五十一条　设定房地产抵押权的土地使用权是以划拨方式取得的，依法拍卖该房地产后，应当从拍卖所得的价款中缴纳相当于应缴纳的土地使用权出让金的款额后，抵押权人方可优先受偿。

15.6.2.2　划拨用地的土地出让金负担

【关联案例指引】

周某与朱某娣、陈某联执行监督案[①]

《城市房地产管理法》第四十条第一款规定……据此，在划拨土地使用权转让的情况下，应当由划拨土地的受让人承担补缴划拨用地土地出让金的义务。第五十一条规定……根据该条规定，在划拨土地办理抵押的情况下，抵押权人优先受偿权的范围仅限于扣除土地出让金之后的划拨土地使用权本身的价值。该条并未明确规定，要由抵押权人缴纳土地出让金。因此，第五十一条规定与第四十条规定并不冲突。人民法院在拍卖办理了抵押登记的划拨土地后，关于土地出让金的承担主体，应该综合以上两个条文确定。

如果将办理了抵押登记的划拨土地作为已经办理了出让手续的土地进行司法拍卖的，买受人竞买所得的，应该也是已经办理了土地出让手续的土地，其所支付的价款中包含土地出让金，人民法院应当从所得款中扣除土地出让金，将剩余部分扣除执行费等必要费用后支付给抵押权人。如果将办理了抵押登记的划拨土地作为尚未办理出让手续的划拨土地进行司法拍卖的，买受人竞买所得的，也应该是尚未办理出让手续的划拨土地，其所支付的价款中亦不包含土地出让金，人民法院可以将所得款扣除执行费等必要费用后直接

---

① 最高人民法院（2021）最高法执监398号执行裁定书，载中国裁判文书网，2024年3月11日访问。

支付给抵押权人。

本案中，通过拍卖平台公布的评估报告和拍卖公告，均明确本案评估拍卖的标的物的土地性质为划拨土地。拍卖公告还明确，拍卖标的物以现状进行拍卖，标的物转让登记手续由买受人自行办理。根据评估公司提交的说明，评估拍卖标的物的价格明显低于周边出让土地上的写字楼价格。因此，申诉人通过竞买所得的，应该是尚未办理土地出让手续的划拨土地，其支付的价款中，亦不包括土地出让金。申诉人关于应该适用《城市房地产管理法》第五十一条规定由抵押权人承担缴纳土地出让金义务的主张，缺乏事实和法律依据，法院不予支持。

15.7　国有土地期限的抵押管理

15.7.1　相关法律规定

【相关规定指引】

《城市房地产管理法》（2019 年 8 月 26 日）

第二十二条　土地使用权出让合同约定的使用年限届满，土地使用者需要继续使用土地的，应当至迟于届满前一年申请续期，除根据社会公共利益需要收回该幅土地的，应当予以批准。经批准准予续期的，应当重新签订土地使用权出让合同，依照规定支付土地使用权出让金。

土地使用权出让合同约定的使用年限届满，土地使用者未申请续期或者虽申请续期但依照前款规定未获批准的，土地使用权由国家无偿收回。

《城镇国有土地使用权出让和转让暂行条例》（2020 年 11 月 29 日）

第三十九条　土地使用权因土地使用权出让合同规定的使用年限届满、提前收回及土地灭失等原因而终止。

第四十条　土地使用权期满，土地使用权及其地上建筑物、其他附着物所有权由国家无偿取得。土地使用者应当交还土地使用证，并依照规定办理注销登记。

第四十一条　土地使用权期满，土地使用者可以申请续期。需要续期的，应当依照本条例第二章的规定重新签订合同，支付土地使用权出让金，并办理登记。

15.7.2 《物权法》的规定

【相关规定指引】

《物权法》（2007 年 3 月 16 日）

第一百四十九条 住宅建设用地使用权期间届满的，自动续期。

非住宅建设用地使用权期间届满后的续期，依照法律规定办理。该土地上的房屋及其他不动产的归属，有约定的，按照约定；没有约定或者约定不明确的，依照法律、行政法规的规定办理。

第一百五十条 建设用地使用权消灭的，出让人应当及时办理注销登记。登记机构应当收回建设用地使用权证书。

15.7.3 《土地管理法》的规定

【相关规定指引】

《土地管理法》（2019 年 8 月 26 日）

第五十八条 有下列情形之一的，由有关人民政府自然资源主管部门报经原批准用地的人民政府或者有批准权的人民政府批准，可以收回国有土地使用权：

……

（二）土地出让等有偿使用合同约定的使用期限届满，土地使用者未申请续期或者申请续期未获批准的；

……

依照前款第（一）项的规定收回国有土地使用权的，对土地使用权人应当给予适当补偿。

15.7.4 《民法典》的规定

【相关规定指引】

《民法典》（2020 年 5 月 28 日）

第三百五十九条 住宅建设用地使用权期限届满的，自动续期。续期费用的缴纳或者减免，依照法律、行政法规的规定办理。

非住宅建设用地使用权期限届满后的续期，依照法律规定办理。该土地上的房屋以及其他不动产的归属，有约定的，按照约定；没有约定或者约定不明确的，依照法律、行政法规的规定办理。

第三百六十条　建设用地使用权消灭的，出让人应当及时办理注销登记。登记机构应当收回权属证书。

15.7.5　实践中的惯常做法

【相关规定指引】

《国土资源部办公厅关于妥善处理少数住宅建设用地使用权到期问题的复函》（2016 年 12 月 8 日）

浙江省国土资源厅：

《关于如何处理少数住宅用地使用权到期问题的请示》（浙土资〔2016〕64 号）收悉。经认真研究并征得住房和城乡建设部同意，现将有关问题答复如下：

《物权法》第 149 条规定："住宅建设用地使用权期间届满的，自动续期"。《中共中央　国务院关于完善产权保护制度依法保护产权的意见》提出，"研究住宅建设用地等土地使用权到期后续期的法律安排，推动形成全社会对公民财产长久受保护的良好和稳定预期"。在尚未对住宅建设用地等土地使用权到期后续期作出法律安排前，少数住宅建设用地使用权期间届满的，可按以下过渡性办法处理：

一、不需要提出续期申请。少数住宅建设用地使用权期间届满的，权利人不需要专门提出续期申请。

二、不收取费用。市、县国土资源主管部门不收取相关费用。

三、正常办理交易和登记手续。此类住房发生交易时，正常办理房地产交易和不动产登记手续，涉及"土地使用期限"仍填写该住宅建设用地使用权的原起始日期和到期日期，并注明："根据《国土资源部办公厅关于妥善处理少数住宅建设用地使用权到期问题的复函》（国土资厅函〔2016〕1712 号）办理相关手续"。

15.8 流押的认定与抵押权实现

15.8.1 《担保法》的规定

【相关规定指引】

《担保法》（1995 年 6 月 30 日）

第四十条 订立抵押合同时，抵押权人和抵押人在合同中不得约定在债务履行期届满抵押权人未受清偿时，抵押物的所有权转移为债权人所有。

在《担保法》时代，流押条款属于法律明确禁止的情形，此类流押条款应当认定无效。

15.8.2《物权法》的规定

【相关规定指引】

《物权法》（2007 年 3 月 16 日）

第一百八十六条 抵押权人在债务履行期届满前，不得与抵押人约定债务人不履行到期债务时抵押财产归债权人所有。

在《物权法》时代，流押条款属于法律明确禁止的情形，此类流押条款应当认定无效。

15.8.3 《民法典》的规定

15.8.3.1 法律规定

【相关规定指引】

《民法典》（2020 年 5 月 28 日）

第四百零一条 抵押权人在债务履行期限届满前，与抵押人约定债务人不履行到期债务时抵押财产归债权人所有的，只能依法就抵押财产优先受偿。

《民法典》对"流押条款"并未如以往一样作出禁止性规定。

15.8.3.2 法律后果

（1）如果约定了"流押条款"，虽然抵押权人仍无法按约定取得抵押财产，但不会产生"流押条款"无效的法律后果。

（2）可以依法就抵押财产优先受偿，并不意味着约定了流押条款，当然取得抵押财产优先受偿权。

（3）取得抵押财产优先受偿权的前提需符合法律规定，就不动产抵押而言，依据《民法典》第四百零二条的规定，应当办理抵押登记，抵押权自登记时设立，未办理抵押登记的，抵押权未设立，抵押财产自然不能优先受偿。

16. 国有建设用地使用权的抵押管理

16.1 国有建设用地使用权的规定

16.1.1 《民法典》的规定

【相关规定指引】

《民法典》（2020 年 5 月 28 日）

第十二章 建设用地使用权

第三百四十四条 建设用地使用权人依法对国家所有的土地享有占有、使用和收益的权利，有权利用该土地建造建筑物、构筑物及其附属设施。

第三百四十五条 建设用地使用权可以在土地的地表、地上或者地下分别设立。

第三百四十六条 设立建设用地使用权，应当符合节约资源、保护生态环境的要求，遵守法律、行政法规关于土地用途的规定，不得损害已经设立的用益物权。

第三百四十七条 设立建设用地使用权，可以采取出让或者划拨等方式。

工业、商业、旅游、娱乐和商品住宅等经营性用地以及同一土地有两个以上意向用地者的，应当采取招标、拍卖等公开竞价的方式出让。

严格限制以划拨方式设立建设用地使用权。

第三百四十八条　通过招标、拍卖、协议等出让方式设立建设用地使用权的，当事人应当采用书面形式订立建设用地使用权出让合同。

建设用地使用权出让合同一般包括下列条款：

（一）当事人的名称和住所；

（二）土地界址、面积等；

（三）建筑物、构筑物及其附属设施占用的空间；

（四）土地用途、规划条件；

（五）建设用地使用权期限；

（六）出让金等费用及其支付方式；

（七）解决争议的方法。

16.1.2　《不动产登记操作规范（试行）》的规定

【相关规定指引】

《不动产登记操作规范（试行）》（2021 年 6 月 7 日）

8　国有建设用地使用权登记

8.1　首次登记

8.1.1　适用

依法取得国有建设用地使用权，可以单独申请国有建设用地使用权首次登记。

8.1.2　申请主体

国有建设用地使用权首次登记的申请主体应当为土地权属来源材料上记载的国有建设用地使用权人。

8.1.3　申请材料

申请国有建设用地使用权首次登记，提交的材料包括：

1　不动产登记申请书；

2　申请人身份证明；

3　土地权属来源材料，包括：

（1）以出让方式取得的，应当提交出让合同和缴清土地出让价款凭证等相关材料；

（2）以划拨方式取得的，应当提交县级以上人民政府的批准用地文件和国有建设用地使用权划拨决定书等相关材料;[①]

（3）以租赁方式取得的，应当提交土地租赁合同和土地租金缴纳凭证等相关材料；

（4）以作价出资或者入股方式取得的，应当提交作价出资或者入股批准文件和其他相关材料；

（5）以授权经营方式取得的，应当提交土地资产授权经营批准文件和其他相关材料。

4 不动产权籍调查表、宗地图、宗地界址点坐标等不动产权籍调查成果；

5 依法应当纳税的，应提交完税凭证；

6 法律、行政法规以及《实施细则》规定的其他材料。

16.2 土地招拍挂制度的历史

16.2.1 《城市房地产管理法》的规定

【相关规定指引】

《城市房地产管理法》 [②] (2019 年 8 月 26 日)

第十三条 土地使用权出让，可以采取拍卖、招标或者双方协议的方式。

商业、旅游、娱乐和豪华住宅用地，有条件的，必须采取拍卖、招标方式；没有条件，不能采取拍卖、招标方式的，可以采取双方协议的方式。

---

① 附:《国土资源部关于国有划拨土地使用权抵押登记有关问题的通知》（2004 年 1 月 15 日）各省、自治区、直辖市国土资源厅（国土环境资源厅、国土资源和房屋管理局、房屋土地管理局、规划和国土资源局）:

　　根据国家有关法律法规的规定，现将国有划拨土地使用权抵押登记中的有关问题通知如下：

　　以国有划拨土地使用权为标的物设定抵押，土地行政管理部门依法办理抵押登记手续，即视同已经具有审批权限的土地行政管理部门批准，不必再另行办理土地使用权抵押的审批手续。

　　上述《国土资源部关于国有划拨土地使用权抵押登记有关问题的通知》已于 2016 年废止。2010 年，《国务院关于第五批取消和下放管理层级行政审批项目的决定》发布，原国土资源部取消了根据《城镇国有土地使用权出让和转让暂行条例》设立的"国有划拨土地使用权抵押审批"事项，即划拨的国有建设用地使用权办理抵押登记时无需进行审批。《通知》的规定已与《决定》不一致。

② 2007 年该法修正，在第十三条规定了与 1994 年第十二条完全一致的内容。

采取双方协议方式出让土地使用权的出让金不得低于按国家规定所确定的最低价。

从 1994 年《城市房地产管理法》颁布到 2004 年"8·31"大限①出台前的十年时间，实践中大量采取协议出让方式出让土地。

16.2.2　《国务院关于加强国有土地资产管理的通知》的规定

【相关规定指引】

《国务院关于加强国有土地资产管理的通知》（2001 年 4 月 30 日）

三、大力推行国有土地使用权招标、拍卖

……国有建设用地供应，除涉及国家安全和保密要求外，都必须向社会公开。商业性房地产开发用地和其他土地供应计划公布后同一地块有两个以上意向用地者的，都必须由市、县人民政府土地行政主管部门依法以招标、拍卖方式提供，国有土地使用权招标、拍卖必须公开进行。要严格限制协议用地范围。确实不能采用招标、拍卖方式的，方可采用协议方式……

该通知相较于《城市房地产管理法》关于招拍挂的规定，首次提出有两个以上意向用地者的，要公开竞争用地。

16.2.3　原国土资源部落实《国务院关于加强国有土地资产管理的通知》

【相关规定指引】

《招标拍卖挂牌出让国有建设用地使用权规定》（2007 年 9 月 28 日）

第四条　工业、商业、旅游、娱乐和商品住宅等经营性用地以及同一宗地有两个以上意向用地者的，应当以招标、拍卖或者挂牌方式出让。

前款规定的工业用地包括仓储用地，但不包括采矿用地。

2002 年至 2003 年期间，原国土资源部密集出台一系列规范性文件，持续督促、整顿、检查土地招拍挂出让制度落实。

---

①　《国土资源部、监察部关于继续开展经营性土地使用权招标拍卖挂牌出让情况执法监察工作的通知》要求，各地要严格执行经营性土地使用权招标拍卖挂牌出让制度。在 2004 年 8 月 31 日前将历史遗留问题界定并处理完毕。8 月 31 日后，不得再以历史遗留问题为由采用协议方式出让经营性土地使用权。

16.2.4 《物权法》明确"招拍挂"制度

【相关规定指引】

《物权法》（2007年3月16日）

第一百三十七条 设立建设用地使用权，可以采取出让或者划拨等方式。

工业、商业、旅游、娱乐和商品住宅等经营性用地以及同一土地有两个以上意向用地者的，应当采取招标、拍卖等公开竞价的方式出让。

严格限制以划拨方式设立建设用地使用权。采取划拨方式的，应当遵守法律、行政法规关于土地用途的规定。[①]

16.3 四类土地抵押的规定

【相关规定指引】

《国务院办公厅关于完善建设用地使用权转让、出租、抵押二级市场的指导意见》（2019年7月6日）

四、完善抵押机制，保障合法权益

（十二）明确不同权能建设用地使用权抵押的条件。以划拨方式取得的建设用地使用权可以依法依规设定抵押权，划拨土地抵押权实现时应优先缴纳土地出让收入。以出让、作价出资或入股等方式取得的建设用地使用权可以设定抵押权。以租赁方式取得的建设用地使用权，承租人在按规定支付土地租金并完成开发建设后，根据租赁合同约定，其地上建筑物、其他附着物连同土地可以依法一并抵押。

（十三）放宽对抵押权人的限制。自然人、企业均可作为抵押权人申请以建设用地使用权及其地上建筑物、其他附着物所有权办理不动产抵押相关手续，涉及企业之间债权债务合同的须符合有关法律法规的规定。

（十四）依法保障抵押权能。探索允许不以公益为目的的养老、教育等社会领域企业以有偿取得的建设用地使用权、设施等财产进行抵押融资。各地要进一步完善抵押权实现后保障原有经营活动持续稳定的配套措施，确保

---

① 现《民法典》第三百四十七条。

土地用途不改变、利益相关人权益不受损。探索建立建设用地使用权抵押风险提示机制和抵押资金监管机制，防控市场风险。

16.4　改变土地用途的法律后果

16.4.1　《土地管理法》的规定

【相关规定指引】

《土地管理法》（2019 年 8 月 26 日）

第四条　国家实行土地用途管制制度。

国家编制土地利用总体规划，规定土地用途，将土地分为农用地、建设用地和未利用地。严格限制农用地转为建设用地，控制建设用地总量，对耕地实行特殊保护。

前款所称农用地是指直接用于农业生产的土地，包括耕地、林地、草地、农田水利用地、养殖水面等；建设用地是指建造建筑物、构筑物的土地，包括城乡住宅和公共设施用地、工矿用地、交通水利设施用地、旅游用地、军事设施用地等；未利用地是指农用地和建设用地以外的土地。

使用土地的单位和个人必须严格按照土地利用总体规划确定的用途使用土地。

第五十六条　建设单位使用国有土地的，应当按照土地使用权出让等有偿使用合同的约定或者土地使用权划拨批准文件的规定使用土地；确需改变该幅土地建设用途的，应当经有关人民政府自然资源主管部门同意，报原批准用地的人民政府批准。其中，在城市规划区内改变土地用途的，在报批前，应当先经有关城市规划行政主管部门同意。

16.4.2　改变土地用途的审批程序

16.4.2.1　自然资源部门

【相关规定指引】

《城市房地产管理法》（2019 年 8 月 26 日）

第十八条　土地使用者需要改变土地使用权出让合同约定的土地用途的，

必须取得出让方和市、县人民政府城市规划行政主管部门的同意，签订土地使用权出让合同变更协议或者重新签订土地使用权出让合同，相应调整土地使用权出让金。

16.4.2.2 城市规划部门

【相关规定指引】

《城镇国有土地使用权出让和转让暂行条例》（2020 年 11 月 29 日）

第十八条　土地使用者需要改变土地使用权出让合同规定的土地用途的，应当征得出让方同意并经土地管理部门和城市规划部门批准，依照本章的有关规定重新签订土地使用权出让合同，调整土地使用权出让金，并办理登记。

16.4.2.3 市、县人民政府

【相关规定指引】

《国务院关于加强国有土地资产管理的通知》（2001 年 4 月 30 日）

二、严格实行国有土地有偿使用制度

……土地使用者需要改变原批准的土地用途、容积率等，必须依法报经市、县人民政府批准……

16.4.3 改变土地用途的法律后果

16.4.3.1 收回土地使用权

【相关规定指引】

《土地管理法》（2019 年 8 月 26 日）

第五十六条　建设单位使用国有土地的，应当按照土地使用权出让等有偿使用合同的约定或者土地使用权划拨批准文件的规定使用土地；确需改变该幅土地建设用途的，应当经有关人民政府自然资源主管部门同意，报原批准用地的人民政府批准。其中，在城市规划区内改变土地用途的，在报批前，应当先经有关城市规划行政主管部门同意。

第八十一条　依法收回国有土地使用权当事人拒不交出土地的，临时使用土地期满拒不归还的，或者不按照批准的用途使用国有土地的，由县级以上人民政府自然资源主管部门责令交还土地，处以罚款。

《最高人民法院关于审理涉及国有土地使用权合同纠纷案件适用法律问题的解释》（2020 年 12 月 29 日）

第六条　受让方擅自改变土地使用权出让合同约定的土地用途，出让方请求解除合同的，应予支持。

16.4.3.2　补缴土地出让金

【相关规定指引】

《城市房地产管理法》（2019 年 8 月 26 日）

第十八条　土地使用者需要改变土地使用权出让合同约定的土地用途的，必须取得出让方和市、县人民政府城市规划行政主管部门的同意，签订土地使用权出让合同变更协议或者重新签订土地使用权出让合同，相应调整土地使用权出让金。

《国务院关于深化改革严格土地管理的决定》（2004 年 10 月 21 日）

（十七）推进土地资源的市场化配置。严格控制划拨用地范围，经营性基础设施用地要逐步实行有偿使用。运用价格机制抑制多占、滥占和浪费土地。除按现行规定必须实行招标、拍卖、挂牌出让的用地外，工业用地也要创造条件逐步实行招标、拍卖、挂牌出让。经依法批准利用原有划拨土地进行经营性开发建设的，应当按照市场价补缴土地出让金。经依法批准转让原划拨土地使用权的，应当在土地有形市场公开交易，按照市场价补缴土地出让金；低于市场价交易的，政府应当行使优先购买权。

16.4.4　土地变更登记的具体操作

【相关规定指引】

《不动产登记操作规范（试行）》（2021 年 6 月 7 日）

4.2.4　不动产存在异议登记或者设有抵押权、地役权或被查封的，因权利人姓名或名称、身份证明类型及号码、不动产坐落发生变化而申请的变更登记，可以办理。因通过协议改变不动产的面积、用途、权利期限等内容申请变更登记，对抵押权人、地役权人产生不利影响的，应当出具抵押权人、地役权人同意变更的书面材料。

8.2.3　申请材料

申请国有建设用地使用权变更登记，提交的材料包括：

1　不动产登记申请书；

2　申请人身份证明；

3　不动产权属证书；

4　国有建设用地使用权变更材料，包括：

……

（3）土地用途变更的，提交自然资源主管部门出具的批准文件和土地出让合同补充协议。依法需要补交土地出让价款的，还应当提交缴清土地出让价款的凭证；

……

9.2.3　申请材料

申请房屋所有权变更登记，提交的材料包括：

1　不动产登记申请书；

2　申请人身份证明；

3　不动产权属证书；

4　国有建设用地使用权及房屋所有权变更的材料，包括：

……

（3）用途发生变化的，提交城市规划部门出具的批准文件、与自然资源主管部门签订的土地出让合同补充协议。依法需要补交土地出让价款的，还应当提交土地价款以及相关税费缴纳凭证；

……

16.4.5　补缴土地出让金的时点标准

16.4.5.1　补缴土地出让金评估时点

关于补缴土地出让金评估基准日的确定，司法解释与部门的规定并不相同。

【相关规定指引】

《最高人民法院关于审理涉及国有土地使用权合同纠纷案件适用法律问题的解释》（2020年12月29日）

第五条　受让方经出让方和市、县人民政府城市规划行政主管部门同意，改变土地使用权出让合同约定的土地用途，当事人请求按照起诉时同种用途的土地出让金标准调整土地出让金的，应予支持。

16.4.5.2　自然资源部部长信箱答复

【相关规定指引】

《补交出让金如何确定评估时点?》[①]

咨询：您好！有一房地产项目，于 2000 年经市规划部门批准调高容积率，现向国土部门申请补交出让金。对评估时点问题，一说为 2000 年规划部门批准调整容积率时为准，一说为现在向国土部门申报办理补交出让金手续时为准。请问：以哪个为准？

回复：你好！土地出让后经原出让方批准改变用途或容积率等土地使用条件的，在评估需补缴地价款时，评估期日应以国土资源主管部门同意补缴地价时为准。（土地利用管理司）

16.5　闲置土地的处理

16.5.1　闲置土地的认定

【相关规定指引】

《土地管理法》（2019 年 8 月 26 日）

第三十八条　禁止任何单位和个人闲置、荒芜耕地。已经办理审批手续的非农业建设占用耕地，一年内不用而又可以耕种并收获的，应当由原耕种该幅耕地的集体或者个人恢复耕种，也可以由用地单位组织耕种；一年以上未动工建设的，应当按照省、自治区、直辖市的规定缴纳闲置费；连续二年未使用的，经原批准机关批准，由县级以上人民政府无偿收回用地单位的土地使用权；该幅土地原为农民集体所有的，应当交由原农村集体经济组织恢复耕种。

在城市规划区范围内，以出让方式取得土地使用权进行房地产开发的闲置土地，依照《中华人民共和国城市房地产管理法》的有关规定办理。

---

① 《补交出让金如何确定评估时点?》，载自然资源部网站，https://www.mnr.gov.cn/zt/hd/tdr/24tdr/nwwd/201310/t20131028_ 2050962.html，2024 年 4 月 15 日访问。

《闲置土地处置办法》（2012 年 6 月 1 日）

第二条　本办法所称闲置土地，是指国有建设用地使用权人超过国有建设用地使用权有偿使用合同或者划拨决定书约定、规定的动工开发日期满一年未动工开发的国有建设用地。

已动工开发但开发建设用地面积占应动工开发建设用地总面积不足三分之一或者已投资额占总投资额不足百分之二十五，中止开发建设满一年的国有建设用地，也可以认定为闲置土地。

第八条　有下列情形之一，属于政府、政府有关部门的行为造成动工开发延迟的，国有建设用地使用权人应当向市、县国土资源主管部门提供土地闲置原因说明材料，经审核属实的，依照本办法第十二条和第十三条规定处置：

（一）因未按照国有建设用地使用权有偿使用合同或者划拨决定书约定、规定的期限、条件将土地交付给国有建设用地使用权人，致使项目不具备动工开发条件的；

（二）因土地利用总体规划、城乡规划依法修改，造成国有建设用地使用权人不能按照国有建设用地使用权有偿使用合同或者划拨决定书约定、规定的用途、规划和建设条件开发的；

（三）因国家出台相关政策，需要对约定、规定的规划和建设条件进行修改的；

（四）因处置土地上相关群众信访事项等无法动工开发的；

（五）因军事管制、文物保护等无法动工开发的；

（六）政府、政府有关部门的其他行为。

因自然灾害等不可抗力导致土地闲置的，依照前款规定办理。

16.5.2　闲置土地的处置

【相关规定指引】

《闲置土地处置办法》（2012 年 6 月 1 日）

第十二条　因本办法第八条规定情形造成土地闲置的，市、县国土资源主管部门应当与国有建设用地使用权人协商，选择下列方式处置：

（一）延长动工开发期限。签订补充协议，重新约定动工开发、竣工期限和违约责任。从补充协议约定的动工开发日期起，延长动工开发期限最长不得超过一年；

（二）调整土地用途、规划条件。按照新用途或者新规划条件重新办理相关用地手续，并按照新用途或者新规划条件核算、收缴或者退还土地价款。改变用途后的土地利用必须符合土地利用总体规划和城乡规划；

（三）由政府安排临时使用。待原项目具备开发建设条件，国有建设用地使用权人重新开发建设。从安排临时使用之日起，临时使用期限最长不得超过两年；

（四）协议有偿收回国有建设用地使用权；

（五）置换土地。对已缴清土地价款、落实项目资金，且因规划依法修改造成闲置的，可以为国有建设用地使用权人置换其他价值相当、用途相同的国有建设用地进行开发建设。涉及出让土地的，应当重新签订土地出让合同，并在合同中注明为置换土地；

（六）市、县国土资源主管部门还可以根据实际情况规定其他处置方式。

除前款第四项规定外，动工开发时间按照新约定、规定的时间重新起算。

符合本办法第二条第二款规定情形的闲置土地，依照本条规定的方式处置。

第十三条　市、县国土资源主管部门与国有建设用地使用权人协商一致后，应当拟订闲置土地处置方案，报本级人民政府批准后实施。

闲置土地设有抵押权的，市、县国土资源主管部门在拟订闲置土地处置方案时，应当书面通知相关抵押权人。

第十四条　除本办法第八条规定情形外，闲置土地按照下列方式处理：

（一）未动工开发满一年的，由市、县国土资源主管部门报经本级人民政府批准后，向国有建设用地使用权人下达《征缴土地闲置费决定书》，按照土地出让或者划拨价款的百分之二十征缴土地闲置费。土地闲置费不得列入生产成本；

（二）未动工开发满两年的，由市、县国土资源主管部门按照《中华人民共和国土地管理法》第三十七条和《中华人民共和国城市房地产管理法》第二十六条的规定，报经有批准权的人民政府批准后，向国有建设用地使用权人下达《收回国有建设用地使用权决定书》，无偿收回国有建设用地使用权。闲置土地设有抵押权的，同时抄送相关土地抵押权人。

16.6　经营性土地使用权授信注意事项

16.6.1　隐蔽交易，信贷资金购地

【相关规定指引】

《中国人民银行、中国银行业监督管理委员会关于加强商业性房地产信贷管理的通知》（2007年9月27日）

一、严格房地产开发贷款管理

对项目资本金（所有者权益）比例达不到35%或未取得土地使用权证书、建设用地规划许可证、建设工程规划许可证和施工许可证的项目，商业银行不得发放任何形式的贷款；对经国土资源部门、建设主管部门查实具有囤积土地、囤积房源行为的房地产开发企业，商业银行不得对其发放贷款；对空置3年以上的商品房，商业银行不得接受其作为贷款的抵押物。

商业银行对房地产开发企业发放的贷款只能通过房地产开发贷款科目发放，严禁以房地产开发流动资金贷款或其他贷款科目发放。

商业银行发放的房地产开发贷款原则上只能用于本地区的房地产开发项目，不得跨地区使用。对确需用于异地房地产开发项目并已落实相应风险控制措施的贷款，商业银行在贷款发放前应向监管部门报备。

二、严格规范土地储备贷款管理

商业银行不得向房地产开发企业发放专门用于缴交土地出让金的贷款……①

---

① 除此之外，还有多个规范性文件对此明确禁止，比如，2020年6月23日发布的《中国银保监会关于开展银行业保险业市场乱象整治"回头看"工作的通知》，再如，2024年1月24日发布的《中国人民银行办公厅、国家金融监督管理总局办公厅关于做好经营性物业贷款管理的通知》。

16.6.2 虚假交易，信贷资金入股

【相关规定指引】

《商业银行授信工作尽职指引》（2004 年 7 月 25 日）

第三十五条 商业银行不得对以下用途的业务进行授信：

（一）国家明令禁止的产品或项目；

（二）违反国家有关规定从事股本权益性投资，以授信作为注册资本金、注册验资和增资扩股；

（三）违反国家有关规定从事股票、期货、金融衍生产品等投资；

（四）其他违反国家法律法规和政策的项目。

16.6.3 关联交易①，信贷资金挪用

借款人客户通过转入关联企业再挪用。主要表现为借款人通过编制与关联企业虚假交易，将信贷资金划入关联企业账户后，再将其挪用于约定用途之外。

挪用贷款行为的危害在于既规避了国家货币、信贷政策，也与国家产业结构调整政策背道而驰，若信贷资金被挪用汇聚于房地产、证券市场等领域，催生市场价格非理性飙升，不但阻碍了国家宏观调控政策以及行业发展政策的实施，而且严重破坏了国家金融体系正常的运转秩序，对经济平稳有序发展态势造成损害。

16.6.4 经营性地产回收价值评估

【相关规定指引】

《最高人民法院关于人民法院网络司法拍卖若干问题的规定》（2016 年 8 月 2 日）

第十条 网络司法拍卖应当确定保留价，拍卖保留价即为起拍价。

起拍价由人民法院参照评估价确定；未作评估的，参照市价确定，并征询当事人意见。起拍价不得低于评估价或者市价的百分之七十。

---

① 法律不禁止关联交易，法律禁止的是不公平的关联交易，以及虚假的关联交易，说到底，是对交易背景真实性的把握。

第二十六条　网络司法拍卖竞价期间无人出价的，本次拍卖流拍。流拍后应当在三十日内在同一网络司法拍卖平台再次拍卖，拍卖动产的应当在拍卖七日前公告；拍卖不动产或者其他财产权的应当在拍卖十五日前公告。再次拍卖的起拍价降价幅度不得超过前次起拍价的百分之二十。

再次拍卖流拍的，可以依法在同一网络司法拍卖平台变卖。

回收价值=评估市场价值×（不低于70%）×（不低于80%）-实现债权费用-税费-各种优先债权

16.7　国有建设用地使用权抵押的考察事项

16.7.1　建设许可证照是否齐全

《国有土地使用证》《建设用地规划许可证》《建设工程规划许可证》《建筑工程施工许可证》等证照是否齐全。

16.7.2　与周围居民有无冲突

（1）是否侵害周围居民的采光权；

（2）排污是否影响周围居民的生产生活；

（3）噪声是否影响周围居民的生产生活。

16.7.3　关注其建筑设计标准

建筑设计标准系同行业内标准建筑还是非标准建筑，若为非标准建筑，改动为标准建筑的成本高低。

16.7.4　环保及消防情况审查

项目是否符合环保要求，如为工业产业极易对土壤产生污染或其他相关环保问题。项目是否符合消防要求，如为工业项目或者商业项目，根据其项目的特殊性会对消防的验收备案事宜存在不同的要求。

应当了解地上建筑的环评手续/消防设计审查等手续是否完善、是否已通过环评验收/消防验收、是否曾因环保/消防问题接受过行政处罚、相关问题是否已整改完成。

16.7.5　设备设施的安装建造

部分企业的重要设备、设施的建造安装，是和厂房的建造安装同时进行的，如某些生产型企业，其许多重型设备的基础是和厂房的基础连为一体的，某些医药、化工类企业的部分管线与温度调控设施是和厂房建筑结构连为一体的。

因此，在对抵押物估价中应慎重确定其抵押价值和变现能力，注意区分厂房价值和设备设施的价值；如未作区分，应特别加以说明。

16.7.6　无证建筑价值的查明

在实践中，相当多的工业企业，尤其是集体所有土地上的工业企业，通常在其厂区范围内都有一些无证建筑，对此部分建筑物价值由双方达成一致意见，在整体评估一宗工业房地产的同时，一并评估这些无证建筑的价值。

16.7.7　集体建设用地上的房地产抵押

（1）了解估价对象房地产是否具有合法的房地产权证，即了解估价对象占地面积的土地批准权限、当地政府规划管理部门对该宗土地的规划限制条件以及是否确实获得当地具有相应批准权限的政府有关部门的审批认可。

（2）要求抵押人承诺一旦处置抵押房地产时，一些相应的、必要的配套条件和房地产权益可随之转移的书面保证。

（3）在估价结果中分别列出厂房建筑物重置价与集体土地使用权价值，供抵押权人参考使用。因为房地一体处置是原则，房产、土地均不能相互脱离而存在。

16.7.8　宜整体抵押不宜分割抵押

16.7.8.1　整体还是分割问题

一宗工业/商业房地产往往是一个功能完整的不宜分割转让的整体，应整体进行抵押。但在授信实务中，银行和企业往往都愿意以部分工业房地产进行抵押，其利弊如下。

利：

（1）可以增加授信额度，避免抵押率过低；

（2）可以增加合规性；

（3）部分不动产未抵押，便于借新还旧等业务的操作。

弊：

（1）处置困难，价值降低；

（2）土地分宗特别困难；

（3）整体抵押物将来受制于其他债权人。

16.7.8.2　整体抵押规范做法

规范做法应当为，一方面应坚持进行整体评估，另一方面也可以考虑同时出具该宗工业房地产的整体价值和要求单独评估的部分房地产价值。

16.7.8.3　附条件的分割抵押

（1）应当通过现场查勘和查询有关权证等项资料，了解作为估价对象的部分房地产在整体工业房地产中的作用。

（2）是否具有良好的独立使用性和可分割转让性，或者能否办出独立的房地产权证，并充分考虑其土地分摊分割问题，是否具有分宗可能性，以及公用配套设施、人流和物流的通行权等合理享用问题。

16.7.9　"零地价"的工业用地抵押

16.7.9.1　国务院的意见

【相关规定指引】

《国务院办公厅关于规范国有土地使用权出让收支管理的通知》（2006 年 12 月 17 日）

……任何地区、部门和单位都不得以"招商引资"、"旧城改造"、"国有企业改制"等各种名义减免土地出让收入，实行"零地价"，甚至"负地价"，或者以土地换项目、先征后返、补贴等形式变相减免土地出让收入。

《国务院关于清理规范税收等优惠政策的通知》（2014 年 11 月 27 日）

三、（二）规范非税等收入管理。严格执行现有行政事业性收费、政府性基金、社会保险管理制度。严禁对企业违规减免或缓征行政事业性收费和政府性基金；以优惠价格或零地价出让土地；严禁低价转让国有资产、国有企业股权以及矿产等国有资源；严禁违反法律法规和国务院规定减免或缓征企业应当承担的社会保险缴费，未经国务院批准不得允许企业低于统一规定费率缴费。

16.7.9.2　最高人民法院的意见

【相关指引】

《最高人民法院民事审判第一庭2021年第23次法官会议纪要意见》①

"土地出让金返还协议"因违反法律的强制性规定且损害国家利益而无效。

第一，国有土地使用权出让通常应当采取公开竞价方式进行，"土地出让金返还协议"有违公开公平公正原则，因违反《中华人民共和国招标投标法》《中华人民共和国拍卖法》的相关强制性规定而无效……

第二，土地使用权出让金收支及用途法定，"土地出让金返还协议"导致国家土地出让收入流失，损害了国家利益……

第三，因"土地出让金返还协议"无效，当事人请求继续履行合同或者承担相应违约责任的，应不予支持……

16.7.9.3　设立抵押权存在的风险

（1）拍卖处置时存在极大障碍

实践中，在银行主张抵押权、拍卖相应抵押物时，相应地方政府/开发区管委会可能会向执行法院发函，即"涉案的国有土地使用权，是基于××文件，给入园企业享受的优惠政策。如该宗土地使用权由新的受让人获得，则应按相关法律法规重新办理土地出让手续，或者补交各类税费"。

（2）实践中的实际清收情况

而实践中，很多地区，此类依法拍卖的土地使用权款项尚不足以补交土地出让金及各类税费，更谈不上清偿债权的可能。

---

① 《最高法院民一庭："土地出让金返还协议"无效》，载最高法院民一庭微信公众号，2022年9月1日发布，2024年9月24日访问。

16.8 教育用地能否设立抵押权

【相关规定指引】

《国务院办公厅关于完善建设用地使用权转让、出租、抵押二级市场的指导意见》（2019 年 7 月 6 日）

（十四）依法保障抵押权能。探索允许不以公益为目的的养老、教育等社会领域企业以有偿取得的建设用地使用权、设施等财产进行抵押融资。各地要进一步完善抵押权实现后保障原有经营活动持续稳定的配套措施，确保土地用途不改变、利益相关人权益不受损。探索建立建设用地使用权抵押风险提示机制和抵押资金监管机制，防控市场风险。

《沈阳市完善国有建设用地使用权转让、出租、抵押二级市场实施细则》（2022 年 11 月 30 日）

第二十八条　营利性的养老、教育、文化、卫生、市政设施等社会领域的企业（个人）以有偿方式取得的建设用地使用权可以设定抵押。

自然人、企业均可以作为抵押权人申请以建设用地使用权办理不动产抵押登记，地上建筑物、其他附着物拥有房屋所有权证或者符合在建工程抵押条件的，房地一并办理不动产抵押相关手续，涉及企业之间债权债务合同的应当符合有关法律法规的规定。

17. 在建建筑物的抵押管理

17.1 在建建筑物抵押的法律规定

17.1.1 《民法典》的规定

【相关规定指引】

《民法典》（2020 年 5 月 28 日）

第三百九十五条　债务人或者第三人有权处分的下列财产可以抵押：

（一）建筑物和其他土地附着物；

（二）建设用地使用权；

（三）海域使用权；

（四）生产设备、原材料、半成品、产品；

（五）正在建造的建筑物、船舶、航空器；

（六）交通运输工具；

（七）法律、行政法规未禁止抵押的其他财产。

抵押人可以将前款所列财产一并抵押。

17.1.2　《城市房地产抵押管理办法》的规定

【相关规定指引】

《城市房地产抵押管理办法》（2021年3月30日）

第二条　凡在城市规划区国有土地范围内从事房地产抵押活动的，应当遵守本办法。

地上无房屋（包括建筑物、构筑物及在建工程）的国有土地使用权设定抵押的，不适用本办法。

第三条　本办法所称房地产抵押，是指抵押人以其合法的房地产以不转移占有的方式向抵押权人提供债务履行担保的行为。债务人不履行债务时，债权人有权依法以抵押的房地产拍卖所得的价款优先受偿。

本办法所称抵押人，是指将依法取得的房地产提供给抵押权人，作为本人或者第三人履行债务担保的公民、法人或者其他组织。

本办法所称抵押权人，是指接受房地产抵押作为债务人履行债务担保的公民、法人或者其他组织。

本办法所称预购商品房贷款抵押，是指购房人在支付首期规定的房价款后，由贷款银行代其支付其余的购房款，将所购商品房抵押给贷款银行作为偿还贷款履行担保的行为。

本办法所称在建工程抵押，是指抵押人为取得在建工程继续建造资金的贷款，以其合法方式取得的土地使用权连同在建工程的投入资产，以不转移占有的方式抵押给贷款银行作为偿还贷款履行担保的行为。

第二十八条 以在建工程抵押的，抵押合同还应当载明以下内容：

（一）《国有土地使用权证》、《建设用地规划许可证》和《建设工程规划许可证》编号；

（二）已交纳的土地使用权出让金或需交纳的相当于土地使用权出让金的款额；

（三）已投入在建工程的工程款；

（四）施工进度及工程竣工日期；

（五）已完成的工作量和工程量。

17.1.3 《不动产登记暂行条例》的规定

【相关规定指引】

《不动产登记暂行条例》（2024 年 3 月 10 日）

第十九条 属于下列情形之一的，不动产登记机构可以对申请登记的不动产进行实地查看：

（一）房屋等建筑物、构筑物所有权首次登记；

（二）在建建筑物抵押权登记；

（三）因不动产灭失导致的注销登记；

（四）不动产登记机构认为需要实地查看的其他情形。

对可能存在权属争议，或者可能涉及他人利害关系的登记申请，不动产登记机构可以向申请人、利害关系人或者有关单位进行调查。

不动产登记机构进行实地查看或者调查时，申请人、被调查人应当予以配合。

17.1.4 《不动产登记暂行条例实施细则》的规定

【相关规定指引】

《不动产登记暂行条例实施细则》（2024 年 5 月 21 日）

第六十五条 对下列财产进行抵押的，可以申请办理不动产抵押登记：

（一）建设用地使用权；

（二）建筑物和其他土地附着物；

（三）海域使用权；

（四）以招标、拍卖、公开协商等方式取得的荒地等土地承包经营权；

（五）正在建造的建筑物；

（六）法律、行政法规未禁止抵押的其他不动产。

以建设用地使用权、海域使用权抵押的，该土地、海域上的建筑物、构筑物一并抵押；以建筑物、构筑物抵押的，该建筑物、构筑物占用范围内的建设用地使用权、海域使用权一并抵押。

17.2 依附土地上的四种抵押权转换

17.2.1 土地使用权抵押与在建工程抵押的转换

17.2.1.1 **重新办理的观点**

原《物权法》第一百八十二条第一款①规定，以建筑物抵押的，该建筑物占用范围内的建设用地使用权一并抵押。以建设用地使用权抵押的，该土地上的建筑物一并抵押。

按照规定可以理解为：建筑物与其占用的土地是不可分割的整体，因土地已经抵押登记，在建建筑物与土地办理抵押登记时，登记部门应将新建建筑物与土地作为整体办理不动产二次抵押登记，原土地抵押为第一顺位。

17.2.1.2 **接续办理的观点**

已经办理了土地抵押登记，此后办理在建工程抵押登记，申请人实际上是以土地上新增的在建建筑物为抵押担保物；原《物权法》第二百条②规定，建设用地使用权抵押后，该土地上新增的建筑物不属于抵押财产。因此，已经办理土地抵押登记的，新建的建筑物抵押应当仅办理建筑物部分的抵押登记。

17.2.1.3 **较为合理的观点**

在实践中，第二种观点更符合实际，也更具有可操作性。理由如下：

---

① 《民法典》第三百九十七条。

② 《民法典》第四百一十七条。

第一，作为不动产组成部分的房屋与土地，在物理上紧密联结不可分割，但是在市场价值上可以分别计算评估。而抵押的本质是对抵押物交换价值的处分，即主债权不能实现后抵押人将抵押物交换价值与主债务相互抵销。从经济意义上来说，土地与新增建筑物分别登记具有可操作性。

第二，从民事法律关系客体角度来分析，房屋与土地分别作为不同债务的抵押标的物并不违反民法原理。国外对房地关系的法律规制理念，有"一元说"（房地一体化），也有"二元说"（房与地可以分别作为标的物），中国对此未作法律的明文规定，但并不禁止"二元说"，即可以将房与地分别作为民事法律关系的标的物。笔者认为，法律关系是经济关系的反映，也是法律思维和判断法律关系的范畴，房与地分别作为法律关系客体并不违背法理。

第三，从不动产登记实务角度来分析，土地使用权已抵押后，抵押的土地不能作量的分割，抵押范围无法界定。即如果在建建筑物与土地一并抵押，并办理二次抵押，那么二次抵押时，由于已抵押的全部土地不能作量或份额的分割，在建建筑物所占用的土地抵押范围、面积无法明确。因此，仅办理新增建筑物抵押权登记是具有可操作性的选择路径。[1]

17.2.1.4 地方操作实践

【相关规定指引】

《重庆市国土房管局、中国人民银行重庆营管部、重庆银监局、重庆市金融办关于进一步规范商品房预售许可审批和在建建筑物抵押登记的通知》（2017 年 1 月 22 日）

四、做好土地抵押转在建建筑物抵押登记衔接工作。土地使用权已办理抵押登记的，可在不注销原抵押权的情况下，申请已建成房屋连同所占用土地的在建建筑物抵押登记，在建建筑物所占用部分的土地为顺位抵押。申请人提供的登记材料除第三条规定的材料外，还应提交本次抵押权人知晓该抵押物已设定抵押权的书面材料。

---

[1] 张辉、杨黎萌：《在建工程抵押登记实务难点剖析（一）》，载《中国房地产》2018 年第 1 期。

17.2.2　商品房预售许可与土地/在建工程抵押

17.2.2.1　部门规章中并无强制要求

【相关规定指引】

《城市商品房预售管理办法》（2004 年 7 月 20 日）

第五条　商品房预售应当符合下列条件：

（一）已交付全部土地使用权出让金，取得土地使用权证书；

（二）持有建设工程规划许可证和施工许可证；

（三）按提供预售的商品房计算，投入开发建设的资金达到工程建设总投资的 25% 以上，并已经确定施工进度和竣工交付日期。

第七条　开发企业申请预售许可，应当提交下列证件（复印件）及资料：

（一）商品房预售许可申请表；

（二）开发企业的《营业执照》和资质证书；

（三）土地使用权证、建设工程规划许可证、施工许可证；

（四）投入开发建设的资金占工程建设总投资的比例符合规定条件的证明；

（五）工程施工合同及关于施工进度的说明；

（六）商品房预售方案。预售方案应当说明预售商品房的位置、面积、竣工交付日期等内容，并应当附预售商品房分层平面图。

17.2.2.3　抵押权人同意的合理解释

【相关规定指引】

《担保法》（1995 年 6 月 30 日）

第四十九条　抵押期间，抵押人转让已办理登记的抵押物的，应当通知抵押权人并告知受让人转让物已经抵押的情况；抵押人未通知抵押权人或者未告知受让人的，转让行为无效。

转让抵押物的价款明显低于其价值的，抵押权人可以要求抵押人提供相应的担保；抵押人不提供的，不得转让抵押物。

抵押人转让抵押物所得的价款，应当向抵押权人提前清偿所担保的债权或者向与抵押权人约定的第三人提存。超过债权数额的部分，归抵押人所有，不足部分由债务人清偿。

《物权法》（2007 年 3 月 16 日）

第一百九十一条　抵押期间，抵押人经抵押权人同意转让抵押财产的，应当将转让所得的价款向抵押权人提前清偿债务或者提存。转让的价款超过债权数额的部分归抵押人所有，不足部分由债务人清偿。

抵押期间，抵押人未经抵押权人同意，不得转让抵押财产，但受让人代为清偿债务消灭抵押权的除外。

《民法典》（2020 年 5 月 28 日）

第三百九十五条　债务人或者第三人有权处分的下列财产可以抵押：

（一）建筑物和其他土地附着物；

（二）建设用地使用权；

（三）海域使用权；

（四）生产设备、原材料、半成品、产品；

（五）正在建造的建筑物、船舶、航空器；

（六）交通运输工具；

（七）法律、行政法规未禁止抵押的其他财产。

抵押人可以将前款所列财产一并抵押。

由此可以看出，预售许可需要抵押权人的同意，乃是法律应有之义。

17.2.2.4　预售商品房不得用于抵押

【相关规定指引】

《不动产登记暂行条例实施细则》（2024 年 5 月 21 日）

第七十五条　以建设用地使用权以及全部或者部分在建建筑物设定抵押的，应当一并申请建设用地使用权以及在建建筑物抵押权的首次登记。

当事人申请在建建筑物抵押权首次登记时，抵押财产不包括已经办理预告登记的预购商品房和已经办理预售备案的商品房。

前款规定的在建建筑物，是指正在建造、尚未办理所有权首次登记的房屋等建筑物。

《重庆市国土房管局、中国人民银行重庆营管部重庆银监局、重庆市金融办关于进一步规范商品房预售许可审批和在建建筑物抵押登记的通知》（2017年1月22日）

二、预售商品房不得用于抵押。开发企业在取得商品房预售许可证后应按照预售许可内容对外进行销售，不得将已办理商品房预售许可的房屋用于抵押融资；金融机构不得接受开发企业用已办理预售许可的房屋作为抵押物。

三、……各登记机构不得再将取得预售许可作为抵押融资前置条件，相关金融机构也不得要求在抵押融资时提供预售许可证。

将各地房地产调控政策与《不动产登记暂行条例实施细则》第七十五条相比较，可以得出以下结论，即调控政策明显限缩了抵押财产的范围，不再仅仅要求房地产经营开发企业抵押财产不得包括已经办理预告登记的预购商品房和已经办理预售备案的商品房，这是保护广大购房者的合法权益，稳定房地产开发市场的有力举措，值得肯定。

17.2.3 预购商品房预告登记与商品房抵押登记

【相关规定指引】

《城市房地产抵押管理办法》（2021年3月30日）

第三十四条 以依法取得的房屋所有权证书的房地产抵押的，登记机关应当在原《房屋所有权证》上作他项权利记载后，由抵押人收执。并向抵押权人颁发《房屋他项权证》。

以预售商品房或者在建工程抵押的，登记机关应当在抵押合同上作记载。抵押的房地产在抵押期间竣工的，当事人应当在抵押人领取房地产权属证书后，重新办理房地产抵押登记。

《不动产登记暂行条例实施细则》（2024年5月21日）

第七十八条 申请预购商品房抵押登记，应当提交下列材料：

（一）抵押合同与主债权合同；

（二）预购商品房预告登记材料；

（三）其他必要材料。

预购商品房办理房屋所有权登记后，当事人应当申请将预购商品房抵押预告登记转为商品房抵押权首次登记。

第八十五条　有下列情形之一的，当事人可以按照约定申请不动产预告登记：

（一）商品房等不动产预售的；

（二）不动产买卖、抵押的；

（三）以预购商品房设定抵押权的；

（四）法律、行政法规规定的其他情形。

预告登记生效期间，未经预告登记的权利人书面同意，处分该不动产权利申请登记的，不动产登记机构应当不予办理。

预告登记后，债权未消灭且自能够进行相应的不动产登记之日起3个月内，当事人申请不动产登记的，不动产登记机构应当按照预告登记事项办理相应的登记。

第八十六条　申请预购商品房的预告登记，应当提交下列材料：

（一）已备案的商品房预售合同；

（二）当事人关于预告登记的约定；

（三）其他必要材料。

预售人和预购人订立商品房买卖合同后，预售人未按照约定与预购人申请预告登记，预购人可以单方申请预告登记。

预购人单方申请预购商品房预告登记，预售人与预购人在商品房预售合同中对预告登记附有条件和期限的，预购人应当提交相应材料。

申请预告登记的商品房已经办理在建建筑物抵押权首次登记的，当事人应当一并申请在建建筑物抵押权注销登记，并提交不动产权属转移材料、不动产登记证明。不动产登记机构应当先办理在建建筑物抵押权注销登记，再办理预告登记。

17.3 新增建筑物是否优先受偿

17.3.1 原则性规定

【相关规定指引】

《民法典》（2020 年 5 月 28 日）

第四百一十七条 建设用地使用权抵押后，该土地上新增的建筑物不属于抵押财产。该建设用地使用权实现抵押权时，应当将该土地上新增的建筑物与建设用地使用权一并处分。但是，新增建筑物所得的价款，抵押权人无权优先受偿。

17.3.2 新增建筑物的问题

【相关规定指引】

《最高人民法院关于适用〈中华人民共和国民法典〉有关担保制度的解释》（2020 年 12 月 31 日）

第五十一条 当事人仅以建设用地使用权抵押，债权人主张抵押权的效力及于土地上已有的建筑物以及正在建造的建筑物已完成部分的，人民法院应予支持。债权人主张抵押权的效力及于正在建造的建筑物的续建部分以及新增建筑物的，人民法院不予支持。

当事人以正在建造的建筑物抵押，抵押权的效力范围限于已办理抵押登记的部分。当事人按照担保合同的约定，主张抵押权的效力及于续建部分、新增建筑物以及规划中尚未建造的建筑物的，人民法院不予支持。

抵押人将建设用地使用权、土地上的建筑物或者正在建造的建筑物分别抵押给不同债权人的，人民法院应当根据抵押登记的时间先后确定清偿顺序。

17.4 在建建筑物抵押的法律风险

17.4.1 土地使用权抵押与在建工程抵押

若不能接续办理，则在土地使用权抵押登记已经注销而在建工程抵押登记未完成前，金融机构的债权实际处于一个没有抵押物担保的空窗期。

此时一般可以通过对在建建筑物（首次）和土地使用权进行（第二顺位）抵押，进而通过以贷还贷的方式来缓释风险。

17.4.2 《预售许可证》与在建工程抵押

《最高人民法院关于人民法院办理执行异议和复议案件若干问题的规定》第二十九条规定："金钱债权执行中，买受人对登记在被执行的房地产开发企业名下的商品房提出异议，符合下列情形且其权利能够排除执行的，人民法院应予支持：（一）在人民法院查封之前已签订合法有效的书面买卖合同；（二）所购商品房系用于居住且买受人名下无其他用于居住的房屋；（三）已支付的价款超过合同约定总价款的百分之五十。"

该情形的风险本质是对《不动产登记暂行条例实施细则》第七十五条[①]第二款抵押财产的准确认定问题，按照该款的规定，只要未办理预告登记的预购商品房和未办理预售备案的商品房，均可以设立抵押权。

但是依照《最高人民法院关于人民法院办理执行异议和复议案件若干问题的规定》第二十九条的规定，排除抵押权的执行情形，并不限于办理预告登记和预售备案，未办理的购房者，符合条件的，也可以排除抵押权的执行。

17.4.3 新增建筑物事实模糊不清的风险

【相关规定指引】

《民法典》（2020年5月28日）

第四百一十七条　建设用地使用权抵押后，该土地上新增的建筑物不属于抵押财产……

《不动产登记操作规范（试行）》（2021年6月7日）

4.5　实地查看

4.5.1　适用情形和查看内容

属于下列情形之一的，不动产登记机构可以对申请登记的不动产进行实

---

① 《不动产登记暂行条例实施细则》第七十五条规定，以建设用地使用权以及全部或者部分在建建筑物设定抵押的，应当一并申请建设用地使用权以及在建建筑物抵押权的首次登记。当事人申请在建建筑物抵押权首次登记时，抵押财产不包括已经办理预告登记的预购商品房和已经办理预售备案的商品房。前款规定的在建建筑物，是指正在建造、尚未办理所有权首次登记的房屋等建筑物。

地查看：

1　房屋等建筑物、构筑物所有权首次登记，查看房屋坐落及其建造完成等情况；

2　在建建筑物抵押权登记，查看抵押的在建建筑物坐落及其建造等情况；

3　因不动产灭失申请的注销登记，查看不动产灭失等情况；

4　不动产登记机构认为需要实地查看的其他情形。

4.5.2　查看要求

实地查看应由不动产登记机构工作人员参加，查看人员应对查看对象拍照，填写实地查看记录。现场照片及查看记录应归档。

在此，就要区分三个事实点，即规划许可中的地上建筑物、拍卖时的地上建筑物、抵押登记中的地上建筑物，无法确定新增建筑物的具体范围、工程量、造价，可能会导致处置不能。

18. 集体建设用地使用权的抵押管理

18.1　集体建设用地使用权

【相关规定指引】

《土地管理法》（2019 年 8 月 26 日）

第五十九条　乡镇企业、乡（镇）村公共设施、公益事业、农村村民住宅等乡（镇）村建设，应当按照村庄和集镇规划，合理布局，综合开发，配套建设；建设用地，应当符合乡（镇）土地利用总体规划和土地利用年度计划，并依照本法第四十四条、第六十条、第六十一条、第六十二条的规定办理审批手续。

第六十条　农村集体经济组织使用乡（镇）土地利用总体规划确定的建设用地兴办企业或者与其他单位、个人以土地使用权入股、联营等形式共同举办企业的，应当持有关批准文件，向县级以上地方人民政府自然资源主管部门提出申请，按照省、自治区、直辖市规定的批准权限，由县级以上地方人民政府批准；其中，涉及占用农用地的，依照本法第四十四条的规定办理审批手续。

按照前款规定兴办企业的建设用地，必须严格控制。省、自治区、直辖市可以按照乡镇企业的不同行业和经营规模，分别规定用地标准。

18.2 《土地管理法》的规定

【相关规定指引】

《土地管理法》（2019 年 8 月 26 日）

第六十一条 乡（镇）村公共设施、公益事业建设，需要使用土地的，经乡（镇）人民政府审核，向县级以上地方人民政府自然资源主管部门提出申请，按照省、自治区、直辖市规定的批准权限，由县级以上地方人民政府批准；其中，涉及占用农用地的，依照本法第四十四条的规定办理审批手续。

第六十二条 农村村民一户只能拥有一处宅基地，其宅基地的面积不得超过省、自治区、直辖市规定的标准。

人均土地少、不能保障一户拥有一处宅基地的地区，县级人民政府在充分尊重农村村民意愿的基础上，可以采取措施，按照省、自治区、直辖市规定的标准保障农村村民实现户有所居。

农村村民建住宅，应当符合乡（镇）土地利用总体规划、村庄规划，不得占用永久基本农田，并尽量使用原有的宅基地和村内空闲地。编制乡（镇）土地利用总体规划、村庄规划应当统筹并合理安排宅基地用地，改善农村村民居住环境和条件。

农村村民住宅用地，由乡（镇）人民政府审核批准；其中，涉及占用农用地的，依照本法第四十四条的规定办理审批手续。

农村村民出卖、出租、赠与住宅后，再申请宅基地的，不予批准。

国家允许进城落户的农村村民依法自愿有偿退出宅基地，鼓励农村集体经济组织及其成员盘活利用闲置宅基地和闲置住宅。

国务院农业农村主管部门负责全国农村宅基地改革和管理有关工作。

第六十三条　土地利用总体规划、城乡规划确定为工业、商业等经营性用途，并经依法登记的集体经营性建设用地，土地所有权人可以通过出让、出租等方式交由单位或者个人使用，并应当签订书面合同，载明土地界址、面积、动工期限、使用期限、土地用途、规划条件和双方其他权利义务。

前款规定的集体经营性建设用地出让、出租等，应当经本集体经济组织成员的村民会议三分之二以上成员或者三分之二以上村民代表的同意。

通过出让等方式取得的集体经营性建设用地使用权可以转让、互换、出资、赠与或者抵押，但法律、行政法规另有规定或者土地所有权人、土地使用权人签订的书面合同另有约定的除外。

集体经营性建设用地的出租，集体建设用地使用权的出让及其最高年限、转让、互换、出资、赠与、抵押等，参照同类用途的国有建设用地执行。具体办法由国务院制定。

18.3　《民法典》的规定

【相关规定指引】

《民法典》（2020 年 5 月 28 日）

第三百九十八条　乡镇、村企业的建设用地使用权不得单独抵押。以乡镇、村企业的厂房等建筑物抵押的，其占用范围内的建设用地使用权一并抵押。

第四百一十八条　以集体所有土地的使用权依法抵押的，实现抵押权后，未经法定程序，不得改变土地所有权的性质和土地用途。

18.4　《乡镇企业法》的规定

【相关规定指引】

《乡镇企业法》（1996 年 10 月 29 日）

第二条　本法所称乡镇企业，是指农村集体经济组织或者农民投资为主，在乡镇（包括所辖村）举办的承担支援农业义务的各类企业。

前款所称投资为主，是指农村集体经济组织或者农民投资超过百分之五十，或者虽不足百分之五十，但能起到控股或者实际支配作用。

乡镇企业符合企业法人条件的，依法取得企业法人资格。

第二十八条 举办乡镇企业，其建设用地应当符合土地利用总体规划，严格控制、合理利用和节约使用土地，凡有荒地、劣地可以利用的，不得占用耕地、好地。

举办乡镇企业使用农村集体所有的土地的，应当依照法律、法规的规定，办理有关用地批准手续和土地登记手续。

乡镇企业使用农村集体所有的土地，连续闲置两年以上或者因停办闲置一年以上的，应当由原土地所有者收回该土地使用权，重新安排使用。

18.5 集体建设用地使用权的变现

18.5.1 三部委联合意见

【相关规定指引】

《最高人民法院、国土资源部、建设部关于依法规范人民法院执行和国土资源房地产管理部门协助执行若干问题的通知》（2004 年 2 月 10 日）

二十四、人民法院执行集体土地使用权时，经与国土资源管理部门取得一致意见后，可以裁定予以处理，但应当告知权利受让人到国土资源管理部门办理土地征用和国有土地使用权出让手续，缴纳土地使用权出让金及有关税费。

对处理农村房屋涉及集体土地的，人民法院应当与国土资源管理部门协商一致后再行处理。

18.5.2 最高人民法院典型案例

【关联案例指引】

某印务公司、某农村信用合作联社金融借款合同纠纷案①

关于四平中院处置案涉房产和集体建设用地使用权的方式是否违法。本案中，根据《最高人民法院、国土资源部、建设部关于依法规范人民法院执

---

① 最高人民法院（2017）最高法执监 145 号执行裁定书，载中国裁判文书网，2024 年 3 月 11 日访问。

行和国土资源房地产管理部门协助执行若干问题的通知》第二十四条规定的要求，四平中院与国土资源管理部门进行了协商。某市国土资源局在 2015 年 3 月 16 日给四平中院的复函中，建议暂缓处置集体土地使用权，主要是考虑到集体土地流转尚没有明确法律法规和政策，对于法院处理集体土地后的有关手续也没有相关规定，但原则上并未否定对集体土地使用权进行司法处置的做法。目前法律法规和司法解释并未禁止先行处置地上物。四平中院先行处置房屋的做法，也并非将整宗土地分割为二宗以上土地进行处置，不属于法律法规规定的土地分割转让。四平中院在（2010）四执字第 1 号通知中强调了"待北京市国土部门同意处置该集体土地使用权后，依相关法律政策对该土地使用权价值进行评估。评估价值在扣除已实际缴纳的土地使用权出让金及有关税费后，交执行法院做执行款，土地使用权不再另行处置"。该院的做法兼顾了国土资源管理部门的意见和申请执行人的权益，并且能实现房地最终合一，不能认定为违反了《最高人民法院、国土资源部、建设部关于依法规范人民法院执行和国土资源房地产管理部门协助执行若干问题的通知》的原则和精神。

19. 房地一体的抵押管理

19.1　房地一体的法律规定

【相关规定指引】

《民法典》（2020 年 5 月 28 日）

第三百九十七条　以建筑物抵押的，该建筑物占用范围内的建设用地使用权一并抵押。以建设用地使用权抵押的，该土地上的建筑物一并抵押。

抵押人未依据前款规定一并抵押的，未抵押的财产视为一并抵押。

《全国法院民商事审判工作会议纪要》（2019 年 11 月 8 日）

61.【房地分别抵押】根据《物权法》第 182 条之规定，仅以建筑物设定抵押的，抵押权的效力及于占用范围内的土地；仅以建设用地使用权抵押的，抵押权的效力亦及于其上的建筑物。在房地分别抵押，即建设用地使用权抵押给一个债权人，而其上的建筑物又抵押给另一个人的情况下，可能产生两个抵押权的冲突问题。基于"房地一体"规则，此时应当将建筑物和建设用地使用权视为同一财产，从而依照《物权法》第199条的规定确定清偿顺序：登记在先的先清偿；同时登记的，按照债权比例清偿。同一天登记的，视为同时登记。应予注意的是，根据《物权法》第200条的规定，建设用地使用权抵押后，该土地上新增的建筑物不属于抵押财产。

《最高人民法院关于适用〈中华人民共和国民法典〉有关担保制度的解释》（2020年12月31日）

第五十一条　当事人仅以建设用地使用权抵押，债权人主张抵押权的效力及于土地上已有的建筑物以及正在建造的建筑物已完成部分的，人民法院应予支持。债权人主张抵押权的效力及于正在建造的建筑物的续建部分以及新增建筑物的，人民法院不予支持。

当事人以正在建造的建筑物抵押，抵押权的效力范围限于已办理抵押登记的部分。当事人按照担保合同的约定，主张抵押权的效力及于续建部分、新增建筑物以及规划中尚未建造的建筑物的，人民法院不予支持。

抵押人将建设用地使用权、土地上的建筑物或者正在建造的建筑物分别抵押给不同债权人的，人民法院应当根据抵押登记的时间先后确定清偿顺序。

19.2　房地分离的处理原则

19.2.1　审判时的倾向意见

采不告不理的原则，依据两者之间的法律关系确定房地分离的情形，谨慎改变现有权属状态。

19.2.2　执行时的倾向意见

【相关规定指引】

《最高人民法院、国土资源部、建设部关于依法规范人民法院执行和国土资源房地产管理部门协助执行若干问题的通知》（2004 年 2 月 10 日）

六、土地使用权和房屋所有权归属同一权利人的，人民法院应当同时查封；土地使用权和房屋所有权归属不一致的，查封被执行人名下的土地使用权或者房屋。

二十三、在变价处理土地使用权、房屋时，土地使用权、房屋所有权同时转移；土地使用权与房屋所有权归属不一致的，受让人继受原权利人的合法权利。

尊重现实，不主动改变现有权属状态。

19.2.3　整体司法倾向意见

【相关规定指引】

《人民法院办理执行案件规范（第二版）》（2022 年）[1]

742.【房地权属的转移原则】在变价处理土地使用权、房屋时，土地使用权、房屋所有权同时转移；土地使用权和房屋所有权归属不一致的，受让人继受原权利人的合法权利。

尊重历史，注重现实，暂时并无统一处理规则。

19.3　房地分离时抵押的效力

19.3.1　存在他人房屋土地单独抵押效力

【关联案例指引】

中国信达资产管理公司西安办事处与陕西省粮油食品进出口公司西安中转冷库、陕西省粮油食品进出口公司借款担保合同纠纷案[2]

抵押的土地使用权上存在他人房屋的，构成无权处分。

---

[1]　最高人民法院执行局编：《人民法院办理执行案件规范（第二版）》，人民法院出版社 2022 年版。

[2]　《最高人民法院公报》2009 年第 12 期。

《城市房地产管理法》第三十一条规定："房地产转让、抵押时，房屋的所有权和该房屋占用范围内的土地使用权同时转让、抵押。"建设部1997年10月27日颁布的《城市房屋权属登记管理办法》第六条规定："房屋权属登记应当遵循房屋的所有权和该房屋占用范围内的土地使用权权利主体一致的原则。"国家土地管理局1992年3月8日颁布的《划拨土地使用权管理暂行办法》第十一条第一款规定："转让、抵押土地使用权，其地上建筑物、其他附着物所有权随之转让、抵押；转让、抵押地上建筑物、其他附着物所有权，其使用范围内的土地使用权随之转让、抵押。但地上建筑物、其他附着物作为动产转让的除外。""地随房走，房随地走"的权利合一原则是我国房地产权属的一贯原则。房产转让人负有将所售房屋占用范围内的土地使用权移转给受让人的义务，受让人享有要求将所购房屋占用范围内的土地使用权移转给自己的权利。在土地使用权变更登记完成之前，转让人为登记的名义权利人，受让人为实质权利人，可以请求将土地使用权变更至自己名下。

陕中营抵字022号《抵押合同》中约定了抵押物名称为"土地、房产"，中转冷库2003年向西安市国土资源和房屋管理局报送的也为《关于同意继续用土地及地面建筑物进行贷款抵押的函》。因此，虽然抵押登记只针对西未国用（2000）字第979号国有土地使用权，但应视为当事人约定土地使用权与地面建筑物所有权一并抵押。然而地上建筑物中职工住宅楼的所有权已经移转给购房职工所有，中转冷库并无权利处分。根据《合同法》第五十一条之规定，"无处分权的人处分他人财产，经权利人追认或者无处分权的人订立合同后取得处分权的，该合同有效"，该抵押合同未经地上建筑物所有权人购房职工追认；且西未国用（2000）字第979号国有土地使用权证书中已经标明该宗土地上存有地上建筑物，并标明为中转冷库的福利区，地上建筑物中职工住宅楼所有权已经登记移转至购房职工名下，而原债权银行却未查明地上建筑物实际权属即接受抵押，也存在过错，因此抵押合同无效，依据该合同设立的抵押权也相应无效。

19.3.2 行政机关的典型观点

房屋登记后附着的土地能否查封[①]

实践中有时遇到法院要求对已办理登记的房屋附着的土地查封，根据"房地一体"原则，房屋办理不动产登记时其附着的土地应为同一权利人，不能以独立房屋存在。正如开发商取得土地使用权后，在其土地上开发房屋并销售，房屋销售登记后，土地权利主体已不再是单一开发商，而应为全体业主共有。此时土地使用证虽显示为原土地权利主体，但原开发商已不能再行使土地使用权，如抵押、转让等。当然也不能单独查封土地，而应查封地上建成的建筑物不动产。通过对地面建筑物、构筑物行使权力效力自然及于其依附的土地，达到房地一体处分的效果。

19.3.3 房地产开发时权利转移

开发房地产的土地不宜查封的时点[②]

现实中房产交易及土地管理分属两部门管理，信息尚不能完全共享，查封登记容易造成矛盾。如土地被查封后房屋销售管理部门因不能及时获取查封信息，仍同意继续销售房屋，或房屋销售后土地又被查封。房屋建成之后购房者在办理不动产转移登记时，因土地被查封无法办理转移登记造成社会不稳定。笔者认为，开发商在取得房屋预售许可证时，以此为时间节点，土地使用权便不宜再单独查封，而应查封地上已获许可销售的房屋。通过对预售房屋的查封，具体明确限制没有销售的房屋。这样将不会造成房、地主体不一的矛盾，处置房屋时也一并处置了附着的土地，实现债权时也不会产生冲突，化解了可能产生的矛盾和风险。

[①] 杨长权（淮南市不动产登记中心）：《理清查封登记中的几个问题》，载《中国房地产》2020年第22期。

[②] 杨长权（淮南市不动产登记中心）：《理清查封登记中的几个问题》，载《中国房地产》2020年第22期。

19.4 房地权属不一致的权益分割

【关联案例指引】

韩某莲、某县政府房产登记行政复议案①

原建设部《城市房屋权属登记管理办法》第六条规定，房屋权属登记应当遵循房屋的所有权和该房屋占用范围内的土地使用权权利主体一致的原则。本案中，在韩某莲向某县房地产管理局申请案涉房屋登记发证前，被申请人某县政府已就案涉房屋所在土地为韩甲颁发了成国用（1999）字第××号国有土地使用证，两个颁证行为在权利主体上存在矛盾，被申请人依据法律法规规定的房屋所有权与土地使用权权利主体需一致的原则，作出确认后颁发房产证的行为违法的复议决定，适用法律正确。但后颁发的房产证被撤销，并不意味着对相关房屋所有权的实体权属判断，房屋所有权归属及补偿金额划分由房屋所有权的基础法律关系决定。

19.5 房地权属不一致的原因

分离是表象，是形式，是状态，不是原因，实质，基础法律关系要按双方之间的真实意思表示来判定。

原因无非是：借，卖，送，租，批。

19.6 房地分离时的执行

【关联案例指引】

某资产管理有限公司、某建筑工程局第五公司建设工程施工合同纠纷案②

法院认为，本案重点审查的问题是成都中院对案涉土地使用权单独拍卖是否违反法律规定。按照《物权法》第一百四十六条的规定："建设用地使

---

① 最高人民法院（2019）最高法行申 7242 号执行裁定书，载中国裁判文书网，2024 年 3 月 11 日访问。

② 最高人民法院（2019）最高法执监 253 号执行裁定书，载中国裁判文书网，2024 年 3 月 11 日访问。

用权转让、互换、出资或者赠与的，附着于该土地上的建筑物、构筑物及其附属设施一并处分。"原则上人民法院拍卖土地使用权时应当遵循"房地一体"原则，一并处分，但在此执行过程中认定拍卖是否应予撤销还应结合案件具体情况进行判断。

首先，执行中适用该条规定的主要目的是防止土地使用权与土地上房屋权属分离。一般情况下，拍卖前土地使用权与地上房屋等附着物属于同一主体的，不得分开处置，如果拍卖前土地使用权与地上房屋等附着物已经分属不同主体，为分离状态，那么执行实践中允许根据具体情况确定如何处置。本案中，根据执行异议、复议裁定查明的事实，《土地估价报告》所附《天津市不动产登记簿查询证明》载明，所拍卖土地使用权上有2512平方米的4层建筑一幢，权利人为王某；还有未取得产权登记的建筑物，其性质以及权属不明。也就是说拍卖前房地不属于同一主体，拍卖公告备注中也具有本次拍卖仅限于土地使用权，建筑物不在拍卖范围内的内容，故不能仅因房地分离而撤销拍卖。

其次，判断土地使用权与土地上房屋分别处理是否实际造成权属分离，有赖于具体事实的认定。申诉人所提拍卖公告备注中注明："2. 地面存在属于他人的建筑。被执行人在上述土地上自建有2512平方米房屋，原无证，后几经转移，由他人办理了产权证，但无土地证。现该房屋又由天津市河东区人民法院拍卖给他人，但不包含土地价值，买受人未能办理过户手续。"也就是说对于仍登记在权利人王某名下的上述房屋，已经拍卖给他人尚未过户，现申诉人主张其已经在本案拍卖土地使用权前经其他法院拍卖获得2512平方米房屋。但执行异议、复议裁定并未对此事实进行审查认定，属事实不清。

至于申诉人所提某建筑工程局第五公司的其他异议理由均不能成立的申诉理由，由于执行异议、复议裁定未予具体回应，未明确予以支持，现不予审查。

综上所述，本案申诉人的申诉理由部分成立，对其主张需在进一步查清相关事实的基础上审查认定。裁定撤销四川省高级人民法院（2018）川执复151号执行裁定以及四川省成都市中级人民法院（2018）川01执异613号执行裁定；本案由四川省成都市中级人民法院重新审查。

20. 预售商品房的抵押管理

20.1 商品房预售的定义

【相关规定指引】

《城市商品房预售管理办法》（2004 年 7 月 20 日）

第二条 本办法所称商品房预售是指房地产开发企业（以下简称开发企业）将正在建设中的房屋预先出售给承购人，由承购人支付定金或房价款的行为。

20.2 商品房预售的条件

【相关规定指引】

《城市商品房预售管理办法》（2004 年 7 月 20 日）

第五条 商品房预售应当符合下列条件：

（一）已交付全部土地使用权出让金，取得土地使用权证书；

（二）持有建设工程规划许可证和施工许可证；

（三）按提供预售的商品房计算，投入开发建设的资金达到工程建设总投资的 25% 以上，并已经确定施工进度和竣工交付日期。

第六条 商品房预售实行许可制度。开发企业进行商品房预售，应当向房地产管理部门申请预售许可，取得《商品房预售许可证》。

未取得《商品房预售许可证》的，不得进行商品房预售。

20.3 预售商品房贷款的业务操作模式

一般情况下，商业银行在预售商品房抵押贷款中按照以下步骤操作：

（1）商业银行与房地产开发商签订房地产项目贷款合作协议。

（2）购房者和房地产开发商签订商品房买卖合同（预售）。

（3）购房者与贷款商业银行签订个人住房借款合同。

（4）办理预售商品房抵押预告登记，房地产开发商提供阶段性连带责任保证。

（5）发放贷款。

（6）办理正式的抵押权登记手续，解除房地产开发商连带责任保证。

（7）购房者在还清贷款本息后，商业银行将产权证予以归还购房者，并对抵押权登记予以注销。

20.4　抵押权预告登记

20.4.1　预告登记的定义

【相关规定指引】

《民法典》（2020 年 5 月 28 日）

第二百二十一条　当事人签订买卖房屋的协议或者签订其他不动产物权的协议，为保障将来实现物权，按照约定可以向登记机构申请预告登记。预告登记后，未经预告登记的权利人同意，处分该不动产的，不发生物权效力。

预告登记后，债权消灭或者自能够进行不动产登记之日起九十日内未申请登记的，预告登记失效。

20.4.2　预告登记的排他性效力

【相关规定指引】

《最高人民法院关于适用〈中华人民共和国民法典〉物权编的解释（一）》（2020 年 12 月 29 日）

第四条　未经预告登记的权利人同意，转让不动产所有权等物权，或者设立建设用地使用权、居住权、地役权、抵押权等其他物权的，应当依照民法典第二百二十一条第一款的规定，认定其不发生物权效力。

20.4.3 预告登记效力的消灭

20.4.3.1 债权消灭的情形

【相关规定指引】

《最高人民法院关于适用〈中华人民共和国民法典〉物权编的解释（一）》（2020 年 12 月 29 日）

第五条 预告登记的买卖不动产物权的协议被认定无效、被撤销，或者预告登记的权利人放弃债权的，应当认定为民法典第二百二十一条第二款所称的"债权消灭"。

20.4.3.2 限期申请的效力

【相关规定指引】

《民法典》（2020 年 5 月 28 日）

第二百二十一条 ……

预告登记后，债权消灭或者自能够进行不动产登记之日起九十日内未申请登记的，预告登记失效。

20.5 预告登记效力的实现

20.5.1 不具备优先受偿效力的情形

【相关规定指引】

《最高人民法院关于适用〈中华人民共和国民法典〉有关担保制度的解释》（2020 年 12 月 31 日）

第五十二条 当事人办理抵押预告登记后，预告登记权利人请求就抵押财产优先受偿，经审查存在尚未办理建筑物所有权首次登记、预告登记的财产与办理建筑物所有权首次登记时的财产不一致、抵押预告登记已经失效等情形，导致不具备办理抵押登记条件的，人民法院不予支持……

20.5.2 具备优先受偿效力的情形

【相关规定指引】

《最高人民法院关于适用〈中华人民共和国民法典〉有关担保制度的解释》（2020 年 12 月 31 日）

第五十二条第一款 当事人办理抵押预告登记后，预告登记权利人请求就抵押财产优先受偿……经审查已经办理建筑物所有权首次登记，且不存在预告登记失效等情形的，人民法院应予支持，并应当认定抵押权自预告登记之日起设立。

20.5.3 是否可以排除强制执行

20.5.3.1 可以排除强制执行的情形

【相关规定指引】

《最高人民法院关于人民法院办理执行异议和复议案件若干问题的规定》（2020 年 12 月 29 日）

第三十条 金钱债权执行中，对被查封的办理了受让物权预告登记的不动产，受让人提出停止处分异议的，人民法院应予支持；符合物权登记条件，受让人提出排除执行异议的，应予支持。

20.5.3.2 不可以排除强制执行的情形

【关联案例指引】

某市住房公积金管理中心与某银行等案外人执行异议之诉案①

法院认为，某市住房公积金管理中心（以下简称公积金中心）申请再审的理由不能成立。《最高人民法院关于人民法院执行工作若干问题的规定（试行）》第四十条规定："人民法院对被执行人所有的其他人享有抵押权、质押权或留置权的财产，可以采取查封、扣押措施。财产拍卖、变卖后所得价款，应当在抵押权人、质押权人或留置权人优先受偿后，其余额部分用于清偿申请执行人的债权。"《最高人民法院关于适用〈中华人民共和国民事诉

① 最高人民法院（2019）最高法民申1049号民事裁定书，载中国裁判文书网，2024年3月11日访问。

讼法〉的解释》第五百零八条第二款规定："对人民法院查封、扣押、冻结的财产有优先权、担保物权的债权人，可以直接申请参与分配，主张优先受偿权。"根据前述规定，对于其他人享有抵押权的被执行人财产，人民法院可以采取强制执行措施，抵押权人则可以通过对拍卖变卖的价款参与分配、主张优先受偿维护自己的合法权益，但不能排除强制执行。本案中，公积金中心对案涉房屋仅办理了抵押权预告登记，尚未享有抵押权，根据前述司法解释的规定，人民法院显然可以采取强制执行措施，即被执行财产上的抵押权预告登记并不具有阻却人民法院强制执行的效力。《最高人民法院关于人民法院办理执行异议和复议案件若干问题的规定》第三十条规定："金钱债权执行中，对被查封的办理了受让物权预告登记的不动产，受让人提出停止处分异议的，人民法院应予支持；符合物权登记条件，受让人提出排除执行异议的，应予支持。"根据文义可知，该条司法解释中可以排除人民法院执行处分行为的，系不动产买卖关系中已对标的物办理了预告登记的买受人，并非抵押权预告登记的权利人。公积金中心以其对案涉房屋办理了抵押权预告登记为由要求排除人民法院的强制执行，没有法律依据。在此前提下，原审是否查明案涉抵押权预告登记的时效等事实，不影响原审对公积金中心不享有足以排除人民法院强制执行的民事权益的事实认定。如前所述，公积金中心仅是案涉房屋的抵押权预告登记的权利人，在其未提供证据证明已经具备完成本登记条件的情况下，原审对其要求确认就案涉房屋享有优先受偿权的诉讼请求未予支持，并无不当。公积金中心主张原审认定事实及适用法律错误的申请再审事由不成立。

20.5.4 破产情形下优先受偿效力

【相关规定指引】

《企业破产法》（2006 年 8 月 27 日）

第三十一条 人民法院受理破产申请前一年内，涉及债务人财产的下列行为，管理人有权请求人民法院予以撤销：

（一）无偿转让财产的；

（二）以明显不合理的价格进行交易的；

（三）对没有财产担保的债务提供财产担保的；

（四）对未到期的债务提前清偿的；

（五）放弃债权的。

《最高人民法院关于适用〈中华人民共和国民法典〉有关担保制度的解释》（2020 年 12 月 31 日）

第五十二条 ……

当事人办理了抵押预告登记，抵押人破产，经审查抵押财产属于破产财产，预告登记权利人主张就抵押财产优先受偿的，人民法院应当在受理破产申请时抵押财产的价值范围内予以支持，但是在人民法院受理破产申请前一年内，债务人对没有财产担保的债务设立抵押预告登记的除外。

20.6 预告登记转为抵押登记

20.6.1 《民法典》的规定

【相关规定指引】

《民法典》（2020 年 5 月 28 日）

第二百二十一条 当事人签订买卖房屋的协议或者签订其他不动产物权的协议，为保障将来实现物权，按照约定可以向登记机构申请预告登记。预告登记后，未经预告登记的权利人同意，处分该不动产的，不发生物权效力。

预告登记后，债权消灭或者自能够进行不动产登记之日起九十日内未申请登记的，预告登记失效。

20.6.2 抵押权首次登记操作审查要点

（1）抵押权登记

抵押权首次登记应当由抵押人和抵押权人共同申请。

（2）申请材料

申请抵押权首次登记，提交的材料包括：

①不动产登记申请书。

②申请人身份证明。

③不动产权属证书。

④主债权合同。最高额抵押的，应当提交一定期间内将要连续发生债权的合同或者其他登记原因的文件等必要材料。

⑤抵押合同。主债权合同中包含抵押条款的，可以不提交单独的抵押合同书。最高额抵押的，应当提交最高额抵押合同。

⑥下列情形还应当提交以下材料：

a. 同意将最高额抵押权设立前已经存在的债权转入最高额抵押担保的债权范围的，应当提交已存在债权的合同以及当事人同意将该债权纳入最高额抵押权担保范围的书面材料。

b. 在建建筑物抵押的，应当提交建设工程规划许可证。

⑦法律、行政法规以及《不动产登记暂行条例实施细则》规定的其他材料。

（3）审查要点

不动产登记机构在审核过程中应注意以下要点。

①抵押财产是否已经办理不动产登记。

②抵押财产是否属于法律、行政法规禁止抵押的不动产。

③抵押合同上记载的抵押人、抵押权人、被担保主债权的数额或种类、担保范围、债务履行期限、抵押不动产是否明确；最高额抵押权登记的，最高债权额限度、债权确定的期间是否明确。

④申请人与不动产权证书或不动产登记证明、主债权合同、抵押合同、最高额抵押合同等记载的主体是否一致。

⑤在建建筑物抵押的，抵押财产不包括已经办理预告登记的预购商品房和已办理预售合同登记备案的商品房。

⑥在建建筑物抵押，应当实地查看的，是否已实地查看。

⑦有查封登记的，不予办理抵押登记，但在商品房抵押预告登记后办理的预查封登记，不影响商品房抵押预告登记转抵押权首次登记。

⑧办理抵押预告登记转抵押权首次登记，抵押权人与抵押预告登记权利人是否一致。

⑨同一不动产上设有多个抵押权的，应当按照受理时间的先后顺序依次

办理登记。

⑩登记申请是否违反法律、行政法规的规定。

⑪其他审查事项。

不存在不予登记情形的，记载不动产登记簿后向抵押权人核发不动产登记证明。

21. 海域使用权的抵押管理

21.1 海域使用权的定义

【相关规定指引】

《海域使用管理法》（2001年10月27日）

第二条 本法所称海域，是指中华人民共和国内水、领海的水面、水体、海床和底土。

本法所称内水，是指中华人民共和国领海基线向陆地一侧至海岸线的海域。

在中华人民共和国内水、领海持续使用特定海域三个月以上的排他性用海活动，适用本法。

第三条 海域属于国家所有，国务院代表国家行使海域所有权。任何单位或者个人不得侵占、买卖或者以其他形式非法转让海域。

单位和个人使用海域，必须依法取得海域使用权。

21.2 海域使用权的法律规定

21.2.1 《民法典》的规定

【相关规定指引】

《民法典》（2020年5月28日）

第三百二十八条 依法取得的海域使用权受法律保护。

21.2.2 《海域使用管理法》的规定

【相关规定指引】

《海域使用管理法》（2001年10月27日）

第一条 为了加强海域使用管理，维护国家海域所有权和海域使用权人的合法权益，促进海域的合理开发和可持续利用，制定本法。

第二条 本法所称海域，是指中华人民共和国内水、领海的水面、水体、海床和底土。

本法所称内水，是指中华人民共和国领海基线向陆地一侧至海岸线的海域。

在中华人民共和国内水、领海持续使用特定海域三个月以上的排他性用海活动，适用本法。

第三条 海域属于国家所有，国务院代表国家行使海域所有权。任何单位或者个人不得侵占、买卖或者以其他形式非法转让海域。

单位和个人使用海域，必须依法取得海域使用权。

第二十三条 海域使用权人依法使用海域并获得收益的权利受法律保护，任何单位和个人不得侵犯。

海域使用权人有依法保护和合理使用海域的义务；海域使用权人对不妨害其依法使用海域的非排他性用海活动，不得阻挠。

21.3 海域使用权的用途及期限

21.3.1 用途及期限

【相关规定指引】

《海域使用管理法》（2001年10月27日）

第二十五条 海域使用权最高期限，按照下列用途确定：

（一）养殖用海十五年；

（二）拆船用海二十年；

（三）旅游、娱乐用海二十五年；

（四）盐业、矿业用海三十年；

（五）公益事业用海四十年；

（六）港口、修造船厂等建设工程用海五十年。

第二十六条 海域使用权期限届满，海域使用权人需要继续使用海域的，应当至迟于期限届满前二个月向原批准用海的人民政府申请续期。除根据公共利益或者国家安全需要收回海域使用权的外，原批准用海的人民政府应当批准续期。准予续期的，海域使用权人应当依法缴纳续期的海域使用金。

21.3.2 不予续期的约定有效

【关联案例指引】

江苏瑞达海洋食品有限公司诉盐城市大丰区人民政府等海域使用权行政许可纠纷案①

本案的主要争议是被告盐城市大丰区人民政府（以下简称大丰区政府）、大丰区自然资源局拒绝原告江苏瑞达海洋食品有限公司的海域使用权续期申请是否具有事实和法律依据以及大丰区自然资源局向原告江苏瑞达海洋食品有限公司发出的"关于海域使用权不予续期的答复"是否有效。首先，根据《海域使用管理法》第二十条的规定，海域使用权可以通过招标或者拍卖的方式取得。招标或者拍卖方案由海洋行政主管部门制订，报有审批权的人民政府批准后组织实施。海域使用权出让合同条款，是招标方案的主要组成部分，制订该合同条款依法属于大丰自然资源局和大丰区政府的权限范围。其次，涉案海域使用权出让合同第十条写明"合同期满，海域使用权终止，本海域使用权不予续期"意思清晰明确并无歧义。相关合同的签订并无欺诈、胁迫行为存在，原告对合同相关条款应当是明知且理解其含义的，参加投标并签订合同，意味着接受招标方案和合同条款的限定条件。涉案海域使用权出让合同"到期不予续期"的约定为有效约定。最后，原告认为该条款无效的主要理由在于其违反了《海域使用管理法》第二十六条关于海域使用权人申请续期的规定。法院认为，该条是对于一般情况下海域使用权人申请续期

---

① 《最高人民法院公报》2020年第8期。

权利的规定，并非强制性的规定，其并不排除政府机关与海域使用权人对于使用权到期后是否续期以及续期方式通过明确约定的方式进行变更。由于海域使用权这一国家自然资源具有稀缺性特点，政府机关通过定期招投标的方式进行海域使用权出让，系以市场化手段促进自然资源的优化配置，以竞争性方式最大化保障和体现国有资产的价值，是政府更公开透明行使海域使用权出让管理职权的体现。尤其考虑到涉案海域毗邻国家级自然保护区、盐城黄海湿地以及江苏省海洋生态红线，对于是否能够持续地进行养殖开发，具有一定的不确定性，政府以该条款对相关海域的使用权出让作出一定的限定，具有合理性，也并未违反法律法规的强制性规定。

综上，涉案海域使用权出让合同以及海域使用权证中均明确写明了"到期不予续期"，涉案海域使用权到期后，两被告有权依据相关法律法规并结合海域管理开发的实际情况，决定是否继续将该海域进行出让以及出让的具体方式。

21.4 海域使用权的取得

【相关规定指引】

《海域使用管理法》（2001 年 10 月 27 日）

第十九条 海域使用申请经依法批准后，国务院批准用海的，由国务院海洋行政主管部门登记造册，向海域使用申请人颁发海域使用权证书；地方人民政府批准用海的，由地方人民政府登记造册，向海域使用申请人颁发海域使用权证书。海域使用申请人自领取海域使用权证书之日起，取得海域使用权。

第二十条 海域使用权除依照本法第十九条规定的方式取得外，也可以通过招标或者拍卖的方式取得。招标或者拍卖方案由海洋行政主管部门制订，报有审批权的人民政府批准后组织实施。海洋行政主管部门制订招标或者拍卖方案，应当征求同级有关部门的意见。

招标或者拍卖工作完成后，依法向中标人或者买受人颁发海域使用权证书。中标人或者买受人自领取海域使用权证书之日起，取得海域使用权。

21.5　海域使用权的登记

21.5.1　《不动产登记暂行条例》的规定

【相关规定指引】

《不动产登记暂行条例》（2024 年 3 月 10 日）

第一条　为整合不动产登记职责，规范登记行为，方便群众申请登记，保护权利人合法权益，根据《中华人民共和国民法典》等法律，制定本条例。

第二条　本条例所称不动产登记，是指不动产登记机构依法将不动产权利归属和其他法定事项记载于不动产登记簿的行为。

本条例所称不动产，是指土地、海域以及房屋、林木等定着物。

第五条　下列不动产权利，依照本条例的规定办理登记：

……

（七）海域使用权；

……

（十）法律规定需要登记的其他不动产权利。

第七条　不动产登记由不动产所在地的县级人民政府不动产登记机构办理；直辖市、设区的市人民政府可以确定本级不动产登记机构统一办理所属各区的不动产登记。

跨县级行政区域的不动产登记，由所跨县级行政区域的不动产登记机构分别办理。不能分别办理的，由所跨县级行政区域的不动产登记机构协商办理；协商不成的，由共同的上一级人民政府不动产登记主管部门指定办理。

国务院确定的重点国有林区的森林、林木和林地，国务院批准项目用海、用岛，中央国家机关使用的国有土地等不动产登记，由国务院自然资源主管部门会同有关部门规定。[①]

---

① 2018 年 3 月 13 日，国务院机构改革方案提请十三届全国人大一次会议审议通过。根据该方案，国务院组成部门调整，组建自然资源部，不再保留国土资源部、国家海洋局、国家测绘地理信息局。

21.5.2 《不动产登记操作规范（试行）》的规定

【相关规定指引】

《不动产登记操作规范（试行）》（2021 年 6 月 7 日）

12 海域使用权及建筑物、构筑物所有权登记

12.1 首次登记

12.1.1 适用

依法取得海域使用权，可以单独申请海域使用权登记。

依法使用海域，在海域上建造建筑物、构筑物的，应当申请海域使用权及建筑物、构筑物所有权登记。

12.1.2 申请主体

海域使用权及建筑物、构筑物所有权首次登记的申请主体应当为海域权属来源材料记载的海域使用权人。

12.1.3 申请材料

申请海域使用权首次登记，提交的材料包括：

1 不动产登记申请书；

2 申请人身份证明；

3 项目用海批准文件或者海域使用权出让合同；

4 宗海图（宗海位置图、界址图）以及界址点坐标；

5 海域使用金缴纳或者减免凭证；

6 法律、行政法规以及《实施细则》规定的其他材料。

申请海域使用权及建筑物、构筑物所有权首次登记，提交的材料包括：

1 不动产登记申请书；

2 申请人身份证明；

3 不动产权属证书或不动产权属来源材料；

4 宗海图（宗海位置图、界址图）以及界址点坐标；

5 建筑物、构筑物符合规划的材料；

6 建筑物、构筑物已经竣工的材料；

7　海域使用金缴纳或者减免凭证；

8　法律、行政法规以及《实施细则》规定的其他材料。

21.6　海域使用权证过期的问题

21.6.1　相关法律规定

【相关规定指引】

《海域使用管理法》（2001 年 10 月 27 日）

第二十七条　因企业合并、分立或者与他人合资、合作经营，变更海域使用权人的，需经原批准用海的人民政府批准。

海域使用权可以依法转让。海域使用权转让的具体办法，由国务院规定。

海域使用权可以依法继承。

第二十八条　海域使用权人不得擅自改变经批准的海域用途；确需改变的，应当在符合海洋功能区划的前提下，报原批准用海的人民政府批准。

第二十九条　海域使用权期满，未申请续期或者申请续期未获批准的，海域使用权终止。

海域使用权终止后，原海域使用权人应当拆除可能造成海洋环境污染或者影响其他用海项目的用海设施和构筑物。

21.6.2　自然资源部意见

【相关规定指引】

《海域使用权证书过期15年未办理新产权证是否可以依法注销？》[①]

咨询：经查询，某船坞修理厂海域使用权证书的终止日期为 2005 年 7 月 2 日，海域使用权证书到期后未重新取得新证书，现场船坞修理厂已拆除，但船坞修理厂经营者未到有关部门办理海域使用权注销手续。

请问，该船坞修理厂是否还拥有海域使用权？可否视为其海域使用权已注销？

[①] 《海域使用权证书过期15年未办理新产权证是否可以依法注销？》，载自然资源部网站，http：// gi. mnr. gov. cn/202106/t20210629_ 2660155. html，2024 年 4 月 16 日访问。

回复：您好！根据《中华人民共和国海域使用管理法》第二十六条、第二十九条规定，海域使用权期限届满，海域使用权人需要继续使用海域的，应当至迟于期限届满前二个月向原批准用海的人民政府申请续期。海域使用权期满，未申请续期或者申请续期未获批准的，海域使用权终止。如某船坞修理厂海域使用权期限届满前未申请续期或申请续期未获批准，其海域使用权因到期而自动终止，该船坞修理厂不再拥有海域使用权。（自然资源确权登记局）

21.6.3 过期给抵押权的风险

（1）参考上述自然资源确权登记局的意见，在执行过程中，作为债务人的海域使用权人，往往不会主动申请续期并欠缴海域使用金。

（2）加之，执行程序耗时长久，待执行异议及执行异议之诉程序结束后，海域使用权往往已经过期，此时，抵押权人则存在因海域使用权过期而无法实现抵押权的风险。

21.7 海域使用权抵押注意事项

21.7.1 权利剩余期限

权利剩余期限要大于贷款期限，而且要考虑审判执行变现所需要的时间。

21.7.2 抵押物的范围

抵押物的范围是否包括海域内的所有内固定建筑物，到期后内固定建筑物如何处理，是拆除，还是折价，尤其在有其他债权人参与分配的情形下，查封顺序在先的债权人对抵押物范围之外的财产较查封顺序在后的债权人优先受偿。

21.7.3 抵押物内的动产

养殖用海中可能留存大量的网箱等养殖设备设施，或者还留存大量的海产品，其数量和质量均无法有效、客观、真实地统计、计算、变现，将成为抵押权实现的现实障碍。

22. 矿业权的抵押管理

22.1　矿业权的定义

【相关规定指引】

《矿产资源法》（2009 年 8 月 27 日）

第五条　国家实行探矿权、采矿权有偿取得的制度；但是，国家对探矿权、采矿权有偿取得的费用，可以根据不同情况规定予以减缴、免缴。具体办法和实施步骤由国务院规定。

开采矿产资源，必须按照国家有关规定缴纳资源税和资源补偿费。

第六条　除按下列规定可以转让外，探矿权、采矿权不得转让：

（一）探矿权人有权在划定的勘查作业区内进行规定的勘查作业，有权优先取得勘查作业区内矿产资源的采矿权。探矿权人在完成规定的最低勘查投入后，经依法批准，可以将探矿权转让他人。

（二）已取得采矿权的矿山企业，因企业合并、分立，与他人合资、合作经营，或者因企业资产出售以及有其他变更企业资产产权的情形而需要变更采矿权主体的，经依法批准可以将采矿权转让他人采矿。

前款规定的具体办法和实施步骤由国务院规定。

禁止将探矿权、采矿权倒卖牟利。

22.2　矿业权抵押合同的生效

22.2.1　司法解释规定

【相关规定指引】

《最高人民法院关于审理矿业权纠纷案件适用法律若干问题的解释》（2020 年 12 月 29 日）

第十四条　矿业权人为担保自己或者他人债务的履行，将矿业权抵押给债权人的，抵押合同自依法成立之日起生效，但法律、行政法规规定不得抵押的除外。

当事人仅以未经主管部门批准或者登记、备案为由请求确认抵押合同无效的，人民法院不予支持。

22.2.2 行政法规规定

【相关规定指引】

《探矿权采矿权转让管理办法》（2014 年 7 月 29 日）

第五条 转让探矿权，应当具备下列条件：

（一）自颁发勘查许可证之日起满 2 年，或者在勘查作业区内发现可供进一步勘查或者开采的矿产资源；

（二）完成规定的最低勘查投入；

（三）探矿权属无争议；

（四）按照国家有关规定已经缴纳探矿权使用费、探矿权价款；

（五）国务院地质矿产主管部门规定的其他条件。

第六条 转让采矿权，应当具备下列条件：

（一）矿山企业投入采矿生产满 1 年；

（二）采矿权属无争议；

（三）按照国家有关规定已经缴纳采矿权使用费、采矿权价款、矿产资源补偿费和资源税；

（四）国务院地质矿产主管部门规定的其他条件。

国有矿山企业在申请转让采矿权前，应当征得矿山企业主管部门的同意。

第七条 探矿权或者采矿权转让的受让人，应当符合《矿产资源勘查区块登记管理办法》或者《矿产资源开采登记管理办法》规定的有关探矿权申请人或者采矿权申请人的条件。

22.2.3 部门规范性文件规定

【相关规定指引】

《矿业权出让转让管理暂行规定》（2014 年 7 月 16 日）

第三条 探矿权、采矿权为财产权，统称为矿业权，适用于不动产法律法规的调整原则。

依法取得矿业权的自然人、法人或其他经济组织称为矿业权人。

矿业权人依法对其矿业权享有占有、使用、收益和处分权。

第六条　矿业权人可以依照本规定，采取出售、作价出资、合作勘查或开采、上市等方式依法转让矿业权。

转让双方应按规定到原登记发证机关办理矿业权变更登记手续。但是受让方为外商投资矿山企业的，应到具有外商投资矿山企业发证权的登记管理机关办理变更登记手续。

矿业权人可以依照本规定出租、抵押矿业权。

第三十六条　矿业权转让是指矿业权人将矿业权转移的行为，包括出售、作价出资、合作、重组改制等。

矿业权的出租、抵押，按照矿业权转让的条件和程序进行管理，由原发证机关审查批准。

第五十条　出租国家出资勘查形成的采矿权的，应按照采矿权转让的规定进行评估、确认，采矿权价款按有关规定进行处置。

已出租的采矿权不得出售、合资、合作、上市和设定抵押。

第五十五条　矿业权抵押是指矿业权人依照有关法律作为债务人以其拥有的矿业权在不转移占有的前提下，向债权人提供担保的行为。

以矿业权作抵押的债务人为抵押人，债权人为抵押权人，提供担保的矿业权为抵押物。①

第五十六条　债权人要求抵押人提供抵押物价值的，抵押人应委托评估机构评估抵押物。

第五十七条　矿业权设定抵押时，矿业权人应持抵押合同和矿业权许可证到原发证机关办理备案手续。矿业权抵押解除后 20 日内，矿业权人应书面告知原发证机关。

---

① 2014 年 7 月 16 日，国土资源部《关于停止执行〈关于印发矿业权出让转让管理暂行规定的通知〉第五十五条规定的通知》规定，根据《中华人民共和国物权法》、《中华人民共和国担保法》的有关规定，现停止执行《关于印发〈矿业权出让转让管理暂行规定〉的通知》（国土资发〔2000〕309 号）第五十五条规定。

第五十八条 债务人不履行债务时，债权人有权申请实现抵押权，并从处置的矿业权所得中依法受偿。新的矿业权申请人应符合国家规定的资质条件，当事人应依法办理矿业权转让、变更登记手续。

采矿权人被吊销许可证时，由此产生的后果由债务人承担。

22.3　矿业权许可证期限

22.3.1　采矿许可证性质、期限

【相关规定指引】

《矿产资源开采登记管理办法》（2014 年 7 月 29 日）

第三条 开采下列矿产资源，由国务院地质矿产主管部门审批登记，颁发采矿许可证：

（一）国家规划矿区和对国民经济具有重要价值的矿区内的矿产资源；

（二）领海及中国管辖的其他海域的矿产资源；

（三）外商投资开采的矿产资源；

（四）本办法附录所列的矿产资源。①

开采石油、天然气矿产的，经国务院指定的机关审查同意后，由国务院地质矿产主管部门登记，颁发采矿许可证。

开采下列矿产资源，由省、自治区、直辖市人民政府地质矿产主管部门审批登记，颁发采矿许可证：

（一）本条第一款、第二款规定以外的矿产储量规模中型以上的矿产资源；

（二）国务院地质矿产主管部门授权省、自治区、直辖市人民政府地质矿产主管部门审批登记的矿产资源。

开采本条第一款、第二款、第三款规定以外的矿产资源，由县级以上地方人民政府负责地质矿产管理工作的部门，按照省、自治区、直辖市人民代

---

① 《国务院地质矿产主管部门审批发证矿种目录》

1 煤　2 石油　3 油页岩　4 烃类天然气　5 二氧化碳气　6 煤成（层）气　7 地热　8 放射性矿产　9 金　10 银　11 铂　12 锰　13 铬　14 钴　15 铁　16 铜　17 铅　18 锌　19 铝　20 镍　21 钨　22 锡　23 锑　24 钼　25 稀土　26 磷　27 钾　28 硫　29 锶　30 金刚石　31 铌　32 钽　33 石棉　34 矿泉水

表大会常务委员会制定的管理办法审批登记，颁发采矿许可证。

矿区范围跨县级以上行政区域的，由所涉及行政区域的共同上一级登记管理机关审批登记，颁发采矿许可证。

县级以上地方人民政府负责地质矿产管理工作的部门在审批发证后，应当逐级向上一级人民政府负责地质矿产管理工作的部门备案。

第七条 采矿许可证有效期，按照矿山建设规模确定：大型以上的，采矿许可证有效期最长为 30 年；中型的，采矿许可证有效期最长为 20 年；小型的，采矿许可证有效期最长为 10 年。采矿许可证有效期满，需要继续采矿的，采矿权人应当在采矿许可证有效期届满的 30 日前，到登记管理机关办理延续登记手续。

采矿权人逾期不办理延续登记手续的，采矿许可证自行废止。

22.3.2 探矿权存续、延续期间

【相关规定指引】

《自然资源部关于深化矿产资源管理改革若干事项的意见》（2023 年 7 月 26 日）

七、调整探矿权期限

探矿权新立、延续及保留登记期限均为 5 年。申请探矿权延续登记时应当扣减勘查许可证载明面积的 20%，非油气已提交资源量的范围/油气已提交探明地质储量的范围不计入扣减基数，已设采矿权深部或上部勘查不扣减面积。油气探矿权可以扣减同一盆地的该探矿权人其他区块同等面积，但新出让的油气探矿权 5 年内不得用于抵扣该探矿权人其他区块应扣减面积。

探矿权出让合同已有约定的，按照合同执行。

22.3.3 采矿许可证期限的延续

【相关规定指引】

《自然资源部关于进一步完善矿产资源勘查开采登记管理的通知》（2023 年 5 月 6 日）

9. 采矿许可证剩余有效期不足 6 个月，申请变更登记的，可以同时向登记管理机关申请办理延续登记。

22.4　采矿权不得转让及其注销条件

22.4.1　采矿权不得转让情形

【相关规定指引】

《自然资源部关于进一步完善矿产资源勘查开采登记管理的通知》（2023年5月6日）

（五）完善采矿权变更、注销登记管理。

1. 申请采矿权转让变更的，受让人应当具备本通知规定的采矿权申请人条件，并承继该采矿权的权利、义务。涉及重叠情况的，受让人应当提交互不影响和权益保护协议或不影响已设矿业权人权益承诺。

2. 国有矿山企业申请办理采矿权转让变更登记的，应当持矿山企业主管部门同意转让变更采矿权的批准文件。

3. 有下列情形之一的，不予办理采矿权转让变更登记：

（1）采矿权部分转让变更的；

（2）同一矿业权人存在重叠的矿业权单独转让变更的；

（3）采矿权处于抵押备案状态且未经抵押权人同意的；

（4）未按要求缴纳矿业权出让收益（价款）的；

（5）未在转让合同中明确受让人承继履行矿山地质环境恢复治理义务的；

（6）采矿权被自然资源主管部门立案查处，或人民法院、公安、监察等机关通知不得转让变更的。

以协议方式取得的采矿权申请变更主体，应当持有采矿权满5年。母公司与全资子公司、符合开采主体资质条件申请人之间的转让变更可不受5年限制。

22.4.2　采矿权注销条件

【相关规定指引】

《自然资源部关于进一步完善矿产资源勘查开采登记管理的通知》（2023年5月6日）

10. 取得采矿权的矿山在有效期内因生态保护、安全生产、公共利益、产业政策等被县级（含）以上人民政府决定关闭并公告的，由同级自然资源主管部门函告原登记管理机关。采矿权人应当自决定关闭矿山之日起 30 日内，向原登记管理机关申请办理采矿许可证注销登记手续。采矿权人不办理采矿许可证注销登记手续的，由登记管理机关责令限期改正；逾期不改正的，由原登记管理机关吊销采矿许可证，并根据《行政许可法》第七十条规定办理采矿许可证注销手续。

22.5　矿业权抵押权的成立

【相关规定指引】

《最高人民法院关于审理矿业权纠纷案件适用法律若干问题的解释》（2020 年 12 月 29 日）

第十五条　当事人请求确认矿业权之抵押权自依法登记时设立的，人民法院应予支持。

颁发矿产资源勘查许可证或者采矿许可证的自然资源主管部门根据相关规定办理的矿业权抵押备案手续，视为前款规定的登记。

22.6　涉矿业权五项配套抵押

一般来讲，以采矿权为典型的矿业抵押若要完整实现，需要各种配套措施。

22.6.1　探矿权抵押

【相关规定指引】

《国务院办公厅转发国务院西部开发办关于西部大开发若干政策措施实施意见的通知》（2001 年 9 月 29 日）

（三十三）积极培育矿业权市场，促进探矿权、采矿权依法出让和转让。出让矿业权的范围包括国家出资勘查并已经探明的矿产地、依法收归国有的矿产地和其他矿业权空白地。除采取依法申请批准方式外，可以采取招标、拍卖等其他方式出让矿业权。探矿权人、采矿权人可以采取出售、作价出资、合作勘查或开采、上市等方式依法转让探矿权、采矿权，也可以按有关规定出租、抵押探矿权、采矿权。

22.6.2　采矿权抵押

【相关规定指引】

《最高人民法院关于审理矿业权纠纷案件适用法律若干问题的解释》（2020年12月29日）

第十四条　矿业权人为担保自己或者他人债务的履行，将矿业权抵押给债权人的，抵押合同自依法成立之日起生效，但法律、行政法规规定不得抵押的除外。

当事人仅以未经主管部门批准或者登记、备案为由请求确认抵押合同无效的，人民法院不予支持。

第十五条　当事人请求确认矿业权之抵押权自依法登记时设立的，人民法院应予支持。

颁发矿产资源勘查许可证或者采矿许可证的自然资源主管部门根据相关规定办理的矿业权抵押备案手续，视为前款规定的登记。

22.6.3　采矿用地抵押

需要查清采矿权所涉的矿山所依附的土地权属，是否办理了土地使用权，是否办理了林权，是否办理了草原权，是否办理了海域使用权等权利，见本章相应权利部分内容。

22.6.4　工矿企业厂房抵押

一般来讲，工矿仓储用地具体分为工业用地、采矿地、仓储用地。

对于已经颁发房产证的厂房，要办理抵押权登记手续，对于未颁发房产证的厂房，无论是违法建筑还是缺乏部分合法手续的违章建筑，在清收时，都要注意争取首先查封。

22.6.5　机器设备抵押

对于该矿产企业建设经营需要的机器设备，经常内固定在其矿区之中，若不一并纳入抵押范围，则会使得采矿权抵押变现的可能性降低。

机器设备按照是否固定于土地进行分类，分别按照不动产或者动产的性质办理相应抵押登记手续。

22.6.6 公司股权质押

【相关规定指引】

《民法典》（2020 年 5 月 28 日）

第四百四十三条 以基金份额、股权出质的，质权自办理出质登记时设立。

基金份额、股权出质后，不得转让，但是出质人与质权人协商同意的除外。出质人转让基金份额、股权所得的价款，应当向质权人提前清偿债务或者提存。

《股权出质登记办法》（2020 年 12 月 31 日）

第一条 为规范股权出质登记行为，根据《中华人民共和国民法典》等法律的规定，制定本办法。

第二条 以持有的有限责任公司和股份有限公司股权出质，办理出质登记的，适用本办法。已在证券登记结算机构登记的股份有限公司的股权除外。

第三条 负责出质股权所在公司登记的市场监督管理部门是股权出质登记机关（以下简称登记机关）。

各级市场监督管理部门的企业登记机构是股权出质登记机构。

22.7 抵押权实现的特别条件

22.7.1 司法解释的具体规定

【相关规定指引】

《最高人民法院关于审理矿业权纠纷案件适用法律若干问题的解释》（2020 年 12 月 29 日）

第十六条 债务人不履行到期债务或者发生当事人约定的实现抵押权的情形，抵押权人依据民事诉讼法第一百九十六条、第一百九十七条规定申请实现抵押权的，人民法院可以拍卖、变卖矿业权或者裁定以矿业权抵债，但矿业权竞买人、受让人应具备相应的资质条件。

22.7.2 "相应的资质条件"的理解与适用

矿业权抵押权的实现，除遵循一般抵押权实现的条件和程序外，还特别要求矿业权竞买人、受让人应具备相应的资质条件。依据如下：

首先，矿业权的双重属性决定竞买人等应具备相应资质。

虽然《物权法》（现《民法典》）将矿业权定性为用益物权，对于进一步明确矿业权的物权属性，强化财产权保护，建立产权明晰、高效有序的矿业权流转市场等具有重要意义，但不可否认，矿产资源作为公共物品，其勘查、开采与经济可持续发展、矿山生产安全、生态环境保护等社会公共利益紧密相关，也使得矿业权与典型用益物权相比，具有一定的特殊性。这种特殊性主要体现为矿业权是由私法与公法共同规范和调整，是由私权和公权共同构成的权利复合体。在现行法律框架内，其既是一种用益物权，也是一种基于行政许可而获得的权利；既体现为一种民事财产权，又体现为一种特许的经营权或行业准入资格。《矿产资源法》第三条关于"勘查、开采矿产资源，必须依法分别申请、经批准取得探矿权、采矿权，并办理登记"及"从事矿产资源勘查和开采的，必须符合规定的资质条件"的规定，即是矿业权具有特许物权性质的集中体现。在矿业权拍卖、变卖、抵债过程中，竞买人、受让人也只有具备了相应的资质条件，才有资格申请取得矿业权，否则即使参与了拍卖、变卖或接受抵债，最终也无法实现取得矿业权的目的。

其次，司法权与行政权的有效衔接要求竞买人等应具备相应资质。

矿业权权利属性的复合性决定了法院在审判和执行程序中均要保持一定的谦抑性，尤其要正确处理好司法裁判和行政判断的关系。矿产资源事关国计民生，为提高矿产资源开发利用效率，防止私挖滥采，相关法律法规对矿业权的主体资质提出了较高的要求，而是否具备矿业权主体资格是国土资源主管部门的行政判断范畴。人民法院如果在抵押权实行中直接裁定将矿业权过户给竞拍人或受让人，但国土资源主管部门认为相关当事人不具有矿业权主体资格时，将会使司法权和行政权同时陷入尴尬境地。一方面，人民法院的相关判决或裁定很可能得不到国土资源部门的配合执行，导致矿业权的变更登记无法顺利得以办理；另一方面，如果国土资源部门对不符合法定转让条件的矿业权办理批准及变更登记手续，将存在违法行政的嫌疑，并可能因此被行政相对人提起行政诉讼。如此一来，人民法院的司法权威和国土资源部门的行政权威都将受到极大的损害。此外，如果不对资质提出特殊要求，则不具有资质的当事人可能与矿业权人恶意串通，通过虚假诉讼及强制执行的方式获得矿业权，这会对国家能源资源安全及生态环境保护造成较大威胁。

最后，相关法律和政策规定竞买人等应具备相应资质。

第一，在执行程序方面的一般性规定。《拍卖法》第三十三条规定，法律、行政法规对拍卖标的的买卖条件有规定的，竞买人应当具备规定的条件。《最高人民法院关于人民法院民事执行中拍卖、变卖财产的规定》第十五条第一款规定，法律、行政法规对买受人的资格或者条件有特殊规定的，竞买人应当具备规定的资格或者条件。

第二，矿业权抵押权实现的特殊规定。《矿业权出让转让管理暂行规定》第五十八条第一款规定，债务人不履行债务时，债权人有权申请实现抵押权，并从处置的矿业权所得中依法受偿。新的矿业权申请人应符合国家规定的资质条件。《国土资源部关于完善矿产资源开采审批登记管理有关事项的通知》第十九条规定，"人民法院将采矿权拍卖或裁定给他人，受让人应当依法向登记管理机关申请变更登记。申请变更登记的受让人应当具备本通知第（七）条规定的条件，登记管理机关凭申请人提交的采矿权变更申请文件和人民法院协助执行通知书，予以办理采矿权变更登记。"而该通知第七条规定："采矿权申请人原则上应当为营利法人。外商投资企业申请限制类矿种采矿权的，应当出具有关部门的项目核准文件。申请放射性矿产资源采矿权的，应当出具行业主管部门的项目核准文件。申请人在取得采矿许可证后，须具备其他相关法定条件后方可实施开采作业。"

上述规定都明确无论是矿业权拍卖、变卖，还是以权抵债的方式实现抵押权，均要求竞买人、受让人具备相应资质条件，这也构成了司法解释本条规定的法律和政策依据。[①]

<hr />

① 最高人民法院环境资源审判庭编著：《最高人民法院矿业权司法解释理解与适用》，人民法院出版社2018年版，第222页。

22.7.3　司法尊重行政许可

【相关规定指引】

《自然资源部关于进一步完善矿产资源勘查开采登记管理的通知》（2023年5月6日）

5. 人民法院将探矿权拍卖或裁定给他人，受让人应当依法向登记管理机关申请变更登记。申请变更登记的受让人应当具备本通知规定的探矿权申请人条件，登记管理机关凭申请人提交的探矿权变更申请文件和人民法院协助执行通知书，予以办理探矿权变更登记。

8. 人民法院将采矿权拍卖或裁定给他人，受让人应当依法向登记管理机关申请变更登记。申请变更登记的受让人应当具备本通知规定的采矿权申请人条件，登记管理机关凭申请人提交的采矿权变更申请文件和人民法院协助执行通知书，予以办理采矿权变更登记。

22.7.4　司法尊重行政的实践

【关联案例指引】

执行采矿权以及与采矿权相关退款时，执行法院应当加强与行政机关的沟通协调，确保执行符合相关条件——杨某某与山西某甲公司、山西某乙公司执行监督案①

法院生效裁判认为，关于本案采矿权是否应予执行的问题。本案中，山西省自然资源厅明确回复山西高院和太原铁路中院，明确山西某乙公司的采矿许可证已经到期且暂不具备办理延期的条件。在此情况下，采矿权是否可以延期存在不确定性。而采矿权是否延期，对采矿权价值影响重大，是否准许延期是行政机关的职权范围，目前采矿权是否可以延期尚不确定，故人民法院推进处置程序的条件尚不成熟，如果继续推进采矿权处置，可能由此产生新的纠纷，不利于矛盾化解。故执行法院对采矿权采取查封措施，未对采矿权进行处置，并无明显不当。关于本案中的出让收益（价款）是否应予执

---

① 载人民法院案例库，入库编号：2024-17-5-203-005，https://rmfyalk.court.gov.cn/，2024年8月13日访问。

行的问题。根据山西省自然资源厅回函，目前该款项暂不具备退还的条件，执行法院因此判断该款项暂不宜执行并无明显不当。

在采矿权的执行过程中，采矿权是否可以延期、是否准许延期等是行政机关的职权范围。执行采矿权以及与采矿权相关退款时，执行法院应当加强与行政机关的沟通协调，确保执行采矿权以及与采矿权相关退款符合相关条件，避免由此产生新的纠纷，激化矛盾。

23. 林权的抵押管理

23.1　林权的定义

林权是指对森林、林木或者林地的占有、使用、收益和处分的权利，包括林地使用权和林木所有权。

23.2　国务院关于林权抵押的规定

【相关规定指引】

《中共中央 国务院关于全面推进集体林权制度改革的意见》（2008 年 6 月 8 日）

（十一）落实处置权。在不改变林地用途的前提下，林地承包经营权人可依法对拥有的林地承包经营权和林木所有权进行转包、出租、转让、入股、抵押或作为出资、合作条件，对其承包的林地、林木可依法开发利用。

（十二）保障收益权。农户承包经营林地的收益，归农户所有。征收集体所有的林地，要依法足额支付林地补偿费、安置补助费、地上附着物和林木的补偿费等费用，安排被征林地农民的社会保障费用。经政府划定的公益林，已承包到农户的，森林生态效益补偿要落实到户；未承包到农户的，要确定管护主体，明确管护责任，森林生态效益补偿要落实到本集体经济组织的农户。严格禁止乱收费、乱摊派。

（十七）推进林业投融资改革。金融机构要开发适合林业特点的信贷产品，拓宽林业融资渠道。加大林业信贷投放，完善林业贷款财政贴息政策，大力发展对林业的小额贷款。完善林业信贷担保方式，健全林权抵押贷款制度。加快建立政策性森林保险制度，提高农户抵御自然灾害的能力。妥善处理农村林业债务。

23.3 两部委关于林权抵押贷款的实施意见

【相关规定指引】

《银监会 林业局关于林权抵押贷款的实施意见》（2013年7月5日）

各银监局，各省、自治区、直辖市、计划单列市林业厅（局），各政策性银行、国有商业银行、股份制商业银行，邮储银行，各省级农村信用联社：

为改善农村金融服务，支持林业发展，规范林权抵押贷款业务，完善林权登记管理和服务，有效防范信贷风险，特制定如下实施意见。

一、银行业金融机构要积极开展林权抵押贷款业务，可以接受借款人以其本人或第三人合法拥有的林权作抵押担保发放贷款。可抵押林权具体包括用材林、经济林、薪炭林的林木所有权和使用权及相应林地使用权；用材林、经济林、薪炭林的采伐迹地、火烧迹地的林地使用权；国家规定可以抵押的其他森林、林木所有权、使用权和林地使用权。

二、银行业金融机构应遵循依法合规、公平诚信、风险可控、惠农利民的原则，积极探索创新业务品种，加大对林业发展的有效信贷投入。林权抵押贷款要重点满足农民等主体的林业生产经营、森林资源培育和开发、林下经济发展、林产品加工的资金需求，以及借款人其他生产、生活相关的资金需求。

三、银行业金融机构要根据自身实际，结合林权抵押贷款特点，优化审贷程序，对符合条件的客户提供优质服务。

四、银行业金融机构应完善内部控制机制，实行贷款全流程管理，全面了解客户和项目信息，建立有效的风险管理制度和岗位制衡、考核、问责机制。

五、银行业金融机构应根据林权抵押贷款的特点，规定贷款审批各个环节的操作规则和标准要求，做到贷前实地查看、准确测定，贷时审贷分离、独立审批，贷后现场检查、跟踪记录，切实有效防范林权抵押贷款风险。

六、各级林业主管部门应完善配套服务体系，规范和健全林权抵押登记、评估、流转和林权收储等机制，协调配合银行业金融机构做好林权抵押贷款业务和其他林业金融服务。

七、银行业金融机构受理借款人贷款申请后，要认真履行尽职调查职责，对贷款申请内容和相关情况的真实性、准确性、完整性进行调查核实，形成调查评价意见。尤其要注重调查借款人及其生产经营状况、用于抵押的林权是否合法、权属是否清晰、抵押人是否有权处分等方面。

八、申请办理林权抵押贷款时，银行业金融机构应要求借款人提交林权证原件。银行业金融机构不应接受未依法办理林权登记、权属不清或存在争议的森林、林木和林地作为抵押财产，也不应接受国家规定不得抵押的其他财产作为抵押财产。

九、银行业金融机构不应接受无法处置变现的林权作为抵押财产，包括水源涵养林、水土保持林、防风固沙林、农田和牧场防护林、护岸林、护路林等防护林所有权、使用权及相应的林地使用权，以及国防林、实验林、母树林、环境保护林、风景林，名胜古迹和革命纪念地的林木，自然保护区的森林等特种用途林所有权、使用权及相应的林地使用权。

十、以农村集体经济组织统一经营管理的林权进行抵押的，银行业金融机构应要求抵押人提供依法经本集体经济组织2/3以上成员同意或者2/3以上村民代表同意的决议，以及该林权所在乡（镇）人民政府同意抵押的书面证明；林业专业合作社办理林权抵押的，银行业金融机构应要求抵押人提供理事会通过的决议书；有限责任公司、股份有限公司办理林权抵押的，银行业金融机构应要求抵押人提供经股东会、股东大会或董事会通过的决议或决议书。

十一、以共有林权抵押的，银行业金融机构应要求抵押人提供其他共有人的书面同意意见书；以承包经营方式取得的林权进行抵押的，银行业金融机构应要求抵押人提供承包合同；以其他方式承包经营或流转取得的林权进行抵押的，银行业金融机构应要求抵押人提供承包合同或流转合同和发包方同意抵押意见书。

十二、银行业金融机构要根据抵押目的与借款人、抵押人商定抵押财产的具体范围，并在书面抵押合同中予以明确。以森林或林木资产抵押的，可以要求其林地使用权同时抵押，但不得改变林地的性质和用途。

十三、银行业金融机构要根据借款人的生产经营周期、信用状况和贷款用途等因素合理协商确定林权抵押贷款的期限，贷款期限不应超过林地使用权的剩余期限。贷款资金用于林业生产的，贷款期限要与林业生产周期相适应。

十四、银行业金融机构开展林权抵押贷款业务，要建立抵押财产价值评估制度，对抵押林权进行价值评估。对于贷款金额在30万元以上（含30万元）的林权抵押贷款项目，抵押林权价值评估应坚持保本微利原则、按照有关规定执行；具备专业评估能力的银行业金融机构，也可以自行评估。对于贷款金额在30万元以下的林权抵押贷款项目，银行业金融机构要参照当地市场价格自行评估，不得向借款人收取评估费。

十五、对以已取得林木采伐许可证且尚未实施采伐的林权抵押的，银行业金融机构要明确要求抵押人将已发放的林木采伐许可证原件提交银行业金融机构保管，双方向核发林木采伐许可证的林业主管部门进行备案登记。林权抵押期间，未经抵押权人书面同意，抵押人不得进行林木采伐。

十六、银行业金融机构要在抵押借款合同中明确要求借款人在林权抵押贷款合同签订后，及时向属地县级以上林权登记机关申请办理抵押登记。

十七、银行业金融机构要在抵押借款合同中明确，抵押财产价值减少时，抵押权人有权要求恢复抵押财产的价值，或者要求借款人提供与减少的价值相应的担保。借款人不恢复财产也不提供其他担保的，抵押权人有权要求借款人提前清偿债务。

十八、县级以上地方人民政府林业主管部门负责办理林权抵押登记。具体程序按照国务院林业主管部门有关规定执行。

十九、林权登记机关在受理林权抵押登记申请时，应要求申请人提供林权抵押登记申请书、借款人（抵押人）和抵押权人的身份证明、抵押借款合同、林权证及林权权利人同意抵押意见书、抵押林权价值评估报告（拟抵押林权需要评估的）以及其他材料。林权登记机关应对林权证的真实性、合法性进行确认。

二十、林权登记机关受理抵押登记申请后，对经审核符合登记条件的，登记机关应在 10 个工作日内办理完毕。对不符合抵押登记条件的，书面通知申请人不予登记并退回申请材料。办理抵押登记不得收取任何费用。

二十一、林权登记机关在办理抵押登记时，应在抵押林权的林权证的"注记"栏内载明抵押登记的主要内容，发给抵押权人《林权抵押登记证明书》等证明文件，并在抵押合同上签注编号、日期，经办人签字、加盖公章。

二十二、变更抵押林权种类、数额或者抵押担保范围的，银行业金融机构要及时要求借款人和抵押人共同持变更合同、《林权抵押登记证明书》和其他证明文件，向原林权登记机关申请办理变更抵押登记。林权登记机关审查核实后应及时给予办理。

二十三、抵押合同期满、借款人还清全部贷款本息或者抵押人与抵押权人同意提前解除抵押合同的，双方向原登记机关办理注销抵押登记。

二十四、各级林业登记机关要做好已抵押林权的登记管理工作，将林权抵押登记事项如实记载于林权登记簿，以备查阅。对于已全部抵押的林权，不得重复办理抵押登记。除取得抵押权人书面同意外，不予办理林权变更登记。

二十五、银行业金融机构要依照信贷管理规定完善林权抵押贷款风险评价机制，采用定量和定性分析方法，全面、动态地进行贷款风险评估，有效地对贷款资金使用、借款人信用及担保变化情况等进行跟踪检查和监控分析，确保贷款安全。

二十六、银行业金融机构要严格履行对抵押财产的贷后管理责任，对抵押财产定期进行监测，做好林权抵押贷款及抵押财产信息的跟踪记录，同时督促抵押人在林权抵押期间继续管理和培育好森林、林木，维护抵押财产安全。

二十七、银行业金融机构要建立风险预警和补救机制，发现借款人可能发生违约风险时，要根据合同约定停止或收回贷款。抵押财产发生自然灾害、市场价值明显下降等情况时，要及时采取补救和控制风险措施。

二十八、各级林业主管部门要会同有关部门积极推进森林保险工作。鼓励抵押人对抵押财产办理森林保险。抵押期间，抵押财产发生毁损、灭失或者被征收等情形时，银行业金融机构可以根据合同约定就获得的保险金、赔偿金或者补偿金等优先受偿或提存。

二十九、贷款需要展期的，贷款人应在对贷款用途、额度、期限与借款人经营状况、还款能力的匹配程度，以及抵押财产状况进行评估的基础上，决定是否展期。

三十、贷款到期后，借款人未清偿债务或出现抵押合同规定的行使抵押权的其他情形时，可通过竞价交易、协议转让、林木采伐或诉讼等途径处置已抵押的林权。通过竞价交易方式处置的，银行业金融机构要与抵押人协商将已抵押林权转让给最高应价者，所得价款由银行业金融机构优先受偿；通过协议转让方式处置的，银行业金融机构要与抵押人协商将所得价款由银行业金融机构优先受偿；通过林木采伐方式处置的，银行业金融机构要与抵押人协商依法向县级以上地方人民政府林业主管部门提出林木采伐申请。

三十一、银行业金融机构因处置抵押财产需要采伐林木的，采伐审批机关要按国家相关规定优先予以办理林木采伐许可证，满足借款人还贷需要。林权抵押期间，未经抵押权人书面同意，采伐审批机关不得批准或发放林木采伐许可证。

三十二、有条件的县级以上地方人民政府林业主管部门要建立林权管理服务机构。林权管理服务机构要为开展林权抵押贷款、处置抵押林权提供快捷便利服务，并适当减免抵押权人相关交易费用。

三十三、各级林业主管部门要为银行业金融机构对抵押林权的核实查证工作提供便利。林权登记机关依法向银行业金融机构提供林权登记信息时，不得收取任何费用。

三十四、各级林业主管部门要积极协调各级地方人民政府出台必要的引导政策，对用于林业生产发展的林权抵押贷款业务，要协调财政部门按照国家有关规定给予贴息，适当进行风险补偿。

23.4　林权价值评估

审慎、合理评估抵押物。林权作为抵押物具有一定特殊性，受林业部门对森林资源采伐限制、林木生长周期等诸多因素制约，其处置或变现存在难度。因此，在开展林权抵押业务时，应合理确定抵押物价值，根据树种类型、成长周期、采伐限制、经济价值和贷款风险等因素确定相应的抵押率和贷款期限，建立专门的林权抵押财产价值评估制度。必要时，应要求抵押人聘请具有相应资质的评估机构和人员对拟抵押森林、林木和林地资产价值进行评估。[①]

23.5　办理林权抵押登记

23.5.1　林权登记的特殊要求

【相关规定指引】

《不动产登记操作规范（试行）》（2021 年 6 月 7 日）

1.1.1　为规范不动产登记行为，保护不动产权利人合法权益，根据《不动产登记暂行条例》（简称《条例》）《不动产登记暂行条例实施细则》（简称《实施细则》），制定本规范。

……

1.1.5　土地承包经营权登记、国有农用地的使用权登记和森林、林木所有权登记，按照《条例》《实施细则》的有关规定办理。

23.5.2　纳入不动产统一登记

做好各具体制度规范的有效衔接。在《不动产登记暂行条例实施细则》起草过程中，充分吸收和采纳各部门已有登记办法的成熟规定，如《房屋登

---

① 详见《林地估价技术规范》（T/CREVA1101-2021），《林地分等定级技术规范》（T/CREVA3101-2021），《资产评估执业准则——森林资源资产》，《森林资源资产评估技术规范》（LY/T 2407-2015）。

记办法》《农村土地承包经营权证管理办法》《林木和林地权属登记管理办法》《海域使用权登记办法》等，确保各项具体制度规范的有效衔接、不动产统一登记工作平稳过渡。[①]

23.5.3 抵押登记办理注意事项

（1）《不动产登记暂行条例》施行后，林权相关登记应按照条例规定办理；

（2）若存在林权证记载事项与林权登记簿的记载不一致的情形，除有证据证明不动产登记簿确有错误外，以不动产登记簿为准；

（3）林权登记管理的范围，是否包括林下经济作物，尽量做到一体公示。

23.5.4 土地使用权和林权是否重合

【相关规定指引】

《林业部关于重申已核发〈林权证〉的林地不应再办理〈土地使用证〉的函》（1997年6月1日）

海南省人民政府：

你省林业局近日来文请示，已核发了《林权证》的林地是否还要办理《土地使用证》，根据《森林法》、《土地管理法》有关规定，全国人大常委会法制工作委员会于1989年、1991年曾两次对此给予明确答复。现征得国务院法制局同意（国法办函〔1997〕76号）。重申如下：

县级以上人民政府依照《森林法》有关规定核发的林权证是确认森林、林木和林地所有权或者使用权的法律凭证，对已核发《林权证》的林地，无须再办理《土地使用证》。尚未核发《林权证》的，各级人民政府要按照国办发〔1994〕64号文件的要求，抓紧核发林权证。

实践中，务必查清林权所附属的土地是否办理了土地使用权证，如果办理了土地使用权证，防止抵押人同时恶意抵押土地使用权和林权。

---

① 刘振国：《细化〈条例〉定规矩——访国土资源部政策法规司长魏莉华》，载《国土资源通讯》2016年第7期。

23.5.5　做好林权类不动产登记工作规范文件

【相关规定指引】

《自然资源部办公厅 国家林业和草原局办公室 国家金融监督管理总局办公厅关于落实深化集体林权制度改革要求 规范高效做好林权类不动产登记工作的通知》（2024 年 5 月 21 日）

各省、自治区、直辖市自然资源主管部门、林业和草原主管部门，新疆生产建设兵团自然资源局、林业和草原局，国家金融监督管理总局各监管局，各政策性银行、大型银行、股份制银行：

为贯彻落实党中央、国务院深化集体林权制度改革要求，依法维护林农和林业经营者合法权益，服务支撑绿色发展，现就规范高效做好林权类不动产登记工作通知如下。

一、落实原林权证不变不换要求。各地要妥善处理原林权证与不动产权证的关系，坚持依法颁发的原林权证继续有效，权利不变动，不得强制要求换证。对已登记但尚未发放到权利人的林权证，未经法定程序，不得随意收回和注销。林权权利人以原林权证申请办理抵押登记的，除存在权利交叉重叠、权属不清、证地不符等问题或法律规定不得抵押的情形外，自然资源部门应当办理，并为银行业金融机构等抵押权人颁发不动产登记证明，自然资源部门和银行业金融机构等抵押权人不得强制要求先换证再办理抵押登记，但抵押权人与抵押人沟通一致申请换证的除外；林权抵押存续期间，抵押人与抵押权人沟通一致申请换证的，无需解除原抵押登记。自然资源部门在办理后续林权登记时，要最大限度利用原林权登记资料，原林权证范围内存在非林地但无权属交叉重叠的，不影响产权归属。

二、规范林权登记受理和审核。申请人持原林权证办理林权变更、转移等登记时，除法定不予受理的情形外，自然资源部门不得以原林权登记精度不高、数据未移交整合等原因不予受理，不得随意增加登记材料。受理后，要依法依规进行登记审核，按程序颁发不动产权证书，不得采取在原林权证上简单标注，加盖不动产登记专用章的方式办理登记，避免将历史遗留问题带入新增登记中。集体所有的林地，不单独登记集体林地所有权，统一纳入集体土地所有权登记。

三、稳定林地承包经营权登记。坚持尊重农民意愿，保护农民权益，确保绝大多数农户原有承包林地继续保持稳定。对承包到户的林地，林草部门要加强林地承包合同管理；对于林地承包合同权属清晰、面积准确的，自然资源部门根据合同依申请办理林地承包经营权登记。对于家庭承包的林地，农户自愿流转林地经营权的，仍享有林地承包经营权，不得随意收回或注销承包户的林权证。

四、完善林地经营权登记。适应发展林业适度规模经营的要求，林草部门要加强林地承包、流转合同管理，规范林地经营权流转。自然资源部门根据承包、流转合同，依申请办理林地经营权登记，对流转期限5年以上（含5年）的林地经营权，由承包方和受让方共同申请；对以家庭承包以外方式承包的，由承包方申请；对由集体经济组织统一经营的，由集体经济组织申请办理林地经营权登记。各地要在不动产登记信息管理基础平台中增设林权登记模块，按照国家数据库标准增加"林地经营权"权利类型等字段，可单独设置经营权图层，规范做好林地经营权登记，为林地经营权依法流转和抵押融资提供支撑保障。

五、创新开展林权地籍调查。根据《深化集体林权制度改革方案》关于集体林权首次登记相关经费纳入地方财政预算和补充地籍调查由政府组织开展的有关要求，集体林权首次登记和原林权登记成果不完善确需开展地籍调查的，自然资源部门和林草部门要按照政府明确的分工，联合开展地籍调查，不得向当事人收取调查费用。其他由当事人自行委托开展地籍调查的，任何部门和个人不得指定调查机构。集体林权地籍调查要发挥村组作用，根据权属来源资料，充分利用全国国土调查、高分辨率影像图、实景三维数据等成果，以内业为主开展调查指界，无法通过内业确定权属界线的，再进行外业调查。鼓励具备条件的地方，由省级统筹组织开展林权地籍调查底图制作、软件开发和信息系统配发等工作，服务支撑市县开展地籍调查、数据整合建库等工作。林权地籍调查成果纳入地籍调查数据库统一管理。

六、优化林权登记办理流程。要围绕高效办好"一本证"，加快落实"一网、一门、一次"要求，自然资源部门受理林权登记申请后，涉及合同信息核验等事项的，由林草部门配合并联办理。自然资源和林草部门要加强林权登记信息和林地被征占用、林木采伐、退耕还林等林地管理信息共享，推动不动产登记信息管理基础平台与林权综合监管系统有效对接，让数据多跑路、群众少跑腿。各地要完善便民服务举措，支持有条件的地方将登记窗口向乡镇、村组延伸，向银行等金融机构延伸，积极推进"林权登记+金融"无缝衔接"一站式"服务，努力提高林权登记效率。探索符合农村实际的"互联网+林权登记"，利用远程线上办理林权登记申请、指界签章等事项。鼓励登记上门服务、节假日预约无休和延时服务等便民举措，方便进城务工林农办理登记。

七、协同推进历史遗留问题清理规范。各地要将林权登记数据整合建库和历史遗留问题化解作为深化集体林权制度改革工作的一项重要内容，因地制宜出台历史遗留问题化解政策，积极构建政府主导，自然资源和林草部门按照职责分工牵头负责，其他相关部门和乡镇政府、村组共同参与的林权登记历史遗留问题化解工作机制，组建专门工作力量，协同做好资料收集完善、合同签订、地籍调查、纠纷化解等工作。原林权登记图件缺失、界址不清确需开展补充调查，调查后涉及合同信息调整的，应当变更合同后再进行登记。有条件、有需求的地方，在充分尊重群众意愿的基础上，可稳妥探索以村为单位，结合发包、延包工作，开展整村地籍调查，集中清理规范历史遗留问题。对于存在林地、林木权属争议的，落实"属地处理"原则，由乡、县、市、省按法律规定的情形分级调处，鼓励农户之间的林权纠纷在村一级就地化解。各地林权登记历史遗留问题化解进展情况要通过不动产登记月报系统及时报部。

23.6　林下经济与抵押权的实现

23.6.1　林下经济的国家政策

【相关规定指引】

《国务院办公厅关于加快林下经济发展的意见》（2012 年 7 月 30 日）

（九）强化日常监督管理。严格土地用途管制，依法执行林木采伐制度，严禁以发展林下经济为名擅自改变林地性质或乱砍乱伐、毁坏林木。要充分考虑当地生态承载能力，适量、适度、合理发展林下经济。依法加强森林资源资产评估、林地承包经营权和林木所有权流转管理。

（十三）加大金融支持力度。各银行业金融机构要积极开展林权抵押贷款、农民小额信用贷款和农民联保贷款等业务，加大对林下经济发展的有效信贷投入。充分发挥财政贴息政策的带动和引导作用，中央财政对符合条件的林下经济发展项目加大贴息扶持力度。

23.6.2　林下经济发展指南

2021 年 11 月 30 日，国家林业和草原局印发了《全国林下经济发展指南（2021—2030 年）》。

23.6.3　优先利用的林地

《全国林下经济发展指南（2021—2030 年）》明确，林下经济应优先利用商品林地，在维持森林生态系统健康稳定的前提下，可适度规模化、集约化开展林下经济活动。应科学合理设置必要措施，防止加剧或造成新的水土流失。在国有林地范围开展林下经济活动，应当符合已有的森林经营方案。

23.6.4　限制利用的林地

限制利用的林地有以下几种：

（1）自然保护地一般控制区内的林地；

（2）除国家一级公益林外的其他公益林；

（3）除划定为天然林重点保护区域外的其他天然林；

（4）饮用水水源准保护区范围内的林地。

23.6.5　禁止利用的林地

林下种养活动禁止在以下林地内开展：

（1）自然保护地核心保护区内的林地；

（2）国家一级公益林、林地保护等级为 I 级的林地；

（3）划定的天然林重点保护区域内的林地；

（4）饮用水水源一级、二级保护区范围内的林地；

（5）珍稀濒危野生动植物重要栖息地（生境）及生物廊道内的林地。

23.6.6　林下经济的发展模式

《全国林下经济发展指南（2021—2030 年）》指明了四种发展模式：

（1）林下种植

依托森林、林地及其生态环境，遵循可持续经营原则，在林内开展的种植活动，包括人工种植和野生植物资源抚育。主要包括林药模式、林菌模式、林茶模式、林果模式、林菜模式、林苗模式、林草模式、林花模式等。

（2）林下养殖

依托森林、林地及其生态环境，遵循可持续经营原则和循环经济原理，在林内开展的生态养殖活动，包括人工养殖和野生动物驯养繁殖。主要包括林禽模式、林畜模式、林蜂模式、林渔模式、林特模式等。

（3）林下采集加工

充分利用大自然为人类提供的丰富资源，对森林中可利用的非木质资源进行的采集与加工活动。主要包括山野菜、野果、野生菌类等的采集和初加工活动。

（4）森林景观利用

合理利用森林资源的景观功能和森林内多种资源，开展有益人类身心健康的经营活动。主要包括森林康养、森林人家、林家乐、农家乐等。

23.6.7　林权处置的两难境地

23.6.7.1　**林下经济确实具有经济性**

林下经济为国家所允许，并客观上具有经济价值，不容否认，但其价值不高，变现困难，价值不固定，也是客观现实，从保障债权人权益的角度看，并非优质担保物。

23.6.7.2　**能否成为抵押权的范围**

如果林下经济可以登记，那么一并纳入抵押权范围，可以实现抵押权实现时的一体处置，一体受偿。

如果林下经济不可以登记，那么无法一并纳入抵押权范围，虽实现抵押权时可以一体处置，但不可以一体受偿，如遇流拍，可能要启动参与分配程序，进一步加大了处置的难度。

23.7 森林资源司法解释规定

【相关规定指引】

《最高人民法院关于审理森林资源民事纠纷案件适用法律若干问题的解释》（2022 年 6 月 13 日）

为妥善审理森林资源民事纠纷案件，依法保护生态环境和当事人合法权益，根据《中华人民共和国民法典》《中华人民共和国环境保护法》《中华人民共和国森林法》《中华人民共和国农村土地承包法》《中华人民共和国民事诉讼法》等法律规定，结合审判实践，制定本解释。

第一条　人民法院审理涉及森林、林木、林地等森林资源的民事纠纷案件，应当贯彻民法典绿色原则，尊重自然、尊重历史、尊重习惯，依法推动森林资源保护和利用的生态效益、经济效益、社会效益相统一，促进人与自然和谐共生。

第二条　当事人因下列行为，对林地、林木的物权归属、内容产生争议，依据民法典第二百三十四条的规定提起民事诉讼，请求确认权利的，人民法院应当依法受理：

（一）林地承包；

（二）林地承包经营权互换、转让；

（三）林地经营权流转；

（四）林木流转；

（五）林地、林木担保；

（六）林地、林木继承；

（七）其他引起林地、林木物权变动的行为。

当事人因对行政机关作出的林地、林木确权、登记行为产生争议，提起民事诉讼的，人民法院告知其依法通过行政复议、行政诉讼程序解决。

第三条 当事人以未办理批准、登记、备案、审查、审核等手续为由，主张林地承包、林地承包经营权互换或者转让、林地经营权流转、林木流转、森林资源担保等合同无效的，人民法院不予支持。

因前款原因，不能取得相关权利的当事人请求解除合同、由违约方承担违约责任的，人民法院依法予以支持。

第四条 当事人一方未依法经林权证等权利证书载明的共有人同意，擅自处分林地、林木，另一方主张取得相关权利的，人民法院不予支持。但符合民法典第三百一十一条关于善意取得规定的除外。

第五条 当事人以违反法律规定的民主议定程序为由，主张集体林地承包合同无效的，人民法院应予支持。但下列情形除外：

（一）合同订立时，法律、行政法规没有关于民主议定程序的强制性规定的；

（二）合同订立未经民主议定程序讨论决定，或者民主议定程序存在瑕疵，一审法庭辩论终结前已经依法补正的；

（三）承包方对村民会议或者村民代表会议决议进行了合理审查，不知道且不应当知道决议系伪造、变造，并已经对林地大量投入的。

第六条 家庭承包林地的承包方转让林地承包经营权未经发包方同意，或者受让方不是本集体经济组织成员，受让方主张取得林地承包经营权的，人民法院不予支持。但发包方无法定理由不同意或者拖延表态的除外。

第七条 当事人就同一集体林地订立多个经营权流转合同，在合同有效的情况下，受让方均主张取得林地经营权的，由具有下列情形的受让方取得：

（一）林地经营权已经依法登记的；

（二）林地经营权均未依法登记，争议发生前已经合法占有使用林地并大量投入的；

（三）无前两项规定情形，合同生效在先的。

未取得林地经营权的一方请求解除合同、由违约方承担违约责任的，人民法院依法予以支持。

第八条 家庭承包林地的承包方以林地经营权人擅自再流转林地经营权

为由，请求解除林地经营权流转合同、收回林地的，人民法院应予支持。但林地经营权人能够证明林地经营权再流转已经承包方书面同意的除外。

第九条　本集体经济组织成员以其在同等条件下享有的优先权受到侵害为由，主张家庭承包林地经营权流转合同无效的，人民法院不予支持；其请求赔偿损失的，依法予以支持。

第十条　林地承包期内，因林地承包经营权互换、转让、继承等原因，承包方发生变动，林地经营权人请求新的承包方继续履行原林地经营权流转合同的，人民法院应予支持。但当事人另有约定的除外。

第十一条　林地经营权流转合同约定的流转期限超过承包期的剩余期限，或者林地经营权再流转合同约定的流转期限超过原林地经营权流转合同的剩余期限，林地经营权流转、再流转合同当事人主张超过部分无效的，人民法院不予支持。

第十二条　林地经营权流转合同约定的流转期限超过承包期的剩余期限，发包方主张超过部分的约定对其不具有法律约束力的，人民法院应予支持。但发包方对此知道或者应当知道的除外。

林地经营权再流转合同约定的流转期限超过原林地经营权流转合同的剩余期限，承包方主张超过部分的约定对其不具有法律约束力的，人民法院应予支持。但承包方对此知道或者应当知道的除外。

因前两款原因，致使林地经营权流转合同、再流转合同不能履行，当事人请求解除合同、由违约方承担违约责任的，人民法院依法予以支持。

第十三条　林地经营权流转合同终止时，对于林地经营权人种植的地上林木，按照下列情形处理：

（一）合同有约定的，按照约定处理，但该约定依据民法典第一百五十三条的规定应当认定无效的除外；

（二）合同没有约定或者约定不明，当事人协商一致延长合同期限至轮伐期或者其他合理期限届满，承包方请求由林地经营权人承担林地使用费的，对其合理部分予以支持；

（三）合同没有约定或者约定不明，当事人未能就延长合同期限协商一致，林地经营权人请求对林木价值进行补偿的，对其合理部分予以支持。

林地承包合同终止时，承包方种植的地上林木的处理，参照适用前款规定。

第十五条　以林地经营权、林木所有权等法律、行政法规未禁止抵押的森林资源资产设定抵押，债务人不履行到期债务或者发生当事人约定的实现抵押权的情形，抵押权人与抵押人协议以抵押的森林资源资产折价，并据此请求接管经营抵押财产的，人民法院依法予以支持。

抵押权人与抵押人未就森林资源资产抵押权的实现方式达成协议，抵押权人依据民事诉讼法第二百零三条、第二百零四条的规定申请实现抵押权的，人民法院依法裁定拍卖、变卖抵押财产。

第十六条　以森林生态效益补偿收益、林业碳汇等提供担保，债务人不履行到期债务或者发生当事人约定的实现担保物权的情形，担保物权人请求就担保财产优先受偿的，人民法院依法予以支持。

第二十三条　本解释自 2022 年 6 月 15 日起施行。施行前本院公布的司法解释与本解释不一致的，以本解释为准。

23.8　深化集体林权改革方案

【相关规定指引】

中共中央办公厅、国务院办公厅《深化集体林权制度改革方案》（2023年9月25日）

（一）加快推进"三权分置"。实行集体林地所有权、承包权、经营权"三权分置"。落实所有权，坚持集体林地所有权不变，维护农民集体对承包林地发包、调整、监督等各项权能。稳定承包权，保持集体林地承包关系稳定并长久不变，承包期届满时应坚持延包原则，不得将承包林地打乱重分，确保绝大多数农户原有承包林地继续保持稳定。保障进城落户农民合法林地权益，鼓励依法自愿有偿转让。开展集体林地延包试点，家庭承包林地剩余期限 10 年以内的，发包方可以依法提前确认延包合同，以林地承包到期为起点起算并合理确定延包期限。放活经营权，林地经营权可以依法再流转或者依法向金融机构融资担保。林地经营权合同终止时，要保障林地经营权人的林木财产权益，鼓励林地受让方以公允价格受让林木所有权，维持林业正常生产经营活动。流转期限 5 年以上的林地经营权可以向不动产登记机构申请登记发证，可以作为林权抵押贷款、申报林业项目、申请林木采伐及其他有关行政管理事项的凭证。

（七）加大金融支持力度。充分发挥绿色金融引领作用，研究将符合条件的林权交易服务、林产品精深加工等纳入绿色金融支持范围，加大金融支持力度。完善绿色贷款统计。鼓励和引导金融机构结合职能定位和业务范围，加大对林业贷款的支持力度。将林权抵押贷款和林业经营主体贷款纳入金融机构服务乡村振兴考核评估范畴，强化激励约束。商业银行林权抵押贷款不良率高出自身各项贷款不良率 3 个百分点（含）以内的，可不作为监管部门监管评级和银行内部考核评价的扣分因素。健全抵押林权快速处置机制，引导金融机构按市场化原则加大对林权抵押贷款的支持力度，提高林权抵押率。加强林权收储担保业务监管，发挥林权收储机构经营林权资产的专业优势，鼓励社会资本开展林权收储担保服务。探索基于碳汇权益的绿色信贷产品，符合条件的可纳入碳减排支持工具范围，支持符合条件的发行人发行乡村振兴票据或以林权作为担保发行债券。支持保险机构创新开发各类林业保险产品，鼓励地方政府将林业保险产品纳入地方优势特色农产品保险奖补政策范围。鼓励各地完善承保机构市场竞争机制，提升服务质效。

24. 普通动产的抵押管理

24.1　动产抵押的定义

【相关规定指引】

《民法典》（2020 年 5 月 28 日）

第四百零三条　以动产抵押的，抵押权自抵押合同生效时设立；未经登记，不得对抗善意第三人。

24.2　动产抵押的《民法典》及相关规定

【相关规定指引】

《民法典》（2020 年 5 月 28 日）

第四百零三条　以动产抵押的，抵押权自抵押合同生效时设立；未经登记，不得对抗善意第三人。

第四百零四条　以动产抵押的，不得对抗正常经营活动中已经支付合理价款并取得抵押财产的买受人。

第四百零五条　抵押权设立前，抵押财产已经出租并转移占有的，原租赁关系不受该抵押权的影响。

第四百零六条　抵押期间，抵押人可以转让抵押财产。当事人另有约定的，按照其约定。抵押财产转让的，抵押权不受影响。

抵押人转让抵押财产的，应当及时通知抵押权人。抵押权人能够证明抵押财产转让可能损害抵押权的，可以请求抵押人将转让所得的价款向抵押权人提前清偿债务或者提存。转让的价款超过债权数额的部分归抵押人所有，不足部分由债务人清偿。

第四百一十六条　动产抵押担保的主债权是抵押物的价款，标的物交付后十日内办理抵押登记的，该抵押权人优先于抵押物买受人的其他担保物权人受偿，但是留置权人除外。

《物权法》（2007 年 3 月 16 日）

第一百八十条　债务人或者第三人有权处分的下列财产可以抵押：

……

（四）生产设备、原材料、半成品、产品；

（五）正在建造的建筑物、船舶、航空器；

（六）交通运输工具；

（七）法律、行政法规未禁止抵押的其他财产。

抵押人可以将前款所列财产一并抵押。

第一百八十八条　以本法第一百八十条第一款第四项、第六项规定的财产或者第五项规定的正在建造的船舶、航空器抵押的，抵押权自抵押合同生效时设立；未经登记，不得对抗善意第三人。

第一百八十九条 企业、个体工商户、农业生产经营者以本法第一百八十一条规定的动产抵押的，应当向抵押人住所地的工商行政管理部门办理登记。抵押权自抵押合同生效时设立；未经登记，不得对抗善意第三人。

依照本法第一百八十一条规定抵押的，不得对抗正常经营活动中已支付合理价款并取得抵押财产的买受人。

24.3 担保物特定化

【相关规定指引】

《最高人民法院关于适用〈中华人民共和国民法典〉有关担保制度的解释》（2020 年 12 月 31 日）

第五十三条 当事人在动产和权利担保合同中对担保财产进行概括描述，该描述能够合理识别担保财产的，人民法院应当认定担保成立。

第五十四条 动产抵押合同订立后未办理抵押登记，动产抵押权的效力按照下列情形分别处理：

（一）抵押人转让抵押财产，受让人占有抵押财产后，抵押权人向受让人请求行使抵押权的，人民法院不予支持，但是抵押权人能够举证证明受让人知道或者应当知道已经订立抵押合同的除外；

（二）抵押人将抵押财产出租给他人并移转占有，抵押权人行使抵押权的，租赁关系不受影响，但是抵押权人能够举证证明承租人知道或者应当知道已经订立抵押合同的除外；

（三）抵押人的其他债权人向人民法院申请保全或者执行抵押财产，人民法院已经作出财产保全裁定或者采取执行措施，抵押权人主张对抵押财产优先受偿的，人民法院不予支持；

（四）抵押人破产，抵押权人主张对抵押财产优先受偿的，人民法院不予支持。

24.4　担保物特定化的作用

在动产抵押中，担保财产的特定化既是担保合同的成立要件，也是担保物权的设立要件。因为《民法典》对于动产抵押采用意思主义物权变动模式，即当事人意思表示一致，不仅抵押合同成立，抵押权也已设立，登记仅仅是抵押权对抗善意第三人的要件。[①]

24.5　保管仓储运输费用负担

24.5.1　相关费用的种类

（1）持续类：保管仓储类费用。

（2）非持续类：运输类费用。

24.5.2　持续类费用的负担

24.5.2.1　**查封后，抵债前**

原则上应当由被执行人负担。

24.5.2.2　**抵债后，交付前**

原则上应当由申请执行人负担。

24.5.3　非持续类费用的负担

因执行发生的必要支出，由被执行人负担，在变价中予以扣除，是否必要支出有争议的，由人民法院决定。

另外，可以查阅抵押合同约定，但此时面临悖论，未发生的费用，人民法院不会判决此项支出，而执行的时候需要以民事判决为依据。

24.6　动产抵债与费用负担

标的物流拍价扣减相应优先权、实现抵押权费用后的金额为抵偿申请执

[①]　部分内容引自最高人民法院民事审判第二庭：《最高人民法院民法典担保制度司法解释理解与适用》，人民法院出版社 2021 年版，第 465 页。引用时稍有编辑、整理。

行人的债权数额。

相关费用，应当从抵债金额中予以扣除，未扣除的，可以提出执行异议。

24.6.1 抵债裁定的写法一

裁定如下：

一、将被执行人×××的……（写明财产名称、数量或数额、所在地等）作价……元，交付申请执行人×××抵偿……（写明债务内容）。（执行标的为动产的，写明：）……所有权自交付时起转移给买受人×××。（执行标的为不动产、有登记的特定动产或者其他财产权的，写明：）……所有权（或其他权利）自本裁定送达申请执行人×××时起转移。

二、申请执行人×××可持本裁定书到登记机构办理相关产权过户登记手续。（本项仅适用于需办理过户手续的财产）①

24.6.2 抵债裁定的写法二

裁定如下：

一、将被执行人×××的……（写明财产名称、数量或数额、所在地等）作价……元，交付申请执行人×××抵偿……（写明债务内容，抵偿债务的数额应当扣除其他相应优先支付项债务）。（执行标的为动产的，写明：）……所有权自交付时起转移给买受人×××。（执行标的为不动产、有登记的特定动产或者其他财产权的，写明：）……所有权（或其他权利）自本裁定送达申请执行人×××时起转移。

二、申请执行人×××可持本裁定书到登记机构办理相关产权过户登记手续。（本项仅适用于需办理过户手续的财产）

24.6.3 清偿顺序/费用负担

【相关规定指引】

《民法典》（2020 年 5 月 28 日）

第三百八十九条 担保物权的担保范围包括主债权及其利息、违约金、

---

① 最高人民法院修改后民事诉讼法贯彻实施工作领导小组编：《民事诉讼文书样式》（下册），人民法院出版社 2016 年版。

损害赔偿金、保管担保财产和实现担保物权的费用。当事人另有约定的，按照其约定。

第五百六十一条　债务人在履行主债务外还应当支付利息和实现债权的有关费用，其给付不足以清偿全部债务的，除当事人另有约定外，应当按照下列顺序履行：

（一）实现债权的有关费用；

（二）利息；

（三）主债务。

25. 特殊动产的抵押管理

25.1　三类特殊动产的定义

25.1.1　机动车

【相关规定指引】

《道路交通安全法》（2021 年 4 月 29 日）

第一百一十九条　本法中下列用语的含义：

……

（二）"车辆"，是指机动车和非机动车。

（三）"机动车"，是指以动力装置驱动或者牵引，上道路行驶的供人员乘用或者用于运送物品以及进行工程专项作业的轮式车辆。

（四）"非机动车"，是指以人力或者畜力驱动，上道路行驶的交通工具，以及虽有动力装置驱动但设计最高时速、空车质量、外形尺寸符合有关国家标准的残疾人机动轮椅车、电动自行车等交通工具。

……

25.1.2　船舶

【相关规定指引】

《海商法》（1992 年 11 月 7 日）

第三条　本法所称船舶，是指海船和其他海上移动式装置，但是用于军事的、政府公务的船舶和 20 总吨以下的小型船艇除外。

前款所称船舶，包括船舶属具。

第九条　船舶所有权的取得、转让和消灭，应当向船舶登记机关登记；未经登记的，不得对抗第三人。

船舶所有权的转让，应当签订书面合同。

25.1.3　航空器

【相关规定指引】

《民用航空法》（2021 年 4 月 29 日）

第五条　本法所称民用航空器，是指除用于执行军事、海关、警察飞行任务外的航空器。

第十二条　国务院民用航空主管部门设立民用航空器权利登记簿。同一民用航空器的权利登记事项应当记载于同一权利登记簿中。

民用航空器权利登记事项，可以供公众查询、复制或者摘录。

第十四条　民用航空器所有权的取得、转让和消灭，应当向国务院民用航空主管部门登记；未经登记的，不得对抗第三人。

民用航空器所有权的转让，应当签订书面合同。

25.2　特殊动产物权变动的规定

25.2.1　动产物权变动的规定

【相关规定指引】

《民法典》（2020 年 5 月 28 日）

第二百二十四条　动产物权的设立和转让，自交付时发生效力，但是法律另有规定的除外。

第二百二十五条　船舶、航空器和机动车等的物权的设立、变更、转让和消灭，未经登记，不得对抗善意第三人。

第二百二十六条　动产物权设立和转让前，权利人已经占有该动产的，物权自民事法律行为生效时发生效力。

第二百二十七条　动产物权设立和转让前，第三人占有该动产的，负有交付义务的人可以通过转让请求第三人返还原物的权利代替交付。

第二百二十八条　动产物权转让时，当事人又约定由出让人继续占有该动产的，物权自该约定生效时发生效力。

25.2.2　动产抵押权的设立

【相关规定指引】

《民法典》（2020 年 5 月 28 日）

第四百零三条　以动产抵押的，抵押权自抵押合同生效时设立；未经登记，不得对抗善意第三人。

25.3　机动车抵押

25.3.1　抵押备案与转让登记

【相关规定指引】

《机动车登记规定》（2021 年 12 月 17 日）

第二十六条　申请转让登记的，现机动车所有人应当交验机动车，确认申请信息，并提交以下证明、凭证：

（一）现机动车所有人的身份证明；

（二）机动车所有权转让的证明、凭证；

（三）机动车登记证书；

（四）机动车行驶证；

（五）属于海关监管的机动车，还应当提交海关监管车辆解除监管证明书或者海关批准的转让证明；

（六）属于超过检验有效期的机动车，还应当提交机动车安全技术检验合格证明和交通事故责任强制保险凭证。

车辆管理所应当自受理申请之日起一日内，查验机动车，核对车辆识别代号拓印膜或者电子资料，审查提交的证明、凭证，收回号牌、行驶证，确定新的机动车号牌号码，在机动车登记证书上签注转让事项，重新核发号牌、行驶证和检验合格标志。

在机动车抵押登记期间申请转让登记的，应当由原机动车所有人、现机动车所有人和抵押权人共同申请，车辆管理所一并办理新的抵押登记。

在机动车质押备案期间申请转让登记的，应当由原机动车所有人、现机动车所有人和质权人共同申请，车辆管理所一并办理新的质押备案。

25.3.2　抵押备案的具体操作

【相关规定指引】

《机动车登记规定》（2021 年 12 月 17 日）

第三十一条　机动车作为抵押物抵押的，机动车所有人和抵押权人应当向登记地车辆管理所申请抵押登记；抵押权消灭的，应当向登记地车辆管理所申请解除抵押登记。

第三十二条　申请抵押登记的，由机动车所有人和抵押权人共同申请，确认申请信息，并提交下列证明、凭证：

（一）机动车所有人和抵押权人的身份证明；

（二）机动车登记证书；

（三）机动车抵押合同。

车辆管理所应当自受理之日起一日内，审查提交的证明、凭证，在机动车登记证书上签注抵押登记的内容和日期。

在机动车抵押登记期间，申请因质量问题更换整车变更登记、机动车迁出迁入、共同所有人变更或者补领、换领机动车登记证书的，应当由机动车所有人和抵押权人共同申请。

第三十三条　申请解除抵押登记的，由机动车所有人和抵押权人共同申请，确认申请信息，并提交下列证明、凭证：

（一）机动车所有人和抵押权人的身份证明；

（二）机动车登记证书。

人民法院调解、裁定、判决解除抵押的，机动车所有人或者抵押权人应当确认申请信息，提交机动车登记证书、人民法院出具的已经生效的调解书、裁定书或者判决书，以及相应的协助执行通知书。

车辆管理所应当自受理之日起一日内，审查提交的证明、凭证，在机动车登记证书上签注解除抵押登记的内容和日期。

25.3.3　不予办理（解除）抵押备案的情形

【相关规定指引】

《机动车登记规定》（2021 年 12 月 17 日）

第十五条　有下列情形之一的，不予办理注册登记：

（一）机动车所有人提交的证明、凭证无效的；

（二）机动车来历证明被涂改或者机动车来历证明记载的机动车所有人与身份证明不符的；

（三）机动车所有人提交的证明、凭证与机动车不符的；

（四）机动车未经国务院机动车产品主管部门许可生产或者未经国家进口机动车主管部门许可进口的；

（五）机动车的型号或者有关技术参数与国务院机动车产品主管部门公告不符的；

（六）机动车的车辆识别代号或者有关技术参数不符合国家安全技术标准的；

（七）机动车达到国家规定的强制报废标准的；

（八）机动车被监察机关、人民法院、人民检察院、行政执法部门依法查封、扣押的；

（九）机动车属于被盗抢骗的；

（十）其他不符合法律、行政法规规定的情形。

第二十九条　有下列情形之一的，不予办理转让登记：

（一）机动车与该车档案记载内容不一致的；

（二）属于海关监管的机动车，海关未解除监管或者批准转让的；

（三）距机动车强制报废标准规定要求使用年限一年以内的机动车；

（四）属于第十五条第一项、第二项、第七项、第八项、第九项规定情形的。

第三十五条　机动车抵押、解除抵押信息实现与有关部门或者金融机构等联网核查的，申请人免予提交相关证明、凭证。

机动车抵押登记日期、解除抵押登记日期可以供公众查询。

第三十六条　属于第十五条第一项、第七项、第八项、第九项或者第二十九条第二项规定情形的，不予办理抵押登记、质押备案。对机动车所有人、抵押权人、质权人提交的证明、凭证无效，或者机动车被监察机关、人民法院、人民检察院、行政执法部门依法查封、扣押的，不予办理解除抵押登记、质押备案。

25.3.4　质押备案与注销登记

【相关规定指引】

《机动车登记规定》（2021 年 12 月 17 日）

第四十二条　属于第十五条第一项、第八项、第九项或者第二十九条第一项规定情形的，不予办理注销登记。机动车在抵押登记、质押备案期间的，不予办理注销登记。

25.4　船舶抵押

25.4.1　船舶抵押权的定义

【相关规定指引】

《海商法》（1992 年 11 月 7 日）

第十一条　船舶抵押权，是指抵押权人对于抵押人提供的作为债务担保的船舶，在抵押人不履行债务时，可以依法拍卖，从卖得的价款中优先受偿的权利。

25.4.2　船舶抵押权设立登记

【相关规定指引】

《海商法》（1992 年 11 月 7 日）

第十二条　船舶所有人或者船舶所有人授权的人可以设定船舶抵押权。

船舶抵押权的设定，应当签订书面合同。

第十三条 设定船舶抵押权，由抵押权人和抵押人共同向船舶登记机关办理抵押权登记；未经登记的，不得对抗第三人。

船舶抵押权登记，包括下列主要项目：

（一）船舶抵押权人和抵押人的姓名或者名称、地址；

（二）被抵押船舶的名称、国籍、船舶所有权证书的颁发机关和证书号码；

（三）所担保的债权数额、利息率、受偿期限。

船舶抵押权的登记状况，允许公众查询。

25.4.3 船舶抵押权的权属分辨

【相关规定指引】

《海商法》（1992 年 11 月 7 日）

第十二条 船舶所有人或者船舶所有人授权的人可以设定船舶抵押权。

船舶抵押权的设定，应当签订书面合同。

第十六条 船舶共有人就共有船舶设定抵押权，应当取得持有三分之二以上份额的共有人的同意，共有人之间另有约定的除外。

船舶共有人设定的抵押权，不因船舶的共有权的分割而受影响。

25.4.4 抵押登记与船舶转让

【相关规定指引】

《海商法》（1992 年 11 月 7 日）

第十七条 船舶抵押权设定后，未经抵押权人同意，抵押人不得将被抵押船舶转让给他人。

25.4.5 抵押登记与债权转让

【相关规定指引】

《海商法》（1992 年 11 月 7 日）

第十八条 抵押权人将被抵押船舶所担保的债权全部或者部分转让他人的，抵押权随之转移。

25.4.6　抵押权的顺序及效力

【相关规定指引】

《海商法》（1992 年 11 月 7 日）

第十九条　同一船舶可以设定两个以上抵押权，其顺序以登记的先后为准。

同一船舶设定两个以上抵押权的，抵押权人按照抵押权登记的先后顺序，从船舶拍卖所得价款中依次受偿。同日登记的抵押权，按照同一顺序受偿。

第二十条　被抵押船舶灭失，抵押权随之消灭。由于船舶灭失得到的保险赔偿，抵押权人有权优先于其他债权人受偿。

25.5　民用航空器抵押

25.5.1　民用航空器抵押登记

【相关规定指引】

《民用航空法》（2021 年 4 月 29 日）

第十一条　民用航空器权利人应当就下列权利分别向国务院民用航空主管部门办理权利登记：

（一）民用航空器所有权；

（二）通过购买行为取得并占有民用航空器的权利；

（三）根据租赁期限为六个月以上的租赁合同占有民用航空器的权利；

（四）民用航空器抵押权。

第十二条　国务院民用航空主管部门设立民用航空器权利登记簿。同一民用航空器的权利登记事项应当记载于同一权利登记簿中。

民用航空器权利登记事项，可以供公众查询、复制或者摘录。

第十六条　设定民用航空器抵押权，由抵押权人和抵押人共同向国务院民用航空主管部门办理抵押权登记；未经登记的，不得对抗第三人。

25.5.2　民用航空器物权变动规定

【相关规定指引】

《民用航空法》（2021 年 4 月 29 日）

第十四条　民用航空器所有权的取得、转让和消灭，应当向国务院民用航空主管部门登记；未经登记的，不得对抗第三人。

民用航空器所有权的转让，应当签订书面合同。

第十五条　国家所有的民用航空器，由国家授予法人经营管理或者使用的，本法有关民用航空器所有人的规定适用于该法人。

25.5.3　民用航空器抵押权的设立

【相关规定指引】

《民用航空法》（2021 年 4 月 29 日）

第十六条　设定民用航空器抵押权，由抵押权人和抵押人共同向国务院民用航空主管部门办理抵押权登记；未经登记的，不得对抗第三人。

25.5.4　抵押登记与航空器转让

【相关规定指引】

《民用航空法》（2021 年 4 月 29 日）

第十七条　民用航空器抵押权设定后，未经抵押权人同意，抵押人不得将被抵押民用航空器转让他人。

25.5.5　民用航空器抵押权的优先效力

【相关规定指引】

《民用航空法》（2021 年 4 月 29 日）

第二十二条　民用航空器优先权先于民用航空器抵押权受偿。

26. 浮动抵押的抵押管理

26.1 浮动抵押的定义

26.1.1 《物权法》的规定

【相关规定指引】

《物权法》（2007 年 3 月 16 日）

第一百八十一条 经当事人书面协议，企业、个体工商户、农业生产经营者可以将现有的以及将有的生产设备、原材料、半成品、产品抵押，债务人不履行到期债务或者发生当事人约定的实现抵押权的情形，债权人有权就实现抵押权时的动产优先受偿。

第一百八十九条 企业、个体工商户、农业生产经营者以本法第一百八十一条规定的动产抵押的，应当向抵押人住所地的工商行政管理部门办理登记。抵押权自抵押合同生效时设立；未经登记，不得对抗善意第三人。

依照本法第一百八十一条规定抵押的，不得对抗正常经营活动中已支付合理价款并取得抵押财产的买受人。

26.1.2 《民法典》的规定

【相关规定指引】

《民法典》（2020 年 5 月 28 日）

第三百九十六条 企业、个体工商户、农业生产经营者可以将现有的以及将有的生产设备、原材料、半成品、产品抵押，债务人不履行到期债务或者发生当事人约定的实现抵押权的情形，债权人有权就抵押财产确定时的动产优先受偿。

26.2　浮动抵押权的设立

【相关规定指引】

《民法典》（2020 年 5 月 28 日）

第四百零三条　以动产抵押的，抵押权自抵押合同生效时设立；未经登记，不得对抗善意第三人。

26.3　浮动抵押财产的确定

【相关规定指引】

《民法典》（2020 年 5 月 28 日）

第四百一十一条　依据本法第三百九十六条规定设定抵押的，抵押财产自下列情形之一发生时确定：

（一）债务履行期限届满，债权未实现；

（二）抵押人被宣告破产或者解散；

（三）当事人约定的实现抵押权的情形；

（四）严重影响债权实现的其他情形。

26.4　数个抵押权的清偿顺序

26.4.1　《全国法院民商事审判工作会议纪要》的规定

【相关规定指引】

《全国法院民商事审判工作会议纪要》（2019 年 11 月 8 日）

64.【浮动抵押的效力】企业将其现有的以及将有的生产设备、原材料、半成品及产品等财产设定浮动抵押后，又将其中的生产设备等部分财产设定了动产抵押，并都办理了抵押登记的，根据《物权法》第 199 条的规定，登记在先的浮动抵押优先于登记在后的动产抵押。

65.【动产抵押权与质权竞存】同一动产上同时设立质权和抵押权的，应当参照适用《物权法》第 199 条的规定，根据是否完成公示以及公示先后情况来确定清偿顺序：质权有效设立、抵押权办理了抵押登记的，按照公示先后确定清偿顺序；顺序相同的，按照债权比例清偿；质权有效设立，抵押权未办理抵押登记的，质权优先于抵押权；质权未有效设立，抵押权未办理抵押登记的，因此时抵押权已经有效设立，故抵押权优先受偿。

根据《物权法》第178条规定的精神，担保法司法解释第79条第1款不再适用。

26.4.2 《民法典》的规定

【相关规定指引】

《民法典》（2020年5月28日）

第四百一十四条 同一财产向两个以上债权人抵押的，拍卖、变卖抵押财产所得的价款依照下列规定清偿：

（一）抵押权已经登记的，按照登记的时间先后确定清偿顺序；

（二）抵押权已经登记的先于未登记的受偿；

（三）抵押权未登记的，按照债权比例清偿。

其他可以登记的担保物权，清偿顺序参照适用前款规定。

26.5 财产确定的实际操作

抵押权人的主要义务就是展现事实，将《民法典》第四百一十一条规定情形发生时的抵押财产事实确定下来，并展现给人民法院，也可以说是一种承担证明浮动抵押"结晶"时财产范围的举证责任。就实践操作而言，我们要做好以下工作：

第一，登记时，对于现有的抵押物，应以抵押登记时所记载的抵押财产为准，抵押登记时可具体到现有抵押物的型号等参数及所在地等情况，并可考虑将对应的抵押财产清单作为附件上传，具体、明确、可区分。

第二，对于将有的抵押物，根据《动产和权利担保统一登记办法》第九条第四款以及征信中心《动产融资统一登记公示系统操作规则》第十九条第二款的规定，仅能对其进行概括性描述，但应达到能够合理识别担保财产的程度，可考虑设置一定的界定条件，如明确抵押物的价值、类型、质量、状态、所在地等信息。

第三，为确保相应清单可以涵盖未来将有的抵押物，可考虑在进行抵押财产描述时备注说明，明确该抵押为浮动抵押，抵押人与抵押权人当前提供的抵押物清单，仅为本次设立浮动抵押时的抵押物，抵押人已将现有的和将有的价值共计××元的抵押物抵押给抵押权人。

第四，抵押财产"结晶"后及时签订补充协议①，此时各有利弊，利在于补充协议是一种完成证明责任的好办法。弊在于：第一，抵押财产确定时，债务人的配合意愿较低，达成补充协议难度较大；第二，债务人往往会提出各种条件，让债权人让步或者放弃一定的权益；第三，此种补充协议往往会遭受其他债权人的质疑，从而解决纠纷既不利索、也不彻底。

第五，最简单、最彻底的是申请保全措施，将案涉动产予以查封，并清点造册，但各有利弊，利在于效力强，争议小。弊在于：第一，法院对于动产查封非常谨慎，同意保全并现场查封的意愿不强；第二，法院工作人员并非专业人员，不能对专业动产进行有效分辨和登记造册；第三，对于查封的动产的价值也较难以确定，容易产生后续丢失或者其他纠纷。

27. 优于不动产抵押权的权利

27.1　居住权

【相关规定指引】

《民法典》（2020 年 5 月 28 日）

第十四章　居住权

第三百六十六条　居住权人有权按照合同约定，对他人的住宅享有占有、

---

①　虽然《〈全国法院民商事审判工作会议纪要〉理解与适用》认为，浮动抵押中的财产状况的变化无须时时变更登记，抵押权人实行抵押权时能证明有关情况即可（参见最高人民法院民事审判第二庭编著：《〈全国法院民商事审判工作会议纪要〉理解与适用》，人民法院出版社 2019 年版），但是考虑到抵押权人就"抵押财产的范围承担较重的举证责任"，故即使不办理抵押变更登记，若当事人可就抵押财产的范围与抵押人签订《补充协议》，后续诉讼程序举证难度也将显著降低。

使用的用益物权，以满足生活居住的需要。

第三百六十七条　设立居住权，当事人应当采用书面形式订立居住权合同。

居住权合同一般包括下列条款：

（一）当事人的姓名或者名称和住所；

（二）住宅的位置；

（三）居住的条件和要求；

（四）居住权期限；

（五）解决争议的方法。

第三百六十八条　居住权无偿设立，但是当事人另有约定的除外。设立居住权的，应当向登记机构申请居住权登记。居住权自登记时设立。

第三百六十九条　居住权不得转让、继承。设立居住权的住宅不得出租，但是当事人另有约定的除外。

第三百七十条　居住权期限届满或者居住权人死亡的，居住权消灭。居住权消灭的，应当及时办理注销登记。

第三百七十一条　以遗嘱方式设立居住权的，参照适用本章的有关规定。

27.2　建筑工人利益/农民工工资

【相关规定指引】

《最高人民法院关于审理建设工程施工合同纠纷案件适用法律问题的解释（二）》（2018 年 12 月 29 日）

第二十三条　发包人与承包人约定放弃或者限制建设工程价款优先受偿权，损害建筑工人利益，发包人根据该约定主张承包人不享有建设工程价款优先受偿权的，人民法院不予支持。

27.3　拆迁安置补偿权利

【相关规定指引】

《最高人民法院关于审理商品房买卖合同纠纷案件适用法律若干问题的解释》（2003 年 4 月 28 日）

第七条[①]　拆迁人与被拆迁人按照所有权调换形式订立拆迁补偿安置协议，明确约定拆迁人以位置、用途特定的房屋对被拆迁人予以补偿安置，如果拆迁人将该补偿安置房屋另行出卖给第三人，被拆迁人请求优先取得补偿安置房屋的，应予支持。

被拆迁人请求解除拆迁补偿安置协议的，按照本解释第八条的规定处理。

《城市房屋拆迁管理条例》（2001 年 6 月 13 日）[②]

第四条　拆迁人应当依照本条例的规定，对被拆迁人给予补偿、安置；被拆迁人应当在搬迁期限内完成搬迁。

本条例所称拆迁人，是指取得房屋拆迁许可证的单位。

本条例所称被拆迁人，是指被拆迁房屋的所有人。

第十条　拆迁人可以自行拆迁，也可以委托具有拆迁资格的单位实施拆迁。

房屋拆迁管理部门不得作为拆迁人，不得接受拆迁委托。

《国有土地上房屋征收与补偿条例》（2011 年 1 月 21 日）[③]

第二条　为了公共利益的需要，征收国有土地上单位、个人的房屋，应当对被征收房屋所有权人（以下称被征收人）给予公平补偿。

第二十一条　被征收人可以选择货币补偿，也可以选择房屋产权调换。

---

① 最高人民法院关于修改《最高人民法院关于在民事审判工作中适用〈中华人民共和国工会法〉若干问题的解释》等二十七件民事类司法解释的决定将《最高人民法院关于审理商品房买卖合同纠纷案件适用法律若干问题的解释》第七条予以删除。

② 本条例已被 2011 年 1 月 21 日颁布的《国有土地上房屋征收与补偿条例》废止，不再具备法律效力。

③ 自《国有土地上房屋征收与补偿条例》生效后，经过 10 年的发展，开发商或者其他单位作为拆迁人的项目基本已经结束，并非被拆迁人权利的优先性丧失，而是开发商与被拆迁人发生法律关系的制度、事实基础已不复存在。

被征收人选择房屋产权调换的，市、县级人民政府应当提供用于产权调换的房屋，并与被征收人计算、结清被征收房屋价值与用于产权调换房屋价值的差价。

因旧城区改建征收个人住宅，被征收人选择在改建地段进行房屋产权调换的，作出房屋征收决定的市、县级人民政府应当提供改建地段或者就近地段的房屋。

第二十七条　实施房屋征收应当先补偿、后搬迁。

作出房屋征收决定的市、县级人民政府对被征收人给予补偿后，被征收人应当在补偿协议约定或者补偿决定确定的搬迁期限内完成搬迁。

任何单位和个人不得采取暴力、威胁或者违反规定中断供水、供热、供气、供电和道路通行等非法方式迫使被征收人搬迁。禁止建设单位参与搬迁活动。

27.4　人身损害赔偿中的医疗费用

【相关规定指引】

《最高人民法院关于刑事裁判涉财产部分执行的若干规定》（2014 年 10 月 30 日）

第一条　本规定所称刑事裁判涉财产部分的执行，是指发生法律效力的刑事裁判主文确定的下列事项的执行：

（一）罚金、没收财产；

（二）责令退赔；

（三）处置随案移送的赃款赃物；

（四）没收随案移送的供犯罪所用本人财物；

（五）其他应当由人民法院执行的相关事项。

刑事附带民事裁判的执行，适用民事执行的有关规定。

第十三条　被执行人在执行中同时承担刑事责任、民事责任，其财产不足以支付的，按照下列顺序执行：

（一）人身损害赔偿中的医疗费用；

（二）退赔被害人的损失；

（三）其他民事债务；

（四）罚金；

（五）没收财产。

债权人对执行标的依法享有优先受偿权，其主张优先受偿的，人民法院应当在前款第（一）项规定的医疗费用受偿后，予以支持。

27.5　建设工程价款优先权

27.5.1　《民法典》的规定

【相关规定指引】

《民法典》（2020 年 5 月 28 日）

第八百零七条　发包人未按照约定支付价款的，承包人可以催告发包人在合理期限内支付价款。发包人逾期不支付的，除根据建设工程的性质不宜折价、拍卖外，承包人可以与发包人协议将该工程折价，也可以请求人民法院将该工程依法拍卖。建设工程的价款就该工程折价或者拍卖的价款优先受偿。

27.5.2　司法解释的规定

【相关规定指引】

《最高人民法院关于审理建设工程施工合同纠纷案件适用法律问题的解释（一）》（2020 年 12 月 29 日）

第三十六条　承包人根据民法典第八百零七条规定享有的建设工程价款优先受偿权优于抵押权和其他债权。

27.5.3　实际施工人的权利

最高法院民一庭 2021 年第 21 次法官会议讨论认为：实际施工人不享有建设工程价款优先受偿权。

建设工程价款优先受偿权是指在发包人经承包人催告支付工程款后合理期限内仍未支付工程款时，承包人享有的与发包人协议将该工程折价或者请求人民法院将该工程依法拍卖，并就该工程折价或者拍卖价款优先受偿的权利。

依据《民法典》第八百零七条以及《最高人民法院关于审理建设工程施工合同纠纷案件适用法律问题的解释（一）》第三十五条之规定，只有与发包人订立建设工程施工合同的承包人才享有建设工程价款优先受偿权。实际施工人不属于"与发包人订立建设工程施工合同的承包人"，不享有建设工程价款优先受偿权。[①]

27.5.4　优先范围不及于土地

【关联案例指引】

某银行与宝某公司建设工程施工合同纠纷案[②]

法院认为，本案的焦点问题是，是否应当对涉案在建工程和土地使用权的价值分别确定，并由建设工程款优先受偿权人和抵押权人分别优先受偿。

《物权法》第一百四十六条、第一百四十七条规定，建设用地使用权转让的，附着于该土地上的建筑物、构筑物等一并处分，建筑物、构筑物等转让的，所占用范围内的建设用地使用权一并处分。因此，即便房地分属不同权利人，在处置程序中，也应遵循一并处分的原则，以使受让人取得完整的土地使用权。本案中，上海二中院基于"房地一体"原则对涉案在建工程及占用范围内的土地使用权进行整体拍卖，符合法律规定。但根据《物权法》第二百条规定，"房地一体"应当为针对处置环节，而不能将建筑物与土地使用权理解为同一财产。因此，虽然对房地产一并处分，但应当对权利人分别进行保护。根据《合同法》第二百八十六条规定，建设工程的价款就该工程折价或者拍卖的价款优先受偿。建设工程的价款是施工人投入或者物化到建设工程中的价值体现，法律保护建设工程价款优先受偿权的主要目的是优先保护建设工程劳动者的工资及其他劳动报酬，维护劳动者的合法权益，而劳动者投入建设工程中的价值及材料成本并未转化到该工程占用范围内的土地使用权上。因此，上海高院和上海二中院以涉案房地产应一并处置为由，

---

① 《最高法院民一庭：实际施工人不享有建设工程价款优先受偿权》，载最高人民法院民一庭微信公众号，2022年4月8日发布，2024年6月20日访问。

② 最高人民法院（2019）最高法执监470号执行裁定书，载中国裁判文书网，2024年3月11日访问。

认定宝某公司享有的工程款优先受偿权及于涉案土地使用权缺乏法律依据，在对涉案房地产进行整体拍卖后，拍卖款应当由建设工程款优先受偿权人以及土地使用权抵押权人分别优先受偿。本案涉案房地产经过拍卖后，宝某公司以 8568 万元价格竞买，对于拍卖款中属于土地使用权的部分，应当由某银行优先受偿。鉴于该部分款项数额不清，由上海二中院重新依法确定后，由宝某公司和某银行分别优先受偿。

27.6　划拨土地使用权出让金

【相关规定指引】

《城市房地产管理法》（2019 年 8 月 26 日）

第四十条　以划拨方式取得土地使用权的，转让房地产时，应当按照国务院规定，报有批准权的人民政府审批。有批准权的人民政府准予转让的，应当由受让方办理土地使用权出让手续，并依照国家有关规定缴纳土地使用权出让金。

以划拨方式取得土地使用权的，转让房地产报批时，有批准权的人民政府按照国务院规定决定可以不办理土地使用权出让手续的，转让方应当按照国务院规定将转让房地产所获收益中的土地收益上缴国家或者作其他处理。

第五十一条　设定房地产抵押权的土地使用权是以划拨方式取得的，依法拍卖该房地产后，应当从拍卖所得的价款中缴纳相当于应缴纳的土地使用权出让金的款额后，抵押权人方可优先受偿。

《城镇国有土地使用权出让和转让暂行条例》（2020 年 11 月 29 日）

第四十四条　划拨土地使用权，除本条例第四十五条规定的情况外，不得转让、出租、抵押。

第四十五条　符合下列条件的，经市、县人民政府土地管理部门和房产管理部门批准，其划拨土地使用权和地上建筑物、其他附着物所有权可以转让、出租、抵押：

（一）土地使用者为公司、企业、其他经济组织和个人；

（二）领有国有土地使用证；

（三）具有地上建筑物、其他附着物合法的产权证明；

（四）依照本条例第二章的规定签订土地使用权出让合同，向当地市、县人民政府补交土地使用权出让金或者以转让、出租、抵押所获收益抵交土地使用权出让金。

转让、出租、抵押前款划拨土地使用权的，分别依照本条例第三章、第四章和第五章的规定办理。

《国务院办公厅关于完善建设用地使用权转让、出租、抵押二级市场的指导意见》（2019 年 7 月 6 日）

二、完善转让规则，促进要素流通

（五）明确建设用地使用权转让形式。将各类导致建设用地使用权转移的行为都视为建设用地使用权转让，包括买卖、交换、赠与、出资以及司法处置、资产处置、法人或其他组织合并或分立等形式涉及的建设用地使用权转移。建设用地使用权转移的，地上建筑物、其他附着物所有权应一并转移。涉及到房地产转让的，按照房地产转让相关法律法规规定，办理房地产转让相关手续。

（六）明晰不同权能建设用地使用权转让的必要条件。以划拨方式取得的建设用地使用权转让，需经依法批准，土地用途符合《划拨用地目录》的，可不补缴土地出让价款，按转移登记办理；不符合《划拨用地目录》的，在符合规划的前提下，由受让方依法依规补缴土地出让价款。以出让方式取得的建设用地使用权转让，在符合法律法规规定和出让合同约定的前提下，应充分保障交易自由；原出让合同对转让条件另有约定的，从其约定。以作价出资或入股方式取得的建设用地使用权转让，参照以出让方式取得的建设用地使用权转让有关规定，不再报经原批准建设用地使用权作价出资或入股的机关批准；转让后，可保留为作价出资或入股方式，或直接变更为出让方式。

三、完善出租管理，提高服务水平

（九）规范以有偿方式取得的建设用地使用权出租管理。以出让、租赁、作价出资或入股等有偿方式取得的建设用地使用权出租或转租的，不得违反法律法规和有偿使用合同的相关约定。

（十）规范划拨建设用地使用权出租管理。以划拨方式取得的建设用地使用权出租的，应按照有关规定上缴租金中所含土地收益，纳入土地出让收入管理。宗地长期出租，或部分用于出租且可分割的，应依法补办出让、租赁等有偿使用手续。建立划拨建设用地使用权出租收益年度申报制度，出租人依法申报并缴纳相关收益的，不再另行单独办理划拨建设用地使用权出租的批准手续。

（十一）营造建设用地使用权出租环境。市、县自然资源主管部门应当提供建设用地使用权出租供需信息发布条件和场所，制定规范的出租合同文本，提供交易鉴证服务，保障权利人的合法权益。统计分析建设用地使用权出租情况及市场相关数据，定期发布出租市场动态信息和指南。

四、完善抵押机制，保障合法权益

（十二）明确不同权能建设用地使用权抵押的条件。以划拨方式取得的建设用地使用权可以依法依规设定抵押权，划拨土地抵押权实现时应优先缴纳土地出让收入。以出让、作价出资或入股等方式取得的建设用地使用权可以设定抵押权。以租赁方式取得的建设用地使用权，承租人在按规定支付土地租金并完成开发建设后，根据租赁合同约定，其地上建筑物、其他附着物连同土地可以依法一并抵押。

（十七）加强信息互通共享。加强涉地司法处置工作衔接，涉及建设用地使用权转移的案件，自然资源主管部门应当向人民法院提供所涉不动产的权利状况、原出让合同约定的权利义务情况等。建立健全执行联动机制，司法处置土地可进入土地二级市场交易平台交易。加强涉地资产处置工作衔接，政府有关部门或事业单位进行国有资产处置时涉及划拨建设用地使用权转移的，应征求自然资源主管部门意见，并将宗地有关情况如实告知当事人。自然资源、住房城乡建设、税务、市场监管等主管部门应加强对涉地股权转让的联合监管。加强建设用地使用权与房地产交易管理的衔接，建设用地使用权转让、出租、抵押涉及房地产转让、出租、抵押的，住房城乡建设主管部门与自然资源主管部门应当加强信息共享。

《最高人民法院关于适用〈中华人民共和国民法典〉有关担保制度的解释》（2020年12月31日）

第五十条　抵押人以划拨建设用地上的建筑物抵押，当事人以该建设用地使用权不能抵押或者未办理批准手续为由主张抵押合同无效或者不生效的，人民法院不予支持。抵押权依法实现时，拍卖、变卖建筑物所得的价款，应当优先用于补缴建设用地使用权出让金。

当事人以划拨方式取得的建设用地使用权抵押，抵押人以未办理批准手续为由主张抵押合同无效或者不生效的，人民法院不予支持。已经依法办理抵押登记，抵押权人主张行使抵押权的，人民法院应予支持。抵押权依法实现时所得的价款，参照前款有关规定处理。

27.7　发生在担保之前的欠缴税款

27.7.1　税款是否优先

【相关规定指引】

《税收征收管理法》（2015年4月24日）

第四十五条　税务机关征收税款，税收优先于无担保债权，法律另有规定的除外；纳税人欠缴的税款发生在纳税人以其财产设定抵押、质押或者纳税人的财产被留置之前的，税收应当先于抵押权、质权、留置权执行。

纳税人欠缴税款，同时又被行政机关决定处以罚款、没收违法所得的，税收优先于罚款、没收违法所得。

税务机关应当对纳税人欠缴税款的情况定期予以公告。

27.7.2　滞纳金是否优先

27.7.2.1　国家税务总局意见

【相关规定指引】

《国家税务总局关于税收优先权包括滞纳金问题的批复》（2008年12月31日）

广东省国家税务局：

你局《关于税收优先权是否包括滞纳金的请示》（粤国税发〔2008〕225号）收悉。现批复如下：

按照《中华人民共和国税收征收管理法》的立法精神，税款滞纳金与罚款两者在征收和缴纳时顺序不同，税款滞纳金在征缴时视同税款管理，税收强制执行、出境清税、税款追征、复议前置条件等相关条款都明确规定滞纳金随税款同时缴纳。税收优先权等情形也适用这一法律精神，《税收征管法》第四十五条规定的税收优先权执行时包括税款及其滞纳金。

27.7.2.2　最高人民法院意见

【相关规定指引】

《最高人民法院关于税务机关就破产企业欠缴税款产生的滞纳金提起的债权确认之诉应否受理问题的批复》（2012 年 6 月 26 日）

青海省高级人民法院：

你院《关于税务机关就税款滞纳金提起债权确认之诉应否受理问题的请示》（青民他字〔2011〕1 号）收悉。经研究，答复如下：

税务机关就破产企业欠缴税款产生的滞纳金提起的债权确认之诉，人民法院应依法受理。依照企业破产法、税收征收管理法的有关规定，破产企业在破产案件受理前因欠缴税款产生的滞纳金属于普通破产债权。对于破产案件受理后因欠缴税款产生的滞纳金，人民法院应当依照最高人民法院《关于审理企业破产案件若干问题的规定》第六十一条规定处理。

此复。

27.8　拍卖、变卖而支出的交易税费

27.8.1　税费负担的主体

27.8.1.1　纳税义务主体

"纳税义务主体"即纳税人、纳税义务人，是指税收征管法律法规明确规定的负有缴纳税金义务的责任主体。纳税义务主体只能由法律法规规定，当事人的约定如与法律法规的规定不一致，从税收征管角度来处理时，应认定无效。

27.8.1.2 税费负担主体

【关联案例指引】

山西嘉和泰房地产开发有限公司与太原重型机械（集团）有限公司土地使用权转让合同纠纷案①

税费负担主体是指实际承担税金（税款）的责任主体，即当事人通过约定将本应由纳税义务人缴纳的税款由他人代为支付。

当事人可自由约定税费负担主体，早已成为司法共识。

"虽然我国税收管理方面的法律法规对于各种税收的征收均明确规定了纳税义务人，税法对于税种、税率、税额的规定是强制性的，但对于实际由谁缴纳税款并未作出强制性或禁止性规定，因此，当事人在合同中约定由纳税义务人以外的人承担转让土地使用权税费，并不违反相关法律、法规的强制性规定，应认定为合法有效。"

27.8.2 不动产常见的税费种类

编号	税种	法律依据	纳税主体
1	增值税	《增值税暂行条例》第一条	出卖方
2	城市维护建设税	《城市维护建设税暂行条例》第三条	出卖方
3	教育费附加、地方教育费附加	《征收教育费附加的暂行规定》第二条	出卖方
4	印花税	《印花税暂行条例》第一条	出卖方、买受方
5	土地增值税	《土地增值税暂行条例》第二条	出卖方
6	个人所得税	《个人所得税法》第一条	出卖方
7	契税	《契税暂行条例》第一条	买受方

---

① 《最高人民法院公报》2008年第3期。

27.8.3　负担税费的法律依据

【相关规定指引】

《最高人民法院关于人民法院网络司法拍卖若干问题的规定》（2016 年 8 月 2 日）

第三十条　因网络司法拍卖本身形成的税费，应当依照相关法律、行政法规的规定，由相应主体承担；没有规定或者规定不明的，人民法院可以根据法律原则和案件实际情况确定税费承担的相关主体、数额。

27.9　《企业破产法》公布之前的职工债权

【相关规定指引】

《企业破产法》（2006 年 8 月 27 日）

第一百三十二条　本法施行后，破产人在本法公布之日前所欠职工的工资和医疗、伤残补助、抚恤费用，所欠的应当划入职工个人账户的基本养老保险、基本医疗保险费用，以及法律、行政法规规定应当支付给职工的补偿金，依照本法第一百一十三条的规定清偿后不足以清偿的部分，以本法第一百零九条规定的特定财产优先于对该特定财产享有担保权的权利人受偿。

据此，在《企业破产法》公布后所形成的职工债权劣后于抵押权受偿。

27.10　破产管理人的合理劳动报酬

【相关规定指引】

《最高人民法院关于审理企业破产案件确定管理人报酬的规定》（2007 年 4 月 12 日）

第二条　人民法院应根据债务人最终清偿的财产价值总额，在以下比例限制范围内分段确定管理人报酬：

（一）不超过一百万元（含本数，下同）的，在 12% 以下确定；

（二）超过一百万元至五百万元的部分，在 10% 以下确定；

（三）超过五百万元至一千万元的部分，在8%以下确定；

（四）超过一千万元至五千万元的部分，在6%以下确定；

（五）超过五千万元至一亿元的部分，在3%以下确定；

（六）超过一亿元至五亿元的部分，在1%以下确定；

（七）超过五亿元的部分，在0.5%以下确定。

担保权人优先受偿的担保物价值，不计入前款规定的财产价值总额。

高级人民法院认为有必要的，可以参照上述比例在30%的浮动范围内制定符合当地实际情况的管理人报酬比例限制范围，并通过当地有影响的媒体公告，同时报最高人民法院备案。

第十三条　管理人对担保物的维护、变现、交付等管理工作付出合理劳动的，有权向担保权人收取适当的报酬。管理人与担保权人就上述报酬数额不能协商一致的，人民法院应当参照本规定第二条规定的方法确定，但报酬比例不得超出该条规定限制范围的10%。

27.11　商品房消费者权利

27.11.1　《最高人民法院关于建设工程价款优先受偿权问题的批复》的规定

【相关规定指引】

《最高人民法院关于建设工程价款优先受偿权问题的批复》（2002年6月20日）[①]

上海市高级人民法院：

你院沪高法〔2001〕14号《关于合同法第286条理解与适用问题的请示》收悉。经研究，答复如下：

一、人民法院在审理房地产纠纷案件和办理执行案件中，应当依照《中华人民共和国合同法》第二百八十六条的规定，认定建筑工程的承包人的优先受偿权优于抵押权和其他债权。

[①]　该文件已失效，仅供读者研究参考。

二、消费者交付购买商品房的全部或者大部分款项后，承包人就该商品房享有的工程价款优先受偿权不得对抗买受人。

三、建筑工程价款包括承包人为建设工程应当支付的工作人员报酬、材料款等实际支出的费用，不包括承包人因发包人违约所造成的损失。

四、建设工程承包人行使优先权的期限为六个月，自建设工程竣工之日或者建设工程合同约定的竣工之日起计算。

五、本批复第一条至第三条自公布之日起施行，第四条自公布之日起六个月后施行。

此复。

27.11.2　《最高人民法院、国土资源部、建设部关于依法规范人民法院执行和国土资源房地产管理部门协助执行若干问题的通知》的规定

【相关规定指引】

《最高人民法院、国土资源部、建设部关于依法规范人民法院执行和国土资源房地产管理部门协助执行若干问题的通知》（2004年2月10日）

十五、下列房屋虽未进行房屋所有权登记，人民法院也可以进行预查封：

（一）作为被执行人的房地产开发企业，已办理了商品房预售许可证且尚未出售的房屋；

（二）被执行人购买的已由房地产开发企业办理了房屋权属初始登记的房屋；

（三）被执行人购买的办理了商品房预售合同登记备案手续或者商品房预告登记的房屋。

27.11.3　《最高人民法院关于人民法院民事执行中查封、扣押、冻结财产的规定》的规定

【相关规定指引】

《最高人民法院关于人民法院民事执行中查封、扣押、冻结财产的规定》（2020年12月29日）

第十五条　被执行人将其所有的需要办理过户登记的财产出卖给第三人，

第三人已经支付部分或者全部价款并实际占有该财产，但尚未办理产权过户登记手续的，人民法院可以查封、扣押、冻结；第三人已经支付全部价款并实际占有，但未办理过户登记手续的，如果第三人对此没有过错，人民法院不得查封、扣押、冻结。

27.11.4　《最高人民法院关于人民法院办理执行异议和复议案件若干问题的规定》的规定

【相关规定指引】

《最高人民法院关于人民法院办理执行异议和复议案件若干问题的规定》（2020年12月29日）

第二十七条　申请执行人对执行标的依法享有对抗案外人的担保物权等优先受偿权，人民法院对案外人提出的排除执行异议不予支持，但法律、司法解释另有规定的除外。

第二十八条　金钱债权执行中，买受人对登记在被执行人名下的不动产提出异议，符合下列情形且其权利能够排除执行的，人民法院应予支持：

（一）在人民法院查封之前已签订合法有效的书面买卖合同；

（二）在人民法院查封之前已合法占有该不动产；

（三）已支付全部价款，或者已按照合同约定支付部分价款且将剩余价款按照人民法院的要求交付执行；

（四）非因买受人自身原因未办理过户登记。

第二十九条　金钱债权执行中，买受人对登记在被执行的房地产开发企业名下的商品房提出异议，符合下列情形且其权利能够排除执行的，人民法院应予支持：

（一）在人民法院查封之前已签订合法有效的书面买卖合同；

（二）所购商品房系用于居住且买受人名下无其他用于居住的房屋；

（三）已支付的价款超过合同约定总价款的百分之五十。

27.11.5　《全国法院民商事审判工作会议纪要》的规定

【相关规定指引】

《全国法院民商事审判工作会议纪要》（2019 年 11 月 8 日）

125.【**案外人系商品房消费者**】实践中，商品房消费者向房地产开发企业购买商品房，往往没有及时办理房地产过户手续。房地产开发企业因欠债而被强制执行，人民法院在对尚登记在房地产开发企业名下但已出卖给消费者的商品房采取执行措施时，商品房消费者往往会提出执行异议，以排除强制执行。对此，《最高人民法院关于人民法院办理执行异议和复议案件若干问题的规定》第 29 条规定，符合下列情形的，应当支持商品房消费者的诉讼请求：一是在人民法院查封之前已签订合法有效的书面买卖合同；二是所购商品房系用于居住且买受人名下无其他用于居住的房屋；三是已支付的价款超过合同约定总价款的百分之五十。人民法院在审理执行异议之诉案件时，可参照适用此条款。

问题是，对于其中"所购商品房系用于居住且买受人名下无其他用于居住的房屋"如何理解，审判实践中掌握的标准不一。"买受人名下无其他用于居住的房屋"，可以理解为在案涉房屋同一设区的市或者县级市范围内商品房消费者名下没有用于居住的房屋。商品房消费者名下虽然已有 1 套房屋，但购买的房屋在面积上仍然属于满足基本居住需要的，可以理解为符合该规定的精神。

对于其中"已支付的价款超过合同约定总价款的百分之五十"如何理解，审判实践中掌握的标准也不一致。如果商品房消费者支付的价款接近于百分之五十，且已按照合同约定将剩余价款支付给申请执行人或者按照人民法院的要求交付执行的，可以理解为符合该规定的精神。

126.【**商品房消费者的权利与抵押权的关系**】根据《最高人民法院关于建设工程价款优先受偿权问题的批复》第 1 条、第 2 条的规定，交付全部或者大部分款项的商品房消费者的权利优先于抵押权人的抵押权，故抵押权人申请执行登记在房地产开发企业名下但已销售给消费者的商品房，消费者提出执行异议的，人民法院依法予以支持。但应当特别注意的是，此情况是针对实践中存在的商品房预售不规范现象为保护消费者生存权而作出的例外规定，必须严格把握条件，避免扩大范围，以免动摇抵押权具有优先性的基本原则。因此，这里的商品房消费者应当仅限于符合本纪要第 125 条规定的商品房消费者。买受人不是本纪要第 125 条规定的商品房消费者，而是一般的房屋买卖合同的买受人，不适用上述处理规则。

127.【案外人系商品房消费者之外的一般买受人】金钱债权执行中，商品房消费者之外的一般买受人对登记在被执行人名下的不动产提出异议，请求排除执行的，《最高人民法院关于人民法院办理执行异议和复议案件若干问题的规定》第 28 条规定，符合下列情形的依法予以支持：一是在人民法院查封之前已签订合法有效的书面买卖合同；二是在人民法院查封之前已合法占有该不动产；三是已支付全部价款，或者已按照合同约定支付部分价款且将剩余价款按照人民法院的要求交付执行；四是非因买受人自身原因未办理过户登记。人民法院在审理执行异议之诉案件时，可参照适用此条款。

实践中，对于该规定的前 3 个条件，理解并无分歧。对于其中的第 4 个条件，理解不一致。一般而言，买受人只要有向房屋登记机构递交过户登记材料，或向出卖人提出了办理过户登记的请求等积极行为的，可以认为符合该条件。买受人无上述积极行为，其未办理过户登记有合理的客观理由的，亦可认定符合该条件。

27.11.6　《最高人民法院关于商品房消费者权利保护问题的批复》的规定

【相关规定指引】

《最高人民法院关于商品房消费者权利保护问题的批复》（2023 年 4 月 20 日）

二、商品房消费者以居住为目的购买房屋并已支付全部价款，主张其房屋交付请求权优先于建设工程价款优先受偿权、抵押权以及其他债权的，人民法院应当予以支持。

只支付了部分价款的商品房消费者，在一审法庭辩论终结前已实际支付剩余价款的，可以适用前款规定。

27.12　成立在前的租赁权

27.12.1　《民法典》的规定

【相关规定指引】

《民法典》（2020 年 5 月 28 日）

第四百零五条　抵押权设立前，抵押财产已经出租并转移占有的，原租赁关系不受该抵押权的影响。

27.12.2　《最高人民法院关于人民法院办理执行异议和复议案件若干问题的规定》的规定

【相关规定指引】

《最高人民法院关于人民法院办理执行异议和复议案件若干问题的规定》（2020 年 12 月 29 日）

第三十一条　承租人请求在租赁期内阻止向受让人移交占有被执行的不动产，在人民法院查封之前已签订合法有效的书面租赁合同并占有使用该不动产的，人民法院应予支持。

承租人与被执行人恶意串通，以明显不合理的低价承租被执行的不动产或者伪造交付租金证据的，对其提出的阻止移交占有的请求，人民法院不予支持。

27.12.3　《最高人民法院关于审理城镇房屋租赁合同纠纷案件具体应用法律若干问题的解释》的规定

【相关规定指引】

《最高人民法院关于审理城镇房屋租赁合同纠纷案件具体应用法律若干问题的解释》（2020 年 12 月 29 日）

第十四条　租赁房屋在承租人按照租赁合同占有期限内发生所有权变动，承租人请求房屋受让人继续履行原租赁合同的，人民法院应予支持。但租赁房屋具有下列情形或者当事人另有约定的除外：

（一）房屋在出租前已设立抵押权，因抵押权人实现抵押权发生所有权变动的；

（二）房屋在出租前已被人民法院依法查封的。

27.13 购买占有在先的买受人

27.13.1 不动产抵押权善意取得

【相关规定指引】

《民法典》（2020 年 5 月 28 日）

第三百一十一条   无处分权人将不动产或者动产转让给受让人的，所有权人有权追回；除法律另有规定外，符合下列情形的，受让人取得该不动产或者动产的所有权：

（一）受让人受让该不动产或者动产时是善意；

（二）以合理的价格转让；

（三）转让的不动产或者动产依照法律规定应当登记的已经登记，不需要登记的已经交付给受让人。

受让人依据前款规定取得不动产或者动产的所有权的，原所有权人有权向无处分权人请求损害赔偿。

当事人善意取得其他物权的，参照适用前两款规定。

27.13.2 一般善意的认定标准

【相关规定指引】

《最高人民法院关于适用〈中华人民共和国民法典〉物权编的解释（一）》（2020 年 12 月 29 日）

第十四条   受让人受让不动产或者动产时，不知道转让人无处分权，且无重大过失的，应当认定受让人为善意。

真实权利人主张受让人不构成善意的，应当承担举证证明责任。

第十五条   具有下列情形之一的，应当认定不动产受让人知道转让人无处分权：

（一）登记簿上存在有效的异议登记；

（二）预告登记有效期内，未经预告登记的权利人同意；

（三）登记簿上已经记载司法机关或者行政机关依法裁定、决定查封或者以其他形式限制不动产权利的有关事项；

（四）受让人知道登记簿上记载的权利主体错误；

（五）受让人知道他人已经依法享有不动产物权。

真实权利人有证据证明不动产受让人应当知道转让人无处分权的，应当认定受让人具有重大过失。

27.13.3 专业机构善意的认定标准

应当以《商业银行授信工作尽职指引》《商业银行押品管理指引》等监管文件要求来认定，如果没有做到其中最重要的措施——实地查勘，应认定其存在重大过失。

27.13.4 典型案例——贷前调查不到位

【关联案例指引】

关某玲、某银行等申请执行人执行异议之诉案[①]

根据某银行提交的尽职调查材料显示，办理抵押时案涉车位产权登记在华某公司名下，车位的现状是"车库均处于使用状态，住宅部分使用部分空置"。某银行明知案涉车位在业主的占有使用之下，车位上有他人权利的可能性已经明显存在，却未进一步调查了解车位是否已经出卖或者是否有其他权利人，以致某银行的抵押权与关某玲在先权利产生冲突，某银行未尽到必要的注意义务，存在过错。

27.13.5 典型案例——买受权利在先

【关联案例指引】

董某与华某公司、英某公司、东某公司、辰某公司、谢某、陈某案外人执行异议之诉案[②]

法院认为……本案主要的争议焦点是董某对案涉房屋是否享有足以排除

---

① 最高人民法院（2022）最高法民终96号民事判决书，载中国裁判文书网，2024年3月11日访问。
② 最高人民法院（2021）最高法民终534号民事判决书，载中国裁判文书网，2024年3月11日访问。

执行的民事权益。①

在执行法院依法查封案涉房屋之前，董某的购房行为完成在先，英某公司、华某公司以房抵押的行为在后。英某公司在取得案涉房屋交易对价后又抵押给他人的行为，是违约行为。华某公司庭审中未能举证证明其在设定抵押权时，按照行业规范的惯常做法对抵押物的现状进行核查，对董某购买并占有的案涉房屋进行抵押，未尽应有的审慎注意义务。董某在先签订购房合同、支付购房对价、合法占有案涉房屋、没有办理产权变更登记系因"英某国际综合楼（1—5层）项目"未完成竣工验收、英某公司未依合同约定履行办理产权证照义务所致，董某客观上无过错；华某公司设立抵押在后，董某没有应尽注意义务而未尽的问题，主观上亦无过失。董某在完成购房缔约及履约时没有过错，不应因合同相对人与第三人对其合法取得财产设立抵押的共同过错，而承担财产遭受侵害的责任和后果。英某公司和华某公司未经案涉房屋在先权利人的同意，在后设立抵押，破坏了市场交易秩序，侵犯了他人财产权利，有违民事主体从事民事活动应当秉持诚实、恪守承诺的原则。

滥用优先权否定抵押制度，与滥用抵押制度破坏市场正常交易秩序，其危害是相同的。实践中时常发生开发商或销售商利用信息不对称、卖方市场的优势地位，从事一房二卖、卖后抵押、欺诈贷款、卷款跑路等坑害购房者的违法乃至犯罪活动，这种扰乱社会经济秩序的情形应当依法予以遏制；同时，应当通过个案司法使购房者的合法权益得到公平合理的救济。由于《物权法》公示制度与房地产开发、销售的行政登记制度脱节的问题长期存在，使得购房者在履行完购房全部义务后，不能及时公示物权变动的状态，此时，合法占有可以作为公示的形式证明物权交付的结果，这在《最高人民法院关于人民法院办理执行异议和复议案件若干问题的规定》第二十八条第二项的规定中已经得以体现。本案中，董某购买并占有案涉房屋、履行了合同及法定义务，没有过错，依法应当确认并保护其对案涉房屋所享有的物

---

① 本案例主要说明的是能不能排除执行的问题。

权期待权。

董某关于确认其享有案涉房屋所有权的诉讼请求是否应予支持的问题。根据《物权法》第九条第一款规定："不动产物权的设立、变更、转让和消灭，经依法登记，发生效力；未经登记，不发生效力，但法律另有规定的除外。"本案买卖的房屋属于不动产，英某公司和董某应按照《商品房买卖合同》的约定到有关部门办理产权变更登记手续，以发生物权变动的效力。因此，董某请求在本诉中确认其享有案涉房屋的所有权，依法不予支持。

综上，董某的上诉请求及理由部分成立，其对案涉房屋享有物权期待权，法院依法予以确认；其要求解除对案涉房屋的查封并停止执行的诉讼请求，依法予以支持；其对案涉房屋确认所有权的请求，法院不予支持。一审法院认定事实不清，适用法律错误，应当予以纠正。

27.14 合法占有人的占有权利

27.14.1 指导性意见

【相关规定指引】

《第八次全国法院民事商事审判工作会议（民事部分）纪要》（2016 年 11 月 21 日）

（二）关于一房数卖的合同履行问题

15. 审理一房数卖纠纷案件时，如果数份合同均有效且买受人均要求履行合同的，一般应按照已经办理房屋所有权变更登记、合法占有房屋以及合同履行情况、买卖合同成立先后等顺序确定权利保护顺位。但恶意办理登记的买受人，其权利不能优先于已经合法占有该房屋的买受人[①]。对买卖合同的成立时间，应综合主管机关备案时间、合同载明的签订时间以及其他证据确定。

---

① 此时登记权利人的权利与合法占有之间的冲突，是两种权利"你死我活"的问题，必须得解决一个，消灭一个，按此思路，登记权利人因恶意而会丧失所有权利。

对于房地产商非法融资及一房多卖、重复抵押的，在相对人均为善意的情况下，要按照物权优先于债权的原则、物权成立时间先后以及合同履行情况等，确定权利优先保护的顺位。尤其要注意正确认识占有的权利推定效力，妥善处理占有与登记之间的冲突，依法保护合法占有人的权益。[①]

27.15　实现抵押权的各项费用

【相关规定指引】

《民法典》（2020年5月28日）

第三百八十九条　担保物权的担保范围包括主债权及其利息、违约金、损害赔偿金、保管担保财产和实现担保物权的费用。当事人另有约定的，按照其约定。[②]

第五百六十一条　债务人在履行主债务外还应当支付利息和实现债权的有关费用，其给付不足以清偿全部债务的，除当事人另有约定外，应当按照下列顺序履行：

（一）实现债权的有关费用；

（二）利息；

（三）主债务。

《最高人民法院关于人民法院执行工作若干问题的规定（试行）》（2020年12月29日）

34. 拍卖、变卖被执行人的财产成交后，必须即时钱物两清。

委托拍卖、组织变卖被执行人财产所发生的实际费用，从所得价款中优先扣除。所得价款超出执行标的数额和执行费用的部分，应当退还被执行人。

---

① 最高人民法院民事审判第一庭庭长程新文：《最高人民法院关于当前民事审判工作中的若干具体问题》（2015年12月24日），载杜万华主编：《民事法律文件解读》（总第134辑）人民法院出版社2016年版。

② 一般而言，实现抵押权的费用包括评估费、拍卖费、运输费、保管费等一系列为实现债权而支出的费用。

27.16　在查封日之前设立的租金质权

【关联案例指引】

某银行与某投资公司等金融借款合同纠纷案①

《物权法》第一百九十七条第一款规定："债务人不履行到期债务或者发生当事人约定的实现抵押权的情形，致使抵押财产被人民法院依法扣押的，自扣押之日起抵押权人有权收取该抵押财产的天然孳息或者法定孳息，但抵押权人未通知应当清偿法定孳息的义务人的除外。"租金属于法定孳息的范畴，故判断另案抵押权的效力是否及于案涉租金，亦应依据《物权法》的该款规定进行……本案应收账款质权设立之时，抵押财产即案涉九处房产已被江苏高院另案查封，但尚未通知法定孳息即案涉租金的清偿义务人某百货……

对此，一方面，从抵押权效力及于孳息的立法目的看，当债务人不履行到期债务或者发生约定的实现抵押权之情形，因抵押权人行使抵押权致使抵押财产被法院扣押，就意味着抵押权进入了实现程序，此时剥夺抵押人收取孳息的权利有利于抵押权的实现，这是《物权法》第一百九十七条第一款规定抵押权效力自扣押之日起及于孳息的立法目的之所在，抵押权人是否通知法定孳息的清偿义务人，并不影响该立法目的的实现。

另一方面，从法律规定的通知之目的看，法定孳息系由抵押关系当事人之外的第三人负责清偿。《物权法》第一百九十七条规定的对法定孳息清偿义务人的通知与《合同法》第八十条规定的债权让与时对债务人的通知，均具有防止发生债务人为错误给付之目的。抵押财产被法院扣押后，即使抵押权人怠于通知，抵押权效力已经及于孳息，但清偿义务人因不知抵押财产被扣押的情况而将法定孳息支付给抵押人的，仍产生清偿的效力。

由此可见，《物权法》第一百九十七条规定的对法定孳息清偿义务人的通知，并非抵押权效力及于法定孳息的生效要件，而系对抗要件。因此，虽然江苏高院于 2013 年 8 月 12 日才通知某百货暂停支付租赁合同项下租金，

---

① 最高人民法院（2016）最高法民终 543 号民事判决书，载中国裁判文书网，2024 年 3 月 11 日访问。

但应认定某信托公司的抵押权效力自 2012 年 4 月 18 日江苏高院查封之日起及于案涉租金。因本案应收账款质权设立在后，某银行对案涉九处房产租金收益相对于另案抵押权人不应当优先受偿。

27.17　唯一住房预留的 5—8 年的租金

【相关规定指引】

《最高人民法院关于人民法院民事执行中查封、扣押、冻结财产的规定》（2020 年 12 月 29 日）

第四条　对被执行人及其所扶养家属生活所必需的居住房屋，人民法院可以查封，但不得拍卖、变卖或者抵债。

《最高人民法院关于人民法院办理执行异议和复议案件若干问题的规定》（2020 年 12 月 29 日）

第二十条　金钱债权执行中，符合下列情形之一，被执行人以执行标的系本人及所扶养家属维持生活必需的居住房屋为由提出异议的，人民法院不予支持：

（一）对被执行人有扶养义务的人名下有其他能够维持生活必需的居住房屋的；

（二）执行依据生效后，被执行人为逃避债务转让其名下其他房屋的；

（三）申请执行人按照当地廉租住房保障面积标准为被执行人及所扶养家属提供居住房屋，或者同意参照当地房屋租赁市场平均租金标准从该房屋的变价款中扣除五至八年租金的。

执行依据确定被执行人交付居住的房屋，自执行通知送达之日起，已经给予三个月的宽限期，被执行人以该房屋系本人及所扶养家属维持生活的必需品为由提出异议的，人民法院不予支持。

27.18　无法取得房屋的房款返还权

【相关规定指引】

《最高人民法院关于商品房消费者权利保护问题的批复》（2023 年 4 月 20 日）

三、在房屋不能交付且无实际交付可能的情况下，商品房消费者主张价款返还请求权优先于建设工程价款优先受偿权、抵押权以及其他债权的，人民法院应当予以支持。

28.　优于动产抵押权的权利

28.1　正常经营买受人

【相关规定指引】

《民法典》（2020 年 5 月 28 日）

第四百零四条　以动产抵押的，不得对抗正常经营活动中已经支付合理价款并取得抵押财产的买受人。

对"正常经营活动"的认定，应排除以下几种情形：

（1）购买商品的数量明显超过一般买受人的；

（2）购买出卖方的生产设备的；

（3）买卖合同的签订系以担保出卖人或者第三人债务履行为目的的；

（4）买受人与出卖人存在直接或间接控制关系的；

（5）买受人应当查询抵押登记而未查询的其他情形。

28.2 动产购买价款超级优先权

【相关规定指引】

《民法典》（2020 年 5 月 28 日）

第四百一十六条 动产抵押担保的主债权是抵押物的价款，标的物交付后十日内办理抵押登记的，该抵押权人优先于抵押物买受人的其他担保物权人受偿，但是留置权人除外。

《最高人民法院关于适用〈中华人民共和国民法典〉有关担保制度的解释》（2020 年 12 月 31 日）

第五十七条 担保人在设立动产浮动抵押并办理抵押登记后又购入或者以融资租赁方式承租新的动产，下列权利人为担保价款债权或者租金的实现而订立担保合同，并在该动产交付后十日内办理登记，主张其权利优先于在先设立的浮动抵押权的，人民法院应予支持：

（一）在该动产上设立抵押权或者保留所有权的出卖人；

（二）为价款支付提供融资而在该动产上设立抵押权的债权人；

（三）以融资租赁方式出租该动产的出租人。

买受人取得动产但未付清价款或者承租人以融资租赁方式占有租赁物但是未付清全部租金，又以标的物为他人设立担保物权，前款所列权利人为担保价款债权或者租金的实现而订立担保合同，并在该动产交付后十日内办理登记，主张其权利优先于买受人为他人设立的担保物权的，人民法院应予支持。

同一动产上存在多个价款优先权的，人民法院应当按照登记的时间先后确定清偿顺序。

28.3 留置权

【相关规定指引】

《民法典》（2020 年 5 月 28 日）

第四百四十七条 债务人不履行到期债务，债权人可以留置已经合法占有的债务人的动产，并有权就该动产优先受偿。

前款规定的债权人为留置权人，占有的动产为留置财产。

第四百四十八条　债权人留置的动产，应当与债权属于同一法律关系，但是企业之间留置的除外。

第四百四十九条　法律规定或者当事人约定不得留置的动产，不得留置。

第四百五十条　留置财产为可分物的，留置财产的价值应当相当于债务的金额。

第四百五十一条　留置权人负有妥善保管留置财产的义务；因保管不善致使留置财产毁损、灭失的，应当承担赔偿责任。

第四百五十二条　留置权人有权收取留置财产的孳息。

前款规定的孳息应当先充抵收取孳息的费用。

第四百五十四条　债务人可以请求留置权人在债务履行期限届满后行使留置权；留置权人不行使的，债务人可以请求人民法院拍卖、变卖留置财产。

第四百五十五条　留置财产折价或者拍卖、变卖后，其价款超过债权数额的部分归债务人所有，不足部分由债务人清偿。

第四百五十六条　同一动产上已经设立抵押权或者质权，该动产又被留置的，留置权人优先受偿。

28.4　登记在先的抵押权人

【相关规定指引】

《民法典》（2020 年 5 月 28 日）

第四百一十四条　同一财产向两个以上债权人抵押的，拍卖、变卖抵押财产所得的价款依照下列规定清偿：

（一）抵押权已经登记的，按照登记的时间先后确定清偿顺序；

（二）抵押权已经登记的先于未登记的受偿；

（三）抵押权未登记的，按照债权比例清偿。

其他可以登记的担保物权，清偿顺序参照适用前款规定。

28.5　交付在先的质权人

【相关规定指引】

《全国法院民商事审判工作会议纪要》（2019 年 11 月 8 日）

65.【动产抵押权与质权竞存】同一动产上同时设立质权和抵押权的，应当参照适用《物权法》第 199 条的规定，根据是否完成公示以及公示先后情况来确定清偿顺序：质权有效设立、抵押权办理了抵押登记的，按照公示先后确定清偿顺序；顺序相同的，按照债权比例清偿；质权有效设立，抵押权未办理抵押登记的，质权优先于抵押权；质权未有效设立，抵押权未办理抵押登记的，因此时抵押权已经有效设立，故抵押权优先受偿。

根据《物权法》第 178 条规定的精神，担保法司法解释第 79 条第 1 款不再适用。

《民法典》（2020 年 5 月 28 日）

第四百一十五条　同一财产既设立抵押权又设立质权的，拍卖、变卖该财产所得的价款按照登记、交付的时间先后确定清偿顺序。

28.6　破产管理人的合理劳动报酬

【相关规定指引】

《最高人民法院关于审理企业破产案件确定管理人报酬的规定》（2007 年 4 月 12 日）

第二条　人民法院应根据债务人最终清偿的财产价值总额，在以下比例限制范围内分段确定管理人报酬：

（一）不超过一百万元（含本数，下同）的，在 12% 以下确定；

（二）超过一百万元至五百万元的部分，在 10% 以下确定；

（三）超过五百万元至一千万元的部分，在 8% 以下确定；

（四）超过一千万元至五千万元的部分，在 6% 以下确定；

（五）超过五千万元至一亿元的部分，在 3% 以下确定；

（六）超过一亿元至五亿元的部分，在1%以下确定；

（七）超过五亿元的部分，在0.5%以下确定。

担保权人优先受偿的担保物价值，不计入前款规定的财产价值总额。

高级人民法院认为有必要的，可以参照上述比例在30%的浮动范围内制定符合当地实际情况的管理人报酬比例限制范围，并通过当地有影响的媒体公告，同时报最高人民法院备案。

第十三条 管理人对担保物的维护、变现、交付等管理工作付出合理劳动的，有权向担保权人收取适当的报酬。管理人与担保权人就上述报酬数额不能协商一致的，人民法院应当参照本规定第二条规定的方法确定，但报酬比例不得超出该条规定限制范围的10%。

28.7 成立在前的租赁权

【相关规定指引】

《民法典》（2020年5月28日）

第四百零五条 抵押权设立前，抵押财产已经出租并转移占有的，原租赁关系不受该抵押权的影响。

·第二编·
贷后检查的担保管理

第四章 贷后检查担保管理

1. 贷后管理——保证管理

1.1 保证期间的法律规定

【相关规定指引】

《民法典》（2020 年 5 月 28 日）

第六百九十二条 保证期间是确定保证人承担保证责任的期间，不发生中止、中断和延长。

债权人与保证人可以约定保证期间，但是约定的保证期间早于主债务履行期限或者与主债务履行期限同时届满的，视为没有约定；没有约定或者约定不明确的，保证期间为主债务履行期限届满之日起六个月。

债权人与债务人对主债务履行期限没有约定或者约定不明确的，保证期间自债权人请求债务人履行债务的宽限期届满之日起计算。

《最高人民法院关于适用〈中华人民共和国民法典〉有关担保制度的解释》（2020 年 12 月 31 日）

第二十九条 同一债务有两个以上保证人，债权人以其已经在保证期间内依法向部分保证人行使权利为由，主张已经在保证期间内向其他保证人行使权利的，人民法院不予支持。

同一债务有两个以上保证人，保证人之间相互有追偿权，债权人未在保证期间内依法向部分保证人行使权利，导致其他保证人在承担保证责任后丧失追偿权，其他保证人主张在其不能追偿的范围内免除保证责任的，人民法院应予支持。

第三十条　最高额保证合同对保证期间的计算方式、起算时间等有约定的，按照其约定。

最高额保证合同对保证期间的计算方式、起算时间等没有约定或者约定不明，被担保债权的履行期限均已届满的，保证期间自债权确定之日起开始计算；被担保债权的履行期限尚未届满的，保证期间自最后到期债权的履行期限届满之日起开始计算。

前款所称债权确定之日，依照民法典第四百二十三条的规定认定。

第三十二条　保证合同约定保证人承担保证责任直至主债务本息还清时为止等类似内容的，视为约定不明，保证期间为主债务履行期限届满之日起六个月。

第三十三条　保证合同无效，债权人未在约定或者法定的保证期间内依法行使权利，保证人主张不承担赔偿责任的，人民法院应予支持。

第三十四条　人民法院在审理保证合同纠纷案件时，应当将保证期间是否届满、债权人是否在保证期间内依法行使权利等事实作为案件基本事实予以查明。

债权人在保证期间内未依法行使权利的，保证责任消灭。保证责任消灭后，债权人书面通知保证人要求承担保证责任，保证人在通知书上签字、盖章或者按指印，债权人请求保证人继续承担保证责任的，人民法院不予支持，但是债权人有证据证明成立了新的保证合同的除外。

1.2　诉讼时效的法律规定

【相关规定指引】

《民法典》（2020 年 5 月 28 日）

第一百八十八条　向人民法院请求保护民事权利的诉讼时效期间为三年。

法律另有规定的，依照其规定。

诉讼时效期间自权利人知道或者应当知道权利受到损害以及义务人之日起计算。法律另有规定的，依照其规定。但是，自权利受到损害之日起超过二十年的，人民法院不予保护，有特殊情况的，人民法院可以根据权利人的申请决定延长。

第一百八十九条 当事人约定同一债务分期履行的，诉讼时效期间自最后一期履行期限届满之日起计算。

第一百九十二条 诉讼时效期间届满的，义务人可以提出不履行义务的抗辩。

诉讼时效期间届满后，义务人同意履行的，不得以诉讼时效期间届满为由抗辩；义务人已经自愿履行的，不得请求返还。

第一百九十三条 人民法院不得主动适用诉讼时效的规定。

第一百九十四条 在诉讼时效期间的最后六个月内，因下列障碍，不能行使请求权的，诉讼时效中止：

（一）不可抗力；

（二）无民事行为能力人或者限制民事行为能力人没有法定代理人，或者法定代理人死亡、丧失民事行为能力、丧失代理权；

（三）继承开始后未确定继承人或者遗产管理人；

（四）权利人被义务人或者其他人控制；

（五）其他导致权利人不能行使请求权的障碍。

自中止时效的原因消除之日起满六个月，诉讼时效期间届满。

第一百九十五条 有下列情形之一的，诉讼时效中断，从中断、有关程序终结时起，诉讼时效期间重新计算：

（一）权利人向义务人提出履行请求；

（二）义务人同意履行义务；

（三）权利人提起诉讼或者申请仲裁；

（四）与提起诉讼或者申请仲裁具有同等效力的其他情形。

第一百九十六条 下列请求权不适用诉讼时效的规定：

（一）请求停止侵害、排除妨碍、消除危险；

（二）不动产物权和登记的动产物权的权利人请求返还财产；

（三）请求支付抚养费、赡养费或者扶养费；

（四）依法不适用诉讼时效的其他请求权。

第一百九十七条 诉讼时效的期间、计算方法以及中止、中断的事由由法律规定，当事人约定无效。

当事人对诉讼时效利益的预先放弃无效。

1.3 风险判断

以下情形应当进行风险判断：

（1）保证人发生重大经营事故或涉及重大诉讼；

（2）保证人因改制、合并、撤销等重大事件，导致主体资格发生变化的；

（3）保证人主要股东、关联企业等发生重大不利变化；

（4）保证人经营、财务状况恶化；

（5）保证人信用评级下降；

（6）保证人营业执照未按时年检；

（7）保证人担保意愿发生不利变化；

（8）保证期限届满，贷款到期后未得到保证人书面确认；

（9）保证人发生连环担保和相互担保情况，或有负债超出担保能力范围；

（10）保证人出现其他重大影响保证能力的不利事项。

1.4 管理内容

1.4.1 主体资格的管理

关注保证人主体资格：

（1）是否按时进行年审，或者年审是否顺利通过；

（2）若前项存在问题的，应实地赴市场监管、税务等职能部门核实保证人的执业资格、缴税情况及经营情况是否正常。

1.4.2 保证实力的管理

关注保证人保证实力：

（1）及时获得保证人经营业绩和信用状况等重要信息；

（2）关注有无债权债务纠纷和经济处罚等重大事项披露；

（3）及时获得真实准确的财务信息，分析现金流量、盈利能力或有负债等财务数据，判断保证人是否具备足额偿还债务的能力；

（4）及时查询保证人偿债履约情况、金融机构融资总量及或有负债总量；

（5）对保证人保证能力减弱或丧失的，如保证人合并、破产或分立，须及时采取措施，主张债权或要求借款人重新提供足额担保。

1.4.3 保证意愿的管理

关注保证人保证意愿：

（1）通过日常管理和定期现场检查，掌握保证人承担保证责任的主观意愿是否发生改变、是否有更改保证的倾向；

（2）关注借款人与保证人的关系密切程度、借款人对保证人的依赖程度，如借款人与保证人的关系发生恶化；

（3）准确掌握保证人承担责任和风险的意愿，判断银行是否需及时采取法律诉讼或其他维权行为，确保贷款的安全性。

1.5 拟采取的措施

1.5.1 查清上下游客户

对于一个企业而言，上游客户往往是企业的债权人，是与银行争夺资源的人。下游客户往往是企业的债务人，是银行债权实现争取的对象，查清一个企业的上下游客户，也就清晰了解了该企业的经营情况，可以做到心中有数，有的放矢。

1.5.2 财产保全

财产保全，是指人民法院在利害关系人起诉前或者当事人起诉后，为保障将来的生效判决能够得到执行或者避免财产遭受损失，对当事人的财产或者争议的标的物，采取限制当事人处分的强制措施。

1.5.2.1　诉前保全

【相关规定指引】

《民事诉讼法》（2023 年 9 月 1 日）

第一百零四条　利害关系人因情况紧急，不立即申请保全将会使其合法权益受到难以弥补的损害的，可以在提起诉讼或者申请仲裁前向被保全财产所在地、被申请人住所地或者对案件有管辖权的人民法院申请采取保全措施。申请人应当提供担保，不提供担保的，裁定驳回申请。

人民法院接受申请后，必须在四十八小时内作出裁定；裁定采取保全措施的，应当立即开始执行。

申请人在人民法院采取保全措施后三十日内不依法提起诉讼或者申请仲裁的，人民法院应当解除保全。

1.5.2.2　诉讼保全

【相关规定指引】

《民事诉讼法》（2023 年 9 月 1 日）

第一百零三条　人民法院对于可能因当事人一方的行为或者其他原因，使判决难以执行或者造成当事人其他损害的案件，根据对方当事人的申请，可以裁定对其财产进行保全、责令其作出一定行为或者禁止其作出一定行为；当事人没有提出申请的，人民法院在必要时也可以裁定采取保全措施。

人民法院采取保全措施，可以责令申请人提供担保，申请人不提供担保的，裁定驳回申请。

人民法院接受申请后，对情况紧急的，必须在四十八小时内作出裁定；裁定采取保全措施的，应当立即开始执行。

1.5.2.3　财产保全的范围

【相关规定指引】

《民事诉讼法》（2023 年 9 月 1 日）

第一百零五条　保全限于请求的范围，或者与本案有关的财物。

1.5.2.4　保全提供的担保

【相关规定指引】

《最高人民法院关于人民法院办理财产保全案件若干问题的规定》（2020年12月29日）

第五条　人民法院依照民事诉讼法第一百条规定责令申请保全人提供财产保全担保的，担保数额不超过请求保全数额的百分之三十；申请保全的财产系争议标的的，担保数额不超过争议标的价值的百分之三十。

利害关系人申请诉前财产保全的，应当提供相当于请求保全数额的担保；情况特殊的，人民法院可以酌情处理。

财产保全期间，申请保全人提供的担保不足以赔偿可能给被保全人造成的损失的，人民法院可以责令其追加相应的担保；拒不追加的，可以裁定解除或者部分解除保全。

第八条　金融监管部门批准设立的金融机构以独立保函形式为财产保全提供担保的，人民法院应当依法准许。

1.5.3　提起诉讼

【相关规定指引】

《民事诉讼法》（2023年9月1日）

第一百二十二条　起诉必须符合下列条件：

（一）原告是与本案有直接利害关系的公民、法人和其他组织；

（二）有明确的被告；

（三）有具体的诉讼请求和事实、理由；

（四）属于人民法院受理民事诉讼的范围和受诉人民法院管辖。

2. 贷后管理——抵押管理

2.1 权利行使期间的法律规定

【相关规定指引】

《民法典》（2020 年 5 月 28 日）

第四百一十九条 抵押权人应当在主债权诉讼时效期间行使抵押权；未行使的，人民法院不予保护。

2.2 风险判断

以下情形应当进行风险判断：

（1）抵押人营业执照未按时年审；

（2）抵押人出现破产或解散等重大事项，抵押物的处置权利受到限制；

（3）抵押物被人民法院或其他权力机关查封或扣押；

（4）抵押物市场价值发生不利变化，影响担保效力；

（5）抵押物的变现能力出现问题；

（6）抵押物的品质状态发生变化；

（7）抵押物保险未及时续保或保险第一受益权属发生变化。

2.3 管理内容

2.3.1 主体资格的管理

关注抵押人主体资格：

（1）是否按时进行年审，或者年审是否顺利通过；

（2）若前项存在问题的，应实地赴市场监管、税务等职能部门核实保证人的执业资格、缴税情况及经营情况是否正常；

（3）前两项情形虽不会影响抵押权，但很可能会导致抵押物被其他债权人查封，进而影响处置。

2.3.2 权利影响因素的管理

关注权利影响因素：

（1）抵押人出现破产或解散等重大事项，抵押物的处置权利受到限制；

（2）抵押物被人民法院或其他权力机关查封或扣押；

（3）抵押人转让抵押物或者有第三人主张抵押物的所有权；

（4）抵押物被案外人占有、使用；

（5）有后续的顺位抵押情形产生；

（6）登记/公示信息是否与主债权合同、抵押合同仍然保持一致。

2.3.3 价值影响因素的管理

关注价值影响因素：

（1）抵押物市场价值发生不利变化，影响担保能力；

（2）抵押物的变现能力出现问题；

（3）抵押物发生毁损或者品质状态发生变化；

（4）抵押物因抵押人的行为造成或足以造成抵押财产价值减少的；

（5）抵押物因第三人的行为造成抵押财产价值减少的；

（6）抵押物的实际情况是否与登记信息仍然保持一致；

（7）抵押物保险未及时续保或保险第一受益权属发生变化。

2.4 拟采取的措施

2.4.1 私力救济

【相关规定指引】

《民法典》（2020 年 5 月 28 日）

第三百九十条 担保期间，担保财产毁损、灭失或者被征收等，担保物权人可以就获得的保险金、赔偿金或者补偿金等优先受偿。被担保债权的履行期限未届满的，也可以提存该保险金、赔偿金或者补偿金等。

第四百零八条　抵押人的行为足以使抵押财产价值减少的，抵押权人有权请求抵押人停止其行为；抵押财产价值减少的，抵押权人有权请求恢复抵押财产的价值，或者提供与减少的价值相应的担保。抵押人不恢复抵押财产的价值，也不提供担保的，抵押权人有权请求债务人提前清偿债务。

《最高人民法院关于适用〈中华人民共和国民法典〉有关担保制度的解释》（2020 年 12 月 31 日）

第四十二条　抵押权依法设立后，抵押财产毁损、灭失或者被征收等，抵押权人请求按照原抵押权的顺位就保险金、赔偿金或者补偿金等优先受偿的，人民法院应予支持。

给付义务人已经向抵押人给付了保险金、赔偿金或者补偿金，抵押权人请求给付义务人向其给付保险金、赔偿金或者补偿金的，人民法院不予支持，但是给付义务人接到抵押权人要求向其给付的通知后仍然向抵押人给付的除外。

抵押权人请求给付义务人向其给付保险金、赔偿金或者补偿金的，人民法院可以通知抵押人作为第三人参加诉讼。

2.4.2　财产保全

参见第四章 1.5.2.2 部分内容。

2.4.3　提起诉讼

2.4.3.1　直接宣布提前到期

【相关规定指引】

《民法典》（2020 年 5 月 28 日）

第四百零八条　抵押人的行为足以使抵押财产价值减少的，抵押权人有权请求抵押人停止其行为；抵押财产价值减少的，抵押权人有权请求恢复抵押财产的价值，或者提供与减少的价值相应的担保。抵押人不恢复抵押财产的价值，也不提供担保的，抵押权人有权请求债务人提前清偿债务。

2.4.3.2　请求确认优先受偿

详见《民法典》第三百九十条以及《最高人民法院关于适用〈中华人民

共和国民法典〉有关担保制度的解释》第四十二条的规定。

2.4.3.3 直接请求给付赔/补偿

详见《最高人民法院关于适用〈中华人民共和国民法典〉有关担保制度的解释》第四十二条的规定。

2.4.3.4 适用时必须注意的事项

请求确认优先受偿和直接请求给付赔/补偿是两项独立的诉讼请求，请求确认优先受偿解决的是赔偿金优先受偿的问题，直接请求给付赔偿金解决的是赔偿金直接给付对象的问题。

2.4.3.5 提起诉讼的程序要求

【相关规定指引】

《民事诉讼法》（2023 年 9 月 1 日）

第一百二十二条　起诉必须符合下列条件：

（一）原告是与本案有直接利害关系的公民、法人和其他组织；

（二）有明确的被告；

（三）有具体的诉讼请求和事实、理由；

（四）属于人民法院受理民事诉讼的范围和受诉人民法院管辖。

3. 贷后管理——担保置换

3.1 法律、司法解释的规定

3.1.1 《民法典》的规定

【相关规定指引】

《民法典》（2020 年 5 月 28 日）

第四百零九条　抵押权人可以放弃抵押权或者抵押权的顺位。抵押权人与抵押人可以协议变更抵押权顺位以及被担保的债权数额等内容。但是，抵押权的变更未经其他抵押权人书面同意的，不得对其他抵押权人产生不利影响。

债务人以自己的财产设定抵押，抵押权人放弃该抵押权、抵押权顺位或者变更抵押权的，其他担保人在抵押权人丧失优先受偿权益的范围内免除担保责任，但是其他担保人承诺仍然提供担保的除外。

第五百一十八条　债权人为二人以上，部分或者全部债权人均可以请求债务人履行债务的，为连带债权；债务人为二人以上，债权人可以请求部分或者全部债务人履行全部债务的，为连带债务。

连带债权或者连带债务，由法律规定或者当事人约定。

第五百二十条　部分连带债务人履行、抵销债务或者提存标的物的，其他债务人对债权人的债务在相应范围内消灭；该债务人可以依据前条规定向其他债务人追偿。

部分连带债务人的债务被债权人免除的，在该连带债务人应当承担的份额范围内，其他债务人对债权人的债务消灭。

部分连带债务人的债务与债权人的债权同归于一人的，在扣除该债务人应当承担的份额后，债权人对其他债务人的债权继续存在。

债权人对部分连带债务人的给付受领迟延的，对其他连带债务人发生效力。

第七百条　保证人承担保证责任后，除当事人另有约定外，有权在其承担保证责任的范围内向债务人追偿，享有债权人对债务人的权利，但是不得损害债权人的利益。

3.1.2　《最高人民法院关于适用〈中华人民共和国民法典〉有关担保制度的解释》的规定

【相关规定指引】

《最高人民法院关于适用〈中华人民共和国民法典〉有关担保制度的解释》（2020年12月31日）

第十八条　承担了担保责任或者赔偿责任的担保人，在其承担责任的范围内向债务人追偿的，人民法院应予支持。

同一债权既有债务人自己提供的物的担保，又有第三人提供的担保，承担了担保责任或者赔偿责任的第三人，主张行使债权人对债务人享有的担保物权的，人民法院应予支持。

3.1.3　操作指引

置换债务人名下担保物的，应当征得其他所有担保人的书面同意。

3.2　典型案例——置换抵押物

【关联案例指引】

某银行与曲某 1 等借款合同纠纷案[①]

未经同意置换债务人提供的抵押物，保证人在抵押物优先受偿权价值范围内免除保证责任。

裁判要旨：在由第三人提供保证并由债务人自身提供不动产抵押的混合担保中，债权人未经保证人同意就为债务人办理了抵押登记注销并接受债务人另行提供的其他抵押物担保的，仍应认为债权人对债务人物保的放弃，保证人在相应范围内应免除保证责任。

根据《物权法》第一百九十四条第二款"债务人以自己的财产设定抵押，抵押权人放弃该抵押权、抵押权顺位或者变更抵押权的，其他担保人在抵押权人丧失优先受偿权益的范围内免除担保责任，但其他担保人承诺仍然提供担保的除外"的规定，在某银行并无证据也没有主张在其解除抵押时施某静等保证人承诺继续承担保证责任的情形下，施某静等保证人在某银行丧失案涉 1256 户抵押房产优先受偿权益范围内的保证责任应当免除。

---

① 最高人民法院（2018）最高法民终 966 号民事判决书，载中国裁判文书网，2024 年 3 月 11 日访问。

·第三编·
贷款更新的担保管理

第五章 贷款重组担保管理

1. 贷款重组的定义

1.1 重组贷款的定义

【相关规定指引】

《贷款风险分类指引》（2007年7月3日）

第十二条 ……

重组贷款是指银行由于借款人财务状况恶化，或无力还款而对借款合同还款条款作出调整的贷款。

……

1.2 重组贷款的归类

【相关规定指引】

《贷款风险分类指引》（2007年7月3日）

第十二条 ……

重组后的贷款（简称重组贷款）如果仍然逾期，或者借款人仍然无力归还贷款，应至少归为可疑类。

重组贷款的分类档次在至少6个月的观察期内不得调高，观察期结束后，应严格按照本指引规定进行分类。

1.3   防止重组逃废债

【相关规定指引】

《贷款风险分类指引》（2007 年 7 月 3 日）

第十条   下列贷款应至少归为关注类：

（一）本金和利息虽尚未逾期，但借款人有利用兼并、重组、分立等形式恶意逃废银行债务的嫌疑。

（二）借新还旧，或者需通过其他融资方式偿还。

（三）改变贷款用途。

（四）本金或者利息逾期。

（五）同一借款人对木行或其他银行的部分债务已经不良。

（六）违反国家有关法律和法规发放的贷款。

2. 贷款重组遵循的原则

2.1   有效重组原则

有效重组原则：贷款重组能够对降低信贷风险和减少贷款损失产生积极效果。

2.2   规范操作原则

规范操作原则：贷款重组必须严格按照规定的条件和程序进行操作和审批。

2.3   适当宽让原则

适当宽让原则：贷款重组可以在政策允许范围内实行一定的宽让，以利于促进贷款的回收。

3. 贷款重组的不同方式①

3.1 变更担保条件

例如，将抵押或质押转换为保证；将保证转换为抵押或质押，或变更保证人；直接减轻或免除保证人的责任。银行同意变更担保的前提，通常都是担保条件的明显改善或担保人尽其所能替借款企业偿还一部分或全部银行贷款。

3.2 调整还款期限

主要根据企业偿债能力制定合理的还款期限，从而有利于增强企业还款意愿。延长还款期限要注意遵守银行监管当局的有关规定。

3.3 调整利率

主要将逾期利率调整为相应档次的正常利率或下浮，从而减轻企业的付息成本。调低利率也要遵守人民银行和各银行关于利率管理的规定。

3.4 借款企业变更

主要是借款企业发生合并、分立、股份制改造等情形时，银行同意将部分或全部债务转移到第三方。在变更借款企业时，要防止借款企业利用分立、对外投资、设立子公司等手段逃废银行债务。

3.5 债务转为资本

债务转为资本是指债务人将债务转为资本，同时债权人将债权转为股权

---

① 本节内容引自中国银行业协会银行业专业人员职业资格考试办公室编：《公司信贷》，中国金融出版社2021年版，第267—268页。

的债务重组方式。但债务人根据转换协议，将应付可转换公司债券转为资本的，则属于政策情况下的债务转资本，不能作为债务重组处理。

3.6　以资抵债

以资抵债是指借款人或担保人到期不能以货币资金足额偿付贷款本息时，贷款行根据有关法律、法规或与债务人签订的以资抵债协议，取得债务人有效资产的处置权，抵偿贷款本息的方式。

4. 贷款重组的制度依据

4.1　《企业会计准则第 12 号——债务重组》的规定

【相关规定指引】

《企业会计准则第 12 号——债务重组》（2019 年 5 月 16 日）

第三条　债务重组一般包括下列方式，或下列一种以上方式的组合：

（一）债务人以资产清偿债务；

（二）债务人将债务转为权益工具；

（三）除本条第一项和第二项以外，采用调整债务本金、改变债务利息、变更还款期限等方式修改债权和债务的其他条款，形成重组债权和重组债务。

4.2　《流动资金贷款管理办法》的规定

【相关规定指引】

《流动资金贷款管理办法》（2024 年 1 月 30 日）

第四十条　借款人申请贷款展期的，贷款人应审慎评估展期原因和后续还款安排的可行性。同意展期的，应根据借款人还款来源等情况，合理确定展期期限，并加强对贷款的后续管理，按照实质风险状况进行风险分类。

期限一年以内的贷款展期期限累计不得超过原贷款期限；期限超过一年的贷款展期期限累计不得超过原贷款期限的一半。

4.3　《贷款风险分类指引》的规定

【相关规定指引】

《贷款风险分类指引》（2007 年 7 月 3 日）

第十条　下列贷款应至少归为关注类：

（一）本金和利息虽尚未逾期，但借款人有利用兼并、重组、分立等形式恶意逃废银行债务的嫌疑。

（二）借新还旧，或者需通过其他融资方式偿还。

（三）改变贷款用途。

（四）本金或者利息逾期。

（五）同一借款人对本行或其他银行的部分债务已经不良。

（六）违反国家有关法律和法规发放的贷款。

第十二条　需要重组的贷款应至少归为次级类。

重组贷款是指银行由于借款人财务状况恶化，或无力还款而对借款合同还款条款作出调整的贷款。

重组后的贷款（简称重组贷款）如果仍然逾期，或者借款人仍然无力归还贷款，应至少归为可疑类。

重组贷款的分类档次在至少 6 个月的观察期内不得调高，观察期结束后，应严格按照本指引规定进行分类。

5. 贷款重组的担保管理

5.1 变更担保条件

5.1.1 未还款时

担保条件维持不变，或者担保条件增强。

5.1.2 部分还款时

可以变更担保条件，以与现实欠款相对应。

5.1.3 调整利率

一般来说担保条件维持不变，或者担保条件增强。

5.1.4 调整还款期限

担保条件维持不变，或者担保条件增强。

5.1.5 调整利率（下浮）

担保条件维持不变，或者担保条件增强。

5.1.6 借款企业变更

担保条件维持不变，或者担保条件增强。

5.2 债务转为资本

5.2.1 免除利息的规定①

根据现行规定，银行可以自主免除符合下列条件的表外欠息：借款企业信用评级在 BBB 级以下（含 BBB 级）；贷款本金为次级类、可疑类或损失类。减免表外息要严格遵守财政部和银监会的相关要求。

---

① 本部分内容引自银行业专业人员职业资格考试命题研究组：《公司信贷》，中国财政经济出版社 2019 年版，但该部分内容已在 2021 年版中删除。

5.2.2　免除利息担保管理

全部或者部分还款，担保条件维持不变，或者担保条件增强。

【相关规定指引】

《商业银行金融资产风险分类办法》（2023 年 2 月 10 日）

第十八条　债务人财务困难包括以下情形：

（一）本金、利息或收益已经逾期；

（二）虽然本金、利息或收益尚未逾期，但债务人偿债能力下降，预计现金流不足以履行合同，债务有可能逾期；

（三）债务人的债务已经被分为不良；

（四）债务人无法在其他银行以市场公允价格融资；

（五）债务人公开发行的证券存在退市风险，或处于退市过程中，或已经退市，且对债务人的履约能力产生显著不利影响；

（六）商业银行认定的其他情形。

第十九条　合同调整包括以下情形：

（一）展期；

（二）宽限本息偿还计划；

（三）新增或延长宽限期；

（四）利息转为本金；

（五）降低利率，使债务人获得比公允利率更优惠的利率；

（六）允许债务人减少本金、利息或相关费用的偿付；

（七）释放部分押品，或用质量较差的押品置换现有押品；

（八）置换；

（九）其他放松合同条款的措施。

5.3　以资抵债

以资抵债是担保物权的一种实现方式。

【相关规定指引】

《最高人民法院关于人民法院民事执行中拍卖、变卖财产的规定》（2020
年12月29日）

第二十六条　不动产、动产或者其他财产权拍卖成交或者抵债后，该不
动产、动产的所有权、其他财产权自拍卖成交或者抵债裁定送达买受人或者
承受人时起转移。

第二十七条　人民法院裁定拍卖成交或者以流拍的财产抵债后，除有依
法不能移交的情形外，应当于裁定送达后十五日内，将拍卖的财产移交买受
人或者承受人。被执行人或者第三人占有拍卖财产应当移交而拒不移交的，
强制执行。

第二十八条　拍卖财产上原有的担保物权及其他优先受偿权，因拍卖而
消灭，拍卖所得价款，应当优先清偿担保物权人及其他优先受偿权人的债权，
但当事人另有约定的除外。

拍卖财产上原有的租赁权及其他用益物权，不因拍卖而消灭，但该权利
继续存在于拍卖财产上，对在先的担保物权或者其他优先受偿权的实现有影
响的，人民法院应当依法将其除去后进行拍卖。

第六章　贷款展期的担保管理

1. 贷款展期的规定及法律风险

1.1　贷款展期的相关规定

1.1.1　《贷款通则》的规定

【相关规定指引】

《贷款通则》（1996 年 6 月 28 日）

第十二条　贷款展期：

不能按期归还贷款的，借款人应当在贷款到期日之前，向贷款人申请贷款展期。是否展期由贷款人决定。申请保证贷款、抵押贷款、质押贷款展期的，还应当由保证人、抵押人、出质人出具同意的书面证明。已有约定的，按照约定执行。

短期贷款展期期限累计不得超过原贷款期限；中期贷款展期期限累计不得超过原贷款期限的一半；长期贷款展期期限累计不得超过 3 年。国家另有规定者除外。借款人未申请展期或申请展期未得到批准，其贷款从到期日次日起，转入逾期贷款帐户。

1.1.2 其他监管机关规定

【相关规定指引】

《商业银行押品管理指引》（2017 年 4 月 26 日）

第四十条 商业银行在对押品相关主合同办理展期、重组、担保方案变更等业务时，应确保抵质押担保的连续性和有效性，防止债权悬空。

第四十一条 商业银行应对押品管理情况进行定期或不定期检查，重点检查押品保管情况以及权属变更情况，排查风险隐患，评估相关影响，并以书面形式在相关报告中反映。原则上不低于每年一次。

1.2 展期合同的效力认定

1.2.1 最高人民法院意见

【相关规定指引】

《最高人民法院关于展期贷款超过原贷款期限的效力问题的答复》（2000 年 2 月 13 日）

上海市高级人民法院：

你院〔1998〕沪高经他字第 36 号"关于展期贷款超过原贷款期限的效力问题的请示"收悉。经研究，答复如下：

展期贷款性质上是对原贷款合同期限的变更。对于展期贷款的期限不符合中国人民银行颁布的"贷款通则"的规定，应否以此认定该展期无效问题，根据我国法律规定，确认合同是否有效，应当依据我国的法律和行政法规，只要展期贷款合同是双方当事人在平等、自愿基础上真实的意思表示，并不违背法律和行政法规的禁止性规定，就应当认定有效。你院请示涉及案件中的担保人的责任，应当依据《中华人民共和国担保法》以及法发〔1994〕8 号《最高人民法院关于审理经济合同纠纷案件有关保证的若干问题的规定》予以确认。

1.2.2 《民法典》的相关规定

《民法典》第八条、第十条、第一百四十三条、第一百五十三条都对违背公序良俗的民事法律行为给予否定性评价。

1.2.3　《全国法院民商事审判工作会议纪要》的规定

【相关规定指引】

《全国法院民商事审判工作会议纪要》（2019 年 11 月 8 日）

31. **【违反规章的合同效力】** 违反规章一般情况下不影响合同效力，但该规章的内容涉及金融安全、市场秩序、国家宏观政策等公序良俗的，应当认定合同无效。人民法院在认定规章是否涉及公序良俗时，要在考察规范对象基础上，兼顾监管强度、交易安全保护以及社会影响等方面进行慎重考量，并在裁判文书中进行充分说理。

1.2.4　审判指导精神

金融规章、规范性文件是落实党中央关于金融工作决策部署的重要载体，是金融法律规范体系的重要组成部分。司法解释、指导案例、地方法院制定的指导意见，要充分体现中央金融监管政策、金融监管规章的基本精神、基本要求，及时统一裁判尺度，规范法官裁量权。通过完善协同机制，使金融审判的裁判规范与金融监管规范最大化保持协调一致，充分发挥金融法治"固根本、稳预期、利长远"的功能作用。

……

结合《民法典》第十一条及《立法法》有关法律适用规则的规定，可以认为，在《民法典》、金融监督法律、行政法规没有规定的情况下，人民法院审理金融民商事案件，原则上可以适用或参考金融监管规章的规定。但在适用或参照金融规章时要区别情况，精准把握。

大体可以分为两种情况：

第一，金融监管规章一般不能作为认定金融合同无效的直接依据，但可以作为判断是否违背公序良俗的重要依据或裁判理由……实践中，对某一金融监管规章的违反是否构成违背公序良俗产生争议，应当向上级法院请示，必要时可层报最高人民法院予以指导，由最高人民法院按一定程序征求有关监管部门的意见，以形成共识。

还应当充分注意到，一些金融监管规章的强制性规定是根据上位法的授权或者是为了落实法律、行政法规的强制性规定而制定的具体规定。也就是说，金融监管规章的强制性规定有上位法的明确依据，只不过该上位法的规定较为原则，其在结合实践经验的基础上，将该原则性的规定予以具体化，使其具有可操作性。在这种情况下，合同违反的是法律、行政法规的强制性规定，人民法院可依据《民法典》第一百五十三条第一款认定合同效力。

第二，虽然金融监管规章不能作为认定合同效力的直接依据，但可以作为认定民事权利义务及相应民事责任的重要参考或依据。[1]

在世界范围内，就有《民法典》的国家来讲，对于违反法律强制性规定和违背公序良俗的民事法律行为，原则上均认定为无效，以此限制私法自治并彰显对公共利益的维护。

近年来，最高人民法院通过个案裁判的方式，将违反行政规章或者国家政策的合同效力认定理由，转换为是否构成"损害社会公共利益"的要件，进而来认定合同的效力。从《民法典》的具体规定来讲，就是第一百五十三条第二款规定的"违背公序良俗的民事法律行为无效"。以最高人民法院（2017）最高法民终 529 号[2]上诉人某投资有限公司与被上诉人某实业有限公司以及原审第三人某人寿股份有限公司营业信托纠纷案为例，最高人民法院在民事裁定中认为，当事人签订的《信托持股协议》违反了中国保险监督管理委员会《保险公司股权管理办法》第八条关于"任何单位或者个人不得委托他人或者接受他人委托持有保险公司的股权"的规定，损害了社会公共利益，依法应认定为无效。另外，在最高人民法院（2017）最高法民申 2454 号[3]杨某某诉林某某股权转让纠纷一案中，最高人民法院认为，根据相关监管规定，上市公司股权不得隐名代持，拟上市公司股权必须清晰，否则对于上市公司系列信息披露要求、关联交易审查、高管人员任职回避等监管举措必然落空，必然损害到广大非特定投资者的合法权益，从而损害到资本市场

---

① 刘贵祥：《关于金融民商事审判工作中的理念、机制和法律适用问题》，载《法律适用》2023 年第 1 期。

② 最高人民法院（2017）最高法民终 529 号民事裁定书，载中国裁判文书网，2024 年 7 月 25 日访问。

③ 最高人民法院（2017）最高法民申 2454 号民事裁定书，载中国裁判文书网，2024 年 7 月 25 日访问。

基本交易秩序与基本交易安全，损害到金融安全与社会稳定，从而损害社会公共利益。依据原《合同法》第五十二条第四项等规定，案涉协议应认定为无效。[①]

1.3　禁止展期的贷款种类

如对禁止展期的贷款种类展期或者贷款展期的次数和期限违反监管规定的，在其展期成立/效力问题上可能会产生争议。

1.4　展期不成立的法律风险

一旦贷款展期被认定为不成立/无效，那么相应的保证期间、诉讼时效、抵押权行使期间会以原贷款、担保合同及担保物权登记公示中相应合同记载的时间开始计算。

依现有法律、法规来看，违反《贷款通则》等部门规章大概率不会影响合同效力，但随着近期金融监管政策的进一步收紧，也有一定的法律风险存在。

1.5　展期失败相关案例

【关联案例指引】

某信用社与富某公司、某镇政府金融借款合同纠纷案[②]

江苏高院再审认为：

第一，财政所为富某公司向某信用社的贷款提供的保证行为无效。《担保法》第八条规定，"国家机关不得为保证人，但经国务院批准为使用外国政府或者国际经济组织贷款进行转贷的除外"。本案中，为富某公司向某信

---

① 贺小荣：《意思自治与公共秩序——公共秩序对合同效力的影响及其限度》，载《法律适用》2021年第2期。

② 江苏省高级人民法院（2012）苏商再终字第008号民事判决书，参见杨志刚：《贷款展期的认定攸关民事责任的承担》，最高人民法院审判监督庭编：《审判监督指导》（2015年第1辑·总第51辑），人民法院出版社2016年版。

用社的贷款提供保证的财政所，是某镇政府的下属部门，是代表国家行使行政管理权的国家行政机关的行政职能部门，因此，其提供保证的行为，违反《担保法》禁止性规定，应属无效。

第二，本案情形不构成贷款展期。在本案《保证担保借款合同》第五条中，保证人承诺：如贷款展期后，保证人继续承担保证责任，保证期限延至展期借款到期日之后二年。当事人在 2003 年 12 月 12 日的《协议书》中将本案贷款本金及利息延期两年支付。自 1996 年 8 月 1 日起施行的中国人民银行《贷款通则》第十二条规定，贷款展期：不能按期归还贷款的，借款人应当在贷款到期日之前，向贷款人申请贷款展期。是否展期由贷款人决定。申请保证贷款、抵押贷款、质押贷款展期的，还应当由保证人、抵押人、出质人出具同意的书面证明。短期贷款展期期限累计不得超过原贷款期限。自 1999 年 10 月 1 日起施行的《合同法》第二百零九条亦规定，借款人可以在还款期限届满之前向贷款人申请展期。贷款人同意的，可以展期。因为借款人富某公司没有在贷款到期之前向贷款人某信用社申请贷款展期，保证人也没有出具同意保证贷款展期的书面证明。而且，本案贷款期限在 1 年以内，属于短期贷款，其展期期限累计不得超过原贷款期限。因此，根据上述规定，本案情形不构成贷款展期。

第三，本案保证已超出保证期间。本案中，1999 年 8 月 28 日和 1999 年 8 月 30 日，某信用社分别向富某公司发放两笔贷款各 200 万元，到期日为 2000 年 4 月 20 日和 2000 年 5 月 20 日。财政所为该贷款提供了担保，并在《保证担保借款合同》中承诺："保证期间自借款之日起至借款到期后二年止，如贷款展期后，保证人继续承担保证责任，保证期限延至展期借款到期日之后二年。"如前所述，本案情形不构成贷款展期，故本案保证期间按约定应为自借款之日起至借款到期后二年止，即自 1999 年 8 月 28 日至 2002 年 4 月 20 日和自 1999 年 8 月 30 日至 2002 年 5 月 20 日。某信用社未能举证证明在上述保证期间内向保证人主张权利，保证人的保证责任消灭，其于 2008 年 11 月向一审法院提起诉讼，要求某镇政府对富某公司的债务承担连带保证责任，已经超出保证期间。

第四，某镇政府在 2003 年 12 月 12 日《协议书》上加盖公章的行为，不能被认定为新的保证行为。《担保法》第十三条规定，"保证人与债权人应当以书面形式订立保证合同"，然而作为财政所的上级主管部门某镇政府在 2003 年 12 月 12 日《协议书》上，除加盖了公章之外，并没有其他任何意思表示，且《协议书》亦未约定任何保证条款。因此，仅凭某镇政府加盖公章的行为，不能认定其有提供保证的意思表示，亦不能认定成立了新的保证行为。

2. 保证担保缺失展期的法律风险

2.1 保证人同意与否的法律规定

【相关规定指引】

《民法典》（2020 年 5 月 28 日）

第六百九十五条 债权人和债务人未经保证人书面同意，协商变更主债权债务合同内容，减轻债务的，保证人仍对变更后的债务承担保证责任；加重债务的，保证人对加重的部分不承担保证责任。

债权人和债务人变更主债权债务合同的履行期限，未经保证人书面同意的，保证期间不受影响。

2.2 现行制式合同的约定

双方特别约定："……借款人不能按期归还贷款，申请展期后经贷款人同意办理展期的，保证人同意可由贷款人和借款人双方签订展期合同，无需另行征得保证人同意，保证人同意对展期合同项下债务继续承担担保责任。保证人的保证期间自展期之日起开始计算至展期后到期日起三年止。"

2.3　保证期间的法律规定

2.3.1　《民法典》的相关规定

【相关规定指引】

《民法典》（2020 年 5 月 28 日）

第六百九十三条　一般保证的债权人未在保证期间对债务人提起诉讼或者申请仲裁的，保证人不再承担保证责任。

连带责任保证的债权人未在保证期间请求保证人承担保证责任的，保证人不再承担保证责任。

2.3.2　保证期间超过的法律后果

以上规定意味着，保证期间经过的法律后果是保证人免除保证责任，债权人的实体权利归于消灭，该消灭的并非保证人的抗辩权，而是保证债务的实体权利。

2.3.3　《最高人民法院关于已承担保证责任的保证人向其他保证人行使追偿权问题的批复》的规定

【相关规定指引】

《最高人民法院关于已承担保证责任的保证人向其他保证人行使追偿权问题的批复》（2002 年 11 月 23 日）

云南省高级人民法院：

你院云高法〔2002〕160 号《关于已经承担了保证责任的保证人向保证期间内未被主张保证责任的其他保证人行使追偿权是否成立的请示》收悉。经研究，答复如下：

根据《中华人民共和国担保法》第十二条的规定，承担连带责任保证的保证人一人或者数人承担保证责任后，有权要求其他保证人清偿应当承担的份额，不受债权人是否在保证期间内向未承担保证责任的保证人主张过保证责任的影响。

此复

2.4　法院对保证期间的审查

2.4.1　担保制度解释的规定

【相关规定指引】

《**最高人民法院关于适用〈中华人民共和国民法典〉有关担保制度的解释**》（2020 年 12 月 31 日）

第三十四条　人民法院在审理保证合同纠纷案件时，应当将保证期间是否届满、债权人是否在保证期间内依法行使权利等事实作为案件基本事实予以查明。

债权人在保证期间内未依法行使权利的，保证责任消灭。保证责任消灭后，债权人书面通知保证人要求承担保证责任，保证人在通知书上签字、盖章或者按指印，债权人请求保证人继续承担保证责任的，人民法院不予支持，但是债权人有证据证明成立了新的保证合同的除外。

2.4.2　法院应当主动审查

保证期间是否已经经过，决定了债权人是否还有权利要求保证人承担保证责任，对于债权人的权利还有没有，法院应当进行审查。

2.4.3　未抗辩或缺席也免责

保证期间是否已经经过，属于案件的基本事实，法院应当主动审查，而不能因保证人未提出相应抗辩或缺席而免予审查。

2.5　如何保障保证期间

【相关规定指引】

《**民法典**》（2020 年 5 月 28 日）

第六百九十五条　……债权人和债务人变更主债权债务合同的履行期限，未经保证人书面同意的，保证期间不受影响。

故，银行要以原保证期间为限对保证人主张权利并留存相应真实、完整证据，尤以在原保证期间计算的诉讼时效期间内积极提起诉讼为妥。

3. 抵押担保缺失展期的法律风险

3.1　办理变更登记的规范性依据

3.1.1　《不动产登记暂行条例实施细则》的规定

【相关规定指引】

《不动产登记暂行条例实施细则》（2024 年 5 月 21 日）

第二十六条　下列情形之一的，不动产权利人可以向不动产登记机构申请变更登记：

（一）权利人的姓名、名称、身份证明类型或者身份证明号码发生变更的；

（二）不动产的坐落、界址、用途、面积等状况变更的；

（三）不动产权利期限、来源等状况发生变化的；

（四）同一权利人分割或者合并不动产的；

（五）抵押担保的范围、主债权数额、债务履行期限、抵押权顺位发生变化的；

（六）最高额抵押担保的债权范围、最高债权额、债权确定期间等发生变化的；

（七）地役权的利用目的、方法等发生变化的；

（八）共有性质发生变更的；

（九）法律、行政法规规定的其他不涉及不动产权利转移的变更情形。

第六十八条　有下列情形之一的，当事人应当持不动产权属证书、不动产登记证明、抵押权变更等必要材料，申请抵押权变更登记：

（一）抵押人、抵押权人的姓名或者名称变更的；

（二）被担保的主债权数额变更的；

（三）债务履行期限变更的；

（四）抵押权顺位变更的；

（五）法律、行政法规规定的其他情形。

因被担保债权主债权的种类及数额、担保范围、债务履行期限、抵押权顺位发生变更申请抵押权变更登记时，如果该抵押权的变更将对其他抵押权人产生不利影响的，还应当提交其他抵押权人书面同意的材料与身份证或者户口簿等材料。

第七十二条　有下列情形之一的，当事人应当持不动产登记证明、最高额抵押权发生变更的材料等必要材料，申请最高额抵押权变更登记：

（一）抵押人、抵押权人的姓名或者名称变更的；

（二）债权范围变更的；

（三）最高债权额变更的；

（四）债权确定的期间变更的；

（五）抵押权顺位变更的；

（六）法律、行政法规规定的其他情形。

因最高债权额、债权范围、债务履行期限、债权确定的期间发生变更申请最高额抵押权变更登记时，如果该变更将对其他抵押权人产生不利影响的，当事人还应当提交其他抵押权人的书面同意文件与身份证或者户口簿等。

3.1.2　《不动产登记操作规范（试行）》的规定

【相关规定指引】

《不动产登记操作规范（试行）》（2021年6月7日）

14.2.3　申请材料

申请抵押权变更登记，提交的材料包括：

……

4　抵押权变更的材料，包括：

……

（2）担保范围、抵押权顺位、被担保债权种类或者数额、债务履行期限、最高债权额、债权确定期间等发生变更的，提交抵押人与抵押权人约定相关变更内容的协议；

5 因抵押权顺位、被担保债权数额、最高债权额、担保范围、债务履行期限发生变更等，对其他抵押权人产生不利影响的，还应当提交其他抵押权人的书面同意文件和身份证明文件；

······

14.2.4 审查要点（不动产登记机构审查职责，略）

3.2 对抵押权效力的影响

3.2.1 抵押权消灭的相关规定

【相关规定指引】

《民法典》（2020 年 5 月 28 日）

第三百九十三条 有下列情形之一的，担保物权消灭：

（一）主债权消灭；

（二）担保物权实现；

（三）债权人放弃担保物权；

（四）法律规定担保物权消灭的其他情形。

3.2.2 展期的性质与抵押权

借款合同展期并未产生新的债权债务关系，仅是对借款合同还款期限的延长。故，未办理债务履行期限的抵押变更登记不属于上述抵押权灭失的情形，抵押权仍应当有效存续。

因此，在贷款合同、展期合同有效的前提下，即使抵押人不签署展期合同，抵押权也并不因此而消灭。

3.2.3 抵押权的行使期间

3.2.3.1 《民法典》的相关规定

【相关规定指引】

《民法典》（2020 年 5 月 28 日）

第四百一十九条 抵押权人应当在主债权诉讼时效期间行使抵押权；未行使的，人民法院不予保护。

故，抵押权人应当在主债权诉讼时效期间内行使抵押权。

3.2.3.2 有利的期间计算观点

部分观点认为主债权诉讼时效的计算，在主债权履行期限变更未变更登记的，主债权诉讼时效期间，应当以实际/展期合同中约定的到期日起算。

3.2.3.3 不利的期间计算观点

部分观点认为主债权诉讼时效的计算，在主债权履行期限变更未变更登记的，主债权诉讼时效期间，应当以抵押权登记公示系统中申请材料中的主债权诉讼时效期间起算。

理由在于《不动产登记暂行条例实施细则》第二十六条、第六十八条和《不动产登记操作规范（试行）》第 14.2.3 条的规定。

3.3 如何有效保障抵押权安全

3.3.1 抵押权利行使期限问题

抵押权的行使期间要以登记公示中的到期日起算更为安全、稳妥，否则该抵押权将处于不安全状态。

超过上述期限行使抵押权的，银行也可以实际/展期合同中约定的到期日起算进行主张。

3.3.2 权利期限超过的法律后果

3.3.2.1 《民法典》的规定

【相关规定指引】

《民法典》（2020 年 5 月 28 日）

第四百一十九条 抵押权人应当在主债权诉讼时效期间行使抵押权；未行使的，人民法院不予保护。

3.3.2.2 《全国法院民商事审判工作会议纪要》的规定

【相关规定指引】

《全国法院民商事审判工作会议纪要》（2019 年 11 月 8 日）

59.【主债权诉讼时效届满的法律后果】抵押权人应当在主债权的诉讼

时效期间内行使抵押权。抵押权人在主债权诉讼时效届满前未行使抵押权，抵押人在主债权诉讼时效届满后请求涂销抵押权登记的，人民法院依法予以支持。

以登记作为公示方法的权利质权，参照适用前款规定。

3.3.2.3 实践中的操作

《民法典》关于保证期间的规定与抵押权期间的规定的区别。《物权法》第二百零二条规定："抵押权人应当在主债权诉讼时效期间行使抵押权；未行使的，人民法院不予保护。"除删除了2年的规定外，基本沿用了《最高人民法院关于适用〈中华人民共和国担保法〉若干问题的解释》第十二条的规定，采用了保护期间的理念。《民法典》第四百一十九条又完全沿用了《物权法》第二百零二条的规定，具体而言，抵押权期间受制于主债权诉讼时效，随着主债权诉讼时效中断、中止、延长等发生变化，非不变期间。问题是，实践中主债务诉讼时效届满，债权人在诉讼时效届满前不行使抵押权的，法院不予支持其诉讼时效届满后行使抵押权的请求，而此时抵押权又没有消灭，这样就陷入了僵局：债权人无法行使抵押权，抵押权人又不能涤除抵押权。于是，就有抵押权人向法院起诉请求注销抵押权，对此人民法院是否支持？存在争议。《全国法院民商事审判工作会议纪要》规定，抵押人请求涂销抵押权登记的，人民法院依法予以支持。在《民法典》对此未有新的规定的情况下，此处理思路可以继续沿用。[①]

3.4 不同情形下对担保范围的影响

3.4.1 是否影响担保人的责任范围

3.4.1.1 保证人的情形

【相关规定指引】

《民法典》（2020年5月28日）

第六百九十五条 债权人和债务人未经保证人书面同意，协商变更主债

---

① 刘贵祥：《民法典关于担保的几个重大问题》，载《法律适用》2021年第1期。

权债务合同内容，减轻债务的，保证人仍对变更后的债务承担保证责任；加重债务的，保证人对加重的部分不承担保证责任。

债权人和债务人变更主债权债务合同的履行期限，未经保证人书面同意的，保证期间不受影响。

3.4.1.2　适用于抵押、质押等

【相关规定指引】

《最高人民法院关于适用〈中华人民共和国民法典〉有关担保制度的解释》（2020 年 12 月 31 日）

第二十条　人民法院在审理第三人提供的物的担保纠纷案件时，可以适用民法典第六百九十五条第一款、第六百九十六条第一款、第六百九十七条第二款、第六百九十九条、第七百条、第七百零一条、第七百零二条等关于保证合同的规定。

3.4.2　对其他权利人的影响

3.4.2.1　把握一个总体原则

若抵押物上存在顺位抵押权或查封的，如抵押权的变更影响顺位抵押权人和查封债权人利益的，则因展期而增加的部分债权利息不能对抗其他抵押权人和查封债权人。

3.4.2.2　对顺位抵押权人的影响

【相关规定指引】

《民法典》（2020 年 5 月 28 日）

第四百零九条　抵押权人可以放弃抵押权或者抵押权的顺位。抵押权人与抵押人可以协议变更抵押权顺位以及被担保的债权数额等内容。但是，抵押权的变更未经其他抵押权人书面同意的，不得对其他抵押权人产生不利影响。

债务人以自己的财产设定抵押，抵押权人放弃该抵押权、抵押权顺位或者变更抵押权的，其他担保人在抵押权人丧失优先受偿权益的范围内免除担保责任，但是其他担保人承诺仍然提供担保的除外。

3.4.2.3　查封对普通抵押权的影响

【相关规定指引】

《最高人民法院关于人民法院民事执行中查封、扣押、冻结财产的规定》（2020 年 12 月 29 日）

第二十四条　被执行人就已经查封、扣押、冻结的财产所作的移转、设定权利负担或者其他有碍执行的行为，不得对抗申请执行人。

第三人未经人民法院准许占有查封、扣押、冻结的财产或者实施其他有碍执行的行为的，人民法院可以依据申请执行人的申请或者依职权解除其占有或者排除其妨害。

人民法院的查封、扣押、冻结没有公示的，其效力不得对抗善意第三人。

3.4.2.4　查封对最高额抵押权的影响

【相关规定指引】

《最高人民法院关于人民法院民事执行中查封、扣押、冻结财产的规定》（2020 年 12 月 29 日）

第二十五条　人民法院查封、扣押被执行人设定最高额抵押权的抵押物的，应当通知抵押权人。抵押权人受抵押担保的债权数额自收到人民法院通知时起不再增加。

人民法院虽然没有通知抵押权人，但有证据证明抵押权人知道或者应当知道查封、扣押事实的，受抵押担保的债权数额从其知道或者应当知道该事实时起不再增加。

《民法典》（2020 年 5 月 28 日）

第四百二十三条　有下列情形之一的，抵押权人的债权确定：

……

（四）抵押权人知道或者应当知道抵押财产被查封、扣押；

……

故，之后再增加的债权不属于抵押权的优先受偿范围。

3.4.2.5　执行对普通抵押权的影响

【相关规定指引】

《最高人民法院关于人民法院执行工作若干问题的规定（试行）》（2020年12月29日）

31. 人民法院对被执行人所有的其他人享有抵押权、质押权或留置权的财产，可以采取查封、扣押措施。财产拍卖、变卖后所得价款，应当在抵押权人、质押权人或留置权人优先受偿后，其余额部分用于清偿申请执行人的债权。

4. 必备担保缺失展期的消极影响

4.1　展期中的常见违规操作

不应该展期的展期，展期次数、时间超过监管规定，担保人无法签字，担保人无法出具有权机关决议，未变更抵押登记均属展期过程中的违规操作。

4.2　诉讼风险的决定性因素

司法实践中的具体诉讼风险不仅取决于理论，还取决于案发时的司法审判政策、法官裁定，当事人对抗等诸多因素。

4.3　诉讼法律风险概率高低

4.3.1　一般原则

一般来讲，金融企业在贷款展期过程中的不规范操作行为越多，则该笔贷款清收时，在司法实践具体案件诉讼中相应违规之处其败诉风险产生的概率也就越大。

4.3.2 举例说明

违反相应规范性文件要求的风险因素，类似于交通安全中的不安全驾驶和日常生活中的不良生活习惯对人自身的风险因素，其危害结果的发生具有一定的或然性。其具体风险更取决于危险来临时对方的体量，对方的力度，撞击的位置，道路的复杂程度，结果的可承受程度，交警的裁判规则与事故发生时的裁判立场等不同因素。

第七章 "借新还旧"的担保管理

1. "借新还旧"的规定及性质

1.1 "借新还旧"的定义

"借新还旧"作为商业银行在贷款的发放和收回过程中经常采用的操作方式,是指贷款到期(含展期后到期)后不能按时收回,又重新发放贷款用于归还部分或全部原贷款的行为。

1.2 "借新还旧"的利

"借新还旧"有利于商业银行盘活、收贷任务的完成,克服了诉讼时效的法律限制,进一步明确了债权债务关系,并有可能要求借款人完善或加强担保,弱化即期贷款风险。

1.3 "借新还旧"的弊

"借新还旧"在一定程度上对社会信用产生负面影响,企业"有借有还"的信用观念进一步弱化;在某种程度上掩盖了信贷资产质量的真实状况,推迟了信贷风险的暴露时间,沉淀并累积了信贷风险;在办理新贷款的手续上,隐含着一定的法律风险。

1.4 "借新还旧"的监管规定

1.4.1 "三个办法"的规定

《个人贷款管理办法》《固定资产贷款管理办法》《流动资金贷款管理办法》中均未规定是否允许"借新还旧"的问题。

1.4.2 小微企业贷款的监管政策

【相关规定指引】

《中国银监会关于完善和创新小微企业贷款服务 提高小微企业金融服务水平的通知》（2014 年 7 月 23 日）

为进一步做好小微企业金融服务，着力解决小微企业倒贷（借助外部高成本搭桥资金续借贷款）问题，降低小微企业融资成本，推动小微企业健康发展，现就完善和创新小微企业贷款服务有关事项通知如下：

三、积极创新小微企业流动资金贷款服务模式。对流动资金周转贷款到期后仍有融资需求，又临时存在资金困难的小微企业，经其主动申请，银行业金融机构可以提前按新发放贷款的要求开展贷款调查和评审。符合下列条件的小微企业，经银行业金融机构审核合格后可以办理续贷：

（一）依法合规经营；

（二）生产经营正常，具有持续经营能力和良好的财务状况；

（三）信用状况良好，还款能力与还款意愿强，没有挪用贷款资金、欠贷欠息等不良行为；

（四）原流动资金周转贷款为正常类，且符合新发放流动资金周转贷款条件和标准；

（五）银行业金融机构要求的其他条件。

银行业金融机构同意续贷的，应当在原流动资金周转贷款到期前与小微企业签订新的借款合同，需要担保的签订新的担保合同，落实借款条件，通过新发放贷款结清已有贷款等形式，允许小微企业继续使用贷款资金。

1.5 司法解释及相关政策的规定

【相关规定指引】

《最高人民法院关于适用〈中华人民共和国担保法〉若干问题的解释》（2000年12月8日）

第三十九条 主合同当事人双方协议以新贷偿还旧贷，除保证人知道或者应当知道的外，保证人不承担民事责任。

新贷与旧贷系同一保证人的，不适用前款的规定。

《最高人民法院关于适用〈中华人民共和国民法典〉有关担保制度的解释》（2020年12月31日）

第十六条 主合同当事人协议以新贷偿还旧贷，债权人请求旧贷的担保人承担担保责任的，人民法院不予支持；债权人请求新贷的担保人承担担保责任的，按照下列情形处理：

（一）新贷与旧贷的担保人相同的，人民法院应予支持；

（二）新贷与旧贷的担保人不同，或者旧贷无担保新贷有担保的，人民法院不予支持，但是债权人有证据证明新贷的担保人提供担保时对以新贷偿还旧贷的事实知道或者应当知道的除外。

主合同当事人协议以新贷偿还旧贷，旧贷的物的担保人在登记尚未注销的情形下同意继续为新贷提供担保，在订立新的贷款合同前又以该担保财产为其他债权人设立担保物权，其他债权人主张其担保物权顺位优先于新贷债权人的，人民法院不予支持。

《全国法院民商事审判工作会议纪要》（2019年11月8日）

57.【借新还旧的担保物权】贷款到期后，借款人与贷款人订立新的借款合同，将新贷用于归还旧贷，旧贷因清偿而消灭，为旧贷设立的担保物权也随之消灭。贷款人以旧贷上的担保物权尚未进行涂销登记为由，主张对新贷行使担保物权的，人民法院不予支持，但当事人约定继续为新贷提供担保的除外。

1.6 "借新还旧"相关典型案例

【关联案例指引】

中国工商银行股份有限公司三门峡车站支行与三门峡天元铝业股份有限公司、三门峡天元铝业集团有限公司借款担保合同纠纷案①

法院认为，"借新还旧"系在贷款到期不能按时收回的情况下，作为债权人的金融机构又与债务人订立协议，向债务人发放新的贷款用于归还旧贷款的行为。该行为与债务人用自有资金偿还贷款，从而消灭原债权债务关系的行为具有本质的区别。虽然新贷代替了旧贷，但原有的债权债务关系并未消除，客观上只是以新贷形式延长了旧贷的还款期限，故"借新还旧"的本质是旧贷的一种特殊形式的展期。

利某投资有限公司等申请监督案②

法院认为，关于抵押权的设立时间。淄博中院（2007）淄民二初字第14号民事判决中确认的2005年12月28日的7000万元贷款，与当事人2005年11月24日办理抵押登记备案的7000万元贷款应当为同一笔贷款。虽然在一定意义上此笔贷款与之前的晟某公司与某银行双方债权债务关系及抵押关系存在连续性，但对该笔贷款的用途，应根据淄博中院（2007）淄民二初字第14号民事判决，认定为"贷新还旧"。贷新还旧是在旧贷款尚未清偿的情况下，借贷双方再次签订贷款合同，以新贷出的款项清偿旧的贷款。对这种安排下的法律后果，应当认为原贷款合同已经履行完毕，即7000万元新贷款合同签订并履行后，其所涵盖的先期四份贷款合同已经履行完毕。根据《担保法》第五十二条的规定"抵押权与其担保的债权同时存在，债权消灭的，抵押权也消灭"。故随着原四份贷款合同的主债务履行完毕，相应的抵押权也一并消灭。此时，某银行对涉案房屋的抵押权，应当视为自2005年11月28日起重新成立，晚于利某担保公司租赁权的设立时间，即租赁在先，抵押在后。

---

① 《最高人民法院公报》2008年第11期。
② 最高人民法院（2013）执监字第67号执行裁定书，载中国裁判文书网，2024年3月11日访问。

某银行博尔塔拉分行与某培训商贸有限责任公司、某贸易有限公司金融借款合同纠纷案[①]

法院认为，《最高人民法院关于适用〈中华人民共和国担保法〉若干问题的解释》第三十九条第一款规定，"主合同当事人双方协议以新贷偿还旧贷，除保证人知道或者应当知道的外，保证人不承担民事责任"。单纯从文义上看，该条规定是对保证担保所设，但在以第三人财产设定抵押的情形下，抵押担保法律关系在主体、内容、目的、效果等方面与保证担保的特征近似，在司法解释未对"借新还旧"中抵押人的责任承担问题作出明确规定的情形下，《最高人民法院关于适用〈中华人民共和国担保法〉若干问题的解释》关于保证的规定可比照适用于抵押。故二审法院根据《最高人民法院关于适用〈中华人民共和国担保法〉若干问题的解释》关于保证章节的规定对本案进行判决并无不当，某银行博尔塔拉分行关于原二审判决适用法律错误的再审主张不能成立，法院不予支持。

2. "借新还旧"中的担保风险

2.1 合同内容具体明确，无虚假陈述

在签署"借新还旧"合同时，须注意条款的准确性，特别是借款用途及对借款合同变更的范围应当具体明确，不应作虚假、模糊陈述。

2.1.1 "存量盘活"用途的司法判断

【关联案例指引】

某铅锌矿与某银行、某福利总公司借款合同纠纷抗诉案[②]

对于借款合同中写明的借款用途"存量盘活"，保证人没有提出异议的，

---

① 最高人民法院（2014）民提字第136号民事判决书，载中国裁判文书网，2024年3月11日访问。
② 最高人民法院（2008）民抗字第39号民事判决书，载最高人民法院审判监督庭编：《审判监督指导》（2010年第1辑·总第31辑），人民法院出版社2010年版，第134—142页。

应认定其明知"借新还旧"。

根据某银行总行的有关文件，存量盘活包含借新还旧。涉案债权银行发放贷款时用存量盘活来表示借新还旧，并非故意与借款人串通欺骗保证人提供担保，不存在不当之处。担保人如果对存量盘活的概念不清楚，理应在签订保证合同时予以充分了解，亦应在贷款发放后密切监督借款人对借款的使用。另从借款人与保证人之间的投资关系考虑，亦可认定保证人应当知道借款的实际用途。

2.1.2　操作建议

诸如"存量盘活""流动资金贷款"等用途填写存在相当的风险，诉讼结果带有相当的不确定性，且不可自造概念，尤其是将银行一方惯用的单方概念填写到合同中，属于自以为是，自作聪明，危害很大，不可效仿。

2.2　担保设立合法有效，无权利瑕疵

担保合同的签署应当明示对方是为"借新还旧"贷款做担保。此外，应当重新办理抵押手续，除了尽量缩短旧抵押权注销与新抵押权生效的期间，还应当注意在此期间是否产生了诸多优先于抵押权的权利，这都属于一次新的贷前调查工作内容。

2.3　还旧需有真实账款，有借新事实

"借新还旧"模式中，借贷双方应有真实的账款往来，且资金流向应明晰。"借新还旧"贷款资金不应当进入借款人实际控制人及其他人员的账户，而应进入借款人账户，然后进行扣收。

3. 贷款用途特别约定风险

3.1 "借新还旧"中的合同约定

典型约定1

主合同项下借款可用于"借新还旧",甲方(保证人)自愿承担保证责任。

典型约定2

主合同贷款人与债务人协议变更主合同的,除增加保证人所担保的主债权本金数额须征得保证人的同意外,其他未加重债务人债务的情况不必取得保证人同意,保证人承诺依照变更后的主合同承担保证责任。

3.2 该合同约定的保障程度

3.2.1 承担担保责任的前提

从《最高人民法院关于适用〈中华人民共和国民法典〉有关担保制度的解释》第十六条第一款第二项中"债权人有证据证明新贷的担保人提供担保时对以新贷偿还旧贷的事实知道或者应当知道的除外"可以得出结论,司法解释规定的担保人承担责任的前提是以新贷偿还旧贷的事实处于知情状态,而不是对可能以新贷偿还旧贷的事实的可能性处于知情状态,更不是对主合同的任何变更情形处于放任状态。

3.2.2 能否替代告知和举证

严格按照司法解释规定理解,只有"对以新贷偿还旧贷的事实知情"方可免责,仅仅签订类似合同约定,并不能弥补保证人对以新贷还旧贷事实的告知和举证义务。

3.2.2 操作建议

诸如"存量盘活""流动资金贷款"等用途填写存在相当的风险,诉讼结果带有相当的不确定性,不可效仿。

4. 特别告知义务的三个关键词

4.1 告知旧事实

告知旧事实：事关主债权：_____（借款人）于【　】年【　】月【　】日签署《原借款合同》，现借款人向我方申请借新还旧，并拟/已与我方签署一份《新借款合同》。

4.2 告知新事实

告知新事实：事关担保人：贵司作为现担保方，为《新借款合同》项下债务提供【担保形式】，并签署了《担保文件》。

4.3 告知现义务

告知现义务：贵方明确知晓借款人借新还旧的事实，要为《新借款合同》项下债务承担【担保形式】责任，且不会基于借款人借新还旧而拒绝履行全部或部分担保责任。

5. "借新还旧"担保风险规避操作

5.1 三种不同操作模式

第一种：在新贷合同中约定借款用途为偿还旧贷。

第二种：担保人签署《告知函》，证明担保人对借新还旧事实知情。

第三种：各方在新贷担保合同中约定"担保人已知悉主合同项下贷款的

借款用途"或者"借款可用于借新还旧"、"贷款人与借款人除借款金额变更外，其余事项发生变更无需通知担保人"等条款。

5.2 优劣与操作建议

在上述三种操作中，第二种方式保障最为稳妥，第一种方式次之，第三种方式最次，从现有判例来看，最高人民法院并不认为概括性的条款可以直接推定担保人放弃权利。

6. 担保制度相关规则

6.1 《最高人民法院关于适用〈中华人民共和国民法典〉有关担保制度的解释》的规定

【相关规定指引】

《最高人民法院关于适用〈中华人民共和国民法典〉有关担保制度的解释》（2020 年 12 月 31 日）

第十六条 主合同当事人协议以新贷偿还旧贷，债权人请求旧贷的担保人承担担保责任的，人民法院不予支持；债权人请求新贷的担保人承担担保责任的，按照下列情形处理：

（一）新贷与旧贷的担保人相同的，人民法院应予支持；

（二）新贷与旧贷的担保人不同，或者旧贷无担保新贷有担保的，人民法院不予支持，但是债权人有证据证明新贷的担保人提供担保时对以新贷偿还旧贷的事实知道或者应当知道的除外。

主合同当事人协议以新贷偿还旧贷，旧贷的物的担保人在登记尚未注销的情形下同意继续为新贷提供担保，在订立新的贷款合同前又以该担保财产为其他债权人设立担保物权，其他债权人主张其担保物权顺位优先于新贷债权人的，人民法院不予支持。

6.2　图解"借新还旧"担保规则

	旧贷担保人	新贷担保人	是否知情	承担担保责任
以新贷偿还旧贷	是	是	推定知情	承担担保
	是	不是	无需推定	不承担担保
	不是	是	能够证明知情	承担担保
	不是	是	不能证明知情	不承担担保

6.3　"知道或应当知道"的认定

　　行为人意思表示真实是民事法律行为生效的一个重要构成要件，认定新贷的担保人提供担保时是否知道或者应当知道"借新还旧"，不能仅凭一些形成担保的形式材料来作出判决，还应从新贷的担保人提供担保时的真实意思表示来判断。

　　一是判断新债担保人是否知晓新债与旧贷的原因关系，如新债担保人加入债务担保等情况。

　　二是新债担保人是否存在大概率陷入错误认识的原因力，如新债担保人是否因自身行为能力等因素导致认识错误等。

　　三是是否超出新债担保人的合理预期，如新债担保人获得的对等利益是否超出其预期风险利益等情况。①

---

　　①　冉孟勋：《从五方面入手审查认定"借新还旧"》，载《检察日报》2021 年 8 月 4 日，转引自最高人民检察院网站，https://www.spp.gov.cn/spp/llyj/202108/t20210804_ 525701.shtml，2024 年 6 月 16 日访问。

贷款三个办法

固定资产贷款管理办法

（2024 年 1 月 30 日国家金融监督管理总局令 2024 年第 1 号公布　自 2024 年 7 月 1 日起施行）

第一章　总　　则

第一条　为规范银行业金融机构固定资产贷款业务经营行为，加强固定资产贷款审慎经营管理，促进固定资产贷款业务健康发展，依据《中华人民共和国银行业监督管理法》《中华人民共和国商业银行法》等法律法规，制定本办法。

第二条　本办法所称银行业金融机构（以下简称贷款人），是指在中华人民共和国境内设立的商业银行、农村合作银行、农村信用合作社等吸收公众存款的金融机构。

第三条　本办法所称固定资产贷款，是指贷款人向法人或非法人组织（按照国家有关规定不得办理银行贷款的主体除外）发放的，用于借款人固定资产投资的本外币贷款。

本办法所称固定资产投资，是指借款人在经营过程中对于固定资产的建设、购置、改造等行为。

第四条　本办法所称项目融资，是指符合以下特征的固定资产贷款：

（一）贷款用途通常是用于建造一个或一组大型生产装置、基础设施、房地产项目或其他项目，包括对在建或已建项目的再融资；

（二）借款人通常是为建设、经营该项目或为该项目融资而专门组建的企事业法人，包括主要从事该项目建设、经营或融资的既有企事业法人；

（三）还款资金来源主要依赖该项目产生的销售收入、补贴收入或其他收入，一般不具备其他还款来源。

第五条 贷款人开展固定资产贷款业务，应当遵循依法合规、审慎经营、平等自愿、公平诚信的原则。

第六条 贷款人应完善内部控制机制，实行贷款全流程管理，全面了解客户和项目信息，建立固定资产贷款风险管理制度和有效的岗位制衡机制，将贷款管理各环节的责任落实到具体部门和岗位，并建立各岗位的考核和问责机制。

第七条 贷款人应将固定资产贷款纳入对借款人及借款人所在集团客户的统一授信管理，并根据风险管理实际需要，建立风险限额管理制度。

第八条 贷款人应与借款人约定明确、合法的贷款用途，并按照约定检查、监督贷款的使用情况，防止贷款被挪用。

第九条 固定资产贷款期限一般不超过十年。确需办理期限超过十年贷款的，应由贷款人总行负责审批，或根据实际情况审慎授权相应层级负责审批。

第十条 固定资产贷款利率应当遵循利率市场化原则，由借贷双方在遵守国家有关规定的前提下协商确定。

第十一条 国家金融监督管理总局及其派出机构依法对固定资产贷款业务实施监督管理。

第二章 受理与调查

第十二条 固定资产贷款申请应具备以下条件：

（一）借款人依法经市场监督管理部门或主管部门核准登记；

（二）借款人信用状况良好；

（三）借款人为新设项目法人的，其控股股东应有良好的信用状况；

（四）国家对拟投资项目有投资主体资格和经营资质要求的，符合其要求；

（五）借款用途及还款来源明确、合法；

（六）项目符合国家的产业、土地、环保等相关政策，并按规定履行了固定资产投资项目的合法管理程序；

（七）符合国家有关投资项目资本金制度的规定；

（八）贷款人要求的其他条件。

第十三条 贷款人应对借款人提供申请材料的方式和具体内容提出要求，并要求借款人恪守诚实守信原则，承诺所提供材料真实、完整、有效。

第十四条 贷款人应落实具体的责任部门和岗位，履行尽职调查并形成书面报告。尽职调查的主要内容包括：

（一）借款人及项目发起人等相关关系人的情况，包括但不限于：股权关系、组织架构、公司治理、内部控制、生产经营、核心主业、资产结构、财务资金状况、融资情况及资信水平等；

（二）贷款项目的情况，包括但不限于：项目建设内容和可行性，按照有关规定需取得的审批、核准或备案等手续情况，项目资本金等建设资金的来源和可靠性，项目承建方资质水平，环境风险情况等；

（三）借款人的还款来源情况、重大经营计划、投融资计划及未来预期现金流状况；

（四）涉及担保的，包括但不限于担保人的担保能力、抵（质）押物（权）的价值等；

（五）需要调查的其他内容。

尽职调查人员应当确保尽职调查报告内容的真实性、完整性和有效性。

第三章　风险评价与审批

第十五条 贷款人应落实具体的责任部门和岗位，对固定资产贷款进行全面的风险评价，并形成风险评价报告。

第十六条 贷款人应建立完善的固定资产贷款风险评价制度，设置定量或定性的指标和标准，以偿债能力分析为核心，从借款人、项目发起人、项目合规性、项目技术和财务可行性、项目产品市场、项目融资方案、还款来源可靠性、担保、保险等角度进行贷款风险评价，并充分考虑政策变化、市场波动等不确定因素对项目的影响，审慎预测项目的未来收益和现金流。

贷款人经评价认为固定资产贷款风险可控，办理信用贷款的，应当在风险评价报告中进行充分论证。

第十七条 贷款人应按照审贷分离、分级审批的原则，规范固定资产贷款审批流程，明确贷款审批权限，确保审批人员按照授权独立审批贷款。

第十八条 贷款人为股东等关联方办理固定资产贷款的，应严格执行关联交易管理的相关监管规定，发放贷款条件不得优于一般借款人，并在风险评价报告中进行说明。

第四章　合同签订

第十九条 贷款人应与借款人及其他相关当事人签订书面借款合同等相关协议，需担保的应同时签订担保合同或条款。合同中应详细规定各方当事人的权利、义务及违约责任，避免对重要事项未约定、约定不明或约定无效。

第二十条 贷款人应在合同中与借款人约定具体的贷款金额、期限、利率、用途、支付、还贷保障及风险处置等要素和有关细节。

第二十一条 贷款人应在合同中与借款人约定提款条件以及贷款资金支付接受贷款人管理和控制等与贷款使用相关的条款，提款条件应包括与贷款同比例的资本金已足额到位、项目实际进度与已投资额相匹配等要求。

第二十二条 贷款人应在合同中与借款人约定对借款人相关账户实施监控，必要时可约定专门的贷款发放账户和还款账户。

第二十三条 贷款人应要求借款人在合同中对与贷款相关的重要内容作出承诺，承诺内容包括但不限于：

（一）贷款项目及其借款事项符合法律法规的要求；

（二）及时向贷款人提供完整、真实、有效的材料；

（三）配合贷款人进行贷款支付管理、贷后管理及相关检查；

（四）进行合并、分立、股权转让，以及进行可能影响其偿债能力的对外投资、对外提供担保、实质性增加债务融资等重大事项前征得贷款人同意；

（五）发生其他影响其偿债能力的重大不利事项及时通知贷款人。

第二十四条 贷款人应与借款人在合同中约定，借款人出现以下情形之一时，借款人应承担的违约责任，以及贷款人可采取的提前收回贷款、调整贷款支付方式、调整贷款利率、收取罚息、压降授信额度、停止或中止贷款发放等措施，并追究相应法律责任：

（一）未按约定用途使用贷款的；

（二）未按约定方式支用贷款资金的；

（三）未遵守承诺事项的；

（四）申贷文件信息失真的；

（五）突破约定的财务指标约束等情形的；

（六）违反借款合同约定的其他情形的。

第二十五条 贷款人应在合同中与借款人约定明确的还款安排。贷款人应根据固定资产贷款还款来源情况和项目建设运营周期等因素，合理确定贷款期限和还款方式。

贷款期限超过一年的，应实行本金分期偿还。贷款人应当根据风险管理要求，并结合借款人经营情况、还款来源情况等，审慎与借款人约定每期还本金额。还本频率原则上不低于每年两次。经贷款人评估认为确需降低还本频率的，还本频率最长可放宽至每年一次。还款资金来源主要依赖项目经营产生的收入还款的，首次还本日期应不晚于项目达到预定可使用状态满一年。

第五章 发放与支付

第二十六条 贷款人应设立独立的责任部门或岗位，负责贷款发放和支付审核。

第二十七条 贷款人在发放贷款前应确认借款人满足合同约定的提款条件，并按照合同约定的方式对贷款资金的支付实施管理与控制。贷款人应健全贷款资金支付管控体系，加强金融科技应用，有效监督贷款资金按约定用途使用。

第二十八条 合同约定专门贷款发放账户的，贷款发放和支付应通过该账户办理。

第二十九条 贷款人应通过贷款人受托支付或借款人自主支付的方式对贷款资金的支付进行管理与控制。

贷款人受托支付是指贷款人根据借款人的提款申请和支付委托，将贷款资金支付给符合合同约定用途的借款人交易对象。

借款人自主支付是指贷款人根据借款人的提款申请将贷款资金发放至借款人账户后，由借款人自主支付给符合合同约定用途的借款人交易对象。

第三十条 向借款人某一交易对象单笔支付金额超过一千万元人民币的，应采用贷款人受托支付方式。

第三十一条 采用贷款人受托支付的，贷款人应在贷款资金发放前审核借款人相关交易资料是否符合合同约定条件。贷款人审核同意后，将贷款资金通过借款人账户支付给借款人交易对象，并应做好有关细节的认定记录。贷款人在必要时可以要求借款人、独立中介机构和承包商等共同检查固定资产建设进度，并根据出具的、符合合同约定条件的共同签证单，进行贷款支付。

贷款人原则上应在贷款发放五个工作日内将贷款资金通过借款人账户支付给借款人交易对象。因借款人方面原因无法完成受托支付的，贷款人在与借款人协商一致的情况下，最迟应于十个工作日内完成对外支付。因不可抗力无法完成受托支付的，贷款人应与借款人协商确定合理的支付时限。

对于贷款资金使用记录良好的借款人，在合同约定的贷款用途范围内，出现合理的紧急用款需求，贷款人经评估认为风险可控的，可适当简化借款人需提供的受托支付事前证明材料和流程。贷款人应于放款后及时完成事后审核，并加强资金用途管理。

第三十二条 采用借款人自主支付的，贷款人应要求借款人定期汇总报告贷款资金支付情况，并通过账户分析、凭证查验、现场调查等方式核查贷款支付是否符合约定用途，以及是否存在以化整为零方式规避受托支付的情形。

第三十三条 固定资产贷款发放前，贷款人应确认与拟发放贷款同比例的项目资本金足额到位，并与贷款配套使用。

第三十四条 在贷款发放和支付过程中，借款人出现以下情形的，贷款人应与借款人协商补充贷款发放和支付条件，或根据合同约定变更贷款支付方式、停止或中止贷款资金的发放和支付：

（一）信用状况下降；

（二）经营及财务状况明显趋差；

（三）项目进度落后于资金使用进度；

（四）贷款资金使用出现异常或规避受托支付；

（五）其他重大违反合同约定的行为。

第六章 贷 后 管 理

第三十五条 贷款人应加强对借款人资金挪用行为的监控，发现借款人挪用贷款资金的，应按照合同约定采取要求借款人整改、提前归还贷款或下调贷款风险分类等相应措施进行管控。

第三十六条 贷款人应定期对借款人和项目发起人的履约情况及信用状况、股权结构重大变动情况、项目的建设和运营情况、宏观经济变化和市场波动情况、贷款担保的变动情况等内容进行检查与分析，建立贷款质量监控制度和贷款风险预警体系。

出现可能影响贷款安全的不利情形时，贷款人应对贷款风险进行重新评估并采取针对性措施。

第三十七条 项目实际投资超过原定投资金额，贷款人经重新风险评价和审批决定追加贷款的，应要求项目发起人配套追加不低于项目资本金比例的投资。需提供担保的，贷款人应同时要求追加相应担保。

第三十八条 贷款人应对抵（质）押物的价值和担保人的担保能力建立贷后动态监测和重估制度。

第三十九条　贷款人应加强对项目资金滞留账户情况的监控，确保贷款发放与项目的实际进度和资金需求相匹配。

第四十条　贷款人应对固定资产投资项目的收入现金流以及借款人的整体现金流进行动态监测，对异常情况及时查明原因并采取相应措施。

第四十一条　合同约定专门还款账户的，贷款人应按约定根据需要对固定资产投资项目或借款人的收入等现金流进入该账户的比例和账户内的资金平均存量提出要求。

第四十二条　借款人出现违反合同约定情形的，贷款人应及时采取有效措施，必要时应依法追究借款人的违约责任。

第四十三条　借款人申请贷款展期的，贷款人应审慎评估展期原因和后续还款安排的可行性。同意展期的，应根据借款人还款来源等情况，合理确定展期期限，并加强对贷款的后续管理，按照实质风险状况进行风险分类。

期限一年以内的贷款展期期限累计不得超过原贷款期限；期限超过一年的贷款展期期限累计不得超过原贷款期限的一半。

第四十四条　贷款人应按照借款合同约定，收回贷款本息。

对于未按照借款合同约定偿还的贷款，贷款人应采取清收、协议重组、债权转让或核销等措施进行处置。

第七章　项目融资

第四十五条　贷款人从事项目融资业务，应当具备对所从事项目的风险识别和管理能力，配备业务开展所需要的专业人员，建立完善的操作流程和风险管理机制。贷款人可以根据需要，委托或者要求借款人委托具备相关资质的独立中介机构为项目提供法律、税务、保险、技术、环保和监理等方面的专业意见或服务。

第四十六条　贷款人从事项目融资业务，应当充分识别和评估融资项目中存在的建设期风险和经营期风险，包括政策风险、筹资风险、完工风险、产品市场风险、超支风险、原材料风险、营运风险、汇率风险、环境风险、社会风险和其他相关风险。

第四十七条 贷款人应当按照国家关于固定资产投资项目资本金制度的有关规定，综合考虑项目风险水平和自身风险承受能力等因素，合理确定贷款金额。

第四十八条 贷款人应当根据风险收益匹配原则，综合考虑项目风险、风险缓释措施等因素，与借款人协商确定合理的贷款利率。贷款人可以根据项目融资在不同阶段的风险特征和水平，采用不同的贷款利率。

第四十九条 贷款人原则上应当要求将符合抵质押条件的项目资产和/或项目预期收益等权利为贷款设定担保，并可以根据需要，将项目发起人持有的项目公司股权为贷款设定质押担保。贷款人可根据实际情况与借款人约定为项目投保商业保险。

贷款人认为可办理项目融资信用贷款的，应当在风险评价时进行审慎论证，确保风险可控，并在风险评价报告中进行充分说明。

第五十条 贷款人应当采取措施有效降低和分散融资项目在建设期和经营期的各类风险。贷款人应当以要求借款人或者通过借款人要求项目相关方签订总承包合同、提供履约保函等方式，最大限度降低建设期风险。贷款人可以要求借款人签订长期供销合同、使用金融衍生工具或者发起人提供资金缺口担保等方式，有效分散经营期风险。

第五十一条 贷款人可以通过为项目提供财务顾问服务，为项目设计综合金融服务方案，组合运用各种融资工具，拓宽项目资金来源渠道，有效分散风险。

第五十二条 贷款人应当与借款人约定专门的项目收入账户，要求所有项目收入进入约定账户，并按照事先约定的条件和方式对外支付。贷款人应当对项目收入账户进行动态监测，当账户资金流动出现异常时，应当及时查明原因并采取相应措施。

第五十三条 多家银行业金融机构参与同一项目融资的，原则上应当采用银团贷款方式，避免重复融资、过度融资。采用银团贷款方式的，贷款人应遵守银团贷款相关监管规定。

第八章　法 律 责 任

第五十四条　贷款人违反本办法规定经营固定资产贷款业务的，国家金融监督管理总局及其派出机构应当责令其限期改正。贷款人有下列情形之一的，国家金融监督管理总局及其派出机构可根据《中华人民共和国银行业监督管理法》采取相关监管措施：

（一）固定资产贷款业务流程有缺陷的；

（二）未按本办法要求将贷款管理各环节的责任落实到具体部门和岗位的；

（三）贷款调查、风险评价、贷后管理未尽职的；

（四）未按本办法规定对借款人和项目的经营情况进行持续有效监控的。

第五十五条　贷款人有下列情形之一的，国家金融监督管理总局及其派出机构可根据《中华人民共和国银行业监督管理法》对其采取相关监管措施或进行处罚：

（一）受理不符合条件的固定资产贷款申请并发放贷款的；

（二）与借款人串通，违法违规发放固定资产贷款的；

（三）超越、变相超越权限或不按规定流程审批贷款的；

（四）未按本办法规定签订借款合同的；

（五）与贷款同比例的项目资本金到位前发放贷款的；

（六）未按本办法规定进行贷款资金支付管理与控制的；

（七）对借款人严重违约行为未采取有效措施的；

（八）有其他严重违反本办法规定行为的。

第九章　附　　则

第五十六条　国家金融监督管理总局及其派出机构可以根据贷款人的经营管理情况、风险水平和固定资产贷款业务开展情况等，对贷款人固定资产贷款管理提出相关审慎监管要求。

第五十七条 对专利权、著作权等知识产权以及采矿权等其他无形资产办理的贷款，可根据贷款项目的业务特征、运行模式等参照本办法执行，或适用流动资金贷款管理相关办法。

第五十八条 国家金融监督管理总局对房地产贷款以及其他特殊类贷款另有规定的，从其规定。

第五十九条 国家开发银行、政策性银行以及经国家金融监督管理总局批准设立的非银行金融机构发放的固定资产贷款，可参照本办法执行。

第六十条 贷款人应依照本办法制定固定资产贷款管理细则及操作规程。

第六十一条 本办法由国家金融监督管理总局负责解释。

第六十二条 本办法自 2024 年 7 月 1 日起施行，《固定资产贷款管理暂行办法》（中国银行业监督管理委员会令 2009 年第 2 号）、《项目融资业务指引》（银监发〔2009〕71 号）、《中国银监会关于规范中长期贷款还款方式的通知》（银监发〔2010〕103 号）、《中国银监会办公厅关于严格执行〈固定资产贷款管理暂行办法〉、〈流动资金贷款管理暂行办法〉和〈项目融资业务指引〉的通知》（银监办发〔2010〕53 号）同时废止。

流动资金贷款管理办法

（2024 年 1 月 30 日国家金融监督管理总局令 2024 年第 2 号公布　自 2024 年 7 月 1 日起施行）

第一章　总　　则

第一条　为规范银行业金融机构流动资金贷款业务经营行为，加强流动资金贷款审慎经营管理，促进流动资金贷款业务健康发展，依据《中华人民共和国银行业监督管理法》《中华人民共和国商业银行法》等法律法规，制定本办法。

第二条　本办法所称银行业金融机构（以下简称贷款人），是指在中华人民共和国境内设立的商业银行、农村合作银行、农村信用合作社等吸收公众存款的金融机构。

第三条　本办法所称流动资金贷款，是指贷款人向法人或非法人组织（按照国家有关规定不得办理银行贷款的主体除外）发放的，用于借款人日常经营周转的本外币贷款。

第四条　贷款人开展流动资金贷款业务，应当遵循依法合规、审慎经营、平等自愿、公平诚信的原则。

第五条　贷款人应完善内部控制机制，实行贷款全流程管理，全面了解客户信息，建立流动资金贷款风险管理制度和有效的岗位制衡机制，将贷款管理各环节的责任落实到具体部门和岗位，并建立各岗位的考核和问责机制。

第六条　贷款人应合理测算借款人营运资金需求，审慎确定借款人的流动资金授信总额及具体贷款的额度，不得超过借款人的实际需求发放流动资金贷款。贷款人应根据借款人经营的规模和周期特点，合理设定流动资金贷款的业务品种和期限，以满足借款人经营的资金需求，实现对贷款资金回笼的有效控制。

第七条 贷款人应将流动资金贷款纳入对借款人及其所在集团客户的统一授信管理，并根据风险管理实际需要，建立风险限额管理制度。

第八条 贷款人应根据经济运行状况、行业发展规律和借款人的有效信贷需求等，合理确定内部绩效考核指标，不得制订不合理的贷款规模指标，不得恶性竞争和突击放贷。

第九条 贷款人应与借款人约定明确、合法的贷款用途。

流动资金贷款不得用于借款人股东分红，以及金融资产、固定资产、股权等投资；不得用于国家禁止生产、经营的领域和用途。

对向地方金融组织发放流动资金贷款另有规定的，从其规定。

第十条 流动资金贷款禁止挪用，贷款人应按照合同约定检查、监督流动资金贷款的使用情况。

第十一条 流动资金贷款期限原则上不超过三年。对于经营现金流回收周期较长的，可适当延长贷款期限，最长不超过五年。

第十二条 流动资金贷款利率应当遵循利率市场化原则，由借贷双方在遵守国家有关规定的前提下协商确定。

第十三条 国家金融监督管理总局及其派出机构依法对流动资金贷款业务实施监督管理。

第二章　受理与调查

第十四条 流动资金贷款申请应具备以下条件：

（一）借款人依法经市场监督管理部门或主管部门核准登记；

（二）借款用途明确、合法；

（三）借款人经营合法、合规；

（四）借款人具有持续经营能力，有合法的还款来源；

（五）借款人信用状况良好；

（六）贷款人要求的其他条件。

第十五条 贷款人应对流动资金贷款申请材料的方式和具体内容提出要求，并要求借款人恪守诚实守信原则，承诺所提供材料真实、完整、有效。

第十六条 贷款人应采取现场与非现场相结合的形式履行尽职调查，形成书面报告，并对其内容的真实性、完整性和有效性负责。

为小微企业办理的流动资金贷款，贷款人通过非现场调查手段可有效核实相关信息真实性，并可据此对借款人作出风险评价的，可简化或不再进行现场调查。

贷款人应根据自身风险管理能力，按照小微企业流动资金贷款的区域、行业、品种等，审慎确定借款人可简化或不再进行现场调查的贷款金额上限。

尽职调查包括但不限于以下内容：

（一）借款人的组织架构、公司治理、内部控制及法定代表人和经营管理团队的资信等情况；

（二）借款人的经营范围、核心主业、生产经营、贷款期内经营规划和重大投资计划等情况；

（三）借款人所在行业状况；

（四）借款人的应收账款、应付账款、存货等真实财务状况；

（五）借款人营运资金总需求和现有融资性负债情况；

（六）借款人关联方及关联交易等情况；

（七）贷款具体用途及与贷款用途相关的交易对象资金占用等情况；

（八）还款来源情况，包括经营产生的现金流、综合收益及其他合法收入等；

（九）对有担保的流动资金贷款，还需调查抵（质）押物的权属、价值和变现难易程度，或保证人的保证资格和能力等情况。

第三章　风险评价与审批

第十七条 贷款人应建立完善的风险评价机制，落实具体的责任部门和岗位，全面审查流动资金贷款的风险因素。

第十八条 贷款人应建立和完善内部评级制度，采用科学合理的评级和授信方法，评定客户信用等级，建立客户资信记录。

第十九条 贷款人应根据借款人经营规模、业务特征、资金循环周期等要素测算其营运资金需求（测算方法示例参考附件），并合理确定贷款结构，包括金额、期限、利率、担保和还款方式等。

贷款人可根据实际需要，制定针对不同类型借款人的测算方法，并适时对方法进行评估及调整。

借款人为小微企业的，贷款人可通过其他方式分析判断借款人营运资金需求。

第二十条 贷款人应根据贷审分离、分级审批的原则，建立规范的流动资金贷款评审制度和流程，确保风险评价和信贷审批的独立性。

贷款人应建立健全内部审批授权与转授权机制。审批人员应在授权范围内按规定流程审批贷款，不得越权审批。

第二十一条 贷款人为股东等关联方办理流动资金贷款的，应严格执行关联交易管理的相关监管规定，发放贷款条件不得优于一般借款人，并在风险评价报告中进行说明。

第四章 合 同 签 订

第二十二条 贷款人应与借款人及其他相关当事人签订书面借款合同等相关协议，需担保的应同时签订担保合同或条款。

第二十三条 贷款人应在借款合同中与借款人明确约定流动资金贷款的金额、期限、利率、用途、支付、还款方式等条款。

对于期限超过一年的流动资金贷款，在借贷双方协商基础上，原则上实行本金分期偿还，并审慎约定每期还本金额。

第二十四条 前条所指支付条款，包括但不限于以下内容：

（一）贷款资金的支付方式和贷款人受托支付的金额标准；

（二）支付方式变更及触发变更条件；

（三）贷款资金支付的限制、禁止行为；

（四）借款人应及时提供的贷款资金使用记录和资料。

第二十五条　贷款人应要求借款人在合同中对与贷款相关的重要内容作出承诺，承诺内容包括但不限于：

（一）及时向贷款人提供真实、完整、有效的材料；

（二）配合贷款人进行贷款支付管理、贷后管理及相关检查；

（三）进行合并、分立、股权转让，以及进行可能影响其偿债能力的对外投资、对外提供担保、实质性增加债务融资等重大事项前征得贷款人同意；

（四）贷款人有权根据借款人资金回笼情况提前收回贷款；

（五）发生影响偿债能力的重大不利事项时及时通知贷款人。

第二十六条　贷款人应与借款人在合同中约定，出现以下情形之一时，借款人应承担的违约责任，以及贷款人可采取的提前收回贷款、调整贷款支付方式、调整贷款利率、收取罚息、压降授信额度、停止或中止贷款发放等措施，并追究相应法律责任：

（一）未按约定用途使用贷款的；

（二）未按约定方式进行贷款资金支付的；

（三）未遵守承诺事项的；

（四）突破约定财务指标的；

（五）发生重大交叉违约事件的；

（六）违反借款合同约定的其他情形的。

第五章　发放和支付

第二十七条　贷款人应设立独立的责任部门或岗位，负责流动资金贷款发放和支付审核。

第二十八条　贷款人在发放贷款前应确认借款人满足合同约定的提款条件，并按照合同约定通过贷款人受托支付或借款人自主支付的方式对贷款资金的支付进行管理与控制。贷款人应健全贷款资金支付管控体系，加强金融科技应用，有效监督贷款资金按约定用途使用。

贷款人受托支付是指贷款人根据借款人的提款申请和支付委托，将贷款通过借款人账户支付给符合合同约定用途的借款人交易对象。

借款人自主支付是指贷款人根据借款人的提款申请将贷款资金发放至借款人账户后，由借款人自主支付给符合合同约定用途的借款人交易对象。

第二十九条 贷款人应根据借款人的行业特征、经营规模、管理水平、信用状况等因素和贷款业务品种，合理约定贷款资金支付方式及贷款人受托支付的金额标准。

第三十条 具有以下情形之一的流动资金贷款，应采用贷款人受托支付方式：

（一）与借款人新建立信贷业务关系且借款人信用状况一般；

（二）支付对象明确且向借款人某一交易对象单笔支付金额超过一千万元人民币；

（三）贷款人认定的其他情形。

第三十一条 采用贷款人受托支付的，贷款人应根据约定的贷款用途，审核借款人提供的支付申请所列支付对象、支付金额等信息是否与相应的商务合同等证明材料相符。审核同意后，贷款人应将贷款资金通过借款人账户支付给借款人交易对象。

对于贷款资金使用记录良好的借款人，在合同约定的贷款用途范围内，出现合理的紧急用款需求，贷款人经评估认为风险可控的，可适当简化借款人需提供的受托支付事前证明材料和流程，于放款完成后及时完成事后审核。

第三十二条 采用借款人自主支付的，贷款人应按借款合同约定要求借款人定期汇总报告贷款资金支付情况，并通过账户分析、凭证查验或现场调查等方式核查贷款支付是否符合约定用途，以及是否存在以化整为零方式规避受托支付的情形。

第三十三条 在贷款发放或支付过程中，借款人出现以下情形的，贷款人应与借款人协商补充贷款发放和支付条件，或根据合同约定变更贷款支付方式、停止或中止贷款资金的发放和支付：

（一）信用状况下降；

（二）经营及财务状况明显趋差；

（三）贷款资金使用出现异常或规避受托支付；

（四）其他重大违反合同约定的行为。

第六章　贷后管理

第三十四条　贷款人应加强对借款人资金挪用行为的监控，发现借款人挪用贷款资金的，应按照合同约定采取要求借款人整改、提前归还贷款或下调贷款风险分类等相应措施进行管控。

第三十五条　贷款人应加强贷款资金发放后的管理，针对借款人所属行业及经营特点，通过定期与不定期现场检查与非现场监测，分析借款人经营、财务、信用、支付、担保及融资数量和渠道变化等状况，掌握各种影响借款人偿债能力的风险因素。

对于简化或不再进行现场实地调查的业务，应当按照适当比例实施贷后实地检查。

第三十六条　贷款人应通过借款合同的约定，要求借款人指定专门资金回笼账户并及时提供该账户资金进出情况。

贷款人可根据借款人信用状况、融资情况等，与借款人协商签订账户管理协议，明确约定对指定账户回笼资金进出的管理。

贷款人应关注大额及异常资金流入流出情况，加强对资金回笼账户的监控。

第三十七条　贷款人应动态关注借款人经营、管理、财务及资金流向等重大预警信号，根据合同约定及时采取提前收回贷款、追加担保等有效措施防范化解贷款风险。

第三十八条　贷款人应评估贷款业务品种、额度、期限与借款人经营状况、还款能力的匹配程度，作为与借款人后续合作的依据，必要时及时调整与借款人合作的策略和内容。

第三十九条 贷款人应根据法律法规规定和借款合同的约定，参与借款人大额融资、资产出售以及兼并、分立、股份制改造、破产清算等活动，维护贷款人债权。

第四十条 借款人申请贷款展期的，贷款人应审慎评估展期原因和后续还款安排的可行性。同意展期的，应根据借款人还款来源等情况，合理确定展期期限，并加强对贷款的后续管理，按照实质风险状况进行风险分类。

期限一年以内的贷款展期期限累计不得超过原贷款期限；期限超过一年的贷款展期期限累计不得超过原贷款期限的一半。

第四十一条 贷款人应按照借款合同约定，收回贷款本息。

对于未按照借款合同约定偿还的贷款，贷款人应采取清收、协议重组、债权转让或核销等措施进行处置。

第七章　法　律　责　任

第四十二条 贷款人违反本办法规定经营流动资金贷款业务的，国家金融监督管理总局及其派出机构应当责令其限期改正。贷款人有下列情形之一的，国家金融监督管理总局及其派出机构可根据《中华人民共和国银行业监督管理法》采取相关监管措施：

（一）流动资金贷款业务流程有缺陷的；

（二）未将贷款管理各环节的责任落实到具体部门和岗位的；

（三）贷款调查、风险评价、贷后管理未尽职的。

第四十三条 贷款人有下列情形之一的，国家金融监督管理总局及其派出机构可根据《中华人民共和国银行业监督管理法》对其采取相关监管措施或进行处罚：

（一）以降低信贷条件或超过借款人实际资金需求发放贷款的；

（二）未按本办法规定签订借款合同的；

（三）与借款人串通或参与虚构贸易背景违规发放贷款的；

（四）放任借款人将流动资金贷款用于借款人股东分红、金融资产投资、固定资产投资、股权投资以及国家禁止生产、经营的领域和用途的；

（五）超越或变相超越权限审批贷款的；

（六）未按本办法规定进行贷款资金支付管理与控制的；

（七）对借款人严重违约行为未采取有效措施的；

（八）严重违反本办法规定的审慎经营规则的其他情形的。

第八章　附　则

第四十四条　国家金融监督管理总局及其派出机构可以根据贷款人的经营管理情况、风险水平和流动资金贷款业务开展情况等，对贷款人流动资金贷款管理提出相关审慎监管要求。

第四十五条　对专利权、著作权等知识产权以及采矿权等其他无形资产办理的贷款，可适用本办法，或根据贷款项目的业务特征、运行模式等参照固定资产贷款管理相关办法执行。

第四十六条　对于贷款金额五十万元人民币以下的固定资产相关融资需求，可参照本办法执行。

第四十七条　国家金融监督管理总局对互联网贷款、汽车贷款以及其他特殊类贷款另有规定的，从其规定。

第四十八条　国家开发银行、政策性银行以及经国家金融监督管理总局批准设立的非银行金融机构发放的流动资金贷款，可参照本办法执行。

第四十九条　贷款人应依据本办法制定流动资金贷款管理实施细则及操作规程。

第五十条　本办法由国家金融监督管理总局负责解释。

第五十一条　本办法自 2024 年 7 月 1 日起施行，《流动资金贷款管理暂行办法》（中国银行业监督管理委员会令 2010 年第 1 号）同时废止。

附件： 流动资金贷款需求量的测算示例

附件

流动资金贷款需求量的测算示例

流动资金贷款需求量应基于借款人日常经营周转所需营运资金与现有流动资金的差额（即流动资金缺口）确定。一般来讲，影响流动资金需求的关键因素为存货（原材料、半成品、产成品）、现金、应收账款和应付账款。同时，还会受到借款人所属行业、经营规模、发展阶段、谈判地位等重要因素的影响。银行业金融机构根据借款人当期财务报告和业务发展预测，按以下方法测算其流动资金贷款需求量：

一、估算借款人营运资金量

借款人营运资金量影响因素主要包括现金、存货、应收账款、应付账款、预收账款、预付账款等。在调查基础上，预测各项资金周转时间变化，合理估算借款人营运资金量。在实际测算中，借款人营运资金需求可参考如下公式：

营运资金量＝上年度销售收入×（1－上年度销售利润率）×（1＋预计销售收入年增长率）／营运资金周转次数

其中：营运资金周转次数＝360／（存货周转天数＋应收账款周转天数－应付账款周转天数＋预付账款周转天数－预收账款周转天数）

周转天数＝360／周转次数

应收账款周转次数＝销售收入／平均应收账款余额

预收账款周转次数＝销售收入／平均预收账款余额

存货周转次数＝销售成本／平均存货余额

预付账款周转次数＝销售成本／平均预付账款余额

应付账款周转次数＝销售成本／平均应付账款余额

二、估算新增流动资金贷款额度

将估算出的借款人营运资金需求量扣除借款人自有资金、现有流动资金贷款以及其他融资，即可估算出新增流动资金贷款额度。

新增流动资金贷款额度=营运资金量-借款人自有资金-现有流动资金贷款-其他渠道提供的营运资金

三、需要考虑的其他因素

（一）各银行业金融机构应根据实际情况和未来发展情况（如借款人所属行业、规模、发展阶段、谈判地位等）分别合理预测借款人应收账款、存货和应付账款的周转天数，并可考虑一定的保险系数。

（二）对集团关联客户，可采用合并报表估算流动资金贷款额度，原则上纳入合并报表范围内的成员企业流动资金贷款总和不能超过估算值。

（三）对小微企业融资、订单融资、预付租金或者临时大额债项融资等情况，可在交易真实性的基础上，确保有效控制用途和回款情况下，根据实际交易需求确定流动资金额度。

（四）对季节性生产借款人，可按每年的连续生产时段作为计算周期估算流动资金需求，贷款期限应根据回款周期合理确定。

个人贷款管理办法

(2024 年 1 月 30 日国家金融监督管理总局令 2024 年第 3 号公布　自 2024 年 7 月 1 日起施行)

第一章　总　　则

第一条　为规范银行业金融机构个人贷款业务行为，加强个人贷款业务审慎经营管理，促进个人贷款业务健康发展，依据《中华人民共和国银行业监督管理法》《中华人民共和国商业银行法》等法律法规，制定本办法。

第二条　本办法所称银行业金融机构（以下简称贷款人），是指在中华人民共和国境内设立的商业银行、农村合作银行、农村信用合作社等吸收公众存款的金融机构。

第三条　本办法所称个人贷款，是指贷款人向符合条件的自然人发放的用于个人消费、生产经营等用途的本外币贷款。

第四条　贷款人开展个人贷款业务，应当遵循依法合规、审慎经营、平等自愿、公平诚信的原则。

第五条　贷款人应建立有效的个人贷款全流程管理机制，制订贷款管理制度及每一贷款品种的操作规程，明确相应贷款对象和范围，实施差别风险管理，建立贷款各操作环节的考核和问责机制。

第六条　贷款人应根据风险管理实际需要，建立个人贷款风险限额管理制度。

第七条　个人贷款用途应符合法律法规规定和国家有关政策，贷款人不得发放无指定用途的个人贷款。

贷款人应加强贷款资金支付管理，有效防范个人贷款业务风险。

第八条 个人贷款的期限应符合国家相关规定。用于个人消费的贷款期限不得超过五年；用于生产经营的贷款期限一般不超过五年，对于贷款用途对应的经营现金流回收周期较长的，可适当延长贷款期限，最长不超过十年。

第九条 个人贷款利率应当遵循利率市场化原则，由借贷双方在遵守国家有关规定的前提下协商确定。

第十条 贷款人应建立借款人合理的收入偿债比例控制机制，结合借款人收入、负债、支出、贷款用途、担保情况等因素，合理确定贷款金额和期限，控制借款人每期还款额不超过其还款能力。

第十一条 国家金融监督管理总局及其派出机构依法对个人贷款业务实施监督管理。

第二章 受理与调查

第十二条 个人贷款申请应具备以下条件：

（一）借款人为具有完全民事行为能力的中华人民共和国公民或符合国家有关规定的境外自然人；

（二）借款用途明确合法；

（三）贷款申请数额、期限和币种合理；

（四）借款人具备还款意愿和还款能力；

（五）借款人信用状况良好；

（六）贷款人要求的其他条件。

第十三条 贷款人应要求借款人以书面形式提出个人贷款申请，并要求借款人提供能够证明其符合贷款条件的相关资料。

第十四条 贷款人受理借款人贷款申请后，应履行尽职调查职责，对个人贷款申请内容和相关情况的真实性、准确性、完整性进行调查核实，形成调查评价意见。

第十五条 贷款调查包括但不限于以下内容：

（一）借款人基本情况；

（二）借款人收入情况；

（三）借款用途，用于生产经营的还应调查借款人经营情况；

（四）借款人还款来源、还款能力及还款方式；

（五）保证人担保意愿、担保能力或抵（质）押物权属、价值及变现能力。

第十六条 贷款调查应以现场实地调查与非现场间接调查相结合的形式开展，采取现场核实、电话查问、信息咨询以及其他数字化电子调查等途径和方法。

对于金额不超过二十万元人民币的贷款，贷款人通过非现场间接调查手段可有效核实相关信息真实性，并可据此对借款人作出风险评价的，可简化或不再进行现场实地调查（不含用于个人住房用途的贷款）。

第十七条 贷款人应建立健全贷款调查机制，明确对各类事项调查的途径和方式方法，确保贷款调查的真实性和有效性。

贷款人将贷款调查中的部分特定事项委托第三方代为办理的，不得损害借款人合法权益，并确保相关风险可控。贷款人应明确第三方的资质条件，建立名单制管理制度，并定期对名单进行审查更新。

贷款人不得将贷款调查中涉及借款人真实意思表示、收入水平、债务情况、自有资金来源及外部评估机构准入等风险控制的核心事项委托第三方完成。

第十八条 贷款人应建立并执行贷款面谈制度。

贷款人可根据业务需要通过视频形式与借款人面谈（不含用于个人住房用途的贷款）。视频面谈应当在贷款人自有平台上进行，记录并保存影像。贷款人应当采取有效措施确定并核实借款人真实身份及所涉及信息真实性。

第三章　风险评价与审批

第十九条 贷款审查应对贷款调查内容的合法性、合理性、准确性进行全面审查，重点关注调查人的尽职情况和借款人的偿还能力、信用状况、担保情况、抵（质）押比率、风险程度等。

第二十条 贷款人应建立和完善风险评价机制,落实风险评价的责任部门和岗位。贷款风险评价应全面分析借款人的信用状况和还款能力,关注其收入与支出情况、偿债情况等,用于生产经营的还应对借款人经营情况和风险情况进行分析,采取定量和定性分析方法,全面、动态、审慎地进行贷款风险评价。对于提供担保的贷款,贷款人应当以全面评价借款人的偿债能力为前提,不得直接通过担保方式确定贷款金额和期限等要素。

贷款人应建立和完善借款人信用风险评价体系,关注借款人各类融资情况,建立健全个人客户统一授信管理体系,并根据业务发展情况和风险控制需要,适时予以调整。

第二十一条 贷款人应根据审慎性原则,完善授权管理制度,规范审批操作流程,明确贷款审批权限,实行审贷分离和授权审批,确保贷款审批按照授权独立审批贷款。

贷款人通过线上方式进行自动化审批的,应当建立人工复审机制,作为对自动化审批的补充,并设定人工复审的触发条件。对贷后管理中发现自动化审批不能有效识别风险的,贷款人应当停止自动化审批流程。

第二十二条 贷款人通过全线上方式开展的业务,应当符合互联网贷款相关规定。

第二十三条 对未获批准的个人贷款申请,贷款人应告知借款人。

第二十四条 贷款人应根据重大经济形势变化、违约率明显上升等异常情况,对贷款审批环节进行评价分析,及时、有针对性地调整审批政策,加强相关贷款的管理。

第二十五条 贷款人为股东等关联方办理个人贷款的,应严格执行关联交易管理的相关监管规定,发放贷款条件不得优于一般借款人,并在风险评价报告中进行说明。

第四章 协议与发放

第二十六条 贷款人应与借款人签订书面借款合同,需担保的应同时签订担保合同或条款。贷款人应要求借款人当面签订借款合同及其他相关文件。对于金额不超过二十万元人民币的贷款，可通过电子银行渠道签订有关合同和文件（不含用于个人住房用途的贷款）。

当面签约的，贷款人应当对签约过程进行录音录像并妥善保存相关影像。

第二十七条　借款合同应符合《中华人民共和国民法典》等法律规定，明确约定各方当事人的诚信承诺和贷款资金的用途、支付对象（范围）、支付金额、支付条件、支付方式等。

贷款人应在合同中与借款人约定，借款人不履行合同或怠于履行合同时应承担的违约责任，以及贷款人可采取的提前收回贷款、调整贷款支付方式、调整贷款利率、收取罚息、压降授信额度、停止或中止贷款发放等措施，并追究相应法律责任。

第二十八条　贷款人应建立健全合同管理制度，有效防范个人贷款法律风险。

借款合同采用格式条款的，应当维护借款人的合法权益，并予以公示。

第二十九条　贷款人应依照《中华人民共和国民法典》等法律法规的相关规定，规范担保流程与操作。

按合同约定办理抵（质）押物登记的，贷款人应当参与。贷款人委托第三方办理的，应对抵（质）押物登记情况予以核实。

第三十条　贷款人应加强对贷款的发放管理，遵循审贷与放贷分离的原则，设立独立的放款管理部门或岗位，负责落实放款条件、发放满足约定条件的个人贷款。

第三十一条　借款合同生效后，贷款人应按合同约定及时发放贷款。

第五章　支付管理

第三十二条　贷款人应按照借款合同约定，通过贷款人受托支付或借款人自主支付的方式对贷款资金的支付进行管理与控制。贷款人应健全贷款资金支付管控体系，加强金融科技应用，有效监督贷款资金按约定用途使用。

贷款人受托支付是指贷款人根据借款人的提款申请和支付委托，将贷款资金支付给符合合同约定用途的借款人交易对象。

借款人自主支付是指贷款人根据借款人的提款申请将贷款资金直接发放至借款人账户，并由借款人自主支付给符合合同约定用途的借款人交易对象。

第三十三条 个人贷款资金应当采用贷款人受托支付方式向借款人交易对象支付，但本办法第三十六条规定的情形除外。

第三十四条 采用贷款人受托支付的，贷款人应要求借款人在使用贷款时提出支付申请，并授权贷款人按合同约定方式支付贷款资金。

贷款人应在贷款资金发放前审核借款人相关交易资料和凭证是否符合合同约定条件，支付后做好有关细节的认定记录。

对于贷款资金使用记录良好的借款人，在合同约定的生产经营贷款用途范围内，出现合理的紧急用款需求，贷款人经评估认为风险可控的，可适当简化借款人需提供的受托支付事前证明材料和流程，于放款完成后及时完成事后审核。

第三十五条 贷款人受托支付完成后，应详细记录资金流向，归集保存相关凭证。

第三十六条 有下列情形之一的个人贷款，经贷款人同意可以采取借款人自主支付方式：

（一）借款人无法事先确定具体交易对象且单次提款金额不超过三十万元人民币的；

（二）借款人交易对象不具备条件有效使用非现金结算方式的；

（三）贷款资金用于生产经营且单次提款金额不超过五十万元人民币的；

（四）法律法规规定的其他情形的。

第三十七条 采用借款人自主支付的，贷款人应与借款人在借款合同中事先约定，要求借款人定期报告或告知贷款人贷款资金支付情况。

贷款人应当通过账户分析、凭证查验或现场调查等方式，核查贷款支付是否符合约定用途，以及是否存在以化整为零方式规避受托支付的情形。

第三十八条 贷款支付过程中，借款人信用状况下降、贷款资金使用出现异常或违反合同约定以化整为零方式规避受托支付的，贷款人应与借款人协商补充贷款发放和支付条件，或根据合同约定变更贷款支付方式、停止或中止贷款资金的发放和支付。

第六章 贷 后 管 理

第三十九条 个人贷款支付后，贷款人应采取有效方式对贷款资金使用、借款人的信用及担保情况变化等进行跟踪检查和监控分析，确保贷款资产安全。

贷款人应加强对借款人资金挪用行为的监控，发现借款人挪用贷款资金的，应按照合同约定采取要求借款人整改、提前归还贷款或下调贷款风险分类等相应措施进行管控。

第四十条 贷款人应区分个人贷款的品种、对象、金额等，确定贷款检查的相应方式、内容和频度。对于简化或不再进行现场实地调查的业务，应当按照适当比例实施贷后实地检查。贷款人内部审计等部门应对贷款检查职能部门的工作质量进行抽查和评价。

第四十一条 贷款人应定期跟踪分析评估借款人履行借款合同约定内容的情况，并作为与借款人后续合作的信用评价基础。

第四十二条 贷款人应当按照法律法规规定和借款合同的约定，对借款人未按合同承诺提供真实、完整信息和未按合同约定用途使用、支付贷款等行为追究违约责任。

第四十三条 借款人申请贷款展期的，贷款人应审慎评估展期原因和后续还款安排的可行性。同意展期的，应根据还款来源等情况，合理确定展期期限，并加强对贷款的后续管理，按照实质风险状况进行风险分类。

期限一年以内的贷款展期期限累计不得超过原贷款期限；期限超过一年的贷款展期期限累计不得超过原贷款期限的一半。

第四十四条 贷款人应按照借款合同约定，收回贷款本息。

对于未按照借款合同约定偿还的贷款，贷款人应采取清收、协议重组、债权转让或核销等措施进行处置。

第七章 法 律 责 任

第四十五条 贷款人违反本办法规定办理个人贷款业务的,国家金融监督管理总局及其派出机构应当责令其限期改正。贷款人有下列情形之一的,国家金融监督管理总局及其派出机构可根据《中华人民共和国银行业监督管理法》采取相关监管措施:

(一) 贷款调查、审查、贷后管理未尽职的;

(二) 未按规定建立、执行贷款面谈、借款合同面签制度的;

(三) 借款合同采用格式条款未公示的;

(四) 违反本办法第三十条规定的;

(五) 支付管理不符合本办法要求的。

第四十六条 贷款人有下列情形之一的,国家金融监督管理总局及其派出机构可根据《中华人民共和国银行业监督管理法》对其采取相关监管措施或进行处罚:

(一) 发放不符合条件的个人贷款的;

(二) 签订的借款合同不符合本办法规定的;

(三) 违反本办法第七条规定的;

(四) 将贷款调查的风险控制核心事项委托第三方完成的;

(五) 超越或变相超越贷款权限审批贷款的;

(六) 授意借款人虚构情节获得贷款的;

(七) 对借款人严重违约行为未采取有效措施的;

(八) 严重违反本办法规定的审慎经营规则的其他情形的。

第八章 附 则

第四十七条 国家金融监督管理总局及其派出机构可以根据贷款人的经营管理情况、风险水平和个人贷款业务开展情况等,对贷款人个人贷款管理提出相关审慎监管要求。

第四十八条 国家开发银行、政策性银行以及经国家金融监督管理总局批准设立的非银行金融机构发放的个人贷款，可参照本办法执行。

第四十九条 国家金融监督管理总局对互联网、个人住房、个人助学、个人汽车等其他特殊类贷款另有规定的，从其规定。

银行业金融机构发放给农户用于生产性贷款等国家有专门政策规定的特殊类个人贷款，暂不执行本办法。

信用卡透支不适用本办法。

第五十条 贷款人应依照本办法制定个人贷款业务管理细则及操作规程。

第五十一条 本办法由国家金融监督管理总局负责解释。

第五十二条 本办法自 2024 年 7 月 1 日起施行，《个人贷款管理暂行办法》（中国银行业监督管理委员会令 2010 年第 2 号）同时废止。

后　记

严谨地说，本书称不上是一本学术著作，但是它对我来讲却比著作还有意义，因为这本书的写作过程，让我重新打开了金融和法律交汇的视角，既让我从信贷的角度重新思考了担保，也让我从担保的角度重新思考了信贷，看问题的角度也更加全面。

《民法典》《最高人民法院关于适用〈中华人民共和国民法典〉有关担保制度的解释》公布后，担保制度成为民法学研究的"热点"，更成为金融行业从业人员聚焦的热点，其中疑难与困惑不时展现，困扰着金融实践与法律实践。

聚焦行业事实与法律问题，从专攻学术的学者研究角度出发，我们认为，绝大多数问题有标准答案或者说有相对标准的答案。但是从法律实践的参与者和实践者的角度出发，我们认为，聚焦行业事实与法律问题，需要从不同的角度出发，尤其从服务实体、保障权益、避免纠纷、明晰责任、风险防控的目的出发，看问题的角度不同，结论也就完全不同，熟知法律效果与担保实效，才能更好地做好授信工作，这也是本书的最大价值所在。

金融是国民经济的血脉，是国家核心竞争力的重要组成部分，担保对于金融授信工作的作用不言而喻，几乎达到了无担保，不授信的程度，笔者始终相信，以担保主体作为分类，以担保标的物作为分类，辅以担保的一般规定，对于所有金融工作者都是一个崭新的视角。可以说，搞好授信担保管理工作，有助于经济形势的恢复与提升。

金融和法律的实践本就是一个平衡的工作，研究的成果只是为了帮助我们选择哪些做，哪些不做，更好地做好金融和法律工作，而绝不是要困住我们前进的脚步。我们始终坚信，中国金融业的问题，是在发展中产生的，将来也必然在发展中予以解决。希望本书能为中国的金融事业日益发展添砖加瓦，略尽绵薄之力。

本书的形成也稍有遗憾之处，本想再增加三部分内容，一就某些担保项目失败实例分类进行原因分析，主要有土地及在建工程抵押、非住宅地产抵押、矿业权抵押、股权质押担保等种类；二就创新业务的担保管理展开分析，主要有出租车经营权、商铺租赁权、公寓收费权、教学收费权、医院收费权、排污权、钢铁产能、车辆合格证、药品批准文号等权利资质的担保管理；三就质押相关业务的担保管理逐个展开分析，主要有动产质押、股权质押、汇票质押、仓单质押、应收账款质押等，但限于目标宏大，而时间、精力有限，只能坦然面对现实了。

本人虽尽心竭力，文中观点和理解的错误仍有可能出现。本人坚持文责自负，所有错误均系本人所为，希望各位读者、同行多多批评指正，本人将不胜感激。

古语有云，"理无专在，而学无止境也，然则问可少耶"？面对业务，面对困难，勤学勤问，遇事学法律，问法律，学规章，问规章，学制度，问制度，理事实，问事实，都不失为学习进步的好方法。

"君子之道，辟如行远，必自迩；辟如登高，必自卑。"希望本书能够对专注于担保理论与实务的金融或法律工作者有所帮助，则善莫大焉。

魏大勇

二〇二四年九月一日

图书在版编目（CIP）数据

商业银行担保管理实务全指引 / 魏大勇编著.
北京 ： 中国法治出版社，2024.10. -- （法律人核心素
养丛书）. -- ISBN 978-7-5216-4726-6

Ⅰ. D923.24

中国国家版本馆 CIP 数据核字第 2024ZX1922 号

责任编辑：陈　兴　　　　　　　　　　　　　　　　封面设计：杨泽江

商业银行担保管理实务全指引
SHANGYE YINHANG DANBAO GUANLI SHIWU QUANZHIYIN

编著/魏大勇
经销/新华书店
印刷/三河市国英印务有限公司
开本/730 毫米×1030 毫米　16 开　　　　　　　　印张/ 35　字数/ 382 千
版次/2024 年 10 月第 1 版　　　　　　　　　　　2024 年 10 月第 1 次印刷

中国法治出版社出版
书号 ISBN 978-7-5216-4726-6　　　　　　　　　　　　　定价：129.00 元

北京市西城区西便门西里甲 16 号西便门办公区
邮政编码：100053　　　　　　　　　　　　　　　传真：010-63141600
网址：http：//www.zgfzs.com　　　　　　　　编辑部电话：010-63141784
市场营销部电话：010-63141612　　　　　　　印务部电话：010-63141606

（如有印装质量问题，请与本社印务部联系。）